金融法律评论
第 八 卷

FINANCIAL
LAW
REVIEW

第八卷

金融法律评论

◎吴弘 主编

中国法制出版社
CHINA LEGAL PUBLISHING HOUSE

目 录
Contents

信托法理论研究

金融司法

金融法制年度报告

金融法理论与
制度创新

全球视野下的金融法现代化

——首届中国金融法论坛综述

吴 弘 王 洋[①]

由中国商法研究会主办，华东政法大学和京衡律师集团、上海法学会金融法研究会联合承办的首届"中国金融法论坛"，于 2016 年 12 月 10 日至 11 日在上海举行。本届论坛的主题是"全球视野下的金融法现代化"。来自全国的金融法专家学者和金融法治实践工作者，围绕新形势下的金融法改革、人民币国际化的法律框架，金融立法、执法和司法现代化等议题，以及银行、证券、保险、信托、期货等法律的相关热点问题展开热烈的研讨，为完善金融法制促进金融市场发展出谋划策。著名金融法教授与实务专家周仲飞、赵旭东、范建、赵万一、徐孟洲、刘少军、强力、李爱君、宋晓燕、李有星、刘燕、杨东、杜要忠、杨璐、肖凯等都在大会上发表了精彩观点。

一、金融立法现代化

（一）金融立法理念的现代化

第一，金融立法要为实体经济服务。金融立法不但要顾及金融体系的稳定，对金融消费者的保护，还特别强调金融要为实体经济的发展服务。首先，要把金融促进实体经济发展作为立法目的，这要比促进社会主义市场经济的发展的立法目的具体有效。其次，要把金融包容作为金融监管机构的监管目标，现在银行、证券、保险监管法都没有把提高金融包容作为监管目标，只提稳定安全运行、维护信心，不提金融包容作为监管目标，因此虽然监管机构对促进金融服务"三农"、"小微企业"做了很多努力，但仍不尽如人意，其中很重要的原因就是没有将金融包容、提高"三农"、"小微企业"获得金融服务的能力，作为考核金融监管机构的重要手段。一旦把提高金融包容作为监管目标的话，那么就可对监管机构问责、限制业务开展。再次，要维护经济主体平等参与金融活动的权利，民营经济进入金融业不受歧视。因为现代社会里无法离开一些金融服务，如银行账户转账服务，就像生活中的

---

① 吴弘，华东政法大学教授；王洋，华东政法大学经济法专业博士生。

水和电一样，所以金融机构有义务免费低成本地向客户提供"生命线型"的服务。

第二，金融立法要遵循比例原则。金融监管要克服过度监管的天性，实行审慎监管。要遵循最低限度、比例原则，只要某种监管措施达到立法目的或者监管目的就不用更严厉监管，而是寻求更宽松的监管。如果还有更加宽松的监管措施，就不能采用前面的监管措施，要采用更加宽松的监管措施。合理性、公开性、狭义性、比例性，实际上就是要对金融监管措施进行成本收益的分析。金融监管分析出来以后，对利益相关者所产生的影响进行压力评估或者影响评估。2015 年约翰·科茨（John Coates）教授的论文主张对金融立法进行压力分析。

第三，金融立法要建立激励响应的机制。传统的金融立法采取"一刀切"的方法，所有人、金融行为都是一样的方法，这会导致金融业同质化。任何利益相关者都会进行成本收益分析，就会规避一些"一刀切"的法律规定。如果以金融机构零倒闭作为立法目的的话，就会鼓励金融机构方过度风险。因此，保证金融机构稳健安全运行，并不意味着单个金融机构不倒闭。如提供小微金融的业务，采用一刀切的，甚至更加严厉的监管（如资本充足率风险权重计算中权重更高、计提更高），那就没人愿意提供小微金融；因此要分类监管，要更加宽松、激励。境外在尝试系统性金融机构倒闭后，首先让股东出资核销损失，不足部分让债权人或存款人核销损失，最后是国家的钱进入。

第四，金融立法要关注金融机构伦理的构建。金融危机后金融监管越来越严，但金融机构犯罪、腐败、流氓交易者还是很多，导致金融机构的重大损失，归根到底金融机构伦理、文化、价值出现问题。金融机构的文化建设不全是金融机构自身的事情，金融立法、金融监管对于构建金融文化可以起到非常重要的促进作用，无论是对高管失格性考察，还是对金融机构业务行为的规范；无论是对薪酬的制约，还是对风险的管理规范，现在都有一套完善的规定。

第五，金融立法要吸收科技的最新发展成果。一部金融监管史就是一个金融创新史，金融监管整个发展离不开科技推动的发展，对科技推动的创新，金融监管应该采取适应并且促进金融创新的态度，而不是置若罔闻或者横加干涉。但是金融创新往往是没有法律明确规定，或者规避法律的做法，或者法律所禁止的，在这种情况下金融监管机构应该采取什么态度？互联网发展以后，英国发明了一种"沙箱"理论，澳大利亚、加拿大、香港、新加坡、马来西亚等很多国家都采取沙箱监管做法，即一项金融创新或者金融产品，目前法律规定或者监管未说不允许，但金融机构有一套完备的方案，不会对消费者产生风险，监管机构在通过了安全测试后，允许其试行，豁免某些金融监管规定。实际上就是先行先试。金融科技发展到了监管科技，用信心化大数据的手段对金融机构是否遵守监管规定进行实时的监控。金融监管涉及很多比例指标，有资本充足率、大风险暴露、流动性监管、呆账坏账准备金等都是比例性的，这些比例性有一个很大的问题是滞后性，用的历史数据有可能已经不符合实际了，如 2008 年金融危机期间倒闭的金融机构，前一个月查他资本充足率、流动性都是符合监管规定的。监管科技将取代资本充足率等指标。

（二）应对新金融挑战的立法路径

金融是不同主体间货币资金的融通，而新金融是否创设了新的法律关系，这值得从法律关系的三要素即主体——客体——权利义务这样的范式进行思考。首先，从主体上来看，新金融创设出了依托于互联网的异于传统金融机构的新型机构，如 P2P 平台等；其次，在新金融出现后，电子货币、数字货币的大量运用，以及区块链技术的应用，使得流动的客体也产生了变化；最后，在权利义务上，同样与传统金融有较大差别。对于这样的新现象，就需要相关规范、制度完善并进而形成法律。

新金融不但以其产品对金融市场进行冲击，还在逐渐改变金融市场的一些模式。以证券期货法律为例，目前的证券交易的市场和交易的方式，随着科技技术的发展，正在发生着非常重大的改变，如证券市场和期货市场当中，越来越多是对人工干涉的排除。这个对于以前通过人为交易实现重要途径监管的法律框架有很大冲击。因而，此类的程序化交易，随着人工智能的一些发展，其最终所执行的交易结果，在随后的法律责任划分当中，可能会出现一个非常模糊的缔结。因交易本身的调整修改和执行，到底是机器本身在交易，还是涉及交易策略和交易软件的公司，或者使用交易策略证券交易商，在这个问题上存在争议。而程序化交易自然对于传统交易方式和交易机制的特点进行改变，带来了风险，金融法需要讨论的是程序化交易后面研发的一些涉及欺诈、扰乱交易秩序的这些手法和问题。对此，不但应当对此类新金融、新交易技术带来的个案进行监管，也要注意相应的立法跟进，对于可能会产生的法律风险存在一定的认识。

（三）人民币国际化的立法促进

金融法的国际化的一个重要制度架构，就是相应的基础设施建设。其中人民币国际化是一个重要议题。

在我国积极推进"一带一路"和自贸区建设的过程中，人民币国际化必将受到更为广泛的关注，随着人民币国际化水平的不断发展和提升，人民币跨境流通研究应引起我们的高度重视，人民币跨境流通，是当前我国推进人民币国际化战略的关键环节和重要步骤。人民币国际流通规模的显著扩大，为我们现在所处的金融环境和法制环境提出了更高的要求，人民币的国际化也给我们带来了很多困扰，但是也倒逼加快了我们金融环境和金融法制环境的改善。

根据蒙代尔不可能三角的理论，开放经济条件下，货币政策独立性、固定汇率制、资本自由流动不能同时实现，只能实现其中两者。而我国既在进行利率市场化的改革，也在进行汇率市场化的改革。在利率方面，由"扩大金融机构利率自主定价权"向"健全中央银行利率调控框架"转变，第一步是逐步放开金融机构利率管制。利率市场化中另一个重要的举措是建立并完善市场利率定价自律机制。此外，逐步放开替代性金融产品的价格，引导金融机构完善定价机制，用好利率浮动定价权，提高风险定价能力；并加快培育市场基准利率体系，不断提高上海银行间同业拆放利率（Shibor）的基准性；充分利用存款保险的功能，这是利率市场化的主要措施。

在汇率方面。目前汇率市场化的改革方向，主要还是按照主动性、可控性、渐进性原则，继续完善以市场供求为基础、参考一篮子货币进行调节、有管理的浮动汇率制度，增强汇率双向浮动弹性，保持人民币汇率在合理均衡水平上的基本稳定。

具体来说，进一步推动人民币国际化进程，一是扩大人民币跨境使用，逐步实现人民币资本项目可兑换。稳步推动境内机构赴香港发行人民币债券和境外机构在境内发行人民币债券。充分发挥境外项目贷款在人民币"走出去"中的作用。二是逐步增加合格境外机构投资者（QFII）和人民币合格境外机构投资者（RQFII）的投资额度，积极做好合格境内个人投资者（QDII2）试点准备。支持跨境交易型开放式指数基金（ETF）产品和跨境债券市场发展。三是扩大双边本币互换规模，支持有关国家将人民币纳入国际储备，巩固与境外央行、监管机构的合作。推进金砖国家开发银行和储备库建设等国际合作。四是深化与港澳台金融合作。支持香港人民币离岸市场发展，巩固和提升其国际金融中心地位。深化粤港澳金融业在市场、机构、业务等方面的合作，推进厦门两岸区域性金融服务中心建设。人民币国际化，自然需要相当数量的制度建构和基础设施建设。相关的法律问题包括人民币国际流通、国际结算、国际经营、国际监管、国际私法域外效率问题。基础设施建设中，支付结算的基础设施建设相当重要，包括人民币国际化结算建设，跨境结算的纠纷解决机制。因而首先，应借鉴美国等发达国家经验，建立支付结算法律制度，包括资金认定法、支付结算法、结算制度规则；其次，加强基本制度和基本规则的建设，跟国际支付结算协会相互接轨，为人民币支付结算铺平道路；最后，进一步提升支付结算当中纠纷解决机制结算和完善，一方面跟国际接轨，另外一方面着力建立自己的规则体系。

二、金融执法（监管）的现代化

（一）监管理念的变革

金融监管的现代化，是涉及多方面的过程。首先，由于在金融抑制的大背景下，由于监管者以自身的"想象"对金融市场进行分割，而金融市场作为自发的主体又有着自身的运行逻辑，往往导致金融市场缺乏相关的前瞻性。这就使得法律规则仅停留在表层或局部，这种"头痛医头，脚痛医脚"的思路，在从特殊到一般这个归纳的过程中的规则断裂，使得难以实现规则的普遍适用。因而，以"机构监管"为导向的监管思维，主导了法律规则的制定实施，也对目前的金融创新下的金融市场产生了阻碍，这也使得市场呼唤相应的"功能监管"。具体来说，首先，机构监管模式下，一方面由于各监管机构的各自为政，容易给被监管者带来监管套利的机会，通过适用其中较为宽松的监管规则，来规避法律，可能会造成对投资者的利益保护上的削弱；另一方面，机构监管的模式也存在监管真空。其次，机构间的监管重合，也提高了执法成本，降低了执法效率。最后，这种机构监管模式的最大问题是监管机构工作重点并不是保护公众投资者的利益，而是维系相关金融领域的稳定。这也造成了机构监管间的目标的不一致。因而，市场呼唤功能监管，以宏观的审慎监管来防范风险，而不仅只是着眼于个体的风险。

因而，要把握好金融自由趋势与金融安全底线，区别涉众与不涉众，严格控制系统性、区域性、群体性风险；把风险控制放到首位，不能唯效益导向；坚持审慎原则、稳定原则。

总体而言，金融监管要点包括：一是健全系统性金融风险防范预警和评价体系，完善压力测试、金融机构稳健性现场评估等政策工具和手段，加强对跨行业、跨市场、跨境金融风险的监测评估。二是积极稳妥推进银行业实施新监管标准，加强逆周期监管。坚持动态资本充足率要求，强化贷款拨备率和拨备覆盖率监管要求。加强流动性风险监管和信贷违约风险监管，防止不良贷款大幅反弹。密切监测各类理财产品等表外业务风险，严防各种形式的影子银行、民间融资风险传递。三是继续加强上市公司治理，规范借壳上市条件，稳妥实施退市制度。强化债券市场信息披露、信用评级等市场约束机制，严厉打击内幕交易、市场操纵等违法违规行为。四是健全保险业偿付能力监管体系，完善保险公司分类监管制度，及时化解集中退保、资金运用等风险隐患。五是抓好外汇重点主体监管，继续坚持对跨境资金流动的双向监测，加大对地下钱庄等非法买卖外汇活动的打击力度。六是重点监测和防范化解地方政府性债务、企业相互拖欠资金、民间借贷、房地产等风险隐患，做好应对预案。加强对系统重要性金融机构、金融综合经营等的监管，强化金融控股公司和交叉性金融工具的风险监测。七是进一步明确中央、地方和金融管理部门的监管责任，防范和化解地方金融风险。

因而，首先，金融监管需要从理念上进行革新，由于理念的革新，应该对相应的机构设置和权力配置有所改革；其次，在机构上应当进行改革，以适应相关新形式；最后，需要在具体的监管方式上进行改革，适应新金融背景下的科技发展。

（二）从法律关系视角认识金融监管

股市异常波动后市场逐步稳定下来，现在对市场为什么波动，以及以后如何波动，还没有做出明确的结论，但大家对风险的认识提高了。另一个突出风险是影子银行，这在国际金融危机后关注比较多，中国经济金融深度融入国际经济金融，影子银行的问题从 2010 年开始已为中央关注，国务院的相关文件直接采用了这个概念，也做了相关部署。由于银行风险在金融领域里面是排在第一位的，主要是挤兑风险，因此银行得满足流动性要求、拨备要求、资本杠杆要求。但是在极端情况下，如果社会公众认为某家银行要倒闭了，即使有各项规则的保护，还是会发生挤兑。银行在防范风险方面更加复杂，需更加精细。第三个比较突出的风险是互联网金融乱象，最新数据显示，2016 年 11 月 30 日全国在工商注册的 P2P 平台 4800 家，还在正常运行的只有 33%，即使是稳健经营的银行也是经不起挤兑的，这方面还有银行存款保险制度保障。但是一些互联网金融业务虽非银行业务，但具有储蓄的性质，同样会造成挤兑和刚性兑付，却没有如同银行业务一样的严格监管。

法律规范调整人们的行为，然后形成权利和义务关系，这是最基础的法律概念，我们回到基础的层面来分析问题。我们发现规范层次出现了一些问题，最近几年，无论是在政府层面，业务层面，还是在社会层面，出现了很多词汇，而这些词汇不是法律用语。但是在界定权利义务时，需回到法律关系上，需要把这些概念与法律概念相对应。无论是影子银行还是互联网金融，抑或是股市的异常波动，理财产品、配资、P2P，都需在法律上明确究竟是什么含义。

法学研究确实应该有自己的独立品味。马克思主义理论在解释经济重要性时十分重视法律关系。我们现在对传统的金融活动信贷、投资、保险这些概念都是清楚的，但是对应的新型法律关系还存在缺失。健全的金融法律体系必须有完备的法学思维，健全的法学思维第一个体现是不能随媒体的用语走。权利的界定与保护需上升到法律高度，法律关系的界定需要更强有力的立法，法律关系的维护需要有坚实可靠的和与时俱进的司法。

任何向公众提供的金融服务，都应该提交法律意见书，给律师提供一个市场，也意味着一个责任。法律意见书用简洁方式说清楚是什么样的法律关系，是借贷、股权还是信托？按法律属性由相应的监管部门调查监管。

（三）金融监管必须法制化

在市场监管法的发展当中，专业性的特定市场行政监管者的兴起，被称为"第四部门"，重新组合了行政、立法、司法三权。而市场监管法中的合法监管原则，要求监管要有法律依据，其权力依法取得，不得用行政命令随意代替法律；监管应独立执法，防止监管俘获；监管也应受约束，有相关的内部控制和外部监督机制，同时存在监管责任制和问责机制。

金融监管中，同样应当遵循这样的原则。法律不完备性使得各类规范性文件占据了监管的主导位置，但事实上，这些行政规则的制定存在科学性和公正性不足的问题，且政策制定和实施透明度较低且不稳定。监管机构的行政权受到的法律约束较少，以证监会为例，其不受立法机关的规制如定期检查等，司法机关也无法通过审查对证监会进行约束；已有的法律也很难限制相关监管行为，现有的金融监管措施并不能纳入行政法中行政行为的规制范畴，只是由于相关法律的规定而产生了相关授权，从而金融法的监管措施不必然属于"行政处罚"的范畴，因而可规避《行政处罚法》的相关约束。但是同样的监管措施，是否属于行政处罚或是否可要求进行听证，在"一行三会"中也并不统一。总之，目前的金融监管措施可分解成行政处罚、行政强制、行政检查等多种性质的行为，将其作为某一种行为固然不可行，将其作为新型的行政行为也并不恰当，但在监管的法制化的情况下，金融监管自然应遵循相关正当程序，使其处于法律法规的约束之下；金融监管行为也必须符合行政法的相关原则，如比例原则所要求的均衡性等。

（四）金融监管权力配置的改革

关于深化金融体制改革，需要加快改革完善现代金融监管体制，提高金融服务实体经济效率，实现金融风险监管全覆盖。目前金融监管体制改革的一大方向，即是金融监管机构的"外科手术"式的改革。

目前就金融监管机构的改革，主要是在混业经营的大背景下，变分业监管为混业监管的格局。之前的讨论中，主要是对监管机构间的调整。比较而言，"央行+行为监管局"，即将"三会"的审慎监管职能并入中央银行，同时成立独立的行为监管局的模式，或者"央行+审慎监管局+行为监管局"，即由央行负责宏观审慎政策制定、执行和系统重要性金融机构、金融控股公司和重要金融基础设施监管，"三会"合并组建新的监管机构负责系统重要性金融机构以外的微观审慎监管并成立独立的行为监管局的模式，符合现代宏观审慎政策框架的要求，兼顾了综合监管和"双峰监管"，也符合国际上"三个统筹"的趋势。此外，还有"委员会+一行三会"、"央行+金融监管委员会"、"央行+行为监管局"、"央行+审慎监管局+行为监管局"等方案。这些机构调整，并不只是针对混业监管的产生，也是由宏观审慎监管的必要性而决定的①。

十八届三中全会要求："完善监管协调机制，界定中央和地方金融监管职责和风险处置责任。"因此中央和地方金融监管分工，主要涉及三个部分：中央和地方的监管权分层配置、中央金融监管机构内部职能分层配置、行政监管与非行政监管（自律、社会监督）功能分层配置。

从金融管理的角度来说，不能寄希望于管理机构的调整，很多基础性的问题和矛盾还是要由法律制度本身解决。

三、金融司法的现代化

（一）金融司法的理念革新

金融法的现代化中，司法处于何种位置十分重要。在金融法相关制度尚不完善的情况下，法律关系的维护需要有坚实可靠并与时俱进的司法保护。金融审判应该

---

① 在2017年的金融工作会议中，明确了成立金融稳定发展委员会，强化了人民银行宏观审慎监管和系统性风险防范机制。

采取保守主义还是激进主义？换言之，在金融法的变革中，司法是否应当采取能动主义？

1. 金融司法要尊重市场。司法治理是社会治理的重要组成部分，如对新金融，司法治理如何应对就十分重要。交易所面临很多改变交易规则的现象，这些情形是否都具有可诉性？互联网金融中交易模式突破合同相对性，是否放在传统民法的领域讨论？由此可见金融审判不能一概而论，需要采用逐案分析的方法，但也应当注意形成一以贯之的逻辑。如涉及投资者适当性管理时，法院采取相对激进的态度对市场有好处。但当法院创制市场规则时，自然需要谨慎。法官不是金融家，在创制规则时有局限性。法官难以独立判断，需要学界业界智力支持，聘请外部专家研讨。

2. 金融司法的法律适用。目前司法实践中，并无适应金融中心或自贸区金融纠纷特点的法律依据，这就有可能需要参照其他相近的金融法律制度甚至国外相关制度。学界有呼吁在自贸区允许临时仲裁，甚至在自贸区试点援引相关国际法。针对这一问题，建议进行较为温和的调整，即暂时并不做框架上的突破，而是在现有框架下，综合考量各种因素，参照交易惯例、国外相关制度、域外法的处理方法等，从而有效填补相关法规的空白。目前法院的做法是对一些新型案件，当法律法规缺乏时，参考一些域外相关法律和审判经验，也从一些国外案例吸取有益经验，最后仍在国内现有法律体系中寻求合适的法律适用。

3. 金融司法与发挥司法能动性。在金融创新的大背景下，在某些法律缺失、监管不明的情况下，司法要对很多新问题、新现象作出认定与处理，可谓被顶到了第一线。尽管我国并非判例法国家，但是法院对于一个案件的判决和法律适用等在互联网时代以及司法公开的背景下，可能会起到一定的示范效应，进而影响类似法律关系中双方当事人的权利义务。法官在进行裁判时也往往要考虑各种因素，由于新型案件无法及时立法，法官基于责任压力也会更倾向于将问题纳入现有法律体系中，较保守地对待。法官还可能将案件报送审委会，避免承担相应的审判责任，但无形中拉长了审判时间，提高了争议解决成本。所以，需要调动法官审判的积极性，发挥法官的聪明才智，充分发挥司法能动的作用，保障金融创新和风险控制的平衡。司法也应当尊重市场规则，在法律规则和市场规则中取得有机平衡。

（二）金融审判的专业化机制

金融纠纷具有较强的专业性，这就呼唤金融审判的专业化。首先，应当提高金融审判理论研究水平。以上海市为例，以上海高院为依托的金融审判理论专业委员会，不断提高相应的金融审判理论研究，在这一点上，也要完善金融审判的裁判统一机制，保证金融法律适用的确定性和可预见性，从而统一内外金融案件的裁判标准等。其次，探索建立金融审判的专家咨询机制，在培养自身金融法律人才的同时，邀请金融法律相关人才进行相关指导，如上海市建立的金融审判专家智库即是一例。

金融审判的专业化也需要金融审判机构在设置上进行改革。目前上海很多法院已设立专门的金融审判庭或金融审判专项合议庭。再如，在北京基金小镇成立了首家基金业法庭；在广西容县也成立了保险巡回法庭；也有建议成立证券法庭的呼声。为提高专业审判的效率，维护法治的权威与公信力，更好适应金融创新和金融安全的需要，法院通过金融庭集中发挥专业审判优势的做法可以在全国进行进一步推广。

金融纠纷解决也要探索多元金融纠纷解决机制。针对金融市场主体多元化、利益诉求多样化的趋势，应当认识到在金融纠纷中司法是对利益分配的协调监督者，而司法在金融市场的治理中定纷的作用较强，但很多时候止争的效力较弱。因此，也要在强化司法审判职能的同时，探索建立多方位、多渠道的多元金融纠纷解决机制，发挥市场自发调节的作用，发挥自律监管的作用，使得金融法的三大实施路径即公共执法、私人诉讼和自律监管有机平衡。在这一点上可以发挥社会法庭的作用，如2013年在河南成立了银行业社会法庭和保险业社会法庭，依托的就是行业协会等自律组织，由专业人士调处，开辟新的、更高效的矛盾化解方式。

金融司法还要应对国际化需要。应学习发达国家做法，值得学习的是美国的"长臂原则"，包括日常事务管辖和司法管辖。而应对如美国的长臂管辖，首先，需要我国建立中美双边的谈判，建立如期货期权的相关对话机制；其次，也要在立法中体现对等原则，要注意把排他性的专属管辖在我国立法当中体现，避免平行管辖以及管辖上的混乱；最后，也应当争夺相关的管辖权，无论是有关我国的事务和机构有关的行为上，还是在事务和司法的管辖权上。

（三）金融司法与金融监管的协调

实际上，金融法在传统的部门法分类之中，属于经济法、商法、行政法交界的区域，也和民法、刑法有所互通。金融监管与司法的一个协调机制，既有民商法和监管的协调，又有刑法和金融监管的协同机制。

首先，旨在规范平等主体间关系的民商法，与自上而下的、双方主体不平等的金融监管存在冲突。其实这体现了金融创新应有的限度。因而，监管和相关民事司法的界限在哪里？相对成熟的金融市场，应该由金融法来监管，以处罚为主；而在金融创新领域可以应用民商法的规则，尊重市场规律和意思自治。以场外配资为例，我国司法在该领域对金融纠纷的处理，要比美国更为先进和开放。深圳市中院关于场外配资的审理指南就有关于此的规定。法院的思路相对鲜明，即：场外配资作为民事交易，任何一方不能因为证监会的立场而逃避其应当履行的义务。一方面，监管方宣布交易因违法违规而无效；另一方面，司法方面处理权利义务之间配置和损失承担时，则是按照有效合同进行处理的，会认为应继续偿付相关本金和利息。

由此可见，从民商法进行金融秩序的维护，与金融监管之间存在不同的视角。

当这种矛盾产生时，法院是否应该尊重当事人的意思自治，而忽略相关监管意志？由此产生了一个悖论：一方面，如果司法选择尊重监管的意志则会忽视合同自治，极不利于市场诚信建设；另一方面，如果司法选择尊重合同自治则会导致监管套利。可以看出，监管者的意图和法院的意图是不同的。民商法和金融监管法的立法目的毕竟不同。民商法基于个体利益的平衡，金融监管则考虑系统性风险的防范和投资者保护问题。引申而论，深圳中院关于场外配资的纠纷处理比美国法院先进和现代化，这回到了前文中对金融法现代化的定义。在金融市场让市场发挥最大功效就是现代化，抑或是考虑到系统性风险的控制和投资者保护才是现代化？这是金融司法与金融监管在涉及民商法交叉领域应当考虑的问题。在这点上，有学者提出，可在金融创新的领域上更多运用民商法规制，而在相对成熟的金融市场，由金融法来监管，以处罚为主。

其次，金融司法和金融监管互动也体现在刑法领域中。但自97年刑法施行以来，刑法与金融基础法律、监管法律就存在脱离。罪状的表述与设计存在变迁和落差。其表现在：其一，证券行政执法和刑事执法之间的衔接不完善，如操纵市场里近5年来没有什么入刑的，原因在于行刑衔接不上，刑事标准太高，基本达不到；有的领域则处罚过重，如内幕交易等。其二，司法机关对监管机构行为的司法审查率较低。其三，规则的出台也体现出监管与司法互动不足。对此，要正确理解和适用金融犯罪的法条，对于市场新类型的问题，现有刑法能否提供支持，例如，操纵市场案例对《证券法》第77条第1款第4项兜底条款如何适用。这种兜底条款的立法技术的应用，本身在给司法的裁量中留下空间，但实践中适用兜底条款时十分谨慎，因而需要运用指导性案例等方式进行指导。要协调行政执法和刑事司法的衔接，即打击和惩治的协同问题，如资本市场中查处机制存在优化空间，目前主要运用集中查处机制，而平行程序可能更有效。

从金融本质重新审视金融
立法和司法的价值判断

汪其昌①

企业家利用金融工具和金融市场进行创新，金融执法司法的法律适用往往落后于金融实践。这要求我们重新审视金融法律立法和司法的价值判断。金融的本质是预期和实现未来现金净流入，而实现未来现金流的源泉是工商企业销售的商品和劳务有经济增加值。围绕实现未来净现金流入为核心的权利义务关系，金融工具是法律属性、金融属性和会计属性模块化组合的合约，不同的权利义务关系安排形成金融工具不同的法律关系。由于人的有限理性，金融工具作为合同是不完全的，金融法律也是不完全的，由此引发的纠纷，应该以效率最大化和负外部性成本内部化为价值判断进行裁决。金融法律应该内生于金融本质，关注法律关系的转换。

一、新视角认识金融立法与司法的意义

（一）企业家创新的金融法律视角

根据莫里斯（Morris）的研究（见图1），从公元前14000年至公元前3000年左右，东西方的发展几乎看不出任何差别。从公元541年开始，东方一直领先西方，直到1773年左右。公元1800年以后，社会有了飞跃式发展，东西方差距拉大。

这是因为西方采用了市场经济制度。根据熊彼特、诺斯、弗里德曼、布坎南、康芒斯、哈耶克等人的研究，这种市场经济制度是在产权保护、宪制和吻合市场经济需要的法律制度下，人的创造潜能得到发挥，科学和技术迅猛涌现，企业家将新的科学转化为商用技术，从而创造了巨大的物质和精神财富。

那么企业家是如何创新的？熊彼特在《经济发展理论中》将创新定义为就是要"建立一种新的生产函数"，即"生产要素的重新组合"，就是要把一种从来没有的关于生产要素和生产条件的"新组合"引入生产体系中，以实现对生产要素或生产条件的"新组合"；作为资本主义"灵魂"的"企业家"的职能就是实现"创新"，引进"新组合"；所谓"经济发展"就是指整个资本主义社会不断地实现这种

---

① 汪其昌，上海对外经贸大学副教授。

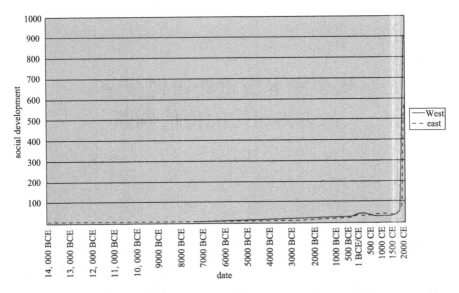

图 1：东西方社会发展指数（公元前 14000 年～公元 2000 年）

"新组合"，或者说资本主义的经济发展就是这种不断创新的结果；这种"新组合"的目的是获得潜在的利润，即最大限度地获取超额利润。这种创新组合有五种形式：（1）采用一种新的产品——也就是消费者还不熟悉的产品——或一种产品的一种新的特性；（2）采用一种新的生产方法，也就是在有关的制造部门中尚未通过经验检验的方法，这种新的方法不需要建立在科学上新的发现的基础之上，并且，也可以存在于商业上处理一种产品的新的方式之中；（3）开辟一个新的市场，也就是有关国家的某一制造部门以前不曾进入的市场，不管这个市场以前是否存在过；（4）掠取或控制原材料或半制成品的一种新的供应来源，也不问这种来源是已经存在的，还是第一次创造出来的；（5）实现任何一种工业的新的组织，如造成一种垄断地位（如通过"托拉斯化"），或打破一种垄断地位。① 后人总结为产品创新、技术创新、市场创新、资源配置创新、组织创新。这五种创新是如何将各种要素组合的？如何将组合的要素转化为商业用途的？因为不盈利的创新是没有意义的，不可持续的。熊彼特认为是金融作为连接企业家与商品的桥梁，具体就是运用资本和银行信贷，企业家获得超额利润。

再追问下去，企业家是如何将生产要素与金融结合的？熊彼特没有展开研究。看熊彼特的著作，其重点关注了工商企业家，忽略了金融企业家的作用。从历史和现实经验出发，我们观察到金融企业家可细分为风险投资家，投资银行家和商业银行家。因为创新是面对未来的不确定性进行决策，盈利了好说，失败了就需要有人

① ［美］约瑟夫·熊彼特：《经济发展理论——对于信贷、资本、利息和经济周期的考察》，杜贞旭、郑丽萍、刘昱岗译，中国商业出版社 2009 年版，第 76 页。

承担责任和损失。如果工商企业家拿自己的金融资本进行创新，就是他本人承担风险责任，是工商企业家与金融企业家二者合一。这是张维迎分析的资本雇佣劳动的逻辑。[1] 如果工商企业家拿别人的金融资本进行创新，就是金融资本家承担损失。这种劳动雇佣资本的模式，少有人分析。商业组形式创新很大程度上是金融资本与企业家人力资本的结合形式。康芒斯和科斯都认为市场交易的不是物，而是权利和义务。科斯进一步认为权利和义务如何安排影响资源配置效率。金融也是一种资源，且是配置自然和社会资源的一种机制。这种资源如何配置就直接影响到创新。这就涉及金融工具、金融市场的创新运用与企业家人力资本结合的问题。这种结合很大程度上与立法和司法紧密相连。如果没有相关金融法律支持，工商企业家和金融企业家是不能结合进行创新的。因此，我们很有必要从如何支持两类企业家创新的角度看待金融法。

在金融法律如何支持资本主义企业创新方面，康芒斯、芬（Finn）、格雷厄姆（Graham）、比特森（Beatson）、哈德森（Hudson）等人进行了初步研究，[2] 指出普通法与衡平法、公司法、金融市场法律、法官造法与先例制度等法律制度支持金融创新和企业创新的作用，但是没有指出金融法律制度应该如何顺应和支持工商企业家和金融企业家进行创新。

（二）金融学与金融法在理论和实务上脱节的视角

传统的金融法学和金融学研究长期处于分裂状态，形成了"黑板"金融经济学与"黑板"金融法学。因不懂金融学原理和金融运行机制，金融法学执着于概念和条文法学与法律解释学之一隅，搞不清楚金融法律规则为何这么规定，或者这样制定的法律规则效果如何，无法有效指导法官审理金融纠纷案件，尤其是对新金融工具和金融现象引起的法律纠纷审理和监管很难找到法律适用，陷入法条主义和概念法学的泥潭中。根据一般均衡思维方法，或者提出模型和假说，以计量检验来证实或证伪，金融学则偏向于金融的资产定价、金融市场均衡分析和投融资的象牙塔，讨论既定法律规则下金融资源的风险管理和优化配置，金融工具和金融交易中的权利义务和风险分担几乎在主流金融学眼中消失了，看不到若干金融现象是在既定法律规则激励约束下导致人的行为选择之结果，因而诸多金融学基础理论忽视了若干微观的法律基础，如成文法规定、合同条款、权利义务冲突、各种形式的担保、

---

① 张维迎：《企业的企业家》，上海人民出版社、三联出版社1994年版，第148页。

② 参见约翰·康芒斯：《资本主义的法律基础》，寿勉成译，商务印书馆2013年版；Pail Finn, *Fiduciary Law and Modern Cimmercial World*; Peter Graham, *The Statutory Regulation of Finance Service in the United Kingdom and Developemnt of Chinese Walls in Managing Conflicts of Interest*; Jack Beatson, *The Relationship between Regulation Governing the Finance Service Industry and Fiduciary Duties under the General Law*. 以上三篇文章载于 Commercial Aspects of Trusts and Fiducairy Obligations, edited by Ewanmckendrick, Clarendon Press, 1992. pp. 5-70; Alastar Hudson, *Law of Finance*, Thomson Limited, 2009.

法律的不完备性、法官的思考、先例等，走入形式主义的悬崖边缘，不能对若干金融现象的理解和金融改革提供方法论指导。

通过跨国比较计量研究，LLSV 开创的法律与金融学研究则将两者结合起来，揭开了金融发展背后的法律面纱，指出合同法、公司法等金融法律和司法审判法律制度对金融发展的影响，[①] 同时也开辟了金融法理学的新视角，但是他们没有指出法律要如何顺应金融特质才能促进金融发展。虽伍德（Wood）和皮斯托（Pistor）注意到了这个问题，[②] 但是他们从金融资产和法律功能主义角度看待这个问题，同样没有指出金融法律应该如何内生于金融本身的特质。从实践上看，我国最近几年出现大量新型金融纠纷案，因为在传统的法理学和法律条文中找不到依据，令法院裁决非常棘手，颇感困惑。这也需要从金融本身特质去阐述法理用以指导审判。

为此，本文尝试从金融本质出发，探讨金融工具的合约性质，研究应该以怎样的金融法、金融司法审判等金融法律制度促进金融发展，以此促进企业家创新，支持经济转型和发展，同时也研究法官如何进行金融法律解释和审理以克服不完备合同和不完备法律，提供一个有价值判断的一般理论与方法框架。这都要求我们的思维方式从传统金融教义法学的桎梏中解放出来。

二、金融本质：预期、承诺和兑现未来净现金流入

货币和金融都是人类抽象思维的产物。有了货币才有金融工具及其金融服务。笔者把金融服务定义为金融工具和基于金融工具交易的辅助服务，辅助服务有支付结算汇兑、交易便利和诸如信息咨询与顾问服务之类的投资银行服务。金融服务是货币本质的延伸，是一种通过金融资源配置自然资源和社会资源的一种机制。

（一）金融本质

货币衍生了金融工具，那么金融的本质是什么？信用。当然，信用不是金融领域独有的，在政治、交友之间都存在。金融的本质与货币的本质既有联系，又有区

---

① 参见 Rafaeil *Legal Determinannts of External Finance*, 52, J. Fin. 1131-50 (1977). *Law and Finance*, 106 J. Pol. Econ. 1113-55 (1998); La Porta, Florencio Lopez-de-Silanes, Andrei Shleife & Robert Vishny, *Corporate Ownership Around the World*, 54, J. Fin. 471 – 517 (1999).; La Porta, Florencio Lopez-de-Silanes, Andrei Shleifer & Robert Vishny, *Agency Problems and Dividend Policies Around the World*, 158, J. Fin. 3—27 (2000).; Simon Johnson, La Porta, Florencio Lopez-de-Silanes & Shleifer, *Tunneling*, 90 Am. Econ. Rev. 22—27 (2000). 等。

② Philip wood, *Comparative law of security interests and title finance*, Sweet & Maxwell, 2007.; Philip wood, *Conflict of laws and international finance*, Sweet & Maxwell, 2007; Philip wood, *International loans, bonds, guarantees, legal opinions*, Sweet & Maxwell, 2007; Philip wood, *Project finance, securitisations, subordinated debt, Set-off and netting, derivatives, clearing systems*, Sweet & Maxwell, 2007; Philip wood, *Regulation of international finance*; Sweet & Maxwell, 2007; Philip wood, *Maps of world financial law*, Sweet & Maxwell, 2008.

别。联系就是没有货币就没有金融，其本质都是信用，都是预期、承诺和承诺的兑现。那么区别在哪里呢？信用的标的物不同，货币预期、承诺和兑现的标的物是其可以作为一般等价物和购买力稳定，金融领域预期、承诺和兑现的标的物是未来现金流，以此为基础和核心形成一方是现值方，另一方是终值方，现金流有流入流出，各方都要求形成净现金流入。贴现方要对终值方践行可信承诺，终值方要对贴现方进行可置信的威慑（如图2所示）。① 这就涉及法律上的权利义务安排和司法与执法问题。从实现未来现金流出发考虑问题，这是金融领域独有的。

金融的本质是由三个核心概念组成金融工具：未来现金流、现值和终值②，是面向未来的。当然也可加上复利。互联网金融没有改变金融的这一本质，③ 通过互联网，只是更加场景化和生活化，一定程度上减缓了现值者与终值者（即资金供求）之间的信息不对称，但很难解决双方对项目资金投向结果因信息不对称造成的不确定性。纯粹的互联网金融只是以比特股、比特债等互联网货币为基础和交易的金融工具。这样理解金融的本质就把货币、信用和金融有机统一联系起来了，并且与三张财务报表有机对接起来，因为资产负债表和损益表是以预期未来现金流实现的权责发生制编制，现金流量表是以现金流的收付实现制编制，结合图4，可更好理解金融与社会核算矩阵和国民经济账户、投入产出表的有机联系。

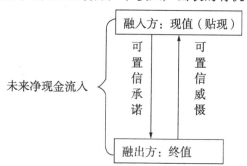

图2：金融的木质

为节省篇幅，本文不进行考古发掘式的概念比较和辨析。这种理解既不同于国内经典教科书黄达版《金融学》对金融的理解，也不同于陈志武对金融的理解，还

---

① 博迪和莫顿关于金融的六大功能都自然内含于金融本质之中，支付结算和融资作为基础功能，就是终值方与现值方及其现值方的现金流入流出，风险管理作为核心功能就是一切为了在不确定性中实现未来净现金流入，激励功能就是把资本变现为现金流，资金汇集功能就是通过金融中介把现金从终值方转移到贴现方，跨时空配置资源就是通过金融工具作为信用的货币属性进行的，分散决策的价格信息机制是通过以货币表示价值并进行信号传递的。

② 现值 $P=FV/(1+r)^n$，终值 $FV=P\times(1+r)^n$，其中 P 表示本金，r 表示贴现率或者收益率，n 表示时间。这两个公式充满人生哲理。

③ 笔者认为谢平等人（2014）以一般均衡思维方法定义互联网金融是错误的，如马化腾和南非私募投资者当年也不知道 QQ 可以发展为微信等这么多用途，有今天的价值。

不同于博迪和莫顿的理解，与夏斌和陈道富的认识也有差异，[①] 但又包含了他们研究中的合理见解，力图把金融的实质特征建立在可触摸、可感知和易操作，且符合常人真实经验的基础上。

这么去理解金融，我们就可发现金融并不神秘，不存在"类金融"。各类金融工具和金融市场是预期未来净现金流入，不是面向过去而是面向未来。预期的改变实际也是随着信息和激励约束条件的改变而变化。所以金融具有很强的主观性。这可与卢卡斯的预期理论联系起来。人们对未来现金流的预期和交易具有强烈的主观和心理因素，影响预期的因素有经济周期、产业政策、财政货币政策、自然地理环境、商业模式、企业转型和企业的核心竞争力等，还包括人的心智模式、认知心理和脑神经。预期可细分为非一致性预期、一致性预期和超预期，预期中隐含看涨和看跌期权。所谓非一致性预期就是由于人的异质性，根据过去信息对未来的预期是有差异的，表现在市场中就是你看多他看空。所谓一致性预期就是市场参与者一致看多或者一致看空。超预期有企业营业收入、盈利和经济增长等多方面看多的超预期和看跌的超预期。如图 2 所示，终值方与贴现方是针对预期实现未来净现金流入的一种交易而定价，定价具体表现为利率、汇率、费率等交易价格。银行信贷市场是银行预期客户能够还本付息，股票市场、外汇市场和衍生品市场对实现未来现金流的预期更是强烈和敏感。如美国特斯拉汽车概念股、生物医药概念股，这些公司都是亏损就达到每股几百美元，腾讯不盈利在香港股市上也达到每股 500~600 港元。在国内也是如此，我国的银行股等股票每股收益率很高，但市盈率很低，这是因为在经济转型和经济周期下行阶段，预期银行不良信贷资产增多和利润增长放缓，反之

---

① 黄达将金融界定为"凡是涉及货币，又涉及信用，以及以货币与信用结合为一体的形式生成、运作的所有交易行为的集合；换一个角度，也可以理解为：凡是涉及货币供给、银行与非银行信用、以证券交易为操作特征投资、商业保险，以及以类似形式进行运作的所有交易行为的集合"，见黄达编著《金融学》，中国人民大学出版社 2013 年版，第 116-117 页。陈志武认为"金融的核心是跨时间、跨空间的价值交换，所有涉及价值或者收入在不同时间、不同空间之间进行配置的交易都是金融交易，金融学就是研究跨时间、跨空间的价值交换为什么会出现、如何发生、怎样发展，等等"，见陈志武著《金融的逻辑》，国际文化出版公司 2009 年版，第 2-3 页，他还认为金融有三个基本原理，"一是价值的跨时期转移；二是就未来结果达成的契约和权利；三是可转让性"，见 [美] 威廉·N. 戈兹曼、K. 哥特·罗文霍斯特编著，王宇、王文玉译：《价值起源》，万卷出版公司 2010 年版，第 3-7 页。博迪和莫顿认为金融是"研究如何对稀缺资源进行跨期分配，其中成本与收益分布于不同时期，也即为了在未来获得现金流而在当期进行投资"，见 [美] 兹维·博迪、罗伯特·C. 莫顿著：《金融学》，伊志宏译，中国人民大学出版社 2000 年版，第 3 页。夏斌和陈道富认为金融的本质是"对风险的定价和分配"，"货币金融的实质是人类之间的一种信任"，"金融是以一定承诺为基础，……促进资源优化配置的一种工具、载体，或者说系统网络"，"在这个过程中，一定法律形式将商品未来现金流的权利固定并且直接描述出来，通过国家强制力保证契约的执行，就成为形成和运用信任的关键"，见夏斌和陈道富：《中国金融战略 2020》，人民出版社 2011 年版，第 19-35 页。

许多重组股、代表新兴产业发展方向的公司股票估值很高，许多动态市盈率达几百倍甚至几千倍，这是因为预期这些公司高速成长和未来产生大量现金流。当然，一旦这些公司的未来现金流未实现或者没有达到预期，这些公司的股票价格也会出现"飞流直下三千尺"的现象，如当年重庆啤酒乙肝疫苗事件。这些都说明了预期、承诺和兑现未来现金流的独有金融特质。① 为稳定金融市场，减少人为波动，自然要求有关金融法律稳定预期，不能朝令夕改。

其次，任何金融服务都是一个或者一组以现值方和终值方为核心的双向或多方交易契约。市场经济的本质就是交易，而交易的本质如康芒斯和科斯所言就是权利义务的交易。② 因人的有限理性，面向未来的交易是不确定的，所以金融交易是面向未来现金流的不确定性决策。一个人的权利是另一个人的义务，一个人的权利是其资产、收入，表现为另一个人负债以及成本支出。正如法经济学家斯密德所说："成本是权利的函数，正是权利决定谁的利益是其他人的成本，正是权利使一个人的利益成为其他人的成本变为可能。"③ 以未来现金流为基础，任何金融工具都具有金融属性、法律属性和会计属性，所谓金融创新就是这"三性"的模块化组合，其中法律属性是指未来现金流是一种财产权利，有股、债、典当、租赁、保险、信托五种基本的权利义务关系，④ 当然其中任一项都可细分下去，或者交叉，如股有普通股、优先股、黄金股等，各自的权利义务关系差异很大，交叉的有债转股、信贷资产证券化等。因而基于未来现金流的权利义务交易就会产生内生交易费用、外生交易费用和中性交易费用，交易效率就是总收益减去三项交易费用之和，经济资本回报率就是各金融机构度量效率和有效平衡各利益相关者权利义务的有效关键指标。由此我们可以更好地理解经济结构转型与金融服务的关系、直接融资和间接融资与实体经济的关系。如图 2 所示，在金融领域双方交易的标的是未来净现金流入，贴现方对终值方承诺和兑现未来现金流，终值方为使贴现方的承诺可置信，往往要求

① 银行等金融机构对金融资产计提损失准备金都是根据预期未来现金流的实现程度而分类的。

② 在制度经济学方面的一个微观理论发展就是威廉姆森奠基的合同经济学。

③ 参见阿兰·斯密德：《制度与行为经济学》，刘璨、吴水荣译，中国人民大学出版社2004年版，第22页。

④ 1998 年，LLSV 发表了《法律与金融》这一奠基性文献，认为金融工具现金流的获得是与附着于证券上的相应权利相关联的。这些权利的大小以及这些权利能不能够有效地行使，会影响到现金流的获取，从而影响到证券的价格。权利是由法律来决定的，权利能否有效行使是由一个国家的执法系统和司法系统来决定的，因此法律和金融之间存在非常密切的联系。国内许多学者看不到这一点，盲从国外的金融理论。典型的有许多人看不到梅耶（Mayer）提出的金融啄食顺序理论是美国法律严厉规制的结果而盲目套用于中国，看不到博迪和莫顿提出的金融功能发挥是建立在一系列正确和科学的法律规则等基础设施之上的，对于 MM 定理，很多人同样看不到不同金融工具基于未来现金流的不同财产权利性质与权利义务、风险分配不同的法律规制，因而想不到不同的融资结构为何会对公司治理和公司价值产生不同的影响。

贴现方提供各种形式的担保，① 如抵质押、第三方保证、留置、回购、保险等进行可置信的威慑，为此进行一系列权利义务安排，同时也要对贴现方能否兑现承诺进行分析评估。② 由此法律对金融创新具有非常重要的意义。

第三，现值方和终值方之现金流入流出的运动都是通过账户进行的，在信息经济社会之前，账户和支付结算清算转账被央行和商业银行垄断，在互联网时代，出现了大量的第三方支付账户和区块链账户。许多金融机构更加注重通过账户。提供金融服务。③ 由此产生了互联网金融和风险管理的革命性变化，使得一些传统的金融理论基础，如信用创造、货币政策理论——的假设前提在动摇。④

第四，所谓金融化就是把任何有价值的东西都变成未来现金流，相对应存在终值方和现值方。如一家上市公司对经营管理层设计的期权期股方案就是把人力资本变成未来现金流，人力资本所有者就是终值方，公司是贴现方。发行者定向增发购买矿山就是把矿产的未来现金流贴现，持有购买矿产的股票或者债券一方就是终值方，届时收到未来现金流股息和本息，大米、鸡蛋、钢材等实物资产将其证券化变成期货进行交易也就是将其价值变成未来现金流，进而发现价格。

对许多金融理论和现实问题的法律回应与解决，都可从这三个核心概念出发进行逻辑演绎与解释，为解决许多金融问题可得到方法论启示，如金融的脆弱性、风险管理、金融中介、金融脱媒、金融功能、金融杠杆等金融服务的特质、治理金融危机、金融如何服务实体经济、不同的金融工具与金融市场对企业不同发展阶段和治理的影响等，也不难理解美国哥伦比亚大学法学院教授皮斯托（Pistor）提出的金融法律理论（Legal Theory of Finance）（简称LTF）要求从金融本身的特质出发制定法律。⑤ 囿于篇幅，在此恕不详述。

（二）未来现金流的表现形式及其根本来源

现值方对终值方实现未来现金流的承诺，其具体承诺内容依法律规定和合同约定而定，如股份就是分红，债就是到期付本息，保险就是触发合同规定条款的理赔，不体现为借贷本息，票据就是见票无条件付款。什么是未来现金流？就是在将来特定时点或预期时间段内的现金及其等价物（如银行活期存款、银行承兑票据、

① 无杠杆不金融。权益与负债之比、负债与担保之比、首付与负债之比都是杠杆。金融机构与实体企业的一个重大差别就是高杠杆。

② 现在许多机构是通过大数据、云计算进行。

③ 只要你开通了网银账户、证券账户和微信账户，你就会发现账户的用途和功能非常多。

④ 笔者翻遍国内外金融学教材，没有谁对账户这一基础设施进行理论阐述，更没有谁指出一些金融理论隐含账户的假设前提。我国最近几年，还是一批互联网企业和平台，凭借第三方支付账户，打破了银行对信贷的垄断，由此央行对银行控制货币供应量已经力不从心，要走向以利率为中介的目标。今年我国央行还在研究以区块链账本（户）发行人民币数字货币。

⑤ 参见 Katharina Pistor, *Towards a Legal Theory of Finance*, Columbia Law School Public Law & Legal Theory Working Paper Group, November 18, 2012.

银行汇票、信用证存款、信用卡存款等内容）的流入与流出，净现金流就是流入与流出的轧差。

实现未来净现金流入的源泉何在？按照贴现主体划分，金融主体有政府、公司、金融机构和个人与家庭，分别形成政府金融、公司金融、机构金融和个人（家庭）消费金融。政府及其事业单位的未来现金流入来自税费，公司的未来现金流入来自销售的商品和劳务，个人（家庭）的未来现金流入主要来自工资收入、奖金与投资。从根源上讲，所有主体的未来现金流入主要来自实体经济——公司出售的商品和劳务。所以金融要从根源上为实体经济服务，实体经济产生实实在在的净现金流入是政府（包括事业单位）和个人与家庭之现金流的源头。金融工具买卖的现金流来源于实体经济和买卖价差。以银行对工业企业贷款为例，信贷资金的运动过程可用图 3 表述如下：

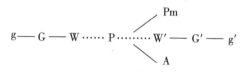

图 3：实现未来现金净流入过程

从银行发放贷款（g）开始，企业将此转化为货币资金（G），企业将货币资金购买所需的生产要素（非人力要素 Pm 和人力要素 A）投入生产过程（P），创造出具有新的价值的产品（W'），通过销售后获得新的增值货币资金（G'），也就是销售收入，企业以销售收入减去成本后的利润（g'）归还银行贷款本息，信贷资金的运动过程结束。如果生产的商品和劳务不能实现"惊险一跃"，不能产生增值，也就是卖不出去，或者（g'）为负值，则企业实现银行信贷未来净现金流入的承诺就难以兑现。非生产企业如商贸企业只是省去了生产环节（P），其循环过程也是如此，但要产品和服务卖得出去，收进来的现金流要大于支出的现金流。企业不产生现金流或者净现金流入，不可能有银行授信，现金流量决定企业资信。在这个循环过程中，企业的现金同时流出，要向水电煤气等部门支付费用，政府获得营业税、所得税和教育附加费等税费，政府部门把所得税费分配给事业单位及其职员，进行公共支出，个人在企业中获得工资奖金。

从预期和实现未来现金流出发，我们可以更好地理解将金融企业家划分为风险投资家、投资银行家和商业银行家支持工商企业家创新的意义。在原创性的金融创新中，因为创新项目没有现金流，甚至未来能否实现还存在不确定性。这时候就需要以股本进行风险投资，如孙正义投资马云、南非风险投资公司投资马化腾。如果企业遇到经营困难要转型，要并购重组和整合产业链，这时候要实现未来净现金流也不是很确定的，但比无中生有的原创性创新风险要小一些，这就是投资银行家与工商企业家合作的领域。这成就了高盛、美林等投资银行。如果有稳定的现金流回报，这就是商业银行家与工商企业家合作的领域。这种需要在国内成就了马蔚华、在国外就是摩根等商业银行家。

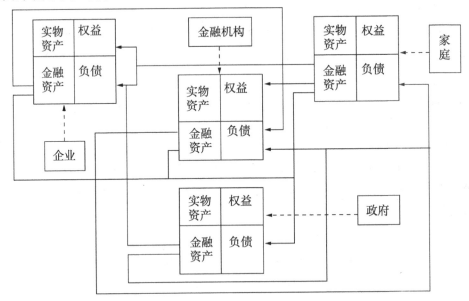

图 4：金融工具与家庭、政府、企业和金融机构形成的信用网络

如图 4，现金在不同主体之间流入流出、贴现方与终值方的相互性和关联性形成整个社会的信用网络，一损俱损一荣俱荣。从一国拓展到全球也是如此。由贴现主体，形成政府金融、金融中介、公司金融和消费金融，许多宏观金融现象是这四大主体微观金融交易的结果。认识到金融实现未来净现金流入的源泉，我们就很好理解为什么金融要为实体经济服务，金融风险的根源来自实体经济。我们教科书上金融理论和金融法学理论的最大不足之处在于：很少讲实体经济与金融的内在逻辑联系。[1]

（三）金融脆弱性

由于人的自利本性和人的有限理性，人与人、人与自然之间存在严重的信息不对称，由此对未来形成不确定性（人的行为不确定性和自然环境的不确定性）和风险（受益受损的概率），产生终值方未来现金流能否实现的问题。所以金融是面对实现未来净现金流入的不确定性决策，追求金融利润就是风险利润。这也产生一个悖论：货币的产生是为了解决人类交易不确定性和利益冲突的问题，由货币产生的金融工具能否实现未来净现金流入又产生了新的不确定性和利益冲突。这是金融跨

---

[1] 如货币政策理论的微观基础，在于微观企业实现商品和劳务产生的现金流。新凯恩斯主义的主将斯蒂格利茨从 1977 年至 2002 年一直致力于探索货币政策的微观基础，似乎国内鲜有人关注，更不用说引入货币政策实践。详见约瑟夫·斯蒂格利茨，布鲁斯·格林沃尔著：《通往货币经济学的新范式》，陆磊，张怀清译，中信出版社 2005 年版。

期交易产生脆弱性的表现。[1]

为理解这一含义，结合图 2 和图 3，我们以下列公式来说明。

设 Y_t 为终值方某时点 t 的金融工具的本金，r 为参与资金的预期收益率，rY_t 参与资金的预期收益，不考虑其他成本。只有满足以下平衡式才能持续下去：贴现方返还本金并支付对终值方承诺的收益，是由下一期实现的现金流 Y_{t+1} 来支付，则：

$$(1+r)\ Y_t = Y_{t+1} \tag{1}$$

该方程的解为：

$$Y_t = A\ (1+r)^t \tag{2}$$

由于约束条件

$$r>0$$

$$1+r>1$$

所以，必定是发散的，一旦贴现方的下一期现金流入没有实现，或者净现金流入没有实现，必将破局。通过上式，我们看到即使在时间上借新还旧，在空间上拆东墙补西墙，或者金融工具链条进行到一定长度时，一旦在未来时点 $t+1$ 的收益 r 没有实现现金流入，就会形成破灭的庞氏骗局。结合前述金融未来净现金流入的源泉，企业借贷实现未来净现金流入的源泉在于有效益，个人借贷实现未来净现金流入在于有收益大于支出，国债收益的实现源于税收。

由此也不难理解我国大量僵尸企业存在对银行信贷、企业债和股市与外汇市场的影响，进而可理解美国 20 世纪 80 年代至 90 年代初的银行危机和 2007 年发端美国的次贷危机，无非是源头的借款人没有现金流还贷，造成整个交易链条的现金流断流。这就很容易发现问题所在和发生、传染的机理，而不是宏大、脱离金融与实体经济本身运行的轨迹，且不着边际的任意解释。[2] 假如借款人普遍没有偿还本息的现金流入，原因无非是相关企业倒闭破产，更深层的原因是经济周期进入衰退周期和产业结构调整，新的主导产业和支柱产业还没有成长起来。

工商企业家和金融企业家创新最终目的都是盈利，也就是实现未来现金净流入，才能双赢，才具有商业上的价值，才能说优化了资源配置。从上述金融本质、实现未来现金流的源泉和金融的脆弱性论述，我们的金融立法和司法应该支持金融

---

① 监管层对宝能系收购万科股权资金的追问，进行穿透式监管，不仅在于高杠杆的风险，更在于债权资金转换股权资金对未来现金流的实现在期限上不匹配。宝能获得万科 24.79% 的股份之后，获得了股份之上的表决权、控制权。可见本文提出的金融工具"三性"理论有很强的实际意义。

② 参见朱崇实，刘志云等：《美国八十年代至九十年代初银行危机——历史与教训》，厦门大学出版社 2010 年版；刘士余，王科进等：《危机管理：1980—1994 年联邦存款保险公司和处置信托公司的经验》，中国金融出版社 2004 年版；美国金融危机调查委员会著：《美国金融危机调查报告》，俞利军，丁志杰，刘宝成译，中信出版社 2012 年版；［英］阿代尔·特纳著：《债务和魔鬼：货币、信贷和全球金融体系重建》，王胜邦、徐惊蛰和朱元倩译，中信出版社 2016 年版。

为实现未来现金流的各种金融创新，规制认为的欺诈等机会主义行为。

三、金融工具与合同法及法律关系

法定货币是国家与公民之间的一个合约，货币衍生金融工具，[①] 金融工具交易的标的是未来现金流。任何金融工具预期、承诺和兑现的标的物是以实现未来现金流为核心，以此为基础，同时双向形成贴现方和终值方（如图 2）。任何一个金融工具都是由这三个核心概念组成，都是以未来现金流为基础的法律属性、金融属性和会计属性之模块化组合，因而不同的金融工具具有同质性和异质性，满足多样化的交易需求，具有可替代性和不可替代性。

（一）法律属性

从法学角度看，金融工具的法律属性含义在于，首先，未来现金流是一个抽象的无形财产权利，相当于大陆民法系的期待权，不同于实物资产。这个权利主要是合同财产权，可以转让。其次，以实现未来现金流为核心的各方权利与义务关系，本质上是风险分配，其中主要是发行者有以支付未来现金流为核心的义务，持有者有索取未来现金流为核心的权利，并由此构成其他相关的权利义务关系，例如，一企业向银行申请贷款，借款人与贷款行形成一个权利义务关系，一旦加上抵押和第三方保证，又形成抵押的法律权利义务关系和与第三方保证人的权利义务关系。金融工具中权利义务可以是标准化的，公司法、合同法和信托法等法律是把部分权利义务关系标准化，也可以是个性化谈判的结果。这就是合同法上契约自由和合意原则的体现。再次，任何金融工具都是人们利益冲突、合作和妥协与交易的一个合约或一系列合约。这些合约可以标准化，如基金、资产证券化、股份、国债，也可以是非标准化的，如贷款、保函、保理、信用证、居民存单是一个非标准化的格式化合同。非标准化合同可以标准化，如信贷资产、应收账款和租赁可以证券化。许多金融服务，如并购重组贷款、信贷资产证券化、供应链融资，是一系列合同，非常复杂。这些以权利义务关系为中心的法律关系及其合同都是以实现未来净现金流入为目标的。

如表 1 所示，金融工具基本的法律关系有股、债、租赁、典当、保险、信托五种或者混合转换的法律关系，如债转股、可交换公司债、信贷资产证券化、租赁信托计划。当然，这几种基本的法律关系内部也可细分下去，如债有票据、贷款、长期次级债、公司债等，股有普通股、优先股、黄金股、无表决权股等。不同的法律

[①] 1995 年《国际会计准则第 32 号——金融工具：披露与列报》和美国 1990 年公布的《财务会计准则公告第 105 号——具有表外风险的金融工具和信用风险计划总的金融工具信息披露》都从 A＝L＋E 这个等式出发，认为金融工具是以权利和义务为基础，一方是资产，引起另一方产生一项负债或者权益工具的合约，分为基本金融工具与衍生金融工具。本文把金融工具与金融资产、金融负债和权益、金融产品、金融商品在同一实质意义上使用，同时把应收账款也看成是金融工具。

关系，不同金融工具的财产特征不一样，各方的权利义务关系不一样。

　　不同的法律关系对不同利益相关方有不同的激励约束，满足不同的需要，对利益相关方的行为选择有不同影响，同时对未来现金流的实现有不同的影响。权利与义务，是一个资产与负债的关系。一个人的权利是另一个人的义务，一个人索取未来现金流的权利是其资产、收入，实现时表现为现金流入，同时表现为另一个人支付现金流的义务和负债以及成本支出，在现金流量表上是现金流出。正如法经济学家斯密德所说"成本是权利的函数，正是权利决定谁的利益是其他人的成本，正是权利使一个人的利益成为其他人的成本变为可能"。[①] 因此法律上的权利义务与交易主体的三张财务报表是紧密相连的。当然金融工具中的权利义务有时候是有条件不对等的，如权证，期权，也可以通过交易相互转化，如信贷资产证券化，证券化之前，信贷当事人之间是债权债务法律关系，证券化之后是信托法律关系。

表1　不同法律关系的金融工具

类型	财产权利的基本法律特征	权利义务的基本法律特征
股	无时间限制，不还本付息，可分配红股红利，有表决权等无形权利	股东有参与公司经营管理、投票表决、剩余索取权等权利
债	到期还本付息（可以是固定和浮动的），但永久年金只付息；票据是见票即付，可背书转让	债权人有到期追索本息的权利，债务人有到期支付本息的义务
租赁	分期付租费，所有权与使用权相分离，融资与融物相结合	出租人有收取租金，使用监督权，收回租赁物，有交付租赁物，维修租赁物，出卖租赁物，担保租赁物无权利瑕疵等义务。承租人有使用、收益租赁物、添附权和优先购买权的权利，负有按照约定的方法使用租赁物、支付租金和返还租赁物等义务
典当	分离财产的使用价值与价值，是占有质、用益质、营业质和归属质等多个财产权利的混合。	流质契约，出典人是否还款不是义务是权利，不付利息。承典人保管好标的物，一旦绝当变现典当物不多退少补，自负盈亏
信托	普通法与衡平法财产权的混合：1. 破产隔离。2. 独立于委托人和受托人。3. 法院强制执行的禁止。4. 抵销的禁止。5. 物上代位性和同一性。6. 追踪	委托人和受益人有知情权，受益人享有收益和以衡平法为基础的各类救济权利，受托人负有忠实和谨慎义务，有收取信托报酬的权利

① ［美］阿兰·斯密德：《制度与行为经济学》，刘粼、吴水荣译，中国人民大学出版社2004年版，第22页。

类型	财产权利的基本法律特征	权利义务的基本法律特征
保险	保险合同财产权利是双务射幸合同权利，应对不未来确定性	触发合同条款时，投保人有按时付保费的义务，受益人有索赔的权利

权利有应然权利、法律承认的权利和可实现的权利，有经济上的权利义务与能够得到法律上承认的权利义务关系，没有得到法律承认的权利就是不可实现的权利。权利的承认和实现都有赖于法院。在金融领域，这些权利义务都是以未来现金流为核心和基础的，实现未来现金流的经济权利，终值方也要得到法律和法院的承认才可执行。这就是金融创新与法律的关系。

（二）金融属性

金融工具的金融属性就是所有的金融工具都是货币的衍生品，都是承诺兑现未来的现金流，是基于未来现金流而产生的风险性、盈利性和流动性。传统的金融理论谈这三性脱离现金流，很空洞。所谓流动性就是金融工具变现的能力，或者一种金融工具转变为另一种金融工具的能力。所谓盈利性就是收到的现金流大于支出的现金流，否则就是亏损。所谓风险性就是实现未来现金流的程度和可能性（比如信贷资产五级分类），还有就是扣除机会成本和风险成本后达不到预期收益率（如社会平均收益率是10%，你的预期收益率底线也是10%，某款理财产品到期实际收益率只有5%）。

在现实生活中，这"三性"不可能三全其美，同时实现，总要顾此失彼，比如银行活期存款流动性强，提现快，几乎无风险，但是盈利性差利息收益很低；上市交易的股票流动性强，在交易时间可任意买进卖出变成现金或股票，盈利性高，不仅可获得分红还可获得高额差价，但可能风险很大，血本无归，有如民间所调侃的"姚明进去潘长江出来，大象进去小蛇出来，宝马进去自行车出来"。在银行，对"三性"平衡的关键指标就是经济资本回报率、资本充足率之类，对其细化的规制指标就是流动性比率、净资产收益率、总资产收益率、不良贷款比率、不良贷款迁徙率等。金融法律要顺应金融的三种属性。

（三）会计属性

发行金融工具者是负债或所有者权益，把未来现金流贴现，买入金融工具者是资产，要在约定的时间或者用约定的方式才能获得未来现金流。这些现金流入流出分别反方向体现在各自的资产负债表、损益表和现金流量表上。一方的现金流入是另一方的现金流出，一方的收入是另一方的支出，一方的利润是另一方的成本。或有资产和或有负债体现在表外，一旦实现就体现在表内。资产负债表和损益表是以权责发生制和一定货币单位记账，现金流量表是以收付实现制记账。与工商企业、事业单位不同，金融机构的资产负债表主要是金融工具，有不少金融工具要求以盯市原则记账，或者以贴现现金流记账。不同法律关系的金融工具，进行会计处理也有所不同。① 这三张会计报表以现金流为基础存在内在的勾稽关系，如图5，三张财务报表与利润和现金流的关系非常密切，对于金融机构和投资者进行企业财务报表分析很有意义。

生产三张财务报表的过程是一个信息生产过程，是基于下列要求进行制定的，一是金融工具的本质和金融服务的特质；二是法律原则。由于人的有限理性，生产这些信息的会计准则内在不完善，因此世界各国都存在操纵财务报表的现象，不会实话实说。这就要求投资者有识别财务报表真实性和质量的能力，尤其是在中国。21世纪初，美国的安然公司、世界通信、施乐等五大公司的会计丑闻就使安达信破产和许多银行蒙受巨大损失。

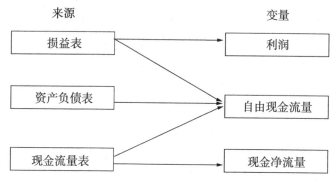

图5：三张财务报表与利润和现金流的关系

如果市场主体政府、企业、金融机构和个人（家庭）都有三张财务表的话，那么全社会的信用关系因为金融工具的会计属性而血肉相连，形成一个金融网络，或者说信用网络。图3就以资产负债表为例，简明地勾画了这种关系。这既容易理解信用扩张的正反馈，也容易理解金融危机传染的负反馈。现在资产负债表作为分析工具引入金融危机和国家主权债务研究中，没有与未来现金流和另外两张财务报表对接起来。许多金融法律规则如美国法律上的沃尔克规则即据此制定。2015年在中国股市的股灾中，造成多个市场多个主体的螺旋式联动，也说明认识金融工具的会计属性对于正确认识法律如何规制金融市场运行机制非常重要。

金融工具的出现，一是根据金融工程原理设计的结果，二是讨价还价谈判博弈的结果，或者是两者的结合。任何一个金融工具都是上述法律属性、金融属性和会计属性的模块化组合。借鉴模块化理论，金融工具的模块化是指金融工具是一个合约，这个合约由法律属性、金融属性和会计属性三个模块结构组成，每一个属性作

---

① 详见中国财政部2005年颁布的《信托业务会计核算办法》和2007年颁布的《企业会计准则第21号——租赁》、《企业会计准则第22号——金融工具确认和计量》、《企业会计准则第23号——金融资产转移》、《企业会计准则第24号——套期保值》、《企业会计准则第25号——原保险合同》和《企业会计准则第26号——再保险合同》，以及2010年颁布的《典当会计核算》。

为模块都按照一定的规则设计，如法律属性就按照法律原则设计，核心是权利义务、正义，金融属性是未来现金流，核心是按照流动性、盈利性和风险（安全）性匹配和效率设计，会计属性就是按照会计原则设计，核心是借贷、确认记账方式，按照风险和现金流记入三张财务报表。金融工程原理设计金融产品只是注重了金融属性，把未来现金流进行分解组合和复制，忽略了法律属性和会计属性。无论是根据金融工程原理设计的产品还是讨价还价形成的金融产品，都是金融属性、会计属性和法律属性的分解组合。金融工具设计的界面是金融机构和网络，标准是效率检验，金融工具的模块化操作也就是把金融属性、法律属性和会计属性及其各子模块的要素进行分割、替代、扩展、排除、归纳和移植、创新，比如，应收账款是一个基于商业信用产生债权债务关系的金融工具，通过上述方法将三个属性可以模块化设计为保理、商业汇票、银行承兑汇票、福费廷、资产证券化、进行质押等多种金融工具，并且可以将其中任何一个金融工具个性化再创造，基于应收账款创新的票据就有几十种。这些创新在符合《票据法》的基本法律规范情况下，不仅各利益方的权利义务和风险分配有差异，而且基于未来现金流的三性也不同，会计处理也有差异。

传统的金融理论总是忽略金融背后的法律问题，传统的金融法理论忽略金融本身特征。根据 MM 定理，融资工具结构不同，公司的市场价值不同。这是为什么？传统理论是从现金流出发，认为不同的金融工具是现金流出不同。从上述金融工具模块化理论出发，其实质就是不同金融工具有不同的以权利义务为核心的法律关系，风险分担也不同，这样对不同利益相关者构成了不同激励约束，造成了不同的行为选择空间，也就是公司治理不同，所以融资结构决定公司治理结构，实现未来现金流情况及其市场价值也不同。根据美国经济学家梅耶的啄食顺序理论，企业应该在内源融资和外源融资中首选内源融资；在外源融资中的直接融资和间接融资中首选间接融资；在直接融资中的债券融资和股票融资中首选债券融资，但在我国这个顺序不成立，大家都纷纷争相上市和股权融资。这是因为我国法律制度对于股权融资的法律很不健全，忽视股东回报，对控制股东缺少信义义务约束，滥用了股不要到期还本付息的金融属性，公司治理水平差，造成许多上市公司的市场价值低。传统的金融法理论忽略金融本身的特征就是把已有的法律和监管规章罗列一下，极少正确阐述其为何这样规定的法理。

当一种金融工具转化为另一种金融工具时，以未来现金流为基础，法律属性、金融属性和会计属性重新组合，如把银行信贷资产证券化，一方面是把银行信贷不标准的未来现金流组成一个池子，进行重新分解组合为标准化的不同层次的现金流，另一方面由债的法律关系转化为信托的法律关系，其权利义务在各参与方之间重新配置，与此同时，证券化的会计处理方式不同于银行信贷的会计处理方式，如要根据信托法律关系中破产隔离原理，将信贷资产移出表外时，要根据风险与报酬是否转移、是否有实际控制权等原则进行会计确认，否则很容易变相为信贷资产质押贷款。

所以知道了金融工具三个属性，我们可以明白，第一，对应于企业或者项目不同预期产生未来现金流的状况，可以用不同的金融工具提供金融服务，对实体经济的影响也不同。如有稳定现金流的，就适应于用债、租赁等金融工具，预期未来现金流不稳定，或者暂时没有现金流的，就适合用股，如风险投资、长期债券等。因此，在不同的经济周期、产业生命周期和企业生命周期，所需要运用的金融工具和利用的金融市场是不同的。第二，对不同类型的投资者保护，是根据法律关系性质不同而定，监管者和法院要依据其金融本质属性进行解释法律和制定监管规章，要依照法律关系进行监管，按照功能监管其实做不到，因为所有的金融工具都发挥博迪和莫顿所说的六个功能，并且金融功能要有法律规定和法律强制执行才能发挥作用。第三，金融机构可以据此更好地根据客户需求设计金融产品，有针对性地为客户度身定做个性化产品和组合金融服务方案，同时对形成不同的权利义务关系、现金流特性进行风险管理，实现双赢。

根据上述金融工具"三性"，金融工具有同质性和异质性。所谓同质性，就是任何金融工具都是货币的衍生产品，都是货币本质的外在体现，通俗地说都可变成钱，可以购买商品和劳务。所谓异质性，就是法律属性、金融属性和会计属性有所不同，具体一点就是法律关系和权利义务有所不同、流动性、盈利性和安全性与会计处理有所不同。所以不同的金融工具具有可替代性和不可替代性。

四、不完全合同、不完备法律与金融司法审判的价值判断

由于人的有限理性，金融工具的合同是不完全的，金融方面的法律也是不完全的。对于金融工具不完全合同引起的纠纷如何解决，这在中外法学（法理学）中是一个十分重要的问题，尤其是当一个新型的金融纠纷案件或者疑难金融案件摆在法官面前时，他能不能以法律没有规定为由而拒绝受理、拒绝裁判呢？他是否可以推翻一个不再适宜于眼前案件的先例呢？从不完全合同理论与不完全法律理论出发，本文从价值判断方面进行讨论。

（一）不完全合同、不完全法律理论

2016 年的诺贝尔经济学奖授予哈特和霍尔姆斯特罗姆在不完全契约（合同）理论上的贡献。那么什么是不完全契约（合同）理论？由于人的有限理性和信息不对称，人在交易中签订的合同是不完备的。[①]所谓合同的不完备性，首先，缔约双方难以预料到未来所有或然事件，存在不确定性；其次，即便缔约双方知道有不确定

---

① See Grossman, S & Hart, O, *The cost and benefits of Ownership: A theory of Vertical and Lateral Integration*, Journal of political Economy, Vol. 94, 1986, pp. 691–719.

性，也难以用某种共同语言来精确描述；再次，即便缔约双方能够预料并且描述某种不确定性，也难以用可证实的方式写入合同之中并且被第三方实施。

在实践中，由合同的不完备性引起的纠纷和争议，除重新谈判、分配剩余控制权和剩余索取权解决方式外，还有诉诸法庭和仲裁。然而，因为人的有限理性这一根本缺陷，法律也是不完备的。如果法律也是不完备的，那么法律又是如何解决合同不完备性争议的呢？

大陆民法系的概念法学和条文法学，隐含法律完备学说，认为："只要理性的努力，法学家们便能塑造出一部为最高立法者指挥而由法官运用的完美无缺的法典。"① 然而法律内在是不完备的，这根源于人类有限理性造成的信息不对称。法律不完备有两种类型，② 一种情况是，法律没有对特定行为进行界定或仅列举了少数行为，使得对行为结果的限定很宽泛（第Ⅰ类不完备法律）；另一种情况是，法律虽明确了应予制止的行为，却不能涵盖所有相关行为（第Ⅱ类型不完备法律）。这是从行为角度界定法律不完备。本文认为法律不完备还有第三种情况：就是法律没有明确某种财产权利类型及其是否可以交易。如果不阐明法律的含义和承认某类财产权利，法官则无法用之断案。如果以法律不承认的财产权利进行抵质押或者入股融资，法律的不完备性带来法律的不确定性风险。

这就需要解释法律。这种解释现有法律，适应环境变化，并把它扩大适用于新案例的权力称为"剩余立法权"。剩余立法权可由立法者保留，也可授予法庭或监管者。但是，仅分配立法权还不够。除此之外，还应分配执法权。除非能自愿或强制地得到遵守，否则再好的法律也会形同虚设。这就涉及剩余立法权、执法权的分配问题。由于法庭是被动执法者，是中立者，仅在起诉之后才能行使其立法及执法权，即民不告官不理。相反，监管者却可以主动执法。他们主动监督各种行为，开展调查，禁止或惩罚损害行为。我国的保监会、银监会和证监会都享有剩余执法权和通过制定部门规章的剩余立法权，以克服法律的不完备性。

世界上两大主要法系——普通法和民法体系，分配剩余立法权及执法权的方式截然不同。在普通法体系中，法官不仅享有大量的剩余立法权，还拥有原始立法权，创设和承认新的财产权利，即发展新的法律原则的权力。但在民法体系中，法官被认为只能解释而非创设法律。但法律创设与法律解释之间的界限经常很难划分。沃缪勒在梳理了布莱克斯顿、边沁、哈特、德沃金、布雷耶等西方有影响的法律解释理论后，指出这些理论忽略了制度因素。在有限理性和有限信息的情况下，法官应该借助一整套选择工具来确定合适的解释方法，其中就包括经济学中的成本——收益方法，即效率方法。

---

① ［美］庞德：《法律史解释》，杨知等译，华夏出版社1989年版，第13页。

② 这里主要是参考了皮斯托（Pistor）和徐（Xu）（2003）的研究成果，参见 Katharina Pistor and Chenggang Xu, *Incomplete Law*, International Law and Politics, Vol. 35, 2003, pp. 931–1013.

值得高度关注的是，克服金融法律的不完备性，在当代有许多国际组织根据变化的金融形势和金融危机的教训总结，经常颁布准则、指南、建议、框架性文件、原则、指导意见之类的软法，如巴塞尔委员会、国际商会、国际证券业协会。这些软法虽然不具有强制性，但为各国所遵守和承认，有的还转化为国内监管部门的行政规章和成文法条。

（二）正义和效率的统一

法律的核心是正义，金融的核心是效率，那么这两者是否可以统一起来，进行判断由于不完全合同和不完全法律引起的纠纷呢？

古今中外，人性是一致的，即人都是追求自私自利的人。这是人们做出行为选择的基础和动机所在。但人是在时间、空间、资源稀缺、有限理性等一系列约束条件下，做出自身效应最大化的行为选择。有什么样的激励约束条件，人就会有什么样的行为选择。人之自利本性如水，随物赋形。因为资源是稀缺的，所以出于自利动机，人们需要交换。因为人的有限理性，信息是属于私人的，导致人与人之间、人与自然之间的信息不对称，这样交易中存在很大的不确定性和风险，尤其是容易出现损人利己的道德风险（典型的是商事活动中的欺诈、虚假陈述等）。于是，在交易中，人们发明了一系列正式制度（如法律制度）和非正式制度（习俗和习惯等），以约束当事人的行为选择空间，减少不确定性，稳定预期。制度（包括法律制度）本是社会经济生活中的当事人博弈的结果，一旦形成又成为人们行动选择的约束条件和博弈规则。

由于有限理性和信息不对称产生不确定性，加上人的自私自利本性，人们不可避免地在交易中发生交易费用。因为有交易费用，人们在交易过程中产生了分工和专业化，专业化分工和合作的过程就是如哈耶克所说的人类交易秩序的扩展过程或者说自生自发秩序的发展过程。

交易费用包含内生交易费用、外生交易费用和中性交易费用。内生交易费用为人们为争夺分工利益采取机会主义行为使交易不顺利或者失灵造成的损失，外生交易费用为议定、执行交易合同和保护产权交易的费用、时间成本。这两种交易费用的减少具有不可兼顾的两难冲突，即减少内生交易费用就要增加议定和执行合约的外生交易费用，没有适当的外生交易费用就难以克服和减少内生交易费用。所谓中性交易费用就是基于人的有限理性产生的搜寻信息费用、谈判费用、提出解决方案的费用、时间费用等。交易费用与分工和专业化的关系是，分工和专业化使得生产的迂回程度更高，产业链条更长，增加了信息不对称性，同时也有可能增加了三项交易费用。只要分工和专业化带来的收益大于三项交易费用之和才会发生专业化分工。

由此，从上述理论逻辑出发，我们不难看到人类交易中面临的共同问题：交易安全和效率。所谓交易安全就是交易和合作的可靠性，所谓效率就是分工经济中交易的总收益要大于三项交易费用之和。没有交易安全，就没有交易效率，如果外生交易费用不大于内生交易费用，交易的总收益不大于总的交易费用也没有效率，也就是要有交易合作的剩余。法律制度要合乎交易的经济理性也在于此。因为人们自私自利的具体内容不同（人性的多样性）和追求自利时容易产生机会主义行为，这就很容易在交易中发生亚里士多德所说的不公正交易，即福利经济学所言的负外部性。负外部性即为交易中把成本留给别人，把收益留给自己。负外部性对个人而言是有效率的，但对整个社会是无效率的。

康芒斯和科斯认为人们在交易中交换的不是物而是权利义务，因此通过符合人性的、科学合理的立法和司法，以确保交易安全和效率就是至关重要的，其中的关键又是权利与义务的配置。因为这决定了人们进行行为选择的空间和方式，或者说相互博弈策略。立法是第一次权利义务的配置，司法是第二次，矫正交易。科斯第一定理作为一种参照物，指出只要交易成本为零，无论初始权利如何配置，当事人都能够通过交易达到资源优化配置。其隐含的假定为：人是完全理性的，没有信息不对称，消除了不确定性。这在真实世界是不存在的。

放松上述假定，存在交易成本，产生科斯第二定理，即权利义务如何配置影响资源配置效率。在金融领域就是，金融工合同的权利义务安排不同产生的配置效率不同。由此有两个推论。第一个推论是，清晰地界定权利义务，增加外生交易费用，以减少内生交易费用和中性交易费用。这个推论，在金融领域就是科学合理的标准化金融法律，如公司法、证券法，有利于工商企业家的才能与金融家的才能合理配置进行创新。第二个推论是，如果交易费用大于交易收益，应该将权利配置给出价最高者。第二个推论，就是要在金融市场建立出价最高者的金融法律制度，优化资源配置，如并购重组、举牌、控制权争夺等法律制度安排。库特和尤伦把波斯纳的第一个推论称为规范的科斯定理：建构法律以消除私人协商的障碍，润滑交易。这实际上是保证交易安全以达到效率。把第二个推论称为规范的霍布斯定理，建构法律以最小化私人协商失败导致的效率损失，即纠正错误配置。波斯纳称之为波斯纳定理。这是对初始配置的矫正以达到效率。这两个推论都是把蛋糕做大，也就是财富最大化。这样就把法律上的分配正义、矫正正义与经济学上的卡尔多——希克斯效率统一起来了：效率即正义。

根据哈特等人的不完全合约理论，法律是不完全的法律，不可能事前给定一个能够覆盖现实一切情形的规定。因此，第三个推论是，将义务配给能够以最低成本避免损害的一方，也就是通过法律和法官设定的义务使得一方内部化负外部性，减少外生交易费用的同时减少内生交易费用，从而提高交易效率。金融领域的合同都是不完全的，产生纠纷时应该根据此原则规制欺诈等机会主义行为，如信息披露制度、欺诈赔偿引起的退市制度、内幕交易和非公允关联交易等金融法律制度。这是对有信息优势、谈判能力强的一方单方面强加的责任和义务，这种义务配置方式不是与权利的自愿和对等配置。这种通过法律和法官事前和事后强加给一方以繁重严苟的义务，就是对初始权利义务的再配置，就是矫正正义和实质正义的体现。这就是科斯给我们的启示，这也是自然法的合理要求，把道德与效率有机统一起来了，合乎道德的也是正义，把负外部性成本内部化。金融是面向未来的，在现值方和终值方之间、现值方和终值方与实现项目的未来现金流之间都存在信息不对称，前者称为内生信息不对称，后者称为外生信息不对称。金融法律就是将内生信息不对称产生的机会主义行为成本内部化，将外生信息不对称产生的成本，按照合同自由和意思自治的原则予以裁判。

因为金融成文法律总是落后于现实实践，因此，对于金融合同纠纷的解决应该是根据合同自由和合意与效率原则进行裁决，即总收益减去三项交易费用之和大于零，也就是财富最大化和负外部性（代理）成本内部化。这样一来，对于保理、对赌协议、租赁、资产管理、独立保函等一系列新金融合同的争议即可迎刃而解，不必局限于过时落后的法律概念与条文。这样才利于工商企业家与金融企业家进行创新，支持我国技术进步和经济转型与升级。

人民币国际化
法律问题

人民币国际化法律问题研究概要

刘少军①

人民币国际化的法律问题是一个系统性的法律问题。第一，它涉及的是主权货币国际化的法学理论基础问题，如果我们不能对主权货币国际化本身在法学理论上有一个清楚的认识，就不可能进一步深入研究有关人民币国际化的任何实践问题和具体法律问题。第二，它是在主权货币国际化法学理论的基础上，进一步研究人民币和人民币财产的国际化流通的法律问题。它具体包括：人民币的法律性质、人民币国际化流通的经营权、监管权以及金融市场的稳定问题。第三，它是人民币汇率调控权的法律问题。它不仅涉及货币主权问题，还涉及相关国际组织和国际协定的约束问题，它是人民币国际化过程中必须涉及的法律问题。第四，它也是人民币国际纠纷的裁判问题，人民币的国际化必然涉及国际纠纷，必须研究纠纷的裁判问题。第五，它同时是人民币相关法律的修改、补充与完善问题，它决定着人民币的性质、国际化进程、国际流通和裁判规则。

一、主权货币国际化的法学理论

主权货币的国际化是伴随着市场全球化、经济全球化，并在布雷顿森林体系的形成与崩溃、牙买加体系的确立与运行的大背景下进行的。这里的货币是指以国家信用为价值基础，由法律直接拟制和保障，用于交易和支付的通用财产；在当代社会已经成为以国家信用为基础，以货币发行国法律为货币权利（力）来源的"主权货币"。

主权货币的国际流通，具体可分为"法定主权货币"的国际流通和"主权货币财产"的国际流通。法定货币是主权国家法律直接规定的货币存在形式；"主权货币财产"是主权国家法定货币的转化形式，主要表现为银行存款货币，它不是由国家货币法律直接规定的，在财产性质上代表的是其兑付机构的信用。法定货币与货币财产的性质不同，必然导致二者在进行国际流通时面临法律问题的不同。法定货币国际流通面临直接的主权矛盾，在不同的流通条件下，法定货币国际流通的法律

---

① 刘少军，中国政法大学教授、金融法研究中心主任。

效力并不相同。主权货币财产进行国际流通时没有明显的主权障碍，货币国际流通的核心是指"货币财产"的国际流通，国家在推进货币国际化战略时，重点是货币财产的国际化而非法定货币的国际化。

主权货币国际化不仅存在法律基础问题，还会面临国际流通的经营权和监管权问题。主权货币国际化流通的经营权可以具体分为法定货币的国际经营权与货币财产的国际经营权。法定货币的国际经营权主要包括：境外货币财产权、境外货币流通权、境外假币鉴定权、境外旧币更换权、境外残币兑换权；货币财产的国际经营权主要包括：境外经营主体审批权、境外经营范围确定权、境外支付结算批准权。同时，这些权力的实施还离不开法定货币的国际监管权与货币财产的国际监管权。法定货币国际监管权的具体内容主要包括：出入国境监管权、境外使用监管权、境外支付确认权、境外毁损禁止权、境外图样许可权、境外装帧许可权、境外假币收缴权、境外伪造惩处权等。货币财产的国际监管权包括货币发行国的监管权和货币流通国的监管权。货币发行国的监管权以属人管辖权为法律依据，货币流通国的外币财产监管权以属地管辖权为法律依据。

主权货币国际化不仅存在经营权和监管权问题，还存在汇率调控权和纠纷裁判权的问题。汇率调控权是主权货币国际化流通中不同货币之间的兑换比例问题，汇率调控权最终影响到该国在国际经济中的地位和国际收支平衡，必须明确国家汇率调控权的主权边界。如果超越汇率调控权的边界，就可能构成汇率偏差和汇率操纵，国际货币基金组织享有汇率操纵行为的认定权和汇率偏差享有确认权。如果某成员国构成操纵汇率，其他成员国就有权对其征收相应的报复性关税。主权货币的国际流通必然引起国际性货币纠纷，它还会进一步引起主权货币国际流通纠纷的裁判管辖、适用法律、裁判标准和裁判执行等问题。

二、人民币国际流通的法律问题

人民币国际流通的法律问题首先是人民币的法律性质问题。按照我国现行法律规定和货币法理论，它同世界各主要货币一样是法定货币、信用货币和主权货币。人民币存款作为人民币演化而来的货币衍生形式，是信用财产、衍生财产和准法偿货币财产。除人民币存款外，人民币财产还包括其他各种以人民币表示的其他金融财产。

人民币实现国际流通后，首先会面临境外经营权问题，在这方面我国现行法律、法规几乎没有任何规定。人民币国际流通的经营权，主要包括人民币法币与人民币存款的经营权。人民币法币国际流通的核心问题是国家货币主权问题，具体包括：境外法律地位问题、境外假币鉴定问题、境外旧币更换问题和境外残币兑换问题等，必须明确境外人民币的财产权、境外货币流通权、境外假币鉴定权、境外旧币更换权、境外残币兑换权等。人民币存款国际流通面临的问题主要包括：境外经营准入问题、境外经营范围问题和境外经营清算问题等。必须明确境外经营主体审批权、境外经营范围确定权、境外支付结算许可权。

人民币的国际流通，必然产生人民币监管机关与东道国货币监管机关的监管权矛盾。在这方面我国现行法律几乎没有任何规定，某些法规中有一些个别的规定也难以解决系统性问题。人民币法币国际流通监管的主要内容包括：出入国境监管、境外经营监管、境外伪造监管和境外假币收缴监管等诸多问题。因此，必须明确人民币国际流通监管权的具体内容，包括出入国境监管权、境外经营监管权、境外假币收缴权、境外伪造惩处权。人民币存款国际流通的监管权问题主要涉及人民币监管机关与东道国货币监管机关的监管权，以及国际货币基金组织与我国及东道国货币监管机关的监管权的协调。我国应依据属人管辖权原则享有主权监管权，货币流通东道国应依据属地管辖权享有监管权。

人民币国际化流通进程中，人民币市场的稳定是保证人民币国际地位，使人民币真正成为世界主要货币的重要条件。目前，人民币国际流通的市场分布越来越广，交易数额越来越大，给人民币国际流通的市场稳定带来巨大影响，出现了干扰国内货币政策、冲击国内金融秩序以及增大国内监管难度等诸多困境。必须明确稳定人民币汇率的法律措施，以最终从法律上保障人民币国际化的顺利进行。人民币国际流通的市场稳定措施应主要包括：健全基础制度建设，即深化国内金融体制改革、完善支付结算清算系统、完善货币政策调控体系；加强境外市场协作，即加快推进跨境贸易人民币结算、继续推进人民币区域化进程、加强金融基础设施合作建设、增强联合监管和合作；完善境外监管体系，即健全境外人民币市场相关法律、建立完善监管体系、建立健全内部控制制度、加强重点内容的监管安排。

三、人民币汇率调控权的法律问题

在主权货币国际流通的背景下，必然存在一国主权货币与其他国家主权货币的兑换和兑换比率问题，即主权货币的汇率问题。根据货币主权原则，主权国家对其主权货币与其他国家的主权货币之间的兑换比率享有调控权。同时，国际货币基金组织作为世界各主权货币合作的核心机构，对各成员国的汇率政策也享有监督管理权。2007 年国际货币基金组织对汇率监督制度进行了重大的修改，通过了《对成员国政策的双边监督》新决定。按照这个新的决定，国际货币基金组织对成员国汇率操纵行为享有认定权、对汇率偏差享有确认权，各成员国无权以其国内法对抗其他主权国家的汇率调控权。

人民币汇率调控权问题的核心是明确我国的主权边界，在该主权边界内最大限度地实施人民币汇率的调控权，确定汇率操纵与汇率偏差的认定标准与惩罚措施。按照《国际货币基金组织协定》的相关规定，我国享有人民币汇率主权，有权自主决定符合我国实际情况的汇率制度。但是，在此同时也必须努力促进汇率稳定，避免汇率操纵和产生严重的汇率偏差，妨碍国际收支的有效调整或取得对其他会员国不公平的竞争优势。我国有权根据自己的实际情况独立自主地制定和改变汇率政策，不受其他国家要求的限制。

在实施人民币国际化战略过程中，我国应按照自主性、可控性、渐进性原则，设定人民币汇率改革的时间表和路径。同时，在我国拥有高额外汇储备的情况下，应避免国际货币基金组织认定我国存在汇率操纵和人民币汇率存在严重偏差，妥善应对相关国家对人民币施加的压力。我国应进一步完善人民币汇率形成机制、构建人民币跨境监测制度、完善人民币发行和回笼制度、出入境管理制度以及跨境支付结算制度。同时，进一步推进国际货币体系的改革，为稳定人民币汇率创造一个良好的国际法律环境。

四、人民币国际纠纷裁判的法律问题

人民币的国际流通必然引起人民币的国际纠纷，如何解决好这方面的纠纷，确定人民币国际纠纷管辖权与裁判标准，是人民币国际纠纷解决的程序和裁判法律问题。人民币国际纠纷与其他类型的纠纷不同，它是以不同国家、居民与非居民为主体的纠纷；这些纠纷既涉及人民币监管政策和法律等宏观问题，也涉及人民币财产权利、支付效力及法院管辖权和裁判执行权等微观问题；这些纠纷的解决，目前缺乏明确的法律规定。需要我们对人民币国际纠纷的裁判规则进行认真研究，以为相关司法实践提供基本的参考依据。

人民币国际纠纷裁判问题，第一，是人民币的国际支付效力问题。人民币在我国境内的支付效力由我国货币法律予以明确规定和确认，但是，对于其境外支付效力，以及境外支付效力的确认，则取决于支付行为地对于货币主权的保留程度，取决于其是否承认他国货币法的域外支付效力。我国已经同许多国家签署人民币支付结算相关协定，人民币在这些国家或区域具有明确的支付效力。我国应加强与有关国家的双边谈判，签订协议，承认人民币在该国境内支付的法律效力，并对其货币流通行为进行明确规范。

第二，是人民币法律变动的裁判问题。根据货币主权原则，我国货币管理当局有权根据需要变动人民币的相关法律，这是我国的货币主权。但是，如果这种变化超出了普遍可以接受的法律界限，事实上达到对境外人民币或人民币财产持有人进行财产征收的效果，给相关国家或地区造成较大的损失，则应承担相应的赔偿责任。

第三，是人民币价值变动的裁判问题。人民币价值的变动原因可以区分为国家行为和非国家行为。对于非因国家行为造成人民币购买力的变化和汇率变化导致的人民币价值变动损失，不具有可诉性。对于因国家行为导致的人民币价值变动损失，根据货币主权原则，受到损失的国内外相关主体，也不享有诉权。但是，如果我国货币管理当局恶意进行竞争性货币贬值，或者利用变动汇率转嫁危机，给其他相关国家或地区造成较大的损失，则构成对国际法的违反，通常在境外主体请求时应承担相应的赔偿责任。

第四，是人民币法律责任承担的裁判问题。在确定承担法律责任的货币种类时，在人民币国际流通背景下，如果采用人民币能够最大限度地满足赔偿或者补偿目的，或者合同当事人有人民币作为合同履行货币的特别约定的，法院应以或至少可以人民币作出判决，目前"恰当性货币规则"已经成为一种国际裁判的趋势。在确定承担法律责任的汇率时限时，应该以最大限度地满足准确赔偿或者补偿的原则进行裁判。在人民币国际流通背景下，法院选择以"支付日汇率规则"作出判决，更符合损害赔偿的原则。

第五，是人民币国际纠纷管辖权的裁判问题。对于同人民币财产经营相关的纠纷，应按照纠纷发生地法院享有优先司法管辖权和裁判权的原则确定。无论纠纷当事人是否是我国公民，我国法院也都应享有补充的司法管辖权和裁判权。如果纠纷发生地的法院拒绝受理相关案件，我国法院应享有司法管辖权和裁判权，并应有权要求东道国司法机关协助执行相应裁判结果。同时，必须在我国现行法律体系中系统地规定货币相关法律的域外效力，最终使我国法院系统享有境外人民币纠纷的司法管辖权和裁判权。

五、人民币国际流通的法律完善

人民币国际化的法律问题，既包括国际法层面的问题也包括国内法层面的问题。对于国际法层面的问题，我国应积极参与国际货币法律规则的制定与完善，同相关国家充分协商、达成双边或多边货币协定。同时，在国内相关法律的制定和实施过程中，还必须以人民币国际化流通为基本背景，在国际化的视野下修改和完善现行法律。它的实质是必须规定人民币法律的域外效力，特别是人民币的域外财产效力与法律地位、域外经营权、域外监管权和域外裁判权。具体来说，人民币国际流通的法律完善包括以下部分。

第一，是人民币基本法律制度的完善。我国目前正研究修改《中国人民银行法》，建议在修改后的《中国人民银行法》中明确规定人民币的域外财产效力和流通效力。在《国际货币基金组织协定》等国际性法律基础上修改现行《外汇管理条例》，并更名为"主权货币财产管理条例"。建立完善的境内外金融机构人民币法币和存款经营权和监管权制度。明确规定我国法院对于境外人民币财产纠纷的司法管辖权和裁判权。

第二，是人民币法币管理制度的完善。在修改现行《人民银行法》的过程中，明确人民币是我国的法定货币，它在中国境内具有法偿效力，境外如无对方国家法律或协定限制也具有货币财产效力；取消人民币与其他货币持有人之间直接兑换权的限制，建立人民币兑换清算机制和人民币发行与回笼体系；明确我国金融监管机关对人民币境外流通的经营许可权和经营监管权；最终形成以我国中央银行为核心、以商业银行为基础、以合格的相关机构为辅助的人民币法定货币国际流通体系，以存款货币国际流通奠定基础。

第三，是人民币支付结算制度的完善。在修改《商业银行法》或制定统一的《支付结算法》过程中，明确我国的人民币财产域外经营许可权或经营监管权，完善跨境贸易人民币支付结算系统的具体运行规则；建立以跨境资金流动与境外资产负债为核心内容的监管体系，完善个人跨境人民币业务责任控制及惩处机制；建立结算法律纠纷解决机制，设立跨境贸易人民币结算仲裁委员会，受理与跨境贸易人民币结算有关的纠纷。

第四，是人民币汇率管理制度的完善。修改我国现行《外汇管理条例》，将其变成既规范境内外币财产又规范境外人民币财产的法律；逐步实现汇率管理制度向完全市场化方向过渡，完善人民币汇率形成和调节控制的市场化机制；加强汇率管理相关法制建设；健全汇率管理与货币政策、财政政策、产业政策等协调机制。

第五，是人民币流通监管制度的完善。在修改《中国人民银行法》、《商业银行法》等法律的过程中，明确我国货币流通监管机关在人民币流通中的国际、国内监管地位，明确我国监管机关对人民币法币和人民币财产的境外流通监督管理权。重塑人民币跨境流通的市场化监管理念；完善监管法律机制，设立人民币跨境流通集中监督管理中心；完善监管具体措施，加强对人民币境外流通市场的监管和人民币反洗钱监管。

第六，是人民币纠纷诉讼制度的完善。在修改我国《法院组织法》、《检察院组织法》以及相关《诉讼法》的过程中，明确我国司法机关域外人民币纠纷的司法管辖权和裁判权。完善人民币纠纷解决机制，提高纠纷解决程序设计的合理性与科学性；依据货币主权不同的行使方式对人民币纠纷进行区分，并设计相应同类型纠纷的程式化处理规则；对于单方面行使货币主权而引发的纠纷，应以限制国家货币主权为主线；对于双方或多方欠缺合意行使货币主权行为而引发的纠纷应以"契约精神"化解纠纷。

第七，是明确人民币监管国际协作的原则。在处理与各国监管机构关于人民币国际监管权限的协调与合作关系时，应坚持尊重各国主权原则；在构建人民币国际监管协作机制、参加人民币监管的相关国际组织时，应坚持国家利益与国际利益相结合原则；在从事人民币国际监管协作的实践、采取人民币国际监管措施时，应坚持监管有效性原则。

人民币国际化与中国商法的国际趋同

——兼论"一带一路"倡议的法律基础

范　健　丁凤玲[①]

政治经济学强调货币乃至金融的国际化能够重建国家间的财富分配格局[②]，能够降低汇率风险、改善国家贸易条件，能够通过金融话语权增强一国的国际地位。因此，近现代历史上走向强盛的国家都致力于推动本国货币的国际化。人民币国际化是我国的长期战略。2016 年 10 月人民币正式纳入国际货币基金组织（IMF）特别提款权（SDR）货币篮子，人民币国际化战略取得了阶段性成果，但仍然需要不懈努力。对此，历史上先后成为国际货币的英镑、美元、日元所投射的货币国际化经验及教训，对我国人民币国际化有着重要的借鉴意义。

一、货币及金融国际化的历史启示：经济为变量，制度才是保障

货币及金融国际化，是指国内货币及金融成为国际货币及金融的过程，也包括已经成为国际货币后保持和强化其国际地位的过程。它区别于国际货币的概念，前者是对过程的描述，后者则是对结果的表达。对货币及金融国际化实现途径的理论探讨，经济与法学存在着不完全相同的认知。

（一）理论观点的偏差：经济实力为核心

自 2001 年以来，中国经济学界关于人民币国际化的研究逐渐成为热点，经济学理论研究成果几乎无一例外地认为，一国货币及金融的国际化与一国的经济实力相关。研究争议只在于影响货币国际化的经济因素，或称决定要素存在着学者之间的认识差异，这些要素主要指经济实力、经济规模、经济习惯、金融发达程度、金融市场及金融工具、货币及财政策等。对此，我们不否认货币与金融是一国经济制度和经济力量的重要组成部分，不过，若进一步认为货币及金融的国际化以经济实力

---

① 范健，南京大学南海协同中心、南京大学法学院教授；丁凤玲，南京大学法学院研究生。本文系南海协同中心法律平台子课题研究成果之一。

② 参见赵柯：《货币国际化的政治逻辑——美元危机与德国马克的崛起》，载《世界经济与政治》2012 年第 5 期。

为核心，就犯了"知其然而不知其所以然"的错误。经济实力决定的观点不论在经济学界还是法学界都长期占据主流地位，至今仍是如此。

从经济学界关于货币国际化影响因素的研究成果可以归纳得出如下结论：第一，货币国际化影响因素的研究主要集中在经济学领域，法学家对此并不涉及，个别法学文章在对人民币国际化问题的研究中涉及货币国际化影响因素时，也都从经济学领域引用观点。第二，经济学的成果几乎无一例外地通过对美元、欧元、日元等国际货币的实证分析认为经济实力是一国货币国际化的决定性因素。

对于上述结论，我们认为，法学的研究可以吸收经济学的成果，但是法学的思维逻辑毕竟有别于经济学的论证思路，最起码基于理论假设展开实证分析在法学领域除了法经济学以外，并不被广泛适用，为了使法学结论具有信服力，有关问题的理论论证仍然应当回归于法学思维逻辑。而这里的货币国际化研究就既是经济学也是法学问题，所以，为了使有关货币国际化影响因素的研究被法学界所认可并支持，对该问题的研究不可片面地信服经济学的结论，而应当基于法律思维重新出发。为此，我们将采用法学领域的历史分析方法和比较研究方法，对货币国际化的影响因素展开分析研究。

（二）历史经验的真谛：制度建设为根本

从英国英镑、美国美元、日本日元等国际货币的崛起历史中，我们清晰地发现：一国货币的国际化尽管与一国的经济实力息息相关，但经济实力并不是真正使一国货币走向国际化的关键因素，而是一国经济、法律制度的健全或者说制度与货币国际化需求的配套。经济、法律制度的健全或配套既为一国货币国际化提供了制度供给与保证，更为一国经济实力的增强提供了务实的制度基础，因此，往往一国在制度的确保下走向货币国际化的同时，经济实力也在同步增长，最终呈现一国经济实力带动一国货币国际化的表象。并且，一国经济实力的强大又容易使该国在世界经济发展中占据主导地位，在世界经济体系中占据话语权，即经济实力具有强大的辐射力，该现实使经济实力作为货币国际化的影响因素被视若珍宝，最终加剧经济实力作为货币国际化决定性因素这一表象的迷惑性，直至忽视促使经济强大的背后原因——制度。这也是经济学研究中理论假设往往以经济实力作为货币国际化决定性影响因素的原因。上述观点，为历史所验证。

世界历史上，第一个国际金融中心在荷兰的阿姆斯特丹，虽然当时荷兰没有推行货币国际化，但荷兰成立的阿姆斯特丹银行，作为历史上第一家取消金属币兑换义务而发行银行券的银行，其所发行的汇票可以在世界各地兑换，该汇票实际上扮演了世界货币的角色。① 而阿姆斯特丹之所以可以成为国际金融中心并使其发行的银行券成为世界货币，关键在于其先进的金融制度——阿姆斯特丹不仅外汇管理宽

---

① 孙兴杰：《资本转移与荷兰的衰弱》，载《长江商报》2013年10月30日。

松，不限资金流动；更有便捷、自由、高效的经济制度；还"在1609年创立了世界上第一家有组织的证券交易所和第一家具有现代意义的银行，并于1669年通过证交所成立了第一家向公众发行股票融资的公司——东印度公司，发明了最早的操纵股市技术（卖空、逼空股票等）"。① 因此，从时间来看，早在荷兰通过荷兰西印度公司（1675年）和东印度公司（1669年）开始建立殖民帝国和贸易据点，并成为世界金融商业中心之前，荷兰就已经在国内建立了发达的金融、商事制度，该制度设计为荷兰经济发展提供了坚实的基础，尤其是实现荷兰殖民掠夺、垄断东方贸易的东印度公司更是制度设计的产物，而作为制度产物的东印度公司正是促成荷兰经济腾飞的关键因素，同时也对阿姆斯特丹成为国际金融中心发挥了关键作用。所以，阿姆斯特丹可以发行具有世界货币作用的银行券，在于其国际金融中心地位，而其国际金融中心地位的取得依赖于东印度公司增强了其经济实力，不过，东印度公司该作用的发挥又依托于阿姆斯特丹金融、商事制度的设计，所以从根本上来说，真正让阿姆斯特丹银行发行的银行券发挥世界货币角色的原因在于金融、商事制度的设计。

如果对荷兰一国有关情况的考察尚欠说服力，那么从英国英镑、德国马克的崛起历史以及英镑和美国美元两大国际货币的角逐历史中就更能说明，经济实力只是一国货币国际化的必要不充分条件，即货币国际化必然有一国经济实力的体现，但是一国具有经济实力却不一定能使该国货币走向国际化，商事法律制度才是隐藏在经济实力因素背后的一国货币国际化的充分必要条件。

传统观点认为，第一次工业革命后，英国成为"世界工厂"，英国经济发展突飞猛进，对外经贸活动日益频繁使英镑逐渐成为国际贸易和资本输出的主要货币。② 对此，我们并不否认第一次工业革命对英国经济实力增强的积极作用，不过，容易被忽视的是英国工业革命之前在国内进行的金融技术革命及其作用。自英国走向民主法治的君主立宪制后，英国就大力发展债券市场、股票市场、银行业和保险业：成立了第一家现代意义上的中央银行——英格兰银行，建立了大量由新兴资产阶级组成的股份制银行，形成了较为完善的公私信贷体系③；此外，英国还形成了票据贴现体系，相继开展海上保险、财产保险和人寿险等保险业务，大力促进国债的发行和流通，形成了以债券市场为主、股票市场为辅的资本市场。英国上述关于商事法律制度的举措尤其是国债市场的健康发展，使英国具有将未来收入提前变现的能力进而获得了充分发展国力的资金支持，同时也为英国工业革命的发展积累了大量的资本，更准确地，应当说英国金融技术革命使英国走向资本主义发展道

---

① 朱昊：《十七世纪"海上马车夫"的崛起》，载《财政金融》2011年第12期。

② 李清娟、宋浩亮：《伦敦国际金融中心形成的漫漫长路及未来发展趋势研究》，载《科学发展》2012年第12期。

③ 参见赵婧：《英国商业银行的经营模式浅析》，载《商业时代》2011年第1期。

路，最终成为爆发英国工业革命的根本原因。如此一来，我们若将英国经济实力的快速增强只归结于工业革命，就未免存有偏颇，或者说只看到了直接原因而未指出根本原因即英国商事法律制度的发达。因此，关于影响英镑国际化因素的逻辑分析应当是：促使英国的英镑成为国际货币的是英国的经济实力与对外贸易，而英国的经济实力的增强又依赖于工业革命的爆发，工业革命的爆发又以英国商事法律制度的健全为根本原因，所以真正推动英国英镑成为世界货币的是英国的商事法律制度。

经济实力并非一国货币国际化的根本性因素，从美元和英镑的国际货币角逐历史中也可以得出。早在 19 世纪 70 年代，美国国内生产总值就超过了英国，1912 年美国更是成为世界最大的出口国，但是此时的美元并没有成为国际货币，相反美国的对外贸易仍主要以英镑作为贸易计价和结算货币。因为，彼时的美国缺乏解决货币金融问题的中央银行，法律又阻止美国银行从事信贷活动，国家的金融市场还缺乏流动性①，种种商事法律制度的欠发达使美国尽管具有强大的经济实力，也无法实现美元的国际化。该情形直到世界第一次大战期间才有所改变，美国于 1914 年建立了美联储，并对内积极鼓励美国银行发展票据业务，对外大力向世界推销美元，该举措极大地增强了美元的国际地位。而致使美元真正实现对英镑的赶超成为国际货币，除了美国方面的商事法律制度改革以外，英国商事法律制度的变化也起了重要的作用。与美国不断深入推进商事法律制度改革相反，英国在经历了全球 1929-1993 年经济危机以及第二次世界大战后国家经济实力减弱，但英镑并未因此在国际货币地位上落后于经济实力蒸蒸日上的美国，真正导致英镑失去光环的原因是英国在商事法律制度上走向了外汇管制的道路，制度的倒退使英国失去了制度资本，最终英镑的国际地位在英国商事法律制度后退以及经济实力减弱的双重作用下被美元所取代。所以，经济实力是一国货币国际化的必要不充分条件，真正起核心作用的是一国的商事法律制度。

日本日元的崛起也验证了该观点。第二次世界大战后，日本经济经历了恢复时期和高速增长时期，1968 年其国民生产总值就赶超了英国和德国成为居于美国之后的世界第二大经济体②，但是经济实力的提升并没有使日元自然而然地走向国际化，真正推进日元国际化进程的是日本着手修改国内以"限制性条文"为特征的商事法制度，转而在有关法律中采取"自由贸易"原则。③ 虽然日本没能最终取代美元成为世界第一大国际货币，但与上述国家相同，促使日本日元国际化进程取得进展的同样是该国的商事法律制度改革。

因此，对于一国货币及金融的国际化，历史经验所彰显的并非传统理论界所主

---

① 参见韩龙：《美元崛起历程及对人民币国际化的启示》，载《国际金融研究》2012 年第 10 期。
② 参见付丽颖：《中日货币国际化比较研究》，东北师范大学 2012 年博士学位论文。
③ ［法］马克·皮尔萨克：《日本的金融体制和日元的国际化》，王苏民译，载《外国经济参考资料》1980 年第 9 期。

张的一国的经济实力，而是一国商事法律制度的建设，哪个国家有更可靠的制度，其货币及金融国际化进程才能真正取得实效，并且，制度保障下的货币及金融国际化可以在一定程度上脱离一国经济实力因素的限制，因为一国的经济受多种因素的影响经常处于变化状态，而一国的商事法律制度则具有稳定性，所以在国家经济实力波动的背景下，制度往往能脱离经济起到保障一国国际货币地位的作用。对此，学者何慧刚就曾指出货币国际化有两种模式，"强经济－强制度、弱经济－强制度"①，虽然该观点过于激进，但是其仍然深刻地揭示了制度对货币国际化的决定性作用，这点值得肯定。

既然商事法律制度才是保障一国货币国际化的根本，那么我国在推进人民币国际化的过程中，就无法忽视我国商事法律制度的建设。

二、保障人民币及金融国际化的制度：以国际趋同的方式构建

不过，基于世界主要货币的崛起历史，主张在我国推进商事法律制度的建设只解决了认识层面的问题，要使该主张对我国人民币的国际化进程发挥实际作用，我们仍然必须探索实现该建议的方法，对此，我们认为我国的商事法律制度建设应当以商事法律国际趋同的方式进行，但是在具体展开论证之前，我们必须先了解何为商事法律制度的国际趋同。

（一）本体论：法律制度趋同、法律制度国际趋同的内涵

我国法学界最早引入法律趋同概念的是学者李双元教授，现今法学理论对法律趋同概念的定义也多引用自他的观点，即"法律趋同指的是不同国家的法律，随着社会需要的发展，在国际交往日益发展基础上，逐渐相互吸收，相互渗透，从而趋于接近甚至趋于一致的现象。其表现是在国内法律的创立和运作过程中，越来越多地涵纳国际社会的普遍实践与国际惯例，并积极参与国际法律统一的活动等"。② 该定义将法律趋同限定于不同国家主体之间，使得法律制度趋同与法律制度国际趋同混于一个层面。

然而，法律趋同也可能发生于一国内部之间，因为各个国家受历史因素的影响，国家领土范围内的法律尤其是商事法律制度存在区别的现象屡见不鲜，犹如我国一国两制背景下的大陆与香港、澳门、台湾地区就实行不同的法律制度，美利坚合众国各州和地区的商事法律制度也略有差异，大不列颠及北爱尔兰联合王国同样如此。所以，将法律趋同限于国际层面并不周延。李双元教授的定义与其说是对法律制度趋同的解释，不如说是对法律制度国际趋同的说明。本文就将其界定为法律制度国际趋同概念的表达。至于法律趋同则应当是不同国家或地区的法律，随着社

---

① 参见何慧刚：《东亚货币合作与人民币国际化》，载《社会科学》2006 年第 4 期。

② 李双元：《中国与当代国际社会法律的趋同化问题》，载《走向 21 世纪的国际私法：国际私法与法律的趋同化》，法律出版社 1999 年版。

会需要的发展，逐渐相互吸收、相互渗透，从而趋于接近甚至趋于一致的现象。

因此，商事法律制度的国际趋同指的是不同国家的商事法律制度，随着社会需要的发展，逐渐相互吸收、相互渗透，从而趋于接近甚至趋于一致的现象。商事法律制度的国际趋同是一个动态的过程也是一个静态的结果，它既可能是主权国家有意识、有目的、自主、自觉地主导的过程，也可能是一国无意识、自发地推动的结果。现如今，我国推进人民币及金融国际化所需要的商事法律制度国际趋同必须走我国有意识地、有目的地、自主、自觉地主导模式。

（二）认识论：以国际趋同方式构建制度的原因及意义

笔者之所以首先认为人民币及金融国际化需要走商事法律制度国际趋同的道路，主要有两方面的原因。

一方面，当代货币、金融、贸易都属于商事行为，其法律制度都属于商法的范畴，而商法自其产生之日起就天然地具有国际性，该国际性与商法调整对象具有世界范围内的共性有关，也与商事交易具有对外扩张性相关。在经济全球化的背景下，商法的国际趋同既是国家间市场趋同的结果，也是各国商人的要求。在我国推行人民币及金融国际化战略的过程中，无视国际商事法律的趋同化现象以及法律制度建设的最新成果，只在依赖国家产业政策的实施推行人民币国际化的战略，不但无法产生制度资本，还会因为我国制度的保守性降低人民币在作为贸易结算货币、投资等方面的吸引力。

另一方面，就算我们强调商法的民族特色，刻意忽视商法制度本身的国际性，而主张完全从本国实际出发构建商事法律制度，我们也无法抹去世界历史所验证的事实，那就是世界主要国际货币的崛起以制度变革为核心，而仔细考究各国的制度变革措施便不难发现其中的相似甚至相同之处，如建立中央银行、形成票据提现体系、发展证券市场等。我们无法验证英镑之后美元、马克、日元、欧元等国际货币的崛起是否依赖于在商事法律制度方面有意识地趋同于英国当时的法律制度，但是，美国、德国、日本、欧盟前后采取相似或相同制度改革措施的做法，至少说明了要促使一国货币实现国际化，商事法律制度的建设至少必须涉及协调贸易冲突的中央银行、开放且流动性强的金融市场等几大方面。因此，为了实现人民币的国际化，我国商事法律制度的建设至少需要在上述问题上与国际立法相趋同，该趋同是历史经验凝结的结果。更何况，美元、日元、欧元在货币国际化的相继成功也说明了该制度趋同的可行性，可以认为，走商事法律制度趋同的道路推进人民币国际化进程是世界历史经验和国际实践要求中国做出的选择。

（三）方法论：实现以国际趋同方式构建制度的方法

不过，正如美国早自1870年国内生产总值超过英国后，就已经在推行美元的国际化，但是国际经济实力的领先并没有使美元直接成为国际货币，直到美国走向金融制度改革，美元的国际地位才发生革命性变化。① 德国、日本同样如此。这与上述国家未能洞悉制度的重要性有关，也与上述国家在国内商事法律制度建设上缺乏国际趋同的自觉性有关。

如果说美国实现美元赶超英镑成为国际货币之时，世界商法还在从国内法走向国际法的发展圈子，美国未能及时反应尚可理解，那么到了日本和德国推行货币国际化时期，商法就已经完成了摆脱国内法限制，朝国际贸易这一普遍和国际性的概念发展。② 但是，日本和德国显然没有对此现象予以过多地关注，尽管最后为了实现货币国际化，两国都将国内商事法律制度的改革与国际相趋同，但是该趋同并非自主、自觉的过程，而是外在环境迫使下的自发趋同。自觉性欠缺的结果就是一国货币国际化进程制度成本的增加。

因此，我国要走商法国际趋同的方式推行人民币及金融国际化进程，不但需要注意到制度对人民币及金融国际化的重要性，更要有意识地将商事法律制度国际趋同作为方法论进而构建有关制度。我们必须清醒地认识到国外货币国际化进程中有关商事法律制度建设作为先前经验的宝贵性，更要自主地吸收域外国家制度建设的核心与精华，减少我国金融、制度建设的机会成本的同时增加我国推行人民币及金融国际化的制度资本。

三、制度的国际趋同：我国"一带一路"倡议的法律基础

本文提出我国人民币及金融国际化应当走商事法律制度国际趋同的道路，对我国正在推行的"一带一路"倡议具有重要意义。

（一）框架：我国"一带一路"倡议与法律制度的建设

"一带一路"倡议是我国推出的国际经贸合作倡议，该倡议横跨亚、非、欧65个国家，各个国家之间不但经济政治发展水平大相径庭，法律体系也相去甚远。对此，根据我国发改委、外交部、商务部发布的《推动共建丝绸之路经济带和21世纪海上丝绸之路的远景与行动》，"一带一路"的框架思路是"打造政治互信、经济融合、文化包容的利益共同体、命运共同体和责任共同体"，主要内容则是"政策沟通、设施联通、贸易畅通、资金融通、民心相通"。所以，法律制度层面的建设并没有被视为我国推行"一带一路"倡议的关键。

然而，纵观世界大国的崛起历史，不论是殖民时代的西班牙、英国，还是二战后成为超级大国的美国，法律制度的建设都是国家兴盛富强的根本。就算是殖民时代的西班牙、英国对殖民地白银的掠夺，也都是以法律制度的输出作保障，西班牙

---

① 参见韩龙：《美元崛起历程及对人民币国际化的启示》，载《国际金融研究》2012 年第 10 期。

② ［英］施米托夫：《国际贸易法文选》，赵秀文译，中国大百科全书出版社 1993 年版，第 10—11 页。

征服美洲后，就将其贸易规则全面渗透拉丁美洲立法①，英国同样如此。反观我国，不论是过去还是现在，我国的对外经贸合作战略从未提及法律制度的建设，更无所谓法律制度的输出，而倾向于通过官方政治合作保障经贸交易。该做法不但使我国的经贸合作受制于政治风险，更是经常限于得不偿失的境地。

所以，我国推行任何经贸合作战略，当务之急并非获取国家间的政治合作，相反应当尤为重视法律制度层面的建设，走通过法律制度输出保障国际经贸合作战略的道路。我国如今正在推行的"一带一路"作为加强国际经贸合作的战略就更应当汲取教训，转变方式，重视法律合作。

（二）框架的基石：我国"一带一路"倡议与法律制度的国际趋同建设

而这里我们所强调的保障国际经贸合作的法律制度，主要指的是商事法律制度。并且，如同我国推行人民币及金融国际化的商事法律制度建设要以国际趋同的方式进行一样，保障"一带一路"倡议实施的商事法律制度建设也应当采取国际趋同的方式。

以国际趋同的方式作为我国"一带一路"倡议法律制度建设的方法论具有更重要的意义。因为，如上所述，"一带一路"倡议的所涉65个国家的法律各异，我国提出的法律规则若脱离国际立法潮流，不但难以得到其他国家的认同与尊重，还可能因为法律差异引发贸易冲突。并且，尽管我国的国内生产总值已经排名世界第二，但是我国并没有取得超级大国的地位，所以要使我国提出的法律规则为英国、德国的法律制度所认可，我们无法通过经济霸权实现，而只能以法律规则制度本身的优越性获得认可，此时，走商事法律制度的国际趋同道路就可以在更大的范围内消除隔阂产生共识。

因此，总的来说，我国的"一带一路"倡议与我国人民币及金融国际化一样，需要关注商事法律制度的建设与输出，而商事法律制度的建设又不能以"闭门造车"的方式进行，以通过商事法律制度国际趋同的方式构建我国的商事法律制度，才能为我国"一带一路"倡议以及人民币、金融国际化战略获得制度资本。

---

① 参见夏秀渊：《拉丁美洲国家民法典的变迁》，法律出版社2010年版，第18页。

金融监管新问题

从"波斯纳审判"看金融差异化监管

熊进光　赵梦茜①

2015 年，美国芝加哥市出租车公司和司机起诉市政府，声称他们的竞争对手：共享出行服务公司，如优步（uber）等，由于没有遵守城市法律法规而削弱了他们的市场份额，严重影响了传统出租车行业的健康发展。2016 年 4 月下旬，原审法官沙朗·约翰·科尔曼驳回了除两项诉讼请求之外的其他全部诉讼请求。2016 年 10 月 7 日，美国联邦第七巡回上诉法院著名法官理查德·波斯纳就本案与乔·圣菲利波（Joe Sanfelippo）出租车公司诉密尔沃基市政府一案给出结果，对原审法院的判决总体予以维持，但是对于原审法院就原告的平等保护诉求所作判决除外。撤销地区法院就原告的平等保护诉求所作判决，并令其驳回有关诉讼请求。波斯纳法官认为共享出行服务公司和传统的出租车行业是两个不同的主体，对待不同的法律主体应该适用不同的法律制度。"财产权"不是可以排除市场竞争的权利，竞争应当优于监管。同时，波斯纳审判也带来启示，对待金融市场的不同主体也应该适用有差异的法律进行监管。

一、案情概况

律师迈克尔·夏克曼（Michael Shakman）代表出租车公司以及出租车司机在美国地方法院提起诉讼。诉讼指控市政府没有妥善管理出租车服务市场。称优步（Uber）、来福车（Lyft）等竞争公司由于没有遵守相同的竞争规则而对传统的出租车产业造成了毁灭性的打击。

几十年来，密尔沃基市政府每年都颁发一定数量的出租车准入许可证以限制出租车的数量。在 1992 年之前，出租车管理条例要求市政府的管理规定必须满足"公共福利，安全，便利和必要需求"等要求。按照这些要求，市政府每年举行年度听证会，以决定是否允许更多的出租车进入市场。所以在 1992 年之后，如果市政府没有颁发更多的出租车牌照或者听证会认为应该减少出租车数量，那么出租车就会越

---

①　熊进光，江西财经大学法学院教授，博士生导师；赵梦茜，江西财经大学法律经济学博士研究生。

来越少。所以，出租车和许可转让的法律条文促进出租车牌照二手市场的诞生。并且二手市场上的牌照价格稳步增长。在密尔沃基一案中，原告称 162 辆出租车中，只有 6 辆是市政府直接签售的。原告花了 150000 美元来购买剩下的所有牌照。（林恩·阿德尔曼（Lynn Adelman），2014）

在芝加哥，出租车业务下降了 40~50 百分比。更重要的是，出租车司机投入了大量金钱和赖以为生的出租车牌照几乎一文不值。夏克曼（Shakman）以一位来自加纳的出租车司机举例。他以 370000 美元拍下出租车牌照以及一辆新的丰田车开始他的出租车职业生涯，但是他的事业却在急速下坡。

夏克曼称，优步不是一项新型服务，它就是出租车。他坚持出租车司机应该和网约车司机一样受到平等的保护和对待。然而情况却并非如此，夏克曼引用了一个被称为网约车"可怕的优势"的例子：在奥黑尔国际机场，网约车可以被允许在人流较少的上层出发层接到达的乘客，而出租车司机则必须在下层到达层排长队来接客人。其次，出租车司机受固定费用和录取指纹的管控而网约车则不必。再如，网约车司机通过智能手机挑选顾客，他们拒绝去一些临近乡村。而这一行为是传统出租车所禁止的。同时，夏克曼指出，芝加哥出租车系统和密尔沃基出租车系统存在着差异。密尔沃基对出租车牌照没有一个固定的定价并且允许它们在二手市场上进行交易。而在芝加哥，根据合同，在优步等网约车出现之前，出租车牌照会被拍卖到最高 360000 美元，并且收取 5% 的转让费。据夏克曼说，政府从出租车行业的收税金额减少了 2400 万美元。市政府允许无管理的出租车进入市场的行为是"搬起石头砸自己的脚"。

布拉德·索尔（Brad Saul）（芝加哥残疾人交通创始人）也作为原告加入这场诉讼。他说这种新兴崛起的服务是被优待的，以至于他们无法很好地服务于残疾人。

在这起诉讼的辩论阶段，出租车公司辩称，由于在芝加哥地区有 9 万名司机工作在来福车和优步平台上，出租车的收入下降了高达 50%。同时，分享出行公司也不需要获得牌照。与此不同，出租车经营则必须持牌上岗。出租车公司的律师表示，由市政府发放的牌照价格于 2013 年创下历史最高点，即 35.7 万美元。然而近期，公司之间的牌照转让价格仅为 6 万美元。（大卫·克拉维茨（David Kravets），2016）

原告用 7 个理由质疑该类管理优步的条例的合法性，其中 4 个理由基于美国宪法，其余 3 个基于伊利诺伊州法。除了两项诉讼请求之外，2016 年 4 月下旬，原审法官沙朗·约翰·科尔曼驳回了其他全部诉讼请求。获得的两项诉讼请求指控芝加哥市政府允许交通网络提供者们（TNPs）与出租车和租赁车相竞争，却又不要求交通网络提供者们遵守适用于出租车和租赁车服务的全部法规，从而未给予原告平等的法律保护。科尔曼认为对网约车实行最低程度管制是一种专制行为（答尔·达迪尔（Hal Dardick），2016）。原告对原审法官驳回他们 5 项诉讼请求提起上诉，芝加哥市政府则对原审法官拒绝驳回另外两项诉讼请求提起上诉。

上诉法官是著名的理查德·波斯纳（Richard Posner）。他认为共享出行服务和传统的出租车是完全不同的两个行业，就像养猫和养狗也是不同的。大多数市政府都要求养狗需要办理执照而养猫则不需要。美国司法部律师安东尼·桑德斯（Anthony Sanders）赞成优步公司，他说："没有任何财产权可以阻止他人进入市场。"波斯纳法官认为这样的情况产生了卡特尔。除非有危险，不然应该让消费者自身决定他们更喜好哪个产品。

拉姆·伊曼纽尔（Rahm Emanuel）市长提交了一份为网约车建立一个独立牌照的法令。伊曼纽尔坚持说此项提议将建立最低程度的保险覆盖和司机监控。提议出租车公司和司机个人分别要缴纳 25000 美元和 25 美元的年费。而这是传统出租车和新型出租车服务之间最合适的妥协。

这次案件的其中一起诉讼是伊利诺伊州交通贸易协会提起的，这个协会代表出租车司机的利益。协会律师爱德华·费尔德曼表示，该协会正考虑上诉。"我们认为，把出租车行业和共享出行服务行业类比成猫和狗，这样的类比不具有说服力。"（安迪·格里姆（Andy Grimm），2016）

市政府发言人比尔·麦卡弗里（Bill McCaffrey）非常赞同波斯纳法官"措辞严厉"的观点。他非常高兴法院作出了这样的裁决，这证实了他们一开始就坚持的信念：用出租车行业法规挑战市政府对于共享出行服务的法规是完全没有必要的，因为这二者是不同性质的东西。（安迪·格里姆（Andy Grimm），2016）

二、对"波斯纳判决"的解读

在优步等网络约车平台出现之前，人们就开始谈论人为的限制竞争是多么的荒谬，直到这些网约车公司出现之后，这些荒谬才逐渐显现出来。一些具有前沿眼光的司机接受了，但是其他的却在以一种荒谬的方式对抗这件既定事实。他们认为允许这样的竞争出现无异于"在没有任何赔偿的情况下使私人财产权公用化"。但是，什么是私有财产权？根据这些出租车公司的说法，人为地限制竞争就是他们的财产权。显然这种说法不合适。

波斯纳法官认为，政府限制市场准入来限制竞争并不是一项财产权。这并不能使得出租车司机因此就得到赔偿。如果承诺了永远不改变规则，原告的诉讼请求或许可能成立，可是没有。同样地，他承认出租车准入确实是一项财产权，但是这和市政府签订更多市场准入是无关的。"原告认为，越来越多的市场准入使得他们在没有赔偿的情况下受到了损失，从而违反了对财产权的宪法保护，这太荒谬了。如果芝加哥市政府没收了出租车牌照，即允许将汽车作为出租车之用的许可文件，原告提出此种诉求也许还是有道理的。没收出租车牌照等于没收出租汽车本身：没有出租车牌照，便无权拥有一辆出租汽车，参见布恩斯特拉与芝加哥市政府（Boonstra v. City of Chicago）一案，574 N. E. 2d 689, 694-95（Ill. App. 1991），尽管出租车公司可能能够将车辆用于他途。但是芝加哥市政府没有收回任何出租车营业牌照，它仅仅是让这些传统出租车公司面对新的竞争——来自优步及其他交通网络提供者的竞争。正如在 Boston Taxi Owners Ass'n, Inc. v. City of Boston, 2016 WL 1274531 at * 5 (D. Mass. March 31, 2016) 一案中所指出的，如果一个人被禁止无照运营出租车，是因为他或她会违反市政法规，而不是因为他或她会侵犯牌照持有者的财产权。""财产权的形式多种多样，有些是无形的，如专利。密尔沃基政府签订的出租车准入确实是一项财产权，但是它仅仅是授予出租车拥有者运行出租车的权利（在密尔沃基这项权利可以被卖出）。它并不是一项等同于排除其他出租车或者出租车替代物（如 Uber）运营的垄断性权利，它和签订其他更多的准入没有关系。因此它无法排除他人运行出租车的权利。就如同一项专利授予专利权人的是制造和销售该专利产品的专属权，但其无权阻止一个竞争者发明一项并未侵权的替代产品，即使该替代产品会减损该专利权人的利润。"

"事实上，当一项新技术或新商业模式出现，通常的结果就是旧技术或旧商业模式的没落甚至是消失。如果这些旧技术或旧商业模式受到宪法保护，有权排除新技术新模式进入它们的市场，经济发展就会渐渐缓慢到最后停滞不前。这样的话，我们就不会有出行顺畅的出租车，只有马车一路颠簸；我们不会有想用即拨的电话，只有电报嘀嘀作响；我们也不会有功能强大的电脑，只有计算尺费时费力。如此，陈旧过时反而可以获得好处。"

毋庸置疑，允许自由进入出租车市场的这项新政策会减少私人出租车公司的收入。这是竞争市场代替卡特尔市场的必然结果。但是原告夸大了他们预期的损失。财产权不是免于竞争的权利。就像经营一家咖啡馆的营业执照并不能排除他人获得经营茶馆的权利一样。

确实，正如波斯纳法官说的，"欢迎来到市场经济，出租车司机们"。正如公共汽车，地铁或其他出租车替代品没有摧毁出租车事业，优步或者其他网约车公司也不会。因为只有原告被允许在芝加哥市运营出租车，他们仍然获得了一些竞争保护。相比于优步和其他网约车，许多乘客更倾向于出租车，不仅因为它们招手即停，无须通过应用软件来呼叫，还因为出租车费是由市政府统一定价的。

更加重要的是，对于以不同的监管制度对待 Uber 是否公平的论调，波斯纳法官亦给出了他的解释。"原告称受到了歧视，因为政府没有以相同的许可标准和费用去管理 Uber（出租车费用是市政府设定的）。这是关于反竞争的争议。它的前提是，每个新的市场准入者都要被迫遵守适用于市场中已在位者的规定，并且同这些在位者进行竞争。"

对于原告的说法，波斯纳法官给出了这样一个例子："在大多数城市或者乡镇中，政府要求养狗需要办证而养猫则不需要。动物之间是不同的。相比于猫，狗的体型更大，更强壮并且更具有攻击性。它们有可能攻击市民，咬伤市民。它们会制造更多噪音。而野猫普遍来说都是无害的，驯化后的家猫则更加如此。狗只拥有者也希望养猫同样需要办证，但是并不会认为政府没有要求'竞争性'的动物持牌就是剥夺了动物所有者的宪法财产权或者是对其的歧视。原告并没有提出强有力的论点来要求 Uber 和其他网约车遵守和出租车行业相同的法规的理由。正如有些人喜欢猫而非狗，有些人喜欢 Uber，有些人喜欢出租车一样，政府希望鼓励竞争，而不是扼杀竞争。"

另外一个问题是，如果芝加哥市政府没有对优步施加相同程度的法律法规约束，那么是不是意味着出租车业没有得到平等的保护？波斯纳给出了否定的答案。

"首先，在乘客扬招出租车之前，出租车和乘客是没有建立私人关系的，所以政府需要对出租车的资质、费用等施以统一标准。但是，网约车和出租车业的服务性质是不同的。重要的区别是，消费者在招车之前，必须要登录 Uber，这个登录在 Uber 和消费者之间建立了合约关系，那就是关于费用、驾驶员资质、保险等安排。Uber 替消费者事先对驾驶员进行了筛选的结果是在消费者乘车之前，消费者就对驾驶员姓名、驾驶员照片、费用、车辆等信息有了了解。进一步的，Uber 等网约车服务广泛地使用了兼职司机，意味着这些车辆的行驶里数少，车况更好，乘坐的舒适度，甚至发生车祸或者故障的可能性更小。"

"所以说，出租车服务和网约车服务有足够多的差异来证明差异化监管制度的合法性。对于不同产品或服务，不能总是要求适用完全相同的监管规则，这样的要求既无宪法依据，更有悖常识。如果所有的消费者认为服务都是同一的并且没有所谓的"更好的选择"，网约车将永远无法在芝加哥立足。人们可以得出无数的关于 Uber 以及网约车是否优质的论点，但是说它们剥夺了出租车牌照拥有者的财产权不是一个合法的辩词。"

最后，波斯纳说，美国从 20 世纪 70 年代起就开始了席卷全国的放松管制运动，就是坚信竞争是比管制更好的选择，优步等网约车的出现，就是这种管制放松运动的体现，而芝加哥市政府，选择了放松管制，加强竞争，而不是去保护传统的出租车行业垄断，这是法律所允许的选择。

关于另外一个双方争论的焦点在于给优步等网约车公司定性的问题。原告律师夏克曼认为优步就是出租车，而波斯纳不这么认为。波斯纳在他的判词当中引用了克里斯汀·霍尔·盖斯勒（Kristen Hall Geisler）的文章：优步和传统出租车的 5 种不同。第一，优步只是一个下载到智能手机里面的用来呼叫在附近的优步司机送你去目的地的手机应用程序。大多数出租汽车仍然在出租车招呼站等待或者要求乘客提前打电话给服务调度中心预订车辆。假设你知道你应该在上午 9 点到达飞机场。我们当中的计划者会在早餐煮咖啡的时候打电话预约一辆出租车 8 点 15 分来接他；真正的有规划的人会提前一晚预约；而那些无计划的人则会在 8 点 30 分站在路边扬招一辆出租车。但是优步不需要这样，你只需要临出发之前在应用程序上找寻一辆可以准时把你送到飞机场的优步出租车即可。不用提前预约，也不用在马路上扬招。第二，一些出租车司机很健谈，而一些则相对沉默寡言，乘客也是如此。但是从来不会有乘客把司机当成是朋友。司机坐在前排，乘客坐在后排，有时有一层玻璃挡在二者中间。但是优步不是如此。就像被一个你从不知道的朋友接送一样，你可以坐在前排。如果你有行李，司机会把它们放到满是孩子玩具的后备厢当中。并且你也可以和司机进行一次小型的对话。旅程结束的时候，司机和乘客将在优步应用程序上互相评分。所以作为乘客的时候尽可能地收起自己的负能量吧。第三，传统出租车被那一英寸的亮黄色牌照和许多繁文缛节所约束。大街上只有固定数量的出租车，而且也只有固定数量的司机可以运营出租车。因此，在纽约出租车的牌照可以被拍卖高达 100 万美元（马特·弗莱根海默（Matt Flegenheimer），2013）。但是优步既不被限制也不被绑定于这样的规定。他们不用经过训练，虽然现在有背景审查（大卫·斯特赖特费尔德（David Streitfeld），2014）。优步认为他们自己是类似于易贝（Ebay）那样的科技公司。区别是易贝仅仅在虚拟世界连接买家和卖家，而优步很显然是在一个真实的世界接送乘客（大卫·斯特赖特费尔德（David Streitffld），2014）。第四，优步用 GPS 追踪司机行驶的每一段旅程，所以系统总是知道你在哪里。你上车之后，司机把目的地输入手机。如果司机把你带到一个荒无人烟的地方，别担心，优步知道你在哪里。同样的，如果乘客给出了一个死胡同的地址，优步也知道你在哪里（斯凯勒·韦拉斯科（Schuyler Velasco），2014）。第五，乘坐优步比乘坐普通的出租车花费更高。事实上，优步会直接告诉你这一点。但是，不用为牌照和管理费花钱，为什么不多花一点在别的上面呢？据优步公司称，在大多数时间里，优步比传统出租车更快到达目的地。并且大部分优步车主会精心布置自己的车子，所以乘客能得到更高的舒适度（佛伊泰克（Voytek），2011）。由于大数据和计算方法的支持，优步知道什么时候你最需要一辆车，它也知道你可能愿意为此支付多少钱。优步在高峰时期、假日和坏天气时采用高定价机制。这个做法是为了鼓励更多的司机成为优步的一员，意味着有更多的乘客可以被服务。与此同时，你需要在应用程序上绑定你的信用卡。旅程结束时，你就不必与司机为使用信用卡付账而讨价还价了。司机的优步应用程序将基于时间和距离告诉系统应当收取多少费用，就像一辆出租车，但更昂贵。

所以，对市场中不同主体所适用的法律监管当然也是不一样的。这才是法律适合市场，能够充分发挥市场这只"看不见的手"的最佳表现。

三、日本法律的"无差异化监管"

东京、大阪等大城市，满街都是出租车而且大部分都打着空车的提示牌。街头手一招，就会过来很多出租车。但是如果在家里或者公司想叫一辆出租车，就很困难。必须给出租车公司打电话预约。若想用定额制的出租车（比正常乘出租车便宜

10%左右）去机场（近藤大介，2016），就必须提前一个小时以上预约。日本的互联网行业也很发达，为何叫车行业发展困难。因为日本社会遇到了法律障碍。

五年前，优步进驻日本市场，首先在福冈市开展了业务。优步给出租车公司提供招来乘客的互联网系统服务，出租车公司通过加盟这个系统，来实现增加乘客，增加营业利润的目的。优步在日本和在中国的发展模式不同，不是狂砸十几个亿补贴出租车司机甚至是减免乘客，出租车费用的方式来扩大业务，而是要求出租车公司提供加盟费来获取叫车的服务。即这家公司的最大的赢利点，是通过增加加盟者来收取巨额的加盟费。但是，这家公司运营3年，不仅没有领到日本国土交通部的营业许可证，同时也无法在福冈之外的城市拓展业务，最终倒闭，宣布放弃日本市场。

为什么日本政府不批准网约车公司呢？据日本最大的出租车公司日本交通的运营管理部负责人山崎先生说，有三大原因。第一，因为它破坏了市场公平竞争原则。日本的出租车公司没有国营和民营之分，只有企业和个人之分，即公司经营的出租车和个人的出租车。和中国不同的是，日本公司经营的出租车不是实行完全的承包制，出租车司机是领工资加奖金的，也就是说工资之外根据每一天的业绩再发一笔奖金。所以日本的出租车司机是没有份子钱的。而日本的个人出租车完全是自负盈亏。在日本要获得个人出租车牌照是非常困难的。不是资金问题，而是资历问题。必须开过10年以上的出租车而且在最近5年内没有违章记录的人才有资格申请个人出租车的经营执照。所以无论是公司经营的出租车还是个人经营的出租车，其市场地位是一致的。但是，由于优步进入福冈出租车市场，导致交了加盟费的出租车公司生意很好，没有加盟的则变得清淡，不太愿意交加盟费的个人出租车司机的生意则更差。这种现象就违反了日本法律的公平竞争原则。第二，一些没有出租车运营牌照的"黑车"（在日本成为"白车"）也加入了网约车行业。这样不仅损害了出租车市场健康发展，同时由于这些司机是无证营业，不用缴纳税金，因此也违反了日本的道路交通法。第三，许多乘客利用网约车平台坐上了无证经营的出租车，一旦出现交通事故，乘客难以获得正规渠道的赔偿，所以对消费者来说也存在着很大的消费隐患。基于以上三点原因，日本政府认为优步公司在日本开展的商业行为严重影响了日本出租车市场的公平竞争，同时还将助长黑车的横行，有违法律，所以不同意向此类公司颁发营业许可。日本的出租车行业协会是最先站出来抵制优步的，他们向日本的国土交通部提出了反对意见，最终导致网约车在日本被扼杀在摇篮之中。

但是，这样"无差异"的法律监管制度效率大吗？答案显然是否定的。这无论对日本的出行经济还是人民便利程度方面，都带来了不小的损失。20世纪70年代，当黑猫宅急便刚刚开始快递服务时，掌管了日本全国邮局的邮政省等机构对这些快递从业者大肆批判，称他们是拿走他人行李的小偷。同一时期，7-11便利店也刚开始运营，而当时的百货公司晚上 6 点就关门停业了，他们宣称："营业到深夜 11 点的便利店，成了不良少年徘徊聚集的场所。"但是现在，很难想象日本人的生活当中没有黑猫宅急便和 7-11 便利店会是什么模样。黑猫宅急便去年合计运送了超过 13 亿个包裹，而 7-11 便利店在日本全国已有 18860 家分店。这些都是新型服务模式带动新产业的例子。面对新生事物，如果法律制定者不懂得创新，还一味地坚持老旧的观念，那么就像波斯纳法官所说，将永远没有先进的新事物代替古老的旧事物，社会发展的脚步将迟缓。

四、我国法律对待差异化监管的态度

经国务院同意，国务院办公厅于 2016 年 7 月 26 日印发了《关于深化改革推进出租汽车行业健康发展的指导意见》。交通运输部、工业和信息化部、公安部、商务部、工商总局、质检总局、国家网信办 7 个部门于 2016 年 7 月 27 日联合颁布了《网络预约出租汽车经营服务管理暂行办法》。这两个文件的正式出台，是交通运输供给侧结构性改革的重要举措，也是实施"互联网+出行"的具体行动。这是政府对尊重市场规律的态度。《网络预约出租汽车经营服务管理暂行办法》是世界范围内颁布的第一个国家级的网约车法规。至此，网约车获得了合法身份。这一管理办法的出台，充分体现了政府"鼓励创新"的执政理念，是对分享型经济的认可和鼓励。这更加体现了我国法律制度制订者的创新意识，以及对市场监管差异化的必要性。

苹果为滴滴投资 10 亿美元战略股权融资。滴滴占中国网约车 87% 的市场份额。据业内人士估算，全国专职网约车数量已经有 600 万辆，远远超过传统出租车的数量。虽然还是一家创业公司，但滴滴出行已经是全球最大的一站式多元化出行平台。滴滴在中国 400 余座城市为近 3 亿用户提供出租车召车、专车、快车、顺风车、代驾、试驾、巴士和企业级等全面出行服务。虽然各家机构的统计数据有所出入，但滴滴出行和优步中国合并后的市场份额将超过 90%。2015 年，滴滴平台共完成 14.3 亿个订单，成为全球仅次于淘宝的第二大在线交易平台。滴滴出行与优步中国合并后的估值保守估计也将超过 350 亿美元。滴滴也是唯一一家由腾讯、阿里巴巴和百度共同投资的企业，滴滴的重要投资人还包括优步、新浪微博、中投、中国平安、中国人寿、北汽、苹果公司、中国邮政、富士康……1983 年出生的程维也成为了新一代商业领袖的代表。而根据易观智库的数据，2016 年中国互联网专车交易规模预计将达 559.3 亿元人民币，较 2015 年增长 50.9%，到 2018 年预计这一交易规模将达 813.8 亿元人民币。这个市场仍然在飞速发展。到 2020 年，中国网约车的市场份额会达到 5000 亿元，潜在的市场需求会达到 1.1 万亿元。

滴滴要向每一个区县来申请合法的资质。全国有两千多个县市。这几年在很多方面，如信息服务平台、合成服务以及合成者等三方的权利和义务都有了很多的规

范和发展。政府也出台了很多规范，包括资质的认证。既然合法了，就要遵守相关的法规。如之前大量"烧钱"为消费者提供较为低价的出行选择，这是不符合市场正当竞争的，这方面会得到规范。也不能联合抬价，要制定适合市场的价格。

从被怀疑或一定程度的抵触，到被消费者接纳，再到被行业认可，法律对市场差异化监管最终在新的格局中让各方利益和诉求达到了平衡。这也体现了法律尊重市场、开放市场、公平竞争的原则。这也是未来我国法律方向发展的必由之路。

五、"波斯纳判决书"对金融差异化监管的启示

自 2016 年 10 月 7 日波斯纳审结出租车行业与市政府就是否应该对共享出行服务公司施以相同的法律准则一案以来，西方媒体以及法律界人士都对"波斯纳审判"表现出赞扬的态度。他们认为，不同的主体理应适用差异化的法律来进行监管，那么金融市场也应当如此。随着 1999 年 11 月美国废除了《格拉斯-斯蒂格尔法》，并通过《金融服务现代化法案》，这使得金融机构间的业务界限日渐模糊，分业经营模式不断被打破，混业经营已经成为国际金融业发展的潮流。所以，在这样的潮流主体下，法律对金融的差异化监管已是必由之路。这也是符合平等主体、公平竞争的市场法制精神。当前，我国金融市场主体呈多元化、多层次结构特点，金融市场差异化监管符合金融市场的公平竞争精神。

不良资产结构化转让风险与防控

杨 宁[①]

根据中国银监会的官方统计数据显示，2015年中国商业银行的不良贷款余额为12744亿元，同比增长48.08%，不良贷款率为1.67%，同比增长33.6%；关注类贷款余额为28854亿元，同比增长37.49%，关注类贷款占比率为3.79%，同比增长21.87%；而商业银行的净利润也只有15926亿元，[②] 同比增长2.43%。在信贷规模同比增长15.60%的情况下，[③] 净利润率仅仅增长2.43%。以上一组数据鲜明地反映出中国商业银行在资产信贷规模不断提升的同时，净利润却增长缓慢，究其主要原因与不良贷款的攀升有很大关联。不良资产会导致银行拨备增加、核销增大，直接影响银行的利润，因此，如何提高不良资产的处置回收率是直接关系银行利润的重要因素。

一、不良资产结构化转让交易基本模式

由于银行最近几年的不良资产大幅增加，而原本的不良资产处置方式已经难以应对不断增加的不良资产，因此采取批量化的方式处理不良资产是目前商业银行采取最多的一种处置方式。根据2012年财政部和中国银监会联合下发的《金融企业不良资产批量转让管理办法》的规定，金融企业不良资产的批量转让对象限定为资产管理公司，目前限定为四大资产管理公司（信达、华融、东方与长城）以及每个省级政府设立或授权的资产管理公司（仅受让本省、直销市范围内的不良资产批量转让），即所谓的"4+1"的资产管理（AMC）公司。因此由于受让主体的限定性，以及不良资产的激增，使得不良资产转让市场上出现"供过于求"的情形，从而导致银行不良资产常规下的转让议价能力、议价范围和议价权限有限，过低的转让价格会导致过度消耗银行的核销资源，直接影响银行的利润。

---

① 杨宁，中信银行杭州分行高级法务经理，华东政法大学博士后研究人员。

② 2014年中国商业银行不良贷款余额为8426亿元，不良贷款率1.25%；关注类贷款余额为20985亿元，关注类贷款占比3.11%，2014年商业银行净利润15548亿元。以上数据均来源于中国银监会官方网站公布数据。网址：http://www.cbrc.gov.cn/chinese/home/docView/F9ABBA7979E541568B624CBB3E565AE7.html，最后访问时间：2016年10月30日。

③ 中国商业银行的2015年总资产1558257亿元，同比增长15.60%。数据来源同上。

为了缓解现有的不良资产"贱卖"的困境，最大程度地维护银行的利益，中国商业银行积极探索和创新不良资产转让模式，结合现有的金融理财工具和衍生品，探索出采用结构化转让的模式来进行不良资产的转让，提高银行在不良资产转让的定价权地位，提升不良资产的回收率。

所谓的不良资产结构化转让，从本质上来说是利用结构化融资来购买不良资产。结构化融资，是在资本市场融资的一种方式，这种方式不是通过发行债券来筹集资金，而是通过发行资产支持证券的方式来出售未来可回收现金流从而获得融资。[1] 不良资产的结构化转让可以说一种"准不良资产证券化"模式，利用银行对不良资产的回收产生现金流来将不良资产的处置周期拉长，同时借助转让形式，使得不良资产可以从银行"出表"，优化银行的财务报表，期间借助 AMC 公司、特殊目的（SPV）公司、信托、证券、基金等多种通道与金融方案设计，使得不良资产的整体出表与回收符合现有法律和监管规定，同时在资金投入上，与 AMC 公司合作，共同出资或单独出资，合作共赢。

目前银行业类普遍采用的不良资产结构化转让模式主要都是借助 AMC 公司完成第一轮不良资产的批量转让，实现不良资产从银行的出表，之后的结构化交易模式主要借助 SPV 模式，对接相关基金、理财以及银行自己的同业投资进行交易模式设计，目前实践中主要的交易模式有四种：

（一）财产信托模式

财产信托模式主要是通过 A 银行将不良资产标的转让给 AMC 公司，再由 AMC 公司将受让的不良资产标的委托给 B 信托公司设立资产信托，再由 A 银行发起设立理财计划，以理财计划募集资金去投资信托的受益权，同时 B 信托公司委托 A 银行进行不良资产的清收，最终是根据不良资产的实际清收来兑付理财计划的理财收益。具体操作流程见下图：

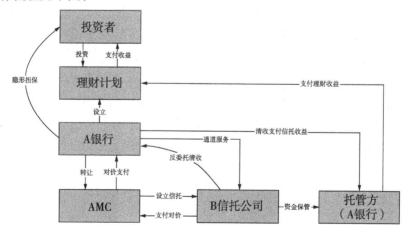

---

① 扈企平：《结构化融资的八个要素》，载《财经》2006 年第 1 期。

（二）有限合伙企业（LP）受让模式

LP 受让模式是指通过有限合伙的形式进行不良资产的结构化转让，即由 A 银行将不良资产转让给 AMC 公司，之后设立一家有限合伙企业（LP），其中普通合伙人（GP）由与 A 银行或者 B 信托公司有合作关系的 C 公司担任，而有限合伙 LP 由 B 信托公司担任，B 信托公司通过单一资金信托计划资金认购有限合伙企业的合伙份额，整个有限合伙企业只作为不良资产的受让者，不再经营其他业务。AMC 公司将不良资产转让给 LP 公司，LP 公司委托 A 银行进行清收，B 信托公司购买有限合伙企业份额的信托资金又是由银行发售的理财产品募集资金构成。最终，A 银行清收的收益交付给 LP 后，LP 公司内部分配上优先支付给优先合伙的 B 信托公司。具体操作流程见下图：

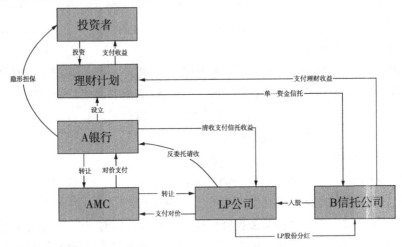

（三）分层投资模式

所谓分层投资模式其实就是借助优先级和劣后级资金区分，通过同业投资模式，通过信托计划、基金资管计划、券商集合计划等多种投资模式，以银行自有资金或者理财资金去投资本行转让的不良资产，在操作模式与第一种信托财产模式上很相似，不过并不完全借助理财计划给一般人募集资金，有部分是通过银行自有资金来进行投资，通过优先级和劣后级的划分，保障了优先级投资人的本金与收益，最终的投资风险几乎由劣后方自行承担，基本上是银行自己对自己的不良资产的最终清收承担最终的投资盈利与损失。该种分层投资模式会有很多变形，但是本质上基本运作模式都相似，最常见的操作流程如下：

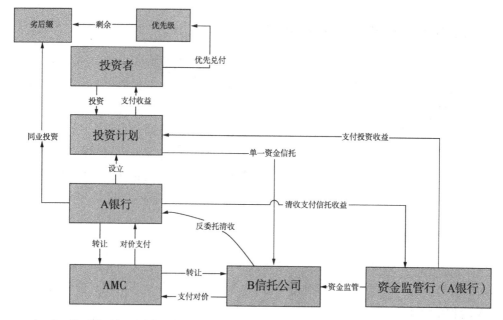

（四）收益权转让模式

收益权转让模式主要是由银行将不良资产转让给 AMC 后，再由 A 银行合作的基金公司设立基金资管计划，由 A 银行或合作银行代销基金，再由该基金资管计划模式的资金成立单一资金信托计划，该信托计划去购买 AMC 公司出让的 A 银行不良资产的收益权，由 AMC 公司与 A 银行签订反委托清收协议，根据清收收益来兑付信托计划购买的收益权。具体流程如下：

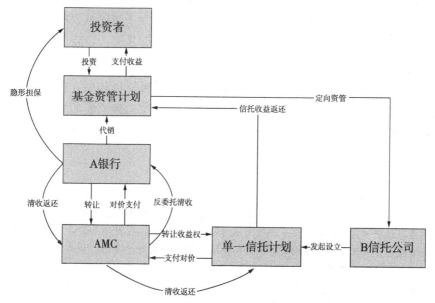

二、不良资产结构性转让风险分析

上述的四种典型不良资产结构化转让模式，虽然模式多样化，但是本质上还是一种"类证券化"的转让模式，并未完全做到资产证券化那样的规范，尤其是没有完全引入证券化的公开化、透明化以及第三方机构的审计与信用评级等模式。不良资产结构化转让基本上都是银行借助结构化转让模式，通过自有资金、同业资金或理财资金来最终持有全部或大部分的不良资产，参与的各方 AMC 公司、信托公司、基金公司、LP 公司等都属于与银行密切合作的公司，并未真正做到市场化交易下的公平与透明，因此这种操作模式还存在很大的风险，除去常规的市场风险[1]以外，总结起来，不良资产结构化转让风险主要来源于两个方面：一是业务上的风险；二是法律上的风险。

（一）不良资产结构化转让中业务风险分析

不良资产结构化转让中业务风险主要体现在通道操作业务风险、资产定价风险以及清收兑付风险三方面。

1. 不良资产通道化业务中通道操作风险。

不良资产结构化转让给业务操作模式下，中间的各种其他参与主体，包括资产管理公司、信托公司、基金公司、券商、LP 公司等，其中信托公司、基金公司、券商、LP 公司都是起到特殊目的（SPV）的作用，[2] 在很多情况下，发挥着通道作用，且基于对银行的"刚性兑付"的信任，几乎不实质性参与整个结构化转让的具体业务操作，仅仅提供"牌照"和"通道"，收取一定的通道费，这就往往导致从前期业务接洽到具体的业务开展，包括尽职调查、业务谈判以及合同签订等都是由银行来负责，将原本 AMC、LP 公司、信托公司、基金公司、券商等应当承担的职责都由不良资产的发起银行来承担，一旦银行出现操作不当或不尽责造成相关资产损失，AMC、信托公司、基金公司、券商等通道公司可能以相关业务具体操作均系银行操作来减轻责任或免责。此外，由于相关的资金流向账户实质上由相关通道公司掌握，且不良资产的资金往来往往金额巨大，一旦相关通道公司管理不善或者存

---

① 市场风险主要是来自经济形势下滑下导致的不良资产的实际清收成果，银行采用结构化交易主要是通过将不良资产短期出表，但是相对长期来回收，通过时间来逐步化解不良资产，因此这就寄希望于未来长期的市场向好，如果实际市场经济一直处于下滑，资产不断贬值，这样会导致银行无法回收到预期的资产价值。

② SPV，全称为 Special Purpose Vehicle，特殊目的机构，主要是在资产证券化业务中设立的一种为了隔离与发起方资产而设立的特殊目的主体，主要的组织形态由特殊目的的公司（SPC）、特殊目的信托（SPT）以及合伙（包括一般合伙或有限合伙）或基金形式。参见韩良主编：《资产证券化法理与案例精析》，中国法制出版社 2015 年版，第 100 页。

在内部人员违法违规，就有可能导致相关资金账户被非法控制、盗划等情形,[①] 而一旦某一个环节出现现金非法损失，都会导致整个不良资产结构化转让无法顺利到期兑付和终结。

2. 不良资产结构化转让的定价风险。

结构化转让最大的一个优势就是银行掌握了不良资产出让的定价权，可以说，AMC 作为通道公司，并不真正地收购资产以及自身来清收和处置，所以 AMC 基本上放弃了对受让不良资产的定价决定权，且除上述第四种模式以外，AMC 也希望银行对不良资产的定价偏高，这样其通道费可以收取得更多。[②] 而实际上，不良资产出让方的银行可以决定不良资产的转让价格，从银行追求短期利润的角度来看，银行也有尽量提高不良资产转让定价的内在冲动。

但是实际上，如果银行对不良资产出让定价偏高，会导致最后清收无法实现估价，会导致委托兑付出现风险，进而会导致银行资金投资出现亏损；如果出让定价偏低，会过度消耗核销额度，影响核销资源的分配，甚至会导致组包因为核销额度的限制而无法顺利组包批量转让。现实中，由于不良资产的最终清收往往取决清收期间的市场情况，而在不良资产转让之处，如何研判未来几年的资产情况，这本身就非常困难，因此，如何确定一个合适、适度且符合市场真实价值的定价，是不良资产结构化转让中一个非常重要的风险点。

3. 不良资产结构化转让的清收风险。

在上面示例的模式，基本上无论是 AMC 还是信托公司，最终都是讲不良资产的清收反委托给出让不良资产的银行。清收风险中又可以分为两方面的风险：一是市场风险，市场风险主要是不良资产的结构化转让中相关资金或理财的期限，一般都是在 2 年以上，大部分是 3 年，有的甚至可以延长到 5 年。银行之所以采取结构化的模式转让不良资产，除了财务报表和当年利润率考虑以外，更多是基于对不良资产本身的价值上的自信，认为如果按照当前的直接买断给 AMC，AMC 给出的一般市场价格远低于不良资产的真正价值,[③] 因此银行采取结构化转让来争取更多的时间来出售和处置不良资产，也是银行本身对于未来市场向好的预期下作的一种评判，但是市场的发展有其自身的规律，并非任何人所能准确预期的，银行也不例外，一旦在实际处置不良资产中，未来市场步入预期，可能会导致不良资产的收益低于银行预期收益，直接带来清收无法兑现的风险。另外一方面是清收人员的认识

[①] 实践中，已经出现通道类业务中，相关通道类公司员工自己或内外勾结，窃取相关账户的资金的案例。

[②] 通道费的收取是按照比例来收取的，故定价越高，收取的通道费越多。第四种模式中，由于不良资产还处在资产管理公司的报表中，因此资产管理公司基于自身的报表的考虑，会对不良资产的定价有一定的约束。

[③] 目前市场上的资产管理公司的一般收购不良资产包的价格是不良资产包原值的 3 折以下。

态度问题，由于不良资产的结构化转让符合转让给的法律要件和会计要件，转让的不良资产也都进行了核销，且对应的反委托期限时间跨度长，这就容易导致对不良资产包实际承办的银行机构对该资产包债权的重视程度不够，在清收力度和人员配比上有所懈怠，尤其如果遇到人员流动等因素，会使得反委托的清收在节奏上把握不准。而很多不良资产本身随着时间推移会导致价值大幅折损，清收工作应该"前紧后松"，但实践中却往往"前松后紧"，这种"错配"常会使最终的清收难以达到原先的预期，影响整个资产包的收益兑付。

4. 不良资产结构化转让中的税费处理风险。

在整个不良资产结构化转让中会涉及不良资产的原始权益人（银行）、AMC、信托、基金、券商、LP 公司等中介机构以及 SPV、投资者等诸多主体，期间涉及多重交易和资产的流转，因此，这就涉及流转税、所得税、印花税以及其他的相关费用，包括通道费、托管费、评估费、律师费等。而在不良资产首次转让给 AMC 之后，必然还是涉及银行自身的核销问题；不良资产的清收中可能还会出现诉讼费、拍卖费、保全费以及以物抵债的情形下的产权过户所涉及的相关税费问题。特别是一旦出现以物抵债的情况，部分法院会裁定抵押物直接抵债给申请执行的银行，但是本身银行又实际上是委托清收，这就会涉及抵债资产的"二次流转"的问题，这其中就可能出现缴纳二次流转税的情形。

由于不良资产结构化转让中涉及法律主体众多，交易次数多，交易的性质与种类也是各不相同，法律关系十分复杂，这就会导致在相关税费处理以及会计处理上非常困难，如果处理不善，会导致出现错误报税或者漏税的风险。

（二）不良资产结构化转让中法律风险分析

不良资产结构化转让中，由于涉及主体众多，且相关结构业务复杂，相关之间关系交叉，同时相关资产转让很多是限于合同转让，并未实质上的有形财产的转让，且部分转让并非完全基于市场交易目的，所以导致其中法律风险较大，总结起来主要的法律风险分为监管合规性风险、银行法律主体地位模糊风险以及收益权的法律定位模糊风险三方面。

1. 不良资产结构化转让的监管合规性风险。

不良资产的结构化转让面临的最大法律风险就是监管合规性风险，特别是在这种业务模式下，AMC 充当一定的通道地位，这与最开始设立 AMC 成为专门的处置不良资产金融管理公司的初衷有所背离，有鉴于此，银监会在今年 3 月份专门下发《中国银监会办公厅关于规范金融资产管理公司不良资产收购业务的通知》，特地在第 1 条第 1 项中强调："资产公司收购银行业金融机构不良资产要严格遵守真实性、洁净性和整体性原则，通过评估或估值程序进行市场公允定价，实现资产和风险的真实、完全转移。不得与转让方在转让合同等正式法律文件之外签订或达成影响资产和风险真实性完全转移的改变交易结构、风险承担主体及相关权益转移过程等的协议或约定，不得设置任何显性或隐性的回购条款，不得违规进行利益输送，不得为银行业金融机构规避资产质量监管提供通道。"2016 年 4 月 28 日，银监会下发《中国银监会办公厅关于规范银行业金融机构信贷资产收益权转让业务的通知》，延续《关于规范金融资产管理公司不良资产收购业务的通知》的思路，禁止银行通过 AMC 通道不良假出表。且《关于规范银行业金融机构信贷资产收益权转让业务的通知》对不良资产结构化转让的影响更大，具体体现为以下三方面：一是银行即便通过信贷资产收益权转让，但资本金还是得继续计提；二是即便是不良资产转让，拨备还得继续计提，不良率和拨备覆盖率的计算中也要纳入这部分收益权转让了的不良贷款；三是银行不能用本行理财资金承接本行的信贷资产收益权或提供回购承诺，这对现在银行的贷款收益权转让出表消额度，尤其是不良出表再用理财资金承接，是有直接影响的。从上述两个文件的内容来看，银监部门已经注意到银行通过不良资产结构化转让形式，强调了 AMC 自身处置不良资产的责任，但是在现在的 AMC 的消化能力有限而市场上不良资产规模庞大的情况下，监管部门的上述观点可能也只是"一厢情愿"，加之上述文件本身法律效力就有待商榷。[①] 特别在整个不良资产的结构化交易中，监管部门的文件无非就是增加更多的"通道"来规避监管部门的文件，采用更加隐晦的方式来处理不良资产，使得表面上符合监管部门的要求，当然，监管部门的政策要求短期内会影响部分存量的不良资产结构化交易，但是长期来看，毕竟不良资产的市场在那边，相关的不良资产的结构化交易至少表面上全部符合法律、行政法规以及规章的要求。

2. 银行法律主体地位模糊。

在不良资产的结构化转让中，第一步都是讲不良资产转让给 AMC，实现"出表"，确切地说，是银行将不良资产的贷款的债权转让给 AMC，由 AMC 取代银行成为债权人来行使债权人的权利。在上述的结构化模式中，除第四种模式以外，其余三种模式下，AMC 都是讲该不良资产的债权再转让给其他主体，实现不良资产从 AMC "入表"以及"出表"的过程。不过，在上述不良资产结构化转让中，不论是 AMC 还是其他持有不良资产债权的主体都会委托出让不良资产的银行进行反委托清收，在整个反委托清收中，银行都是以自己名义向债务人主张权益，包括诉讼以及执行，这就导致实际上的不良资产所有权人并不在相关权益主张中加以体现，虽然依据合同法的规定，债权的让与不以通知债务人为生效条件，但是不通知不能对抗债务人，在资产管理公司的转让中，最高院的司法解释中规定公告即为通知债务人，可是实践中不良资产结构化转让中，资产管理公司一般也不会办理相关公告手续，因为资产管理公司以及其他通道公司并不想实际持有上述不良资产，所以法律

---

① 这类办公厅的通知，不属于银监会的部门规章，只能称之为监管政策，加上没有对应的处罚规则，因此，不能成为行政执法的依据，只能作为一种监管部门的态度。

上虽然完成转让，但是实际对于债务人来说，其认识和认定的债权人依然还是银行。而从银行本身来说，虽然已经将相关不良资产通过转让形式完成出表，但是其与相关名义持有不良资产的主体签订了反委托清收协议，其本身应当是作为委托人接受不良资产所有人委托代为清收，按照一般的民事代理关系，其应当以被代理人名义进行相关清收工作，但是实践中却往往是以自己名义进行清收，实际又属于一种间接代理。① 间接代理在我国法律中规定并不明确，② 因此，司法上如何看待不良资产结构化交易中的这种特殊的间接代理，还有诸多分歧，这种分歧就集中体现在，不良资产处置中如果出现"以物抵债"的情况下，是法院裁定抵债给提起诉讼和申请执行的银行，还是抵债给实际的不良资产所有人？

3. 收益权的法律定位模糊。

由于信贷资产转让规则规定不允许银行理财直接受让信贷类资产，所以这种模式必须通过信托进行操作，同时必须有第三方银行发行理财产品承接不良资产转出行的不良信贷资产，③ 因此在不良资产结构化转让中，在理财产品或者基金对接信托公司或者 AMC 的不良资产收益权转让中都使用"收益权"这个概念。因为使用"收益权"这个概念就规避了实质上不良资产的债权转让，实际就是在不良资产对应的债权基础之上设定一种新的"权利"，但是这种特殊的"权利"在法律上的定位却是非常模糊的，"收益权"并无相关法律上的比较明确的规定，根据最高人民法院 2015 年 11 月 19 日公布的指导案例第 53 号中认为"对于污水处理项目收益权的公示问题，在《物权法》自 2007 年 10 月 1 日起施行后，因收益权已纳入该法第 223 条第 6 项'应收账款'范畴，故应当在中国人民银行征信中心的应收账款登记公示系统进行出质登记，质权才能依法成立"，根据该指导案例的意见，似乎认为"收益权"属于一种"应收账款"。虽然上述判例是最高院的指导案例，但毕竟中国不是判例法国家，最高院的指导案例也不具有直接的法律约束力，况且上述观点也只是判例法官的一种观点，尚未上升到最高院的司法解释的层面，因此，尚难对收益权的法律性质做一个精准定位。

况且本身"应收账款"自身的法律定位也是比较模糊的，应收账款在《物权法》出台之前，原本是作为会计学概念在实务中被适用，其主要是指企业因销售产

---

① 所谓间接代理，是指代理人为了被代理人的利益，以自己的名义与第三人为事实法律行为，其法律效果间接地归属于被代理人。参见梁慧星主编：《中国民法典草案建议稿附理由（总则篇）》，法律出版社 2013 年版，第 365 页。

② 仅仅在《合同法》第 403 条第 1 款规定了类似间接代理："受托人以自己的名义与第三人订立合同时，第三人不知道受托人与委托人之间的代理关系的，受托人因第三人的原因对委托人不履行义务，受托人应当向委托人披露第三人，委托人因此可以行使受托人对第三人的权利，但第三人与受托人订立合同时如果知道该委托人就不会订立合同的除外。"

③ 《关于进一步规范银信合作有关事项的通知》中第 5 条规定："银信合作理财不得投资于产品发行银行自身的信贷资产或票据资产。"

品、提供劳务等，应向购货单位或者接受劳务单位收取的款项。① 在《物权法》第223条和228条都明确了应收账款属于可以质押的财产，② 中国人民银行在2007年9月30日公布的《应收账款质押登记办法》第4条对"应收账款"的界定为"权利人因提供一定的货物、服务或者设施而获得的要求义务付款的权利，包括现有的和未来的债权及其产生的收益，但不包括因票据或其他有价证券而产生的付款请求权"，在列举应收账款的具体权利包括了"提供贷款或其他信用产生的债权"，由此可见，似乎因为不良贷款而产生债权可以列入"应收账款"的范畴之内，但是不要忽略的是，在不良资产结构化转让中，转让的不良资产不完全是直接的"贷款"，有些可能是信用证项下的债权，而根据人民银行2015年公布的《应收账款质押登记办法（修订征求意见稿）》中"排除因信用证而产生的付款请求权，以及法律、行政法规禁止转让的付款请求权（第2条）"，因此，作为一个资产组合的不良资产，可能存在部分的资产不属于"应收账款"对应的范畴，此时的"收益权"是否还可以直接等同"应收账款"也是值得商榷的。

三、不良资产结构性转让风险防控

不良资产结构性转让的风险防控主要是事先预防风险的发生以及事后风险暴露的应对与控制，应当借鉴银行风险管理的基本模式，采用风险分散、风险对冲、风险转移、风险规避以及风险补偿等模式予以应对，借助风险识别、评估、检测以及控制的管理流程来定期或不定期地对即将开展的新的不良资产结构化转让业务以及存量业务进行管理。具体在防控上还是从业务风险与法律风险两方面开展：

（一）不良资产结构性转让业务风险防控

1. 对于通道操作风险防控。

通道类业务操作最大的风险主要还是基于相关通道公司（包括AMC、信托公司、基金公司、券商、LP等SPV）对于整个交易的自身定位上的问题，对自己定位为"通道"后，对于其原本应当参与的业务就放松标准甚至是放弃参与。但是由于法律上的主体地位都是这些通道公司，因此对于这类通道操作风险的防控主要从以下几个方面入手：第一，在相关法律合同上强化通道公司的业务操作风险责任承

---

① 财政部2000年12月29日发布的《企业会计制度》第17条规定："应收及预付款项是指企业在日常生产经营过程中发生的各项债权，包括：应收款项（包括应收票据、应收账款、其他应收款）和预付账款等。"财政部2011年10月18日公布的《小企业会计准则》第9条规定："应收及预付款项是指小企业在日常生产经营活动中发生的各项债权。包括：应收票据、应收账款、应收股利、应收利息、其他应收款等应收款项和预付账款。"

② 《物权法》第223条规定："债务人或者第三人有权处分的下列权利可以出质：……（六）应收账款……"第228条规定："以应收账款出质的，当事人应当订立书面合同。质权自信贷征信机构办理出质登记时设立。应收账款出质后，不得转让，但经出质人与质权人协商同意的除外。出质人转让应收账款所得的价款，应当向质权人提前清偿债务或者提存。"

担，督促通道公司要履行最基本的职责，尤其是在相关银行账户开户以及平时财务和账务管理上的责任；第二，银行以及相关合作公司要强化内部员工管理以及业务操作流程的规范化，尤其是相关法律文本以及印章、账户控制等容易触发危险点的业务环节，同时要及时进行检查和监督；第三，在相关账户的预留印鉴以及监督上要保留银行的参与，形成相互制约与监督。

2. 不良资产结构化转让中定价风险防控。

在《中国证监会办公厅关于规范金融资产管理公司不良资产收购业务的通知》中特别指出"通过评估或估值程序进行市场公允定价"，因此在对不良资产进行定价要充分发挥市场的作用，要尽量收集更多的市场讯息，寻找资质高、专业技能强的评估公司进行科学评估，将不良资产的市场价值、在用价值、清算价值、投资价值、持续经营价值、残余价值等诸多价值进行统一测算，按照市场定价来进行估价。但是估价只是一个定价基础，最终的定价中要进行严密的测算，将相关交易中涉及的税费、通道费用、持有成本等都一并计算在内，进行相关的扣减以及预期价值变化幅度预算后来确定最终的价格。在最终的不良资产转让定价中，要采用积极稳妥的原则，既要兼顾现有的核销制度，又要考虑未来的委托清收的执行力度。

3. 不良资产结构化转让中清收兑付风险防控。

实践中部分受让方由于资源约束仍然依赖于转让方（银行）进行催收的批量不良资产，所以又得委托出让行继续对债权进行管理。在受让方委托出让行进行清收的情况下，银行或需要通过部分风险兜底来增信。回购指不良资产打包转让资产管理公司后，同时签订回购协议，回购价格事先确定，银行支付给资产管理公司"管理费"（也有可能是差价形式体现）；该设计可以为银行短期调节监管指标。对于这种形式的回购，是否符合《企业会计准则第 23 号——金融资产转移》的要求也存在疑问。在《中国证监会办公厅关于规范金融资产管理公司不良资产收购业务的通知》规定："资产公司委托银行业金融机构协助或代理处置不良资产，应当基于商业原则，制定相应的委托代理处置方案并按内部管理流程进行审批，有利于提高效率、降低成本，实现不良资产回收价值的最大化。委托方与受托方应按照委托合同约定履行各自的权利和义务，不得约定各种形式的实质上有受托方承担清收保底义务的条款。"

在上述操作模式中，有三种模式并不是由 AMC 与银行签署反委托清收协议的，特别是这类 SPV 公司往往对接理财、基金或者其他投资（包括出让方自身银行的同业投资），一般都会直接或者间接要求清收银行"刚性兑付"，而银行在维护自身声誉以及避免出现违约的情形下，也会尽量去争取保底性兑付。因此这就涉及清收兑付缺口的问题，实践中清收兑付缺口主要体现为时间缺口和总量缺口，所谓时间缺口是指反委托确定的到期日，虽然清收标的有价值，但是限于客观情况，到期日无法按时收回价款，一般是针对单个标的而言；所谓总量缺口，是指委托到期时，回收的总量无法达到预定目标。一般的组包不良资产清收兑付缺口为一个，但是一定情况下也会出现"双缺口"情形，即时间上和总量上都出现缺口。

为了应对清收兑付缺口，除了常规的与委托机构协商反委托清收协议展期以外，还可以采取以下的策略应对：

（1）如果出现时间缺口的情形。此种情况下，一般采取再次转让的模式，其中可以进一步细分为：一是非买断式转让，即寻找合作方代持的方式，这类合作方可以是银行的战略合作对象、AMC公司等；二是进行买断式转让，即将剩余的不良资产进行二次转让，提前变现，二次转让的对象可以是银行合作对象，也可以是其他商业主体。

（2）如果清收目标无法实现，可以采取以下两种模式：一是直接消化模式，即寻找一个有一定实力的主体来进行消化，银行通过给予该主体其他的优惠来补偿该主体的损失，最终实现共赢；二是与相关资产管理公司组成特定SPV公司，定向进行对口银行不良资产处置合作，组件不良资产包池，通过新的不良资产包来反补前一个出现缺口的不良资产包。

除此以外，还有必要规范业务流程，主要是在不良资产在组包以及后续的清收中，应当建立严格的操作制度与考核制度，落实岗位与人员的责任，尤其是对于不良资产转让后反委托的清收工作，要指定详细的操作细则与考核奖励机制，建立相关的日程进度表与及工作计划表，按时保质保量完成相关不良资产的组包、评估、定价以及最后的清收工作，确保任何环节不出现疏漏。

4. 不良资产结构化转让中税费风险防控。

不良资产结构化转让中税费风险归结起来主要是交易主体的多元以及交易次数中产生的税费的承受主体以及会计处理。对于这类税费的风险防控，主要是要事先通过在与交易对手的合作谈判中约定好相关税费处理的主体，必须严格按照相关法律法规以及会计准则要求，明确具体的纳税或缴纳各项费用的主体，在最终的费用结算上可以由合作各方确定的比例来承担；对于一些远期或不确定的税费的承担也应在相关合同中予以约定，通常的对待远期或不确定税费的处理模式是税费最终由清收回来的资金来承担的；而对于银行在委托清收中支出的费用，包括诉讼费、拍卖费、评估费、保全费等也应当列入清收开支之中，从清收回收资金中扣减，委托方可以设定一定的标准或者比例；对于以物抵债项下的二次转让问题，可以由银行与司法机关进行协调和沟通，看能否争取司法机关对不良资产结构化转让中特殊主体问题予以认同，直接裁定以物抵债给实际债权人；或者由实际债权人与银行协商，先直接抵债给银行，由银行替实际债权人"代持"，这样可以避免重复缴税，避免交易成本的提高。

（二）不良资产结构化转让法律风险防控

1. 不良资产结构化转让的监管合规性风险防控。

不良资产结构化转让监管合规风险的防控，首先，要发挥银行的联合配合机制，通过一定途径与监管部门进行沟通，将不良资产的市场现状和银行的自身困境及时向监管部门反映，争取监管部门对不良资产结构化转让的业务模式的认可，同时也争取更多的配套政策，使得不良资产结构化转让可以从"灰色地带"走向"白色地带"；其次，根据现有的法律、法规、规章以及监管部门的监管文件，在续做该项业务时，尽量满足监管部门的要求，在监管部门准许的或开放的业务模式下进行操作，必要时，相关业务模式可以向监管部门通报或备案；复次，对外可披露的合同尽量按照合规的要求，对于一些与监管文件不符的文件做好保密保管工作；最后，必要的情况下，尽量多采用多通道形式来设计相关通道业务，将相关业务的开展与相关省市的金融交易所进行合作，做到一定的公开公正，减少因不公开操作可能带来的一系列操作风险和监管风险。

2. 依法界定银行法律主体地位。

在整个不良资产结构化转让中，银行充当了原始权益人、投资人和清收反委托的受托人以及具体清收过程中名义债权人的角色，这种多重角色下的混同会导致银行在具体业务中出现身份混淆等情况。因此，如何理清银行在整个结构化转让中便显得至关重要。

界定银行的法律主体地位必须是建立在依法的前提下，借助相关合同来确定银行的角色和地位。银行在开展相关业务操作时必须要对自己的业务操作身份明确，即银行的一个操作或指令的主体地位是原始权益人、收益权受让人还是反委托清收的受托方，确定一个主体地位之后，涉及相关的其他业务关联方，银行也必须严格按照法律以及合同约定去履行相关通知和送达义务，即便是银行自己通知自己，也要履行义务，不能简单以身份混同而省略或忽视。

在具体的业务清收中，虽然现有模式下银行还是以表面债权人身份进行清收，这种处理模式有利于银行清收，也是参与机构所期望的，但是一旦出现最终的权益处置或者变更，银行应当将相关情况请示实际的委托人，特别是涉及重大可能影响债权的情形，即便是相关反委托清收协议中已经授权银行可以自由决定，但是为谨慎起见，银行还是应当进行专门的请示和再授权的行为，这样一来可以避免可能出现超越权限处置代理的风险；二来也有利于债权人对于最终处置结果的接收；三来也有利于在最后的司法裁判中作出符合银行和债权人真实法律关系的司法裁决。

3. 收益权的法律风险控制。

收益权最主要是其法律定位主体不明，法律并未直接界定收益权，即便按照最高院的指导性案例认定收益权属于应收账款的性质，也只是一种会计和质押中的认识，其自身的法律权属问题依然没有得到解决。有鉴于此，对于收益权的法律风险控制可以通过以下方式实施控制：第一，通过银行业相关协会与监管部门或者司法部门进行沟通，争取国家相关监管部门或权威司法部门出具相关规范性文件、司法解释和司法性文件来界定收益权的法律定位或内涵或定义；第二，各家银行之间尽量争取对收益权的含义达成共识，形成行业惯例；第三，即通过合同条款的方式来约定收益权的具体概念和内涵，如在合同中约定"本合同所指的收益权，指基于标的资产所产生的全部财产收益性权利，包括但不限于本金返还、利息、罚息、复利、违约金、担保履行所得收益等所有财产性权利，但为实现上述权利而发生的相关税费应予以扣除"。为了提高合同的法律效力，以及避免以后的法律纠纷，可以就相关涉及收益权的合同办理公证手续。

四、结语

不良资产结构化转让本身的存在就是一种"管制经济"市场倒逼下的运作模式，尤其是现有的不良资产处置市场化进程缓慢，尚未完全放开不良资产的市场，AMC 的牌照式管理导致市场供需的不均衡，银行从快速出表以及谋取不良资产处置的最大化的角度，通过不良资产结构化交易，设计出新的金融交易模式，开启类证券化模式来处置不良资产，对于拓宽不良资产的受让主体与吸收更多的资金来投资不良资产，真正体现出不良资产的真实价值。当然，鉴于这种模式并不为监管部门所接纳，所以相关的交易模式设计便显得复杂，参与的主体也是多样化，其目标也是通过各种通道来规避监管部门的监管，虽然相关操作在法律法规上并未违反法律法规的禁止性规定，但是毕竟是与监管部门的监管意图与政策不符，处于一种"半黑半白"的灰色地带。

面对每年万亿元级的不良资产处置的重压，银行有需要，投资人也有需要，如果监管部门一味忽视市场实际需求，最终也只会导致监管政策的虚无或弱化，正如大禹治水一般，"宜疏不宜堵"。党的十八届三中全会审议通过的《中共中央关于全面深化改革若干重大问题的决定》指出，"经济体制改革是全面深化改革的重点，核心问题是处理好政府和市场的关系，使市场在资源配置中起决定性作用和更好发挥政府作用"，因此，监管部门也有必要充分发挥市场作用，处理好政府与市场的关系，将监管放在市场之后，有必要充分发挥市场在不良资产处置中的决定性作用。

美国程序化交易立法经验及对中国的启示

刘春彦　程红星　韩冰洁　赵雯佳①

一、美国程序化交易概述

（一）美国程序化交易发展历史

利用信息差进行交易，可以追溯到 17 世纪罗斯柴尔德家族利用信鸽中传递消息，借此在不同的国家进行交易，因此有学者称程序化交易始于此。现代意义上的程序化交易起源于美国 1975 年出现的"股票组合转让与交易"，即经纪人和专业投资经理可以通过计算机与证券交易所直接联机来实现股票组合的一次性买卖交易。

程序化交易是电子通信技术和计算机技术等与美国金融市场基础制度变革交织的产物。一方面，科学技术进步推动金融市场发展；另一方面，金融市场发展反过来要求进行金融市场基础制度变革，规范技术在金融市场的运用。程序化交易及高频交易其实是这几十年来交易电子化的必然过程。电子信息网络（Electronic Communication Networks，ECN）在 20 世纪 70 年代迅速兴起，股票市场的订单实现了电脑化，极大地提高了交易速度。"股票组合转让与交易"采用小单成交交易（SOES Trading）、日内交易（Day Trading）、允许直接市场接入（Direct Market Access，DMA），以及金融市场基础设施如全国市场系统的建立，取消按固定比例收取佣金和印花税等因素共同促成了程序化交易（Program Trading）及其核心表现形式高频交易（High Frequency Trading，HFT）的发展。

在 20 世纪 70 年代初，由于市场分割加剧带来各交易所价格不同步，促使美国证券交易委员会（Securities and Exchange Commission，简称 SEC）开始寻求建立一种全国市场系统，旨在促进交易和价格同步。1978 年，SEC 通过法令催生了市场间交易系统（Inter-market Trading Systerm，ITS）建立。同时，纳斯达克（National Association of Securities Dealers Automated Quotations，简称 NASDAQ）为 ITS 提供与 NASDAQ 互联的计算机辅助执行系统（Cumputer Assisted Execution Systerm，CAES）。

---

① 刘春彦，同济大学法学院副教授；程红星、韩冰洁，中国金融期货交易所工作人员；赵雯佳，同济大学法学院硕士研究生。

ITS/CAES 及各个 ECN 组成了全美的电子交易网络平台。1987 年纳斯达克也引入电子交易系统，1992 年芝加哥商业家交易所（CME）启动了其第一个电子交易平台（Globex），1998 年 SEC 正式授权允许电子化交易，推出"另类交易系统规定"（Regulation Alternative Trading Systems，RATS），为电子交易平台与大型交易所展开竞争打开了大门。2000 年国际证券交易所（ISE）是美国建立的第一个完全电子化的期权交易所，也是自 1973 年以来第一家经美国证券交易管理委员会核准注册成立的交易所。到 2008 年中期，已有 7 个交易所提供完全的电子化，或者是电子化与交易大厅相结合的期权交易平台。① 截至 2014 年，全球许多交易所实现了电子化交易。②

2007 年全国市场系统（Regulation National Market System，Reg NMS）正式实施，其要求所有发往交易所的订单必须同发往其他交易所订单相比较，须在全国公示而不只是在各个交易所内公示，从而使订单以最佳的可成交价格成交，这被称为全国最佳买卖价（National Best Bit and Offer，简称 NBBO）。

美国 20 世纪 60 年代取消股票市场交易印花税，降低了交易成本，也促成了后来程序化交易及高频交易的快速崛起，高频交易能够瞬间在成千上万个的订单中侦测出最具吸引力的价格，并在极短的时间内完成买入或者卖出。2007 年之后，高频交易取得了飞速发展。2010 年，纽约-泛欧交易所集团（NYSE Euronext）允许其高频交易客户每 37 微秒发出一条指令，其连接纽约和伦敦的新电缆，从一端到另一端的订单循环仅需 60 微秒。③

（二）美国高频交易的含义及认定标准的尝试

程序化交易是指利用计算机自动化系统，进行交易决策和执行的一系列交易策略的统称，其将人类的交易逻辑，利用计算机软件将逻辑转换成买卖讯号的一种交易方式。

程序化交易按交易频率可以简单分为高频和低频两个领域。高频交易指的是通过电脑程序或数学模型，实现实时的、自动的、不需人为干预的交易买入与卖出的交易技术。传统的交易模式分为基本面模式和技术模式，而高频交易无法简单地归入其中任何一类。"如果说传统的交易技术关注的是水面上的波涛汹涌，那么高频交易关注的则是水面下的丝丝涟漪。"④

---

① ［美］费雷德里克·勒雷艾弗、弗朗索瓦·比雷：《高频交易——金融世界的"利器"与"杀器"》，李宇新、刘文博译，机械工业出版社 2011 年版，第 9 页。

② ［美］迈克尔·戈勒姆、尼迪·辛格：《电子化交易所——从交易池向计算机的全球转变》，王学勤译，中国财政经济出版社 2015 年版，第 28—29 页。

③ ［美］费雷德里克·勒雷艾弗、弗朗索瓦·比雷：《高频交易——金融世界的"利器"与"杀器"》，李宇新、刘文博译，机械工业出版社 2011 年版，引言第 1 页。

④ ［美］艾琳·奥尔德里奇：《高频交易》，谈效俊等译，机械工业出版社 2011 年版，序第 1 页。

对于高频交易，基于其处于飞速发展阶段，期望不同的定义者以不同的视角和立场给出一个定义是比较困难的。证券委员会国际组织（International Organization of Securities Commissions，简称 IOSCO）技术委员会在 2011 年 10 月的一个报告中指出："定义高频交易是很困难的，还没有一个大家公认的定义。"但是一些国家监管机构及国际组织仍进行了尝试。

美国商品期货交易委员会（Commodity Futures Trading Commission，简称 CFTC）针对高频交易，于 2010 年 5 月 20 日重新成立技术顾问委员会（TAC）附属委员会，以就高频交易监管给出建议。TAC 职能主要是针对高频交易定义，监控和确认在电子平台上频繁交易所导致的潜在市场动荡。TAC 主席斯科特（Scott D O'Malia）在 2011 年归纳了高频交易的 7 条特征：（1）使用超高速的交易指令提交、取消、修改系统；（2）使用计算机程序或算法来自动化决策下单；（3）通过主机托管、直接市场进入等方式，最大限度减少网络和其他类型的延迟；（4）在极短的时间内建仓并平仓；（5）每日高成交额以及（或）当日高比例盘中交易；（6）在大量下单后立即或在提交后毫秒内取消订单；（7）在交易日结束前尽可能平仓（不保留仓位过夜）。CFTC 在 2013 年 9 月发布《关于自动交易环境下风险控制与系统安全的概念》征询意见稿，提出了高频交易的概念及认定标准，征询市场各方对于这些标准的具体数值标准。CFTC 对高频交易的定义是"由专业交易者使用，在日内交易多次的交易策略。高频交易商利用数量化方法和算法系统，快速获取、处理交易指令信息并生成和发送交易指令，在短时间内多次买入卖出，以获得利润"。CFTC 认为，高频交易的主要特征包括由机器做出投资决策、充分利用低延迟技术、与交易系统高速连接、高信息率（high message rates）等。CFTC 技术咨询委员会还没有对高频交易的定义及认定标准给出最后的决定。[①] 直至《自动化交易监管规则提案》给出自动化交易的概念。

二、美国程序化交易的立法内容及经验

（一）美国程序化交易法律发展原因

美国对程序化交易及高频交易监管的法律制度建设主要是由事件推动的，这符合回应式立法的一般规律，最早可以追溯至 1987 年 10 月 19 日纽约股票交易所股市暴跌，暴跌后的 1988 年布雷迪（Brady）报告认为一般设计为程式化交易的指数套利和组合保险两类交易在股票指数期货和现货市场相继推动而造成的。2010 年 5 月 6 日，美国股市的主要指数闪电崩盘引起了监管机构和行业的重视。一开始大家认为这是由"乌龙指（fat finger）"造成的计算机交易的混乱，但是，很快就有证据表明交易规模和数量的异常并不是简单的"乌龙指"可以造成的。SEC 立即采取行

---

① 韩冰洁：《高频交易认定标准及最新监管趋势》，载《衍生品研究网》，2016 年 2 月 3 日发布。

动寻找事件发生的原因，并开始建立适当的机制以防范事件再次发生。2012 年 8 月 1 日，骑士资本（Knight Capital）使用的交易算法以每分钟 1000 万美元的速度产生亏损，最后引发交易所 148 只股票的报价错乱，交易员无法终止程序，任由其持续近 45 分钟，公司损失 4.4 亿美元。2013 年 8 月 22 日，纳斯达克交易所"瘫痪"3 个多小时，暂停了交易所 2000 多只上市公司股票的交易活动，大约 3 个小时后证券交易恢复运营。其原因是技术故障，证券信息处理器（SIP）报价传输出现异常，导致 SIP 无法传播综合报价和交易信息。闪电崩盘、骑士资本及纳斯达克交易所"瘫痪"等事件暴露了高频交易系统的重要缺陷，人们开始认识到，程序错误（Bugs）是现代计算机一个共同的问题，会诱发广泛的潜在危机。从 2012 年起 SEC 启动了新一轮的探索，有关高频交易监管和风险防范方面的措施日益完善。

这些事件不断地促使美国监管机构和世界其他监管机构开始构建对于高频交易的监管法律制度。

（二）美国程序化交易立法的演变

美国对高频交易的监管立法发展可以分为 3 个阶段。

1. 第一阶段：1987 年至 2010 年闪电崩盘前。

这一阶段的主要特征有以下 3 点。第一，禁止闪电指令（Flash Orders）。2009 年 9 月，基于市场公平性的考虑，SEC 提议禁止能使高频交易商比其他市场参与者提前数毫秒看到交易指令的闪电指令。第二，禁止无审核通路（Naked Access）。基于直接内存存取（DMA）要求，无审核通路是指经纪商在没有任何审查的情况下，将向交易所发布指令的席位和高速链路通道租用给交易者以提高交易速度。2010 年 1 月 13 日，基于指令错误会增加经纪商和其他市场参与者风险暴露的考虑，SEC 公布了监管提案，要求经纪商实行风险监控流程，在指令到达交易所之前，过滤错误和超过交易者信用与资本金承受风险范围的交易指令。国内"光大 816 事件"原因之一是未经公司风控部门审核。第三，2010 年 4 月 14 日，SEC 提议为交易量符合一定标准的交易者（High-VolumeTraders）分配识别代码，在交易发生后的次日，经纪商需要将交易记录上报美国证监会，以便分析与调查是否存在操纵市场等行为。

2. 第二阶段：2010 年闪电崩盘后至 2013 年纳斯达克交易瘫痪前。

在闪电崩盘后，2010 年 6 月 11 日，CFTC 发布了对邻近（Co-location）的监管提案，包括对愿意付费的所有合格投资者提供托管服务、禁止为阻止某些市场参与者进入而制定过高费用、时滞透明公开、第三方提供托管服务时需要给交易所提供市场参与者的系统与交易信息。2010 年 9 月 30 日，CFTC-SEC 联合调查委员会发布结论性报告《2010 年 5 月 6 日市场事件的监管发现》，就事件与高频交易之间的关系进行阐述；2011 年 2 月 18 日，CFTC-SEC 联合调查委员会就 2010 年 5 月 6 日市场事件发布报告《关于 2010 年 5 月 6 日市场事件监管应对的建议》，有针对性、系统性地提出了 14 条监管建议，其中大部分与高频交易相关；2012 年 3 月 29 日，TAC 举行公开会议，其中一个议题即是"自动交易和高频交易（HFT）：交易所的监管及相关定义"，公开讨论高频交易。① 在议题中，美国开始使用自动化交易（Automated Trading）的用法。

容量一直都是交易场所需要考虑的重要问题，在闪电崩盘的下午，纽约证券交易所（NYSE）就没有足够的容量来处理非常时期大规模的报单与撤单。2010 年所开始考虑限制指令成交比例（Orders-to-Executions）和过度指令收费，以应对高频交易飞速发展带来的频繁交易给交易场所处理容量带来的压力。纳斯达克于 2010 年开始讨论是否将指令成交比例降至 10 以下，同时针对 NBBO 之外超过总指令量 0.2% 的每笔指令收取 0.005~0.03 美元不等。在海外 NYSE Euronext 针对指令成交比例高于 100 时征收每笔指令 0.1 欧元。

在骑士资本事件后，2012 年 10 月，芝加哥联邦储备委员会起草的一份标题为"在高频交易的时代如何保持市场的安全"的报告中提出，限制在一定的时间内可发送到交易所的订单数量；设立"杀死开关"（Kill Switch，亦称断路开关机制），让其可以在一个或多个交易水平停止交易等。②

长期以来，美国没有制定允许 SEC 获取高频交易数据的规则，这导致 SEC 无法获得分析高频交易所必需的数据。为此，SEC 颁布实施了两项重要的数据收集新规。一是信息收集规则是综合审计追踪（Consolidated Audit Trail System，CATs）。CATs 要求包括交易所在内的证券业自律组织（Self-Regulatory Organizations，简称 SROs）设计一套可以捕捉所有交易从订单生成到执行或取消的完整记录的系统。该系统在高频交易监管方面提供了史无前例的数据通道，实现了监管者的知情权。该规则在 2012 年 7 月 11 日获得通过，并已于 2012 年 10 月 1 日生效。实时数据分析才是对高频交易进行监管的最好手段。CATs 可以把现有的所有分散而零碎的数据集中到同一个地方，从而实现"实时监控（real-time surveillance）"。二是市场信息数据分析系统（Market Information Data Analytic System，简称 MIDAS）。SEC 针对高频交易信息缺乏所做的回应是采用 MIDAS，MIDAS 允许 SEC 获得全美 13 个交易所的所有买卖数据，以此监管高频交易公司及其活动。

在这个时期，SEC 还构建了应对高频交易错误应对的机制。2012 年 5 月 31 日，SEC 批准了美国金融监管局（FINRA）提交的以试用期为 1 年的涨跌停板机制（Limit up-Limit down）取代已有的个股熔断机制的提案，该机制于 2013 年 4 月 8 日生效，分为两个阶段实施；批准了 FINRA 关于修改已有市场熔断机制的建议，针对整个市场的全市场熔断机制（Market-Wide Circuit Breakers），包含了标准普尔指数

---

① 吴伟央：《高频交易及其监管政策探析》，载《证券法苑》2013 年第 9 卷。
② 叶伟：《光大证券乌龙指事件与程序化交易的监管分析》，载《中国证券》2013 年第 10 期。

（S&P500Index）和罗素 1000（Russell1000Index），以防止技术缺陷对整个市场的影响；批准了针对某个公司的 Kill Switches。涨跌停板机制针对的是个股，全市场熔断机制针对的是整个市场，而断路开关机制针对的是某家公司。

2013 年 5 月，CFTC 针对幌骗（Spoofing，也有译为价格引导）等高频交易行为发布了《反市场扰乱操作指引》（Anti-disruptive Practices Guidance）。

3. 第三阶段：2013 年纳斯达克交易瘫痪至今。

2013 年 8 月 22 日，NASDAQ 因技术故障暂停了交易所 2000 多只上市公司股票的交易活动，大约 3 个小时后证券交易恢复运营。8 月 27 日，美国纽约大学金融系教授、高频交易专家埃德加·佩雷兹就此向 SEC 主席致信，敦促 SEC 改善市场监督系统，为市场参与者创造"公平有序的"环境。他认为高频交易的世界需要相应的高频监管措施和领导者。如果说高频交易的世界是以速度为基础的，那么针对这种交易的监管措施就必须也围绕着同样的要求来构建。金融市场监管的目标是为市场参与者创造出一种互信气氛。如果一名市场参与者认为，他或她无法进行公平的交易，那么这名参与者就不会在市场上进行投资。佩雷兹认为，8 月 22 日的事情并非事关纽约证券交易所与纳斯达克之间的对决，并非骑士资本集团与城堡基金之间的对决，也并非高盛集团（GS）与摩根士丹利（MS）之间的对决，而是事关美国作为全球最复杂精密的金融市场的竞争地位。[①] 2013 年 9 月 13 日，CFTC 发布征询意见《自动化交易环境中的风控和交易安全》（Risk Controls and System Safeguards for Automated Trading Environments）。

2014 年 5 月初，美国参议院农业委员会召开听证会正式探讨美国商品交易委员会（CFTC）是否要针对高频交易进行立法监管。自 4 月以来，美国司法部、CFTC、联邦调查局和 SEC 已相继对高频交易展开调查。2014 年 6 月 17 日，美国参议院下属常设调查委员会就逐渐引起业界争议的高频交易展开听证会，其中有关接盘（maker-taker）定价机制与经纪商回扣问题成为焦点。2014 年 10 月 16 日，SEC 针对高频交易发布了市场操纵暂停并终止指令；2014 年 11 月 19 日，SEC 发布交易系统监管规则，要求交易公司等市场参与者对所使用的交易系统提前制定操作规范。

2015 年 1 月 7 日，FINRA 表示，将在 2015 年对券商和交易所之间提供回扣的交易是否造成投资者利益受损展开调查，券商在接受交易所提供的回扣和其他激励来交换业务的时候，存有利益上的冲突。2015 年 1 月 13 日 SEC 通过了监管制度规范性和完整性条例（Regulation Systems Compliance and Integrity，简称 SCI），SCI 的目的是加强美国证券市场的技术基础设施，以提高其韧性，提高委员会监督的能力，更广泛的，持续的努力加强和改革美国股票市场结构。2015 年 10 月，CFTC 主

---

① 美国证监会应全副武装监管高频交易，athttp://finance.sina.com.cn/zl/usstock/2013082/062816570234.shtml，最后访问时间：2016 年 4 月 6 日。

席蒂莫西·马萨德（Timothy Massad）表示，该机构将出台规定对程序化交易进行测试与监督，以保证这些程序在紧急情况下可以被关闭，可能还将强制独立交易公司在 CFTC 进行注册，限制 CME、ICE 等交易所的"交易激励"措施，以及限制高频交易公司在同一笔交易中同时作为买方和卖方的时间间隔。马萨德也表示，他并不是试图去限制自动交易的增长，他希望这些程序可以有序发展不会扰乱金融市场安全。

2015 年 11 月 24 日，CFTC 一致表决通过了《自动化交易监管规则提案》，提案对于自动化交易的定义、风险控制、登记注册、信息披露、源代码数据库准入方面都作了新的规定。2015 年 12 月 17 日，CFTC 通过了《自动化交易监管规则提案》的补充规则，建议修改原先提案中规定的某些规则。

（三）CFTC 的《自动化交易监管规则提案》及其补充规则

1. 《自动化交易监管规则提案》（Reg. AT）。

（1）《自动化交易监管规则提案》的框架结构。《自动化交易监管规则提案》（Regulation Automated Trading，简称 Reg. AT)① 全文一共有 7 个部分。在 Reg. AT 提案中，自动化监管的范围包括了所有的自动化交易策略，换言之，"高频交易"和"低频交易"都在监管范围内。Reg. AT 的主要内容包括：

第一部分是前言概述（Introduction），主要介绍了美国自动化交易的兴起的原因以及发展过程，自动化交易对于市场的负面影响，这里指出的是潜在风险的研究。此外，阐述了 Reg. AT 的目的，即减少自动化交易行为带来的风险，提高制定合约市场（DCM）电子交易平台的安全和透明度。

第二部分是监管机构对于自动化交易作出的历次回应（Background on Regulatory Responses to Automated Trading）。CFTC 在此次 Reg. AT 提案出来之前在一些规定中有单项对其进行的规定，这一部分就是对于这些零散的规定作出的一定的回应介绍。主要有 2013 年发布的《关于自动化交易环境下的风险控制和系统安全的概念公告》（Concept Release on Risk Controls and System Safeguards for Automated Trading Environments)，②《公告》概括了自动化交易的总体情况，研究了交易前风控、交易后报告等自动化交易监管措施和实践。《公告》从性质上来看不是规则提案，它只是梳理业界现有的自发风险措施，在此基础上决定监管机构是否有必要出台自动化交易监管规则。第二部分的后半部是对世界各国其他机构已有相关规定的一个梳理，主要包括美国证监会（SEC）、金融业监管局（FINRA）、欧盟证券监管局（ESMA）、德国《高频交易法》的相关规定。

第三部分是对自动化交易近年来的负面事件梳理（Recent Disruptive Events in

---

① Regulation Automated Trading, at. 载 http://www.cftc.gov/idc/groups/public/@ newsroom/documents/file/federalregister112415.pdf，最后访问时间：2016 年 4 月 6 日。

② 〈Concept Release on Risk Controls and System Safeguards for Automated Trading Environments 〉，78 FR 56542.

Automated Trading Environments)。通过对近年自动化交易系统失灵的案例梳理，表明对于自动化交易进行风险控制的必要性。这部分提及的案例都是近年来比较经典的事件，如 2010 年的"闪电崩盘"；由于自动化交易系统设计的瑕疵对市场造成了极大的负面影响，2012 年骑士资本集团因为自动化系统上编码的错误，造成了巨额的损失。

第四部分开始具体切入对 Reg. AT 提案的具体监管规则介绍（Overview of Regulation AT）。共有 18 个分则部分。包括术语解释（Concept Release）、交易前风险控制的多层次手段（Multi-Layered Approach to Pre-Trade Risk Controls and Other Measures）、特定主体注册的要求（Registration of Certain Persons Not Otherwise Registered with Commission）、自动化交易和算法交易系统的期货行业协会标准（RFA Standards for Automated Trading and Algorithmic Trading Systems）、对于算法交易人（AT Person）的其他风控要求（Pre-Trade and Other Risk Controls for AT Persons）、算法交易系统的开发、测试、监控、监管标准（Standards for Development, Testing, Monitoring, and Compliance of Algorithmic Trading Systems）、对清算会员类期货经纪商的风险管理（Risk Management by Clearing Member FCMs）、算法交易人和清算会员类期货经纪商的报告和记录要求（Compliance Reports Submitted by AT Persons and Clearing FCMs to DCMs; Related Recordkeeping Requirements）、DCM 直接电子接入服务的风控（Direct Electronic Access Provided by DCMs）、DCM 交易配对系统的披露和透明度要求（Disclosure and Transparency in DCM Trade Matching Systems）、DCM 的交易前及其他风险控制（Pre-Trade and Other Risk Controls at DCMs）、防止自成交工具（Self-Trade Prevention Tools）、DCM 做市商和交易刺激方案（DCM Market Maker and Trading Incentive Programs）。

第五部分和第六部分是实施 Reg. AT 提案的一些成本收益问题和预估总成本。第七部分是对于公开征询意见的问题清单，共计有 164 个问题。

（2）《自动化交易监管规则提案》的主要内容。CFTC 在此次 Reg. AT 提案中主要以自律管理与信息披露作为基石。[①] 提案主要的规则内容以下分别阐释。

第一，通过"强制注册"的方式使更多的市场主体被纳入监管范围。Reg. AT 提案要求所有从事算法交易或者对交易所等指定合约市场"直接电子接入"的交易者都必须用"场内交易商（floor brokers）"身份在 CFTC 注册登记。所以，除了在 Reg. AT 提案前已经要求注册的金融机构（合约市场 DCM、期货经纪商 FCM、商品交易顾问 CTA、商品基金经理 CPO、介绍经纪人 IB、掉期交易者 SD、主要掉期交易参与者 MSP），[②] 现在所有的利用自动化系统进行交易的自营交易公司都要进行注

---

① 韩冰洁：《从美国 CFTC 自动化交易监管新规看全球程序化交易监管趋势》，载《金融期货研究》2016 年第 6 期。

② 同上。

册被纳入监管。

第二，在多个层面提出了风险控制的要求。在交易中心的层面上，DCM 主要承担的责任是通过电子直连（DEA）进入 DCM 程序化交易者的监管责任，FCM 进行适当的调试。此外，DCM 在整个市场范围内实施风控措施，还要为程序化交易者提供程序化交易的测试环境等。DCM 还要对于程序化交易的信息进行披露。在结算会员层面上，FCM 是主要的承担主体。其不仅要承担要求通过交易者执行最大订单时的风控措施责任，还要履行报告备案的责任。在程序化交易者的层面上，其强调信息披露与风控措施的落实以防范风险出现。

第三，对程序化交易相关主体进行差别化管理。CFTC 根据程序化交易主体在市场中发挥的功能不同，将其分为 4 个层面，分别是程序化交易监管层、DCM、FCM 以及程序化交易者。[①] CFTC 针对不同层面的市场主体在风险防控中的职责进行差别化的要求。最上层是程序化交易监管层，主要包括 CFTC 和 NFA 进行注册；第二层是 DCM，监督、开发、落实各类风控措施；第三层是 FCM，对风控措施进一步落实负责；第四层是程序化交易者，其在这四个层面中被视为重点监管对象。

第四，源代码数据库获取的准入制度。Reg. AT 提案提出，每个市场参与者都要维护一个自身的在线源代码数据库，数据库的作用主要在于管理市场参与者生产环境下的源代码的保存、修改等。根据 Reg. AT 提案，CFTC 在以监管为目的的前提下，可以不通过申请程序随时进入源代码数据库。

2.《自动化交易监管规则提案》补充规则。

（1）补充规则主要内容。2015 年 12 月 17 日 CFTC 公布《自动化交易监管规则提案补充规则》（Supplemental notice of proposed rulemaking）。其对于此前的《提案》，在吸收公众及业界的建议下，在多方面有较大的变化。最重大的变化主要有以下两个方面。

第一，补充规则对于《Reg. AT 提案》中的注册制度进行了修改[②]，在有各种利益相关者、交易所和自营交易商以及金融改革倡导者的参与之后，为了更好地将注意力和法规集中在负责市场中大量自动化的交易商，补充规则对注册规则作出了如下修改：按照此前规则交易商利用直接电子访问（DEA）连接到市场将无法再自动注册。相反，只有那些除了使用 DEA 之外，并且在 6 个月内每天平均有 20000 或更多交易量的交易商才需要注册。对此项修改的目的主要在于，CFTC 认为，相对于每天只有少量交易量的交易商，对于大量交易量的交易商应该提高监管要求。

---

① 韩冰洁：《从美国 CFTC 自动化交易监管新规看全球程序化交易监管趋势》，载《金融期货研究》2016 年第 6 期。

② Concurring Statement Of CFTC Commissioner Sharon Y. Bowen On Supplemental Notice Of Proposed Rulemaking For Regulation, 2016 年 11 月 4 日，at http://www.mondovisione.com/media-and-resources/ news/concurring-statement-of-cftc-commissioner-sharon-y-bowen-on-supplemental-notice/.

第二，补充的规则修订改变了此前的总体的风险控制框架，要求在交易前进行两个级别而不是三个级别风险控制。第一级控制将包括：①"自动化交易"对他们的算法交易和他们的电子交易的控制；和②与期货佣金商（"FCMs"）一起对所有来自于监管人以外的所有市场参与者电子交易的控制。补充规则还替换了原先Reg. AT 提案中拟定的要求，即自动化交易人和 FCM 结算成员准备具有年度认证要求的某些年度报告。补充规则通过对关于源代码保存和访问的规定提出若干修改来解决市场参与者对源代码的保密性和专有价值的关注问题，措施包括要求委员会自身对任何访问算法交易源代码的工作人员授权。最后，补充规则还为自动化交易人在使用第三方算法时提供了遵守自动化交易规则的某些要素的选项交易系统（"ATS"）。①

（2）补充规则的框架结构。补充的规则包括是 10 个部分：

第一部分是对于自动化监管规则提案（以下简称"Reg. AT 提案"）和补充规则的概述，包括了《Reg. AT 提案》和补充规则的基本框架结构；在两个公众意见征询期和业界人士的圆桌会议上公众对 NPRM（notice of proposed rulemaking）提案的评论内容介绍；收到的意见的概述，这些意见主要是基于《Reg. AT 提案》最后一部分向公众征询的意见。

第二部分是自动化交易参与人的定位以及对于自动化交易参与人的要求。这一部分首先阐述了新规则中相关内容的概述与基本策略，然后对于补充规则中自动化交易参与者的实质要求要件进行了解释，这些要件主要是自动化交易参与人体积阈值测试、场内交易商注册、反规避（Anti-Evasion）、成为期货注册协会的注册会员。这一部分的结束还阐述了委员会（CFTC）的相关问题。

第三部分是对于 DEA（直接电子交易连接）的拟定义，补充规则要求自动化交易参与人直接通过电子渠道对 DCM 传递指令，不再像此前首先被指定到 DCM 的衍生品清算中心。

第四部分是关于算法交易源代码保留和检查要求，交易企业的源代码将受到CFTC 和其他有关机构的检查。这些信息将被保密并被保护以避免网络攻击和可能的数据泄露。在将这些源代码提供给包括监管机构在内的任何人之前，要求执行某种形式的正当程序。

第五部分是对于在第三方供应者环境中的测试，监控和记录保存要求。依据补充规则，测试环境必须由指定合约市场提供，并包含对风险控制和订单取消合规性的检测能力。在此规定下，任何一个地方的期货协会都被要求承担额外的职责。此外，自动化交易参与人也必须至少是一个地方期货协会的成员。②

① CFTC Supplemental Proposal to Automated Trading Regulation，2015 年 12 月 17 日。

② ［美］唐纳德·L. 霍维茨（Donald L. Horwitz），刘璐译：《美国如何监管自动化交易》，载《期货日报》2016 年 2 月 4 日。

第六部分是总体风险控制框架的变化，这一部分作为补充规则的主要修改内容，篇幅较长，对于改变三级交易前监管转为两级交易前监管作出了明确的解释。

第七部分是报告和维持记录义务。

第八部分是对于补充规则其他方面变化的总结。

第九部分相关事项主要包括以下内容：成本效益考虑（Cost-Benefit Considerations）、灵活性监管的提案（Regulatory Flexibility Act）、减少文书工作提案（Paperwork Reduction Act）。

第十部分是拟议规则的文本。

3.《自动化交易监管规则提案》及补充规则体现的监管趋势。

《自动化交易监管规则提案》中反映出美国对于程序化交易监管的态度发生了一定的改变。

第一，从《Reg. AT 提案》内容来看，CFTC 对于自动化交易的发展不再采取遏制的态度，反而是允许程序化交易有序发展。此前，由于 2010 年"闪电崩盘"这类系统性风险事件的历史，很多美国监管层对于程序化交易持有谨慎的态度。但此次的 Reg. AT 提案更加强调的是程序化交易过程中的信息披露义务与风险防控，可以看出，美国的监管层已经开始重视程序化交易在市场中的积极作用，在允许其发展的同时，为了避免系统性风险而采取了更为严格的监管措施。

第二，《Reg. AT 提案》更加强调相关的市场主体程序化交易等在风险防控中的责任。[1] 根据提案，程序化交易相关主体被分为 4 个层次，并且明确了各个层次在程序化交易中应当分别承担不同的风险控制责任。由此可见，美国监管层认为程序化交易的责任主要归咎于人，而不是市场或者其他。

第三，《Reg. AT 提案》中更多地体现了信息披露与自律管理这两大基石，通过风险防控来加强市场主体的自律管理，通过信息披露加强程序化交易的透明度。具体来说，CFTC 要求市场主体在交易前、中、后期都要落实各自的风险防控责任。并且要求程序化交易者、DCM、FCM 要增强披露与信息透明度。

（四）《商品交易法》和《多德-弗兰克法》对于市场操纵行为的规制

1. 美国《商品交易法》（CEA）对于市场操纵行为的规制。

在美国监管机构颁布相应规则的同时，美国的《商品交易法》和《多德-弗兰克法》也开始对利用程序化交易及高频交易进行操纵进行规制。

美国《商品交易法》（CEA）中对于破坏期货交易秩序的禁止性行为主要集中在内幕交易、虚假交易、欺诈和操纵市场。其中对于市场操纵行为的主要条款是《商品交易法》第 6（c）条规定，依据此款规定，只要 CFTC 有理由相信任何人正

---

[1] 韩冰洁：《从美国 CFTC 自动化交易监管新规看全球程序化交易监管趋势》，载《金融期货研究》2016 年第 6 期。

在操纵或者企图操纵，或者已经操纵或者曾经企图操纵属于洲际贸易或者依据任何登记实体的规则为了未来交割的任何商品的市场价格的，均属违法行为。[①]

然而，虽然在《商品交易法》中有对于市场操纵行为的规制规则，但是由于这一规则太过于原则性，没有具体的可以实施的可操作性，因此在这一法律规则下，CFTC难以发挥其应有的打击欺诈与市场操纵的作用。市场上的操纵行为自CFTC成立以来并没有得到有效的控制。

2.《多德-弗兰克法》对于市场操纵行为的规制。

为了使原先《商品交易法》中的规则具有可实施性，2010年7月15日美国国会通过了《多德-弗兰克》法案，这部法案不仅是一部独立的立法，同时也是对于美国已有的部分法律的增补，其中包括对《商品交易法》的增补与修改。其对于市场操纵行为的规制作出了如下几方面完善。

第一，扩充了扰乱市场行为的规定。《多德-弗兰克法》在第747条中增加了关于扰乱市场行为的禁止性规定，包括违反买卖报价规则（violating bids and offers）、做尾盘（making the close）和虚假报单或称幌骗（spoofing）。之后，在2012年5月28日生效的《"禁止扰乱市场行为"解释指引和政策说明》是CFTC对《多德-弗兰克法》第747条和CEA第4c（a）（5）条的进一步解释。在《解释指引》中，CFTC列举了4个虚假报单操纵的行为方式：（1）提交或取消买单或卖单，使得交易设施的报价系统超负荷；（2）提交或取消买单或卖单，延迟他人的交易执行；（3）提交或取消多样的买单或卖单，制造虚假的市场深度表象；（4）提交或取消买单或卖单，意图制造人为的价格涨跌方向。[②]

第二，扩大了CFTC对反操纵的打击行为[③]。《多德-弗兰克法》第753条是对原先《商品交易法》第6（c）条规定的扩充，其对于反操纵行为的打击进行了较大的扩充，从此前在注册程序中的虚假称述现已扩充到了"发行——买卖"的整个过程。从期货交易领域扩充到CFTC监管的全部场内场外衍生品。

第三，降低了CFTC反操纵打击的难度。在《多德-弗兰克》法案实施后，CFTC对于第753条进行授权制定了实施细则，这一实施细则被编入了《联邦法规汇编》（CFR）第108.1条和第108.2条。其中，欺诈型操纵的主观要件从"故意"放宽到了"轻率"。具体条文体现在108.1的细则里面，CFTC规则180.1禁止任何人故意或者轻率地进行欺诈或操纵行为，包括：（1）使用或者意图使用任何欺诈策略；（2）做出或者意图做出任何关于重要事实的不实陈述（或者隐瞒重要事实以误

---

① 张孟霞：《高频交易的频繁报撤单与市场操纵认定》，载《证券市场导报》2016年5月。
② http://www.cftc.gov/ucm/groups/public/@lrfederalregister/documents/file/2013-12365a.pdf.
③ 李明良、李虹：《〈多德弗兰克法〉期货市场反操纵条款研究》，载《证券法苑》2011年第5卷。

导）；（3）从事或意图从事可能欺诈任何人的行为。①

（五）美国程序化交易监管的经验

1. 对于自动化交易实行准入制度。

根据 2015 年 11 月 CFTC 通过的《自动化交易监管规则提案》，100 家高频交易公司将被要求在 CFTC 注册，分配识别码。这种做法实际上利用注册的方式扩大了程序化交易的监管范围，更多的市场主体被纳入监管范围。

2. 赋予监管者享有信息知情权。

美国在《自动化交易监管规则提案》中要求交易所等制定合约市场在原有信息披露的基础上，进一步提高其向 CFTC、市场参与者与公众披露信息的透明度。同时也要求交易所对其撮合系统的重要参数进行公开。

这些做法明显能提高监管在市场重建和复杂情况调查、侦查和测试等情况下的实时处理和准确分析能力，从而实现实时监控。

3. 通过立法、行政和自律相结合进行监管。

美国是目前自动化交易最发达的国家，在对自动化交易监管时采用了"以立法、行政监管、自律监管相结合"的方式。

美国向来是重视"立法"的国家，为了使对自动化交易监管有法律的依据保障，美国《商品交易法》第 6（c）条已经为操纵市场保有原则性的规定。为了进一步使监管更加有操作性、降低监管难度，2010 年美国通过了《多德－弗兰克法案》，该法案在较大程度上对此前《商品交易法》进行了扩充与增补，提高了对操纵市场行为惩治的可操作性。

从《自动化交易监管规则提案》可以看出，CFTC 正就自动化交易领域两个重要的焦点问题在征求业界意见。第一个问题是对于自动化交易系统的开发测试标准认定问题。从美国 2010 年闪电崩盘事件到 2013 年骑士资本集团事件可看出，未经充分测试的软件系统是市场异常波动的一个重要诱因。因此，制定统一的被广泛认可的开发和测试标准，是程序化交易风险防范的第一道门槛。标准的制定不在于拔高行业标准，而在于弥补个体技术和合规的短板，把不合乎标准的风险因素拒之门外。

第二个问题是自动化交易系统的人工干预问题。从美国对自动化交易的监管的历史发展和实践中产生的问题看来，自动化交易系统需要人工监控，并在交易系统出现故障时进行人工干预已经成为一种业界普遍共识。

4. 对操纵市场行为进行界定并制裁。

CFTC 针对幌骗（Spoofing）等高频交易行为发布了《反市场扰乱操作指引》，SEC 针对高频交易发布了市场操纵暂停并终止指令。除了加强监管外，也对与高频

---

① 张孟霞：《高频交易的频繁报撤单与市场操纵认定》，载《证券市场导报》2016 年 5 月。

交易有关的刑事案件展开调查和处罚。2010 年《多德-弗兰克法案》明令禁止"幌骗"交易。2015 年美国芝加哥陪审团裁定黑豹能源贸易（Panther Energy Trading LLC）交易公司的一名期货交易员迈克尔·考西亚被指控的 6 起欺诈和 6 起幌骗操纵期货市场的行为全部成立。

这些制度和措施为监管高频交易奠定了基础，虽然美国还没有制定类似德国的《高频交易法》，但是其制度已经基本完备，其做法值得我国借鉴。

三、我国程序化交易的立法构建

（一）我国程序化交易法律发展概述

我国在证券市场和期货市场建立了一些零星对程序化交易具有一定作用的制度，如上交所是我国较早对程序化交易采取较为严格监管措施的市场。《股票期权交易试点规则》对程序化交易报备与监管等进行了明确规定，《证券公司股票期权业务风险控制指南》进一步明确了期权程序化交易的报备范围及备案机制。《关于加强股票期权程序交易管理的通知》对期权经营机构的接入管理、风险控制等方面进一步明确了要求。与此同时，上交所加强了对疑似程序化交易行为的核查。①

我国市场对程序化交易的关注始于 2013 年的光大证券"8·16"事件。证监会于 2013 年 8 月 21 日表示，将对证券公司使用的程序化交易系统的风险隐患进行排查，证券、期货交易所已经开始着手完善业务规则，并在异常交易的认定和监管中关注程序化交易风险。程序化交易及高频交易再次进入公众视野是 2015 年股票市场异常波动，证监会及交易所开始采取了一系列监管措施，核查了部分具有程序化交易特征的机构和个人，对 24 个账户采取了限制交易措施。2015 年 7 月 31 日，证监会公开表态称"程序化交易具有频繁申报等特征，产生助涨助跌作用，特别是在近期股市大幅波动期间对市场的影响更为明显"。2015 年 10 月 9 日，证监会颁布了《证券期货市场程序化交易管理办法（征求意见稿）》，沪深证券交易所、中金所以及上海、大连、郑州三家期货交易所同时发布《程序化交易管理实施细则（征求意见稿）》，从定义到交易过程、费用等方面，对程序化交易进行全方位管理。11月，新华社播发了伊世顿涉嫌操纵案，让"高频交易"、"程序化交易"进入普通投资者的视野。

程序化交易及高频交易之所以在我国还没有大规模出现，是因为我国的市场基础设施还存在限制，较高的印花税将使高频交易的成本非常高。但是目前由于股指期货可以实现"T+0"交易，存在用"买入现货拉高指数，然后高位做空期指"的模式进行获利情形。这里面有程序化交易及高频交易的影子。

2015 年 9 月 22 日，由清华大学国家金融研究院吴晓灵、李剑阁、王忠民牵头

---

① 上海证券交易所：《股票期权市场发展报告（2015）》，载《上海证券报》2016 年 1 月 29 日。

的课题组指出"量化股票市场状况，是本次异常波动的最重要原因"、"今年6、7月份的股市大幅波动，总体而言与量化投资没有直接关系，只有个别高频交易策略（如频繁报单撤单、趋势交易等）可能对市场形成一定扰动，相关限制高频的措施采取后，市场流动性大幅下降"。[①]由于高频交易是程序化交易的一种，我国将对高频交易的监管纳入程序化交易监管之中。

（二）我国程序化交易的主要法律规定

我国目前关于证券市场的程序化交易的规定比较缺失，自光大证券"8.16事件"后程序化交易监管的问题才逐渐突显出来。证监会颁布了《证券期货市场程序化交易管理办法（征求意见稿）》（以下简称《办法》）。

1.《办法》的主要内容。

一是建立申报核查制度。规定程序化交易者需要事先进行信息申报，经核查后方可进行程序化交易。证券、期货公司应当遵循"了解你的客户"的原则，严格落实有关规定。

二是加强系统接入管理。要求程序化交易者审慎开展程序化交易，并对程序化交易系统应当具有的风控功能提出明确要求；要求证券公司、期货公司建立程序化交易接入核查制度，与客户签署接入协议，对程序化交易系统接入进行持续管理；要求证券期货交易所制定相关程序化交易系统接入管理标准，明确风险控制要求。证券业、期货业协会将就程序化交易系统应当具备的风控功能及相关的接入管理出台行业标准，并定期开展检查。

三是建立指令审核制度。要求证券公司、期货公司建立程序化交易和非程序化交易的风险隔离机制，对程序化交易账户使用专用的报盘通道，并分别设置流量控制。证券公司、期货公司和基金管理公司应当加强客户和自身程序化交易的指令审核，并适时进行人工复核。

四是实施差异化收费。授权证券期货交易所针对程序化交易制定专门的收费管理办法，根据程序化交易的申报、撤单等情况，对程序化交易收取额外费用。

五是严格规范境外服务器的使用。规定境内程序化交易者参与证券期货交易，不得由在境外部署的程序化交易系统下达交易指令，也不得将境内程序化交易系统与境外计算机连接、受境外计算机远程控制。中国证监会另有规定的除外。

六是加强监察执法。明确列举了禁止的程序化交易，要求证券期货交易所加强对程序化交易的实时监控，并规定了程序化交易者以及证券公司、期货公司和基金管理公司违反《办法》的法律责任。

七是对程序化交易的异常报告或公告、净买入额及开仓限制、档案保管及接入

---

① 清华大学国家金融研究院课题组：《完善制度设计、提升市场信心、建设长期健康稳定发展的资本市场》，第148页。

公平等其他相关事项提出了要求。

2. 对《办法》完善的相关建议。

第一，应当将《办法》规定的各项制度与正在修改的《证券法》及正在制定的《期货法》衔接。2015 年的股票异常波动导致《证券法》修改停止，自然也影响到《期货法》的制定。究其原因是正在修改的《证券法》及正在制定的《期货法》中未对程序化交易及高频交易作出应对。

第二，《办法》应当明确申报和核查的法律性质，核查是否构成行政许可。与党的十八大以来坚持负面清单管理，坚持事中事后监管相违背。

第三，《办法》规定的指令审核制度及适时进行人工复核是否会牺牲市场交易的效率，不利于市场发展。

第四，《办法》回避了高频交易的定义及认定标准，这不利于规范我国证券市场及期货市场即将到来的高频交易。

第五，《办法》应当处理好与熔断机制的关系。2016 年 1 月，我国股市熔断机制刚实行 4 天即告夭折。虽然我国熔断机制存在设计不合理等问题，但我们仍应充分认识熔断机制在应对程序化交易及高频交易中的重要作用，在处理好与涨跌停板制度的关系基础上，考虑到我国市场的特点，对现有的熔断机制进行修改，适时恢复熔断机制。

（三）完善我国程序化交易监管法律

1. 加强对程序化交易监管重要性的认识。

从目前各国的市场来看，程序化交易作为先进生产力的代表，其快捷、高效、准确的特点极大地促进了场内、场外市场的交易能力[1]。从前文对程序化交易发展历史的介绍来看，有上百年历史的人工喊价式交易方式已经成为历史。我国在证券期货市场建立之初就采用了自动化交易方式。近年来，随着电脑技术水平的提高，在投资者层面的自动化交易方式也逐渐兴起，如果对于自动化交易的监管始终滞后于市场发展，将对我国程序化交易市场及程序化交易的发展都产生极大的不利影响。

从目前程序化交易的发展过程看，因为软件系统故障引起的纠纷时有发生。金融投资领域的核心就是对投资中风险的防控，当先进科技以不可预期的方式运作的时候，风险甚至急剧放大，程序化交易的发展在我国并没有进入一个完善的阶段。因此，当前应全面系统地评价自动化交易的各个风险环节，正视其风险。尤其要重视程序化交易监管的作用，更好地防范风险的出现。

2. 对程序化交易者进行差异化管理。

就目前程序化交易的发展来看，程序化交易拥有广泛的使用群体，由于使用者

---

① 汪琳力：《美国自动化交易的兴起与监管》，载《中国期货》2015 年第 6 期。

想要达到的目的不同自然会导致交易策略的极大差异。基于使用者不同的策略，对市场异常波动的影响也有很大的区别。总体而言，大部分自动化交易策略是追涨杀跌型的，当存在其他诱因的情况下，容易助推市场异常波动。

监管机构对于每一类目的不同的交易者都应以不同的态度对待，以期降低市场整体的波动性。如果交易者是进行单方投机时，这类行为既是市场流动性的一部分，也反映了非自动化环境下的大众心理，所以对其可以采用一种中立态度，即既不会进行积极支持，也不会对其采取打压态度。如果交易者是以套利行为为目的进行交易，主观上交易者的动机是有对冲的投机，客观上有利于市场达到均衡状态。因为无论主观还是客观对市场产生的都是积极的影响，所以可以相对给予其一定的优惠。如果交易者是以欺骗为动机进行高频交易，应在自律框架内给予严厉的打击。所以在监管过程中应当对于程序化交易行为进行区分，进而进行差异化、精细化的管理。

3. 强调相关市场主体的责任。

美国在《自动化监管规则提案》中更多地强调了市场主体的责任，其已经认识到通过"机器"或者是"系统"进行监管并不能完全防范市场风险，更重要的是要强调程序化交易主体的责任，要求其承担防范市场风险的责任。例如，要求进行注册登记。

我国也可以采用类似美国《Reg. AT》提案的做法，对于运用自动化或者程序化交易系统进行交易的投资者进行注册登记，强制其进行信息披露以使市场有更高的透明度。同时也要明确中介机构在程序化交易中具体的防范风险的责任。

金融科技监管若干前沿问题

王 立①

金融科技发展一日千里，每过一段时间就会有新的突破性发展，随之而来的也会有各种负面新闻夹杂其中。金融监管部门有必要介入监管，但应当在安全和创新效率之间取得适度的平衡，并坚持合法原则。在控制金融风险、规范行业发展的同时，兼顾鼓励创新、减轻负担，从而促进行业健康稳健发展、促进普惠金融目标的有序实现。笔者选择"沙盒监管"、数字货币 ICO 融资、P2P 网贷平台属地化监管3 个前沿热点问题作为切入点，试图揭示高速发展中的金融科技创新与金融安全、金融消费者保护之间的张力。

一、"沙盒监管"的新意与悖论

（一）"沙盒监管"的新意

"沙盒监管"的概念由英国政府于 2015 年 3 月率先提出，随后在英国、新加坡、日本等国推广实验。2016 年初，澳大利亚证券投资委员会和新加坡金融管理局、英国金融行为监管局签署了合作协议。此后，马来西亚、阿布扎比等国家和地区陆续加入沙盒监管的实践中。各个国家或地区多在借鉴英国沙盒监管的基础上依据自身情况进行了部分变更。② 《沙盒监管》是英国金融行为监管局（FCA）于 2015 年11 月递交给英国财政部的有关开展沙盒监管可行性和实用性的报告。③ 英国在监管创新上，向来有新意。在全球范围内，在双峰监管、原则导向监管等新型监管方式方面英国都走在前面。沙盒监管也是如此。

沙盒或沙箱（sandbox），原先是一个计算机术语，指在受限的安全环境中运行应用程序的一种做法。多年前 Chrome 浏览器刚推出时就已经有了这个概念。谷歌（Chrome）浏览器有个"标签页"的概念，在一个窗口内可以打开多个标签页，并

---

① 王立，杭州师范大学钱江学院讲师，经济法学博士。

② 柒月：《中国虚拟货币或试行"监管沙盒"》，http://www.gongxiangcj.com/show-22-3995-1.html，最后访问时间：2017 年 7 月 8 日。

③ 李爱君等：《英国金融行为监管局〈沙盒监管〉全文翻译》，载《金融创新法律评论》第2 辑。

且每个标签页都是独立运行。每个标签页的崩溃（不管是因为程序漏洞或是病毒），都不会影响到其他标签页以及整个 Chrome 浏览器的正常运行。这就是沙盒在计算机应用上的技术进步。

英国 FCA 借鉴了这个概念，将之应用于金融创新监管。原理与计算机领域的沙盒类似：在监管机构授权的可控环境中，允许金融企业进行各种金融创新的尝试；由于环境可控，因此各种金融创新活动可以得到一定的监管缓释，从而在保证金融安全的前提下促进金融创新。

沙盒监管有点像中国改革开放中的经济特区，也有点像上海自贸区的概念。听上去似乎没什么新鲜的。但金融试验区与普通的经济试验区似乎还有所不同：金融具有更强的流动性（不仅指货币的流动，还特指风险的流动）。经济特区的实验出现问题，将一般经济风险控制在一个区域内还相对容易。但金融风险大部分易转化为系统性风险，不可控因素较多，将之控制在一个区域内非常困难。同时，在进行沙盒实验时，参与实验的金融消费者可能遭受损失。金融创新的风险向来很大。在沙盒制度下的金融消费者保护如何展开，又是一个挑战。如何控制一个区域内的金融风险，不让其风险外溢对系统金融安全构成威胁，同时又须保障金融消费者的权益，这是一个技术含量非常高的难题。

（二）审慎监管视角下的"沙盒监管"悖论

2013 年后，英国金融服务管理局（FSA）的职能由金融行为监管局（FCA）和审慎监管局（PRA）承担。这是"双峰理论"在英国监管体制上的落实。因此 FCA 的主要职责是行为监管，而非审慎监管。具体到 FCA 发布的《沙盒监管》，其核心目标也是金融消费者保护（行为监管），而非系统性风险的防范。但从审慎监管的角度来考查沙盒监管，也并非毫无意义。

从审慎监管的角度看，沙盒监管的本质就是有限度地放松监管。《沙盒监管》报告中的监管放松包括无执行措施信函（NALs）、个别指导、（个案）豁免三类。这些监管行动的共同目的就是在一定条件下，进行沙箱测试的金融创新公司可以得到程度不等的监管豁免。

与此同时，《沙盒监管》也提出了一些监管限制：

1. 建立监管者与被监管之间的合作关系。

《沙盒监管》第 1.3 条写道："允许金融行为监管局与创新者合作，来确保适当的消费者保护措施是建立在他们的新产品和服务上的。"监管合作关系（而非猫鼠关系）是英国金融监管一直以来都极力倡导的，之前英国提出的"原则导向监管"也体现了这个监管倾向。这种监管合作关系能提高金融监管的时效性，但也存在监管俘获等潜在的风险。

2. 金融消费者：控制沙盒测试的风险范围。

通过控制参与沙盒测试的金融消费者的数量或者范围，来限制金融风险的蔓延，增加可控性。将某个金融创新实验的规模进行人数或金额上的限制，并且要求每个参与该项金融创新的金融消费者都自愿签署风险同意书，将金融消费者限定在参加测试的消费者范围内。

3. 金融创新企业：确立沙盒测试的市场准入制度。

首先，并非所有的金融创新都有可能被批准实施沙盒，成文监管文件明确规定了一些金融业务不能适用沙盒监管。《沙盒监管》第3.11条写道："限制性授权以及保护伞制度不能应用于进行《金融服务和市场法案》（FSMA）授权范围之外的活动，例如：支付服务以及电子货币的活动。"

其次，《沙盒监管》设置了3种不同类型的沙盒准入程序。即：（1）授权沙盒。这是最为基础的沙盒监管。金融创新企业要实施这种沙盒，需要先获得监管机构的授权批准。（2）虚拟沙盒。这实际上是在不进入真正市场的情况下测试金融创新方案的可行性。金融创新企业不论是否获得监管机构的授权，都可以使用虚拟沙盒。这种虚拟沙盒，可以由行业引入，金融创新企业自由使用。因为虚拟，所以基本无害。（3）沙盒保护伞。这是一些有着共益性质的公司（沙盒保护伞公司），这些公司与第一类有授权的金融创新企业有着类似的法律地位，受到FCA的沙盒监管；同时，另外一些未经批准的金融创新企业可以作为沙盒保护伞公司委派的代理人，在保护伞的庇护之下进行金融创新服务。所以，这是一种有资格帮助未授权金融创新企业的授权沙盒企业。

由上我们会发现沙盒监管的一个严重问题：沙盒固然能够将风险控制在一定范围之内，但谁又能保证在沙盒内安全运行的金融创新项目在测试完成后，进而推广至大范围进行金融营业不会出现系统性风险？做个类比，你如何能确定在少量小白鼠身上的临床安全试验，推广至大量人群后就不会产生新的风险？还是说这些金融创新在沙盒内的运行目的不是测试，而是试图永远都龟缩在沙盒内？这个问题，笔者认为仅在理论层面探讨是无解的。

（三）金融消费者保护视角下的"沙盒监管"悖论

相较系统性风险防范，"沙盒监管"的核心更多的还是强调沙盒监管下的金融消费者保护。《沙盒监管》报告第3.15条提到了4种沙盒环境下金融消费者保护的方法。方法1：在临床试验中，沙盒公司只能针对已经知情且同意被纳入测试的客户测试他们的新解决方案。客户被告知潜在风险和可得补偿。方法2：金融行为监管局同意在个案基础上将披露、保护和赔偿适用于测试活动。方法3：客户与同其他授权公司接触的客户享有相同的权利（例如，向公司投诉，然后向金融监察员服务机构投诉，且如果公司失败，客户则可以享受金融服务补偿计划）。方法4：进行沙盒测试的企业需要赔偿客户的任何损失（包括投资损失），并且必须证明他们具有这样做的资源（资本）。①

不知道是否是翻译的原因，方法 2 和方法 3 到底指向什么，并不是很清晰。这两种方法之间的区别，也没有那么明了。但这 4 种方法，大体可分为 3 类：一是将沙盒仅适用于知情同意的客户；二是沙盒适用于不知情客户，且不论沙盒内外，一视同仁；三是兜底赔偿。第一类方法，如前文所述，沙盒内的测试结果为安全，并不能保证扩大至客户面后就一定安全。同时，参加测试的客户的测试意识会扭曲沙盒测试的结果。第二类方法，沙盒似乎没有存在的意义。有无沙盒测试，监管措施都是一致的。第三类方法，参加测试的客户明知会得到兜底赔偿，沙盒测试的结果也会出现偏差；同时，这种兜底对那些小公司而言，是一个无法承受的经济负担。

我们可以类比量子力学中的"观察者悖论"。"薛定谔的猫"是奥地利著名物理学家薛定谔提出的一个思想实验，试图从宏观尺度阐述微观尺度的量子叠加原理的问题。实验是这样的：在一个盒子里有一只猫，以及少量放射性物质。之后，有 50% 的概率，放射性物质将会衰变并释放出毒气杀死这只猫，同时有 50% 的概率，放射性物质不会衰变而猫将活下来。根据经典物理学，在盒子里必将发生这两个结果之一，而外部观测者只有打开盒子才能知道里面的结果。在量子的世界里，当盒子处于关闭状态，整个系统则一直保持不确定性的波态，即猫生死叠加。② 这里的猫，既死了又活着，要等到打开箱子看猫一眼才决定其生死（请注意：不是发现而是决定，仅仅看一眼就足以致命）。

观察者会给被观察者的行为带来决定性的影响，这是所有社会实验必须要面对的悖论。这个悖论，我认为在理论层面探讨也是无解的。

（四）对"沙盒监管"的评价

以上这些金融监管措施从抽象的层面来说，并没有什么奇特之处，甚至有时候这些措施的使用会陷入两难。但这不是"沙盒监管"的问题，是所有监管方式的共同问题。在具体的监管中如何使用这些措施，有时候取决于具体的监管者及其具体的监管选择。

监管理念要有具体监管措施来配合实施，监管措施只有在正确的监管理念指导下才能发挥作用。沙盒监管的每一个监管措施可能看上去都平淡无奇，但组合起来可能就会产生意想不到的效果。就好比蛋炒饭，同样是鸡蛋和白米饭，食材普通，但在不同层次的厨师手中，就可以做出截然不同味道的蛋炒饭。虽然有时候是巧妇难为无米之炊，但更多时候，我们看到的是同样的米做出不同的炊。

这就是所谓的实践理性。我们可能在理论上无法说清楚什么是真正有效的金融

---

① 参见李爱君等：《英国金融行为监管局〈沙盒监管〉全文翻译》，载《金融创新法律评论》第 2 辑。

② 张天蓉：《走进量子纠缠》，http://songshuhui.net/archives/83517/，最后访问时间：2017 年 5 月 18 日。

监管，但在实践中，有国家就是去做了。而且，只能是不断去做，才能慢慢走出一条通畅的监管道路来。监管可能不是一种科学，更多是一种技艺。这就是所谓的"有效行动的逻辑"，用行动来统领理性。

二、数字货币 ICO 融资的法律定性与监管逻辑

2017 年 5 月以来，以比特币、以太币为代表的数字货币在二级交易市场价格逐月攀升。其中比特币更是在 6 月突破 2 万元大关，数字货币价格的"高烧不退"令人叹为观止。同时，在区块链应用领域，又出现了一种火爆的 ICO 融资模式。据界面新闻记者不完全统计，仅在 2017 年 6 月，就有超过 20 个区块链 ICO 项目完成融资，这也意味着市面上已有超过 20 种新的代币。①

据新加坡市场研究公司 Smith&Crown 的数据，2017 年年初到 6 月份，共有 65 个 ICO 项目融资 5.22 亿美元。到了 6 月份，单笔 ICO 的融资纪录两度被刷新。目前 ICO 的疯狂程度，早已超出市场的预期，《纽约时报》近日将 ICO 称为"最简单的通往财富之路"。严格来说，第一个取得巨大成功并影响深远的 ICO，是以太坊。2014 年 7 月，以太坊 ICO 推出，以太坊在其白皮书上给自己的定义是：下一代智能合约和去中心化应用平台。② ICO 项目融资一般都在 30 天内完成，融资金额都高达上千万美元。早期的 ICO 项目在融资后，所发行的代币迅速增值，其速度甚至赶超比特币。

（一）ICO 的商业模式

ICO 早期的全称为"Initial Coin Offering"，这借鉴了证券市场 IPO 的提法。但考虑到私人发行数字货币的敏感性，"Coin"本身是否是货币也有争议，该词被替换成了"Token"（代币），并加上了"Crypto"（加密）的修饰。于是 ICO 的全称就变成了"Initial Crypto-Token Offering"，即通过发行加密代币的方式进行融资。

通常的 ICO 模式是，区块链初创公司把投资者手中的比特币、以太币投入项目取得新项目的等值"代币"，以达到融资创业目的，投资人便拥有了一定比例的该项目使用权或投资性权利。参与者手里的项目代币一般通过数字货币交易所进行流通退出。

以一例跨国界 ICO 项目——TenX 为例，其发行目的是开发一个区块链资产支付平台，是目前区块链行业内备受关注的项目之一，是经 Paypal 孵化器认可与指导的新加坡项目。该项目白皮书显示，TenX 计划向公众发放 80% 的单位为 PAY 的代币。在首期 ICO 项目中，所有代币的 51% 进行 ICO，募集 25000 个以太币，1 个以太币

---

① 界面新闻：《疯狂的数字货币 ICO，是泡沫还是风口？》，https://www.sosobtc.com/article/21963.html，最后访问时间：2017 年 7 月 15 日。

② 李安嶙：《数字货币疯狂的 ICO：毁灭、重构、与货币新文明》，http://www.cyfengchao.com/archives/9609，最后访问时间：2017 年 7 月 20 日。

可以兑换 350 个 PAY 代币。其余 29% 的代币将在未来 4 年内分配给社区、创始人、早期支持者和开发团队将获得剩下的 20% 的代币奖励。由于 TenX 有以太坊创始人 Vitalik Buterin 的背书，该项目在 36 小时内完成其 PAY 代币预售的 10 万个以太币销售目标，总金额大约价值 3900 万美元，在 6 月已经提前完成募集目标。①

ICO 代币可以转让、买卖，但不能要求返还，没有固定期限，也没有固定回报。它在经济价值上映射了 ICO 标的项目的股权。根据 ICO 发行主体的特征，可将 ICO 分为两类：一是基于实体公司的 ICO，比如一家瑞士金融科技公司发行的 Lykke 代币即规定，每 100 枚 Lykke 代币可获得 Lykke 公司股权的 1 个份额，此类代币代表了投资者对线下实体公司的股票所有权（知情权、决策权、收益权和剩余索取权）；二是基于去中心化网络的 ICO，不存在线下实体公司，项目发起、代币发行、技术研发和产品运营完全依靠非实体公司的技术团队。资金交予技术团队或代币基金会支配使用，也可采取 DAO（Decentralized Autonomous Organization）模式进行管理。②

（二）ICO 的法律定性

对于 ICO 的运作模式，业界有着多种模棱两可的表述。其中最大的一个分歧是，ICO 到底在发行什么？发行的所谓 "Token" 是货币还是股权？

有观点认为，ICO 发行的不是股票而是数字货币，为代币（Token）。虽然代币并不代表公司股权或公司债权，但其价值在于：一来代币可以驱动公司开发的应用程序，二来代币总发行量有算法约束。③ 这种观点实际上认为代币本身就是一种数字货币。但这与 ICO 的商业模式显然不相符：虽然 ICO 项目多与数字货币开发、区块链应用有关，但代币仅代表了这些开发项目的某些权利，而非这些数字货币本身。

也有观点认为，所谓 "代币"，通常是指在一定范围内使用的替代货币的某种凭证。这种代币同时也可视为一种在区块链上发行和流通的加密股权（Crypto-Equity）。④ 这种观点实际上即认为 ICO 发行的是 "代" 货币，又认为其具有股权的属性。这种模棱两可的表达，显然是不严谨的：代币不可能同时既是货币或货币凭证，又是股权（投资证券）。根据货币理论，货币是一种涉及国家主权的准债权凭证，有债权属性，不可能被解释为股权。

实际上，用 Crypto-Token 来指代 ICO 中的 C 是有问题的，容易引起误导。《朗文词典》对 Token 的释义是 "（在某些机器上用来代替钱的）金属代币"，意即我们日常生活中遇到的游戏机、抓娃娃机中使用的金属游戏币。这种金属游戏币确实可

---

① 界面新闻：《疯狂的数字货币 ICO，是泡沫还是风口？》，https://www.sosobtc.com/article/21963.html，最后访问时间：2017 年 7 月 15 日。

② 姚前：《数字加密代币 ICO 及其监管研究》，载《当代金融家》2017 年第 7 期。

③ 周艾琳：《认清虚拟货币的本质 央行参事警示 ICO 风险》，http://www.sohu.com/a/155356605_481842，最后访问时间：2017 年 7 月 10 日。

④ 姚前：《数字加密代币 ICO 及其监管研究》，载《当代金融家》2017 年第 7 期。

以被认为是"代"货币，甚至腾讯 Q 币、一些商场的优惠券、商圈币都可以被认为是"代"货币（Token）。但 ICO 中的发行标的，恰恰不能用 Token 来指代，因为 ICO 的发行标的对应的是区块链应用开发项目的某些将来权利，而不是开发项目完成后的数字货币本身，也没有代表这些数字货币。ICO 是项目股权的一级市场，而非数字货币的一级市场，更不是数字货币的二级市场。甚至，ICO 这种融资模式可以与数字货币、区块链的开发项目毫无关系。

简言之，ICO 中所谓的代币，既不是数字货币，也不是数字货币的凭证。我们应该更仔细地剖析 ICO 的商业模式以确定其法律定性。

从资产端来看，ICO 项目范围多样。相较于 IPO，目前主流的 ICO 只是把所发行的标的物由某家公司的股权或其他权益变成了数字加密货币。然而 ICO 项目并不仅仅局限于涉及数字货币的项目，而是范围更广。ICO 项目囊括了知识产权、社交、选举、资产交易等多个领域。其代币所对应的项目标的大体可分为虚拟商品、收益权凭证、公司股份 3 类。而且 ICO 的发行主体也不仅限于实体公司，有很多项目实际上是技术团队直接在社交网络上完成的。

从资金端来看，这些 ICO 项目并不接受人民币、美元等货币参与众筹。数字货币"王国"的先行者——比特币、以太币等，是各家众筹项目的募集货币单位，也是数字货币领域众筹和流通的基础性货币单位。

简言之，ICO 的商业模式就是区块链初创公司为其新开发的项目，通过向爱好者发行代币，来换取资金；而这种资金是数字货币，而非法币。因此 ICO 应该定位为"特殊众筹"，一种以数字货币为融资目标的众筹。这种众筹有着以下特征：

第一，ICO 众筹与现行众筹分类一致，有商品众筹、公益众筹、股权众筹、债权众筹之分，其法律性质也依照具体的细分种类而不同。ICO 商品众筹遵守《合同法》等一般民商法规范，ICO 公益众筹适用慈善法规则，ICO 股权众筹和债权众筹则属于广义的"证券"范畴，应当遵循现有的金融监管规则。

第二，ICO 的融资资金为比特币、以太币或其他数字加密代币，而 IPO、股权众筹的融资资金为法币。这会带来两个问题：（1）现有的金融监管规则下，所有融资标的都为法币；ICO 将之替换为数字货币后，这些传统监管规则是否还能直接适用？是否需要修正？例如，ICO 是否涉嫌违反《刑法》第 176 条非法吸收公众存款罪就需要重新进行论证，现行"存款"的定义是否包含智能货币等虚拟财产就决定着 ICO 融资是否可能入罪。（2）由于融资标的是数字货币（非法币），而数字货币的价值本身在大幅波动阶段，所以代币的估值带来极大的挑战。例如，假定代币的投资、回报、变现是以比特币为形式，那么在应用现金流贴现法时，比特币对应的无风险利率应为多少？[①]

---

① 姚前：《数字加密代币 ICO 及其监管研究》，载《当代金融家》2017 年第 7 期。

第三，ICO 发生在区块链行业，发行主体不一定为实体企业，可能为非实体企业的团队。这也会给现有的金融监管带来挑战。目前的 IPO、股权众筹监管规则下，发行主体须为企业。我们是应当修改众筹规则，还是强制要求 ICO 必须设立企业？

（三）ICO 监管展望

目前市面上有部分 ICO 项目涉嫌传销或诈骗，利用拉下线或虚构项目等方式，通过"内幕交易"、"联合坐庄"、"操纵价格"等手段以牟取暴利。有业内人士具体介绍了这一操作办法，某 ICO 项目就把所有的投资者圈在多个微信群里，不同的微信群设定不同的交易价格，统一发号施令，要求什么时候购买，购买多少数量，直到以多少价格卖给第二批参与的投资者。还有的团队接二连三换着不同项目 ICO，创始人的名字多次更换，学历造假，连续失败发行 ICO，这些团队被业内看作"骗子团队"。有的项目甚至连团队还没有建立，只有两三个兼职者，就敢发行白皮书路演融资。[①] 这些鱼龙混杂的行为已经涉嫌非法集资，亟须监管介入。

目前 ICO 处于法律监管的边缘，各国监管机构基本上还处于观望阶段。2017 年 7 月 25 日，美国证券交易监督委员会（SEC）通过发布对 The DAO 这个特定项目的调查报告，对 ICO 活动声明了监管权，其表示目前虚拟组织发起的邀请及销售仍然属于美国证券法律管辖范围以内的活动。SEC 的上述监管表态意味着 ICO 仍然属于证券活动，同时与之形成的数字资产的证券属性或亦被强化。[②] 加拿大安大略省证券监管机构也对 ICO 正式发布了警告，ICO 或将归属证监会管辖。[③]

我国目前并无直接涉及 ICO 的监管规范，仅有中国人民银行出台的对比特币概念及交易主体限制相关的通知和证监会对股权众筹的整改通知。2014 年 3 月，央行发布《关于进一步加强比特币风险防范工作的通知》，禁止内地银行和第三方支付机构替比特币交易平台提供开户、充值、支付、提现等服务，对比特币交易主体作出限定。2015 年 8 月 3 日，证监会出台《关于对通过互联网开展股权融资活动的机构进行专项检查的通知》，2016 年 10 月 14 日，15 部委联合出台《股权众筹风险专项整治工作实施方案》，均针对股权众筹的互联网金融平台进行专项整治，禁止在平台上的融资者擅自公开或者变相公开发行股票。

上述规定看出，尽管我国对于比特币有一定的规范性约束，但却没有任何直接

---

① 李莹莹：《融资创新还是暴利江湖——数字货币 ICO 乱象调查》，载《财经》2017 年 7 月 10 日。

② 李维：《美国证监会提醒 ICO 从属证券法启示：数字资产魂归"功能监管"？》，http://m. 21jingji.com/article/20170727/93dadcbc994a82a4cb97f5b9aadb85b7.html，最后访问日期：2017 年 7 月 26 日。

③ 李莹莹：《融资创新还是暴利江湖——数字货币 ICO 乱象调查》，载《财经》2017 年 7 月 10 日。

针对 ICO 的规范性文件出台。一个完整的监管框架对于促进整个区块链行业健康发展非常重要，对 ICO 实施"沙盒监管"不失为一种有效的办法。但"沙盒监管"只是一种监管原则或理念，具体操作起来有诸多不确定性。

尽管 ICO 项目如前文所述，并不仅限于投资性众筹。但目前我们主要的 ICO 项目多数是与数字货币、区块链开发项目投资有关，应纳入金融监管范畴。要想对 ICO 实施有效监管，关键是想清楚金融监管的基本逻辑：我们应当参考 IPO 管理，股权众筹规则，还是进行类私募、VC 管理？还是另起炉灶设计一套新的监管方案？

若参考 IPO 管理，那么势必大幅加大 ICO 的合规成本。《证券法》第 10 条明确规定，公开发行证券必须依法报经国务院证券监督管理机构或者国务院授权的部门核准。未经核准，任何单位与个人不得公开发行证券。同时，要求证券公开发行或出售必须登记审核，保证上市公司质量；禁止发行人一般劝诱和广告行为；对上市公司提出持续的强制信息披露要求，包括要求披露特定、特指信息以及相关的所有重要附加事实；对上市公司施加反欺诈和其他责任条款，等等。

若参考类私募、VC 规则的管理，那么对于这类高风险领域，则应当采用合格投资者制度，限定投资者范围，降低风险的涉众程度。

若参考股权众筹规则，则需要在我国现有缺少股权众筹监管规范的前提下，探索 ICO 的新型监管路径。如借鉴 2012 年美国出台的《促进创业企业融资法案》（JOBS 法案）中的股权众筹豁免等。2014 年我国出台《私募股权众筹融资管理办法（试行）》征求意见稿，但这个意见稿始终没有加以落实，而且这个意见稿的规范范围仅限于私募股权众筹。

一些代币 ICO 为避免法律风险，也正尝试从现行的 IPO、股权众筹监管法规中寻找合法性依据，如区块链资本公司（Blockchain Capital）主导的名为"BCAP"的代币 ICO 即是根据新加坡法律进行了注册，并结合美国证券法 D 条例和 JOBS 法案的规定提交相关法律文件。[①]

不论监管层将来选择何种方式和逻辑进行监管，投资者保护始终是 ICO 监管的核心。同时，监管的加强也意味着 ICO 合规成本的增加。在 ICO 这种新型融资方式下，投资者保护与融资效率需要重新探索平衡点。

三、P2P 网贷平台的属地化监管

近期上海、深圳、北京分别公布网贷监管细则征求意见稿，提出资金存管属地化、网贷注册经营属地化等一系列监管属地化的要求，引起热议。讨论最多的是资金存管属地化问题。

---

① 姚前：《数字加密代币 ICO 及其监管研究》，载《当代金融家》2017 年第 7 期，第 8-15 页。

2017 年 6 月 1 日，上海发布《上海市网络借贷信息中介机构业务管理实施办法（征求意见稿）》（以下简称"上海网贷意见稿"），要求网贷平台取得备案登记后，选择"在本市设有经营实体且符合相关条件的商业银行"进行客户资金存管（第 15 条）。

2017 年 7 月 3 日，深圳发布《深圳市网络借贷信息中介机构备案登记管理办法（征求意见稿）》（以下简称"深圳网贷意见稿"），规定网贷平台的备案条件之一就是与"在深圳市行政辖区内设有分行以上（含）级别机构的商业银行"达成资金存管安排，且要求网贷平台的主要资金结算账户（包括网络借贷资金专用账户）应当开设在商业银行在深圳市行政辖区内的分支机构（第 9 条）。

2017 年 7 月 7 日，北京市金融局正式下发《北京市网络借贷信息中介机构备案登记管理办法（试行）（征求意见稿）》（以下简称"北京网贷意见稿"），要求网贷机构须选择"由本市监管部门认可的商业银行"进行资金存管（第 15 条）。

此外，三地网贷意见稿也提出了注册地、经营地一致的属地化要求。北京网贷意见稿指出，网贷平台应当以书面形式提交合规经营承诺书，其中明确要求，网贷平台公司经营地址与注册地址一致（第 10 条）。深圳网贷意见稿与之一致，也提出经营地址与注册地址一致的"属地化"要求（第 9 条）。但上海网贷意见稿没有这方面规定。

三地征求意见稿不约而同地要求存管系统要接入当地的网贷监管系统[①]。

（一）网贷地方监管趋势

1. 监管趋同。

原本让地方金融办进行属地化监管（配合银监会的双重监管）是个重大的监管创新，给互联网金融的监管提供了诸多可能性。其中一个很重要的作用，就是让地方金融办充分发挥主观能动性，因地制宜。在执行上位法的同时，能够有自己的地方监管特色。

然而，前有厦门的"平台备案要求法律意见书"，后有上海的"资金存管属地化"，都是一地有了相关新举措，其他地方全部跟进。不知道各地的金融办有没有相互之间进行沟通交流，但结果显而易见：地方监管细则的具体内容逐渐趋同。既然是监管趋同，为何不在全国的法律或政策层面作出统一规范？是不应、不愿还是不敢？当然，趋同也有好处，可以避免引起监管套利或监管竞次。不过令人奇怪的是，监管竞次的结果是会让各个地方的监管规则越来越宽松，但我国的金融地方监管往往确是在竞争之下越来越严格。

---

① 参见上海网贷意见稿第 13、31 条、深圳网贷意见稿第 20 条、北京网贷意见稿第 7、16、17 条。

2. 监管趋严。

在"监管趋同"的同时，各地网贷监管政策的另一个特征是"监管趋严"。这个"趋严"的趋势是非常明确的。各地监管相互观望，你加一层码，我也加一层。未见有一地的监管政策是减码的。趋同加趋严的情况下，网贷从业机构的成本越来越大。

三地的网贷意见稿从整体的宽严程度看，上海相对宽松，深圳最为严格，北京在某些规定上更有弹性。以本文探讨的资金存管问题为例，上海的资金存管银行要求是"在本市设有经营实体且符合相关条件"，仅需有经营实体即可，没有级别要求（这里的"相关条件"应该是指资金、技术等软硬件条件而非银行级别要求）；深圳的资金存管银行要求是"在深圳市行政辖区内设有分行以上（含）级别机构"，且要求网贷平台的主要资金结算账户（包括网络借贷资金专用账户）应当开设在商业银行在深圳市行政辖区内的分支机构，这些加码要求十分严格；北京的资金存管银行要求则较为模糊，要求"本市监管部门认可"，这有可能是指本地有经营实体的银行，也有可能不限于此。

（二）监管成本与合规成本之争

业界热议的焦点是，在三地网贷意见稿的规则下，网贷平台如何消化新的监管政策带来的运营成本？

1. 资金存管属地化的合规成本。

首先，网贷平台合作银行的可选择性压缩。原本银行分批开发上线的排队情况仍未能有所改变，现在的属地化监管又进一步加大了银行和网贷平台的时间付出。其次，如果已上线平台仍须按照属地化原则整改，受影响的网贷平台将付出巨大的时间和资金成本。第三，存管属地化原则，对当下以城商行为主力的市场格局将予以洗牌，上述资金存管对接平台靠前的4家银行，其分行网点仅限于本省或2~3个省份，除华兴银行在深圳设有网点外，其他3家均未在沪、深两地设立分行。存管属地化原则对民营银行的新网银行、天津金城银行、华瑞银行等未开设实体网点的银行也影响重大。因此城商行、互联网银行资金存管市场将被压缩，而全国性股份制银行业务将抬头。[1]

之所以要求各平台银行资金存管必须要在深圳有分支机构，深圳市金融办负责人对外解释称："主要还是因为通过我们前期大量的实地走访和调研，发现有些平台的数据跟披露不符，而且差距过大，由于资金结算账户不在深圳，我们也没办法监测平台的资金流向，这样投资者的利益根本没办法保证。深圳网贷平台太多，如果不从严监管，隐藏的风险到时候谁来承担？银行存管属地化原则要落实执

---

[1] 周假：《沪、深网贷资金存管属地化影响报告》，http://www.xiahui.net/zixun/tuijian/4349058.html，最后访问时间：2017年7月10日。

行。"① 对此解释，笔者表示异议：

首先，目前银行存管推进本身就不是十分顺利，监管政策应多加鼓励，而非层层加重网贷平台和银行的负担。如果资金存管属地化全国铺开，部分地区的平台将面临无银行可存管的窘境。许多省份本地没有一家地方银行能提供存管服务，而国有大银行却没有介入这项业务，或者即使有但门槛也极高（如建行）。这就意味着这些地方网贷平台将面临无银行可找的尴尬境地。

其次，在现有的技术条件下，P2P网贷平台的数据都存储于云端，银行的IT系统技术力量也非常强大，信息共享、异地数据提取问题，本身并没有有巨大的障碍。

再次，监管者担心的异地金融办之间的沟通问题，笔者认为也应该通过加强沟通来解决，而不应当将难题抛给监管对象。更何况网贷平台的监管并非只有地方金融办一条线，在遇到异地监管沟通问题时，银监会应当运用其已经建立的全国性监管系统加以协调辅助。按照10部委《关于促进互联网金融健康发展的指导意见》的设想，网贷平台的监管本就属于银监会的监管职责，并没有提及地方金融办的监管权限。只是到了后面银监会出台的《网络借贷信息中介机构业务活动管理暂行办法》，才增加了地方金融办的监管权限。

最后，关于网贷平台出现风险后的处置问题，通过绑定本地有网点的银行效果存疑。毕竟银行只是"存管"，今年2月银监会发布的《网络借贷资金存管业务指引》多个条款撇清了存管银行对网贷平台运营风险的责任。

从成本的角度看，监管机关要求"资金存管属地化"目的是为了统一监管、降低异地监管成本，这可以理解。在互联网金融的清理整顿和管理中，根据多部委的统一要求红线，各地金融办负日常管理的主要责任。有业内人士认为，在实际操作中，地方金融监管部门普遍存在人手不足、专业程度有待提高的情况，各地金融办在制定相关规则时倾向于方便属地管理。② 但这一要求的实施结果是节约了监管机关的部分监管成本，却增加了监管对象大量的运营成本。这之间的得失虽没有直接的调研数据，但笔者倾向于认为这是得不偿失的。

2. 注册地、经营地一致的合规成本。

要求经营地址和注册地址应当一致，这种属地化的要求也限制了网贷平台的发展。P2P网络借贷本来就是一种跨地域的网络线上业务，但由于监管的需要，却被地方监管部门限定在了注册地。这实在是有些"削足适履"。如果一定要抠字眼，那请问：这里的"经营地址"是指网贷业务的经营范围吗？还是仅指在备案时象征性地写的一个狭义的"经营地址"？

---

① 黄希：《网贷存管"属地化"之殇》，载《国际金融报》2017年7月10日。
② 《网贷存管再遇难题：多地拟要求存管银行属地化》，http://www.erongtu.com/info/view-index-id-25039.html，最后访问时间：2017年6月10日。

北京网贷意见稿对异地网贷平台在北京开展业务提出了严格要求。北京网贷意见稿第 5 条规定："网络借贷信息中介机构在京设立分支机构的，应持总公司的备案登记证明办理工商注册登记，并将经营范围明确为'在隶属企业备案及授权范围内开展经营活动'。"空中金融 CEO 赖效纲表示，该项规定导致了"异地注册，本地运营"的平台无法通过细则监管要求。① 换言之，深圳的平台想达标必须做到"本地注册、本地经营、本地存管"。据网贷之家不完全统计，以深圳地区 277 家平台为样本，其中 223 家注册地与运营地区不一致。而注册地为深圳，运营地址非深圳的平台有 44 家，这 44 家平台中 40 家平台注册在深圳前海地区。

3. 存管系统必须接入当地网贷监管系统的合规成本。

从目前的情况看，三地金融办都还没有建立起自己的网贷监管系统。所以网贷平台不但要与银行签订资金存管协议，而且还必须等待三地监管部门的监管系统建设。笔者并非技术人员，不同银行的网贷存管系统对接监管系统是否需要统一接口？现有的网贷存管系统是否需要进行大量的修改？对这些问题都存疑。

同时我们还要考虑到网贷业务本身就是一种跨地域的线上金融服务，同一家网贷平台如果需要在全国不同的地方与不同的银行签订存管协议，同时又要在不同的地方接入不同的监管系统。这个工作量如果仅就北上深三地，还好说。但实际上，全国的每一个省市地区都有可能出台自己的监管细则，并建立自己的监管系统。如此一来，网贷平台的合规成本就会被无限放大。我国所谓"地大物博"，对网贷平台而言可能并非是件好事。

（三）资金存管地方监管"加码"涉嫌违法

撇开监管合规成本是否会扼杀整个行业发展的考量，对网贷平台的地方监管增加准入或其他监管条件，这种"准监管立法"本身涉嫌违法。

1. 违反上位监管规则。

之前厦门网贷细则规定的"平台备案要求法律意见书"，还可以说是有《网络借贷信息中介机构备案管理登记指引》第 6、11 条的授权（当然这种授权的合法性也可质疑），但"资金存管属地化"确实是找不到上位法依据或授权的。10 部委《关于促进互联网金融健康发展的指导意见》、银监会《网络借贷信息中介机构业务活动管理暂行办法》、《网络借贷资金存管业务指引》中都没有资金存管属地化的规定。在上位法没有规定的情况下，根据"行政机关法无明文规定不得为"的行政法基本原则指引，地方金融办擅自增加监管条件，是否合法，值得商榷。

特别是深圳网贷意见稿直接将属地化的资金存管作为备案的条件，这显然违反了银监会等三部门在 2016 年 11 月发布的《网络借贷信息中介机构备案管理登记指

---

① "各方评议深圳最严网贷新政"，http://www.xiaodaiol.com/article-2393-1.html，最后访问时间：2017 年 7 月 5 日。

引》中关于网贷平台备案登记与资金存管的先后顺序。该《指引》第 14 条规定，"网络借贷信息中介机构在完成备案登记后，应当持地方金融监管部门出具的备案登记证明，与银行业金融机构签订资金存管协议，并将资金存管协议的复印件在该协议签订后 5 个工作日内反馈工商登记注册地方金融监管部门"。这个顺序表明，监管层实际上已经认识到资金存管工作的复杂性，并没有将资金存管作为省金融办备案和电信许可的前置条件。这是一个非常实际、合理的监管安排。

然而深圳网贷意见稿第 9 条却规定："网络借贷信息中介机构申请备案登记，应当符合以下条件：……（五）网络借贷信息中介机构的主要资金结算账户（包括网络借贷资金专用账户）应当开设在商业银行在深圳市行政辖区内的分支机构。（六）与在深圳市行政辖区内设有分行以上（含）级别机构的商业银行达成资金存管安排……"这个规定直接将资金存管协议的签订作为网贷平台备案的前提要件，违反了上位监管法规，应属违法。

相比之下，上海和北京的网贷监管办法（征求意见稿）则相对谨慎，要求网贷平台取得备案登记后，选择在本市设有经营实体且符合相关条件的商业银行进行客户资金存管。上海网贷意见稿第 15 条规定："网络借贷信息中介机构取得备案登记后，应当在 6 个月内完成以下事项：（一）涉及经营增值电信业务的，应当按照通信主管部门有关规定申请相应的业务资质；（二）选择在本市设有经营实体且符合相关条件的商业银行进行客户资金存管。"北京网贷意见稿第 15 条规定："网络借贷信息中介机构在完成备案登记和增值电信业务经营许可后，应当持本市网络借贷信息中介机构备案登记证明文件和增值电信业务经营许可证，选择由本市监管部门认可的银行业金融机构签订资金存管协议……"

2. 违反《反垄断法》，构成行政垄断。

不论是上海还是深圳的规则，其内容实质是相同的——监管属地化。监管属地化违反了《反垄断法》，构成了"行政垄断"。有观点认为，网贷资金银行存管"属地化"涉嫌行政垄断。[①]《反垄断法》第 8 条规定："行政机关和法律、法规授权的具有管理公共事务职能的组织不得滥用行政权力，排除、限制竞争。"第 33 条规定："行政机关和法律、法规授权的具有管理公共事务职能的组织不得滥用行政权力，实施下列行为，妨碍商品在地区之间的自由流通：……（三）采取专门针对外地商品的行政许可，限制外地商品进入本地市场；（四）设置关卡或者采取其他手段，阻碍外地商品进入或者本地商品运出；（五）妨碍商品在地区之间自由流通的其他行为。"（根据《反垄断法》第 12 条，此处"商品"包括"服务"，因而资金存管服务也受《反垄断法》保护）。"属地化"管理措施无疑限制了没有在本地设置

---

① 杨东：《网贷资金存管属地化政策违反 Regtech 趋势与反垄断法》，http://www.sohu.com/a/155051424_481893，最后访问时间：2017 年 7 月 8 日。

经营实体或分支机构的外地银行进入资金存管市场，构成了对外地银行的歧视，可能导致排除、限制竞争，有地方保护之嫌，涉嫌行政垄断，因而可能违反《反垄断法》的相关规定。网贷客户资金存管市场上有充分的竞争，才有利于整个市场的优胜劣汰。

互联网融资平台的监管应当在安全和创新效率之间取得适度的平衡，并坚持合法原则。在控制网贷运营风险、规范行业发展的同时，兼顾鼓励创新、减轻负担，从而促进行业健康稳健发展，促进普惠金融目标的有序实现。

证券市场法制

操纵市场行政处罚案例全景观察

汤　欣　高海涛①

中国证监会自成立以来，截至 2016 年 6 月底公开披露的 80 起操纵证券市场行政处罚法律文书，一定程度反映了证监会打击操纵行为的政策规律，特别是结合法律规范和市场实践、监管经验形成了认定不同种类操纵行为的处罚标准。通过样本案例分析发现，虽然针对蛊惑交易、约定交易、抢帽子交易等操纵行为的违法属性认定和规制的思路还需要处罚经验的积累和丰富，但针对连续交易、虚假申报、特定期间价格操纵等违法行为已经通过相当数量的处罚案例明确了认定思路和标准，并在判罚文书中开始深入探讨操纵行为的主观意图、欺诈的属性及表现方式、违法所得的算定等疑难问题。

一、认定操纵证券市场的法律依据

1993 年以来，国务院先后颁布《股票发行与交易管理暂行条例》（简称《股票条例》）、②《禁止证券欺诈行为暂行办法》（简称《禁止欺诈办法》），③ 中国证券监督管理委员会（简称证监会）颁布《关于严禁操纵证券市场行为的通知》（简称

---

① 汤欣，清华大学法学院教授；高海涛，中国证券监督管理委员会干部。

② 《股票条例》（国务院令第 112 号，1993 年 4 月 22 日发布）第 74 条："任何单位和个人违反本条例规定，有下列行为之一的，根据不同情况，单处或者并处警告、没收非法获取的股票和其他非法所得、罚款：……（三）通过合谋或者集中资金操纵股票市场价格，或者以散布谣言等手段影响股票发行、交易的；（四）为制造股票的虚假价格与他人串通，不转移股票的所有权或者实际控制，虚买虚卖的；（五）出售或者要约出售其并不持有的股票，扰乱股票市场秩序的；……（十）其他非法从事股票发行、交易及其相关活动的……"

③ 《禁止欺诈办法》（国务院 1993 年 9 月 2 日发布，2008 年 3 月 7 日废止）第 8 条："前条所称操纵市场行为包括：（一）通过合谋或者集中资金操纵证券市场价格；（二）以散布谣言等手段影响证券发行、交易；（三）为制造证券的虚假价格，与他人串通，进行不转移证券所有权的虚买虚卖；（四）出售或者要约出售其并不持有的证券，扰乱证券市场秩序；（五）以抬高或者压低证券交易价格为目的，连续交易某种证券；（六）利用职务便利，人为地压低或者抬高证券价格；（七）其他操纵市场的行为。"

《操纵通知》),① 逐步开始规制各种操纵证券市场的行为（下称操纵或操纵行为）。《禁止欺诈办法》曾将操纵行为界定为"以获取利益或者减少损失为目的，利用其资金、信息等优势或者滥用职权操纵市场，影响证券市场价格，制造证券市场假象，诱导或者致使投资者在不了解事实真相的情况下作出证券投资决定，扰乱证券市场秩序"，但"操纵市场"、"影响价格"、"制造假象"、"诱导投资者"及"目的"、"优势"等要素的内涵不甚明确，且有循环定义之嫌。

1997 年《刑法》和 1999 年《证券法》设立了禁止操纵证券交易价格条款，试图将操纵证券市场的表现形态概括为操纵证券市场行为的手段，并列举了连续交易、② 约定交易、③ 洗售交易④三种操纵手法。2005 年《证券法》和 2006 年《刑法修正案（六）》在立法上进行了表述方式的技术性修改，⑤ 但行文仍然高度简练，所列举的违法行为构成要件表述含糊，未能对操纵行为的准确内涵予以揭示。

值得关注的是，证监会 2007 年内部试行的《证券市场操纵行为认定指引（试行）》（简称《操纵指引》)、⑥ 最高人民检察院、公安部 2008 颁布的《关于经济犯罪案件追诉标准的补充规定》及 2010 年 5 月 7 日颁布的《关于公安机关管辖的刑事案件立案追诉标准的规定（二）》（后者简称《追诉标准二》)，分别从行政和刑事责任角度扩充了操纵行为手段类型及行为要件的界定要素。最高人民法院曾起草过《关于办理利用未公开信息交易，操纵证券、期货市场刑事案件具体应用法律

---

① 《操纵通知》（证监〔1996〕7 号，1996 年 10 月 31 日发布，1999 年 12 月 21 日废止）第 1 条："……操纵市场行为包括：1. 通过合谋或者集中资金操纵证券市场价格；2. 以散布谣言、传播虚假信息等手段影响证券发行、交易；3. 以制造证券的虚假价格，与他人串通，进行不转移证券所有权的虚买虚卖；4. 以自己的不同账户在相同的时间内进行价格和数量相近、方向相反的交易；5. 出售或者要约出售其并不持有的证券，扰乱证券市场秩序；6. 以抬高或者压低证券交易价格为目的，连续交易某种证券；7. 利用职务便利，人为地压低或者抬高证券价格；8. 证券投资咨询机构及股评人士利用媒介及其他传播手段制造和传播虚假信息，扰乱市场正常运行；9. 上市公司买卖或他人串通买卖本公司的股票；10. 中国证监会认定的其他操纵市场的行为。"

② 连续交易操纵又称连续买卖、联合买卖或连续买卖操纵，是指单独或者合谋，集中资金优势、持股优势或者利用信息优势联合或者连续买卖，操纵证券交易价格或证券交易量的行为。参见 1997 年《刑法》第 182 条第 1 款第 1 项和 1999 年《证券法》第 71 条第 1 项。

③ 约定交易操纵俗称相对委托、对倒或对敲操纵，是指与他人串通，以事先约定的时间、价格和方式相互进行证券交易或者相互买卖并不持有的证券，影响证券交易价格或者证券交易量的行为。参见 1997 年《刑法》第 182 条第 1 款第 2 项和 1999 年《证券法》第 71 条第 2 项。

④ 洗售交易操纵俗称冲洗买卖、对倒或对敲操纵，是指以自己为交易对象，进行不转移证券所有权的自买自卖，影响证券交易价格或者证券交易量的行为。参见 1997 年《刑法》第 182 条第 1 款第 3 项和 1999 年《证券法》第 71 条第 3 项。

⑤ 主要是删除了原《证券法》第 71 条、第 184 条"制造证券交易的虚假价格或者证券交易量"，"获取不正当利益或者转嫁风险"的表述，将操纵"证券交易价格"改为"证券市场"。

⑥ 中国证监会关于印发《证券市场操纵行为认定指引（试行）》及《证券市场内幕交易行为认定指引（试行）》的通知，2007 年 3 月 27 日。

若干问题的解释（2012 年征求意见稿）》，以及在 2015 年 4 月提交全国人大常委会审议的《证券法修订草案》（简称《证券法修法一读草案》），进一步丰富、拓展了操纵行为的定义及手段类型。此外，证监会在 2016 年度立法计划中明确提出制定《证券期货市场操纵行为行政违法认定规则》，加大监管执法力度，规范并保障监管执法行为。①

虽然操纵行为态样复杂，法律规范又语焉不详，但证监会和人民法院已作出了一定数量的行政处罚和刑事判决，相关监管机构、司法机关、学术理论和具体案件中的利害关系人都在根据各自的法律适用实践和市场经验，提出、扩充、完善对操纵行为的认识和理解。特别是在以行政执法为主导的规制操纵行为的现行体制下，证监会依法作出的行政处罚决定，为研究我国操纵行为法律适用实践提供了丰富的样本。本文力求通过行政处罚法律文书的整理研究，以行政处罚决定书中的事实和论述来重构证监会根据市场实际及普遍的经验法则认定操纵行为的过程，厘清当前操纵行为模式特征及行政处罚认定的思路，为学界更深入的专题研究夯实基础。

二、操纵证券市场行政处罚综述

查阅证监会官网、文献资料、互联网数据库及媒体报道可知，证监会早在国内证券市场初创未久的 1995 年 1 月就处罚了山东渤海集团和君安证券深圳发展中心营业部两起操纵证券市场案件，② 自此以后，除部分已处罚未公开的案件之外，③ 截至 2016 年 6 月底，证监会已公布的操纵证券市场处罚案件共 80 起，④ 其中以行政处罚决定书形式披露的案件 76 起（包括 1 起证监会上海监管局处罚的案件），以市场禁

---

① 中国证监会："证监会印发 2016 年度立法工作计划"，http://www.csrc.gov.cn/pub/newsite/ zjhxwfb/xwdd/201604/t20160429_ 296705.html，最后访问时间：2016 年 8 月 28 日。

② 1995 年 1 月 12 日，山东渤海集团股份有限公司和君安证券深圳发展中心营业部分别因操纵市场、非法获利被证监会处以罚款 100 万元。参见李幛：《证券市场 39 起违规案大曝光》，载《北京青年报》2000 年 11 月 11 日；新浪网：《证券市场大事记》，http://finance.sina.com.cn/ stock/company/memorabilia/78. shtml，最后访问时间：2015 年 6 月 15 日。

③ 证监会基于各种原因，并未将行政处罚的案件全部及时公开。如证监会 2014 年 8 月 22 日通报近年来市场操纵案件的执法工作情况时称，2008 年至 2014 年 8 月 22 日期间作出有关操纵市场的行政处罚决定 41 起，但从证监会官网仅能查询到 33 起案件的行政处罚决定书。

④ 虽然近年来证监会公布了宝尔胜操纵螺纹钢 1107 期货合约（证监罚字（2012）22 号）、胶南粮库操纵硬麦 105 期货合约（证监罚字（2012）15 号）、海南大印等 3 单位操纵天然橡胶 RU1010 期货合约（证监罚字（2013）67 号）、姜为操纵甲醇 1501 期货合约（证监罚字（2015）31 号）、陶旸、傅湘南操纵"胶合板 1502"合约价格（证监罚字（2016）5 号）等 5 起案件行政处罚决定书。但期货市场与证券市场交易机制有较大区别，本文讨论仅限于操纵证券市场案件，如无特别说明，下文提及案件均指操纵证券市场行为。

入决定书形式披露的案件 4 起。① 以下行政处罚法律文书大体反映了近 20 年来证监会查处操纵证券市场违法行为的情况（表1）。②

表1 操纵市场行政处罚案件统计表

	年份	违法主体	操纵证券标的	文书编号
1	1995	山东渤海集团	渤海集团股票	未知
2	1995	君安证券深圳营业部	厦海发 A 股票	未知
3	1996	金昌公司、李石	郑百文股票	证监发字（1996）65 号
4	1997	广发证券	南油物业股票	证监查字（1997）16 号
5	1997	申银万国证券	陆家嘴股票	证监查字（1997）17 号
6	1997	海通证券	上海石化股票	证监查字（1997）18 号
7	1997	南山基金	国际大厦股票	证监查字（1997）20 号
8	1998	华天实业集团	华天酒店股票	证监查字（1998）21 号
9	1998	中远置业	众诚实业股票	证监查字（1998）23 号
10	1998	民源海南公司等 2 单位	琼民源股票	证监查字（1998）32 号
11	1998	余昌力	河北威远股票	证监查字（1998）47 号
12	1998	苏州信托投资公司	东大阿派股票	证监查字（1998）48 号
13	1998	人保上证等 3 单位	万里电池股票	证监查字（1998）52 号
14	1999	南方证券	北大车行股票	证监罚字（1999）28 号
15	1999	辽宁建设集团	金帝建设股票	证监罚字（1999）29 号
16	2000	信达信托	陕国投 A 股票	证监罚字（2000）32 号
17	2000	西安航标	广东海鸥封闭式基金	证监罚字（2000）53 号
18	2001	广东欣盛投资等 4 单位	亿安科技股票	证监罚字（2001）7 号
19	2001	浙江证券	钱江生化股票	证监罚字（2001）31 号

---

① 该类案件或者因操纵违法主体已被注销解散而免于处罚，只对责任人员采取市场禁入措施，或者因只公布市场禁入决定而未公开行政处罚决定书，但市场禁入决定书均已认定操纵的违法事实，因而可作为操纵案例样本纳入统计分析。

② 证监会调查的一部分操纵市场案件达到刑事追诉标准而被移送公安机关追究刑事责任，已有文献抽样分析了 2001~2012 年 10 起操纵证券市场罪刑事判决案件，但通过公开渠道目前仅能搜寻到少数案件法律文书，因此本文不专门统计分析刑事案件情况。参见吴波：《操纵证券市场犯罪法律适用疑难问题研究——基于实证的视角》，载《中国刑事法杂志》2014 年第 3 期。

	年份	违法主体	操纵证券标的	文书编号
20	2006	董宗祺、何平等人	正虹科技股票	证监法律字（2006）19 号
21	2007	王紫军	中国纺机股票	证监罚字（2007）29 号
22	2007	周建明	大同煤业等 15 只股票	证监罚字（2007）35 号
23	2007	北方证券	泰山石油股票	证监禁入字（2007）7 号
24	2007	兴安证券	三精制药股票	证监禁入字（2007）11 号
25	2008	新疆证券	天利高新股票	证监罚字（2008）18 号
26	2008	方圆投资等 5 单位	方向光电股票	证监罚字（2008）27 号
27	2008	汪建中、北京首放	工商银行等 38 只股票和权证	证监罚字（2008）42 号
28	2008	武汉新兰德、陈杰	东风汽车等 37 只（次）股票	证监罚字（2008）44 号
29	2009	程文水、刘延泽	中核钛白股票	证监罚字（2009）13 号
30	2009	张建雄	ST 源药股票	证监罚字（2009）15 号
31	2009	卢道军	四维控股股票	证监罚字（2009）37 号
32	2009	莫建军	南方汇通等 7 只股票	证监罚字（2009）43 号
33	2009	崔峻山	金德发展股票	证监禁入字（2009）5 号
34	2010	林忠	山煤国际股票	证监罚字（2010）26 号
35	2010	沈昌宇	深深房 A 等 2 只股票	证监罚字（2010）31 号
36	2011	邓晓波、邓悉源	美都控股等 47 只股票	证监罚字（2011）4 号
37	2011	陈国生	中捷股份等 2 只股票	证监罚字（2011）10 号
38	2011	徐国新	ST 科健等 2 只股票	证监罚字（2011）18 号
39	2011	袁郑健	科冕木业等 2 只股票	证监罚字（2011）42 号
40	2011	新理益集团	京东方 A 股票	证监罚字（2011）44 号
41	2012	叶志刚	中联重科等 12 只股票	证监罚字（2012）2 号
42	2012	中投新亚太	ST 洛玻股票	证监罚字（2012）13 号
43	2012	王国斌	ST 波导股票	证监罚字（2012）28 号
44	2013	王建森	ST 中冠 A 股票	证监罚字（2013）40 号

续表

	年份	违法主体	操纵证券标的	文书编号
45	2012	陈玉憬	10 芜投等公司债、企业债券	证监罚字（2012）41 号
46	2012	唐建平	航天动力股票	证监罚字（2012）43 号
47	2012	周武秀	成飞集成等 2 只股票	证监罚字（2012）44 号
48	2013	柳宏	捷成股份股票	证监罚字（2013）73 号
49	2014	赵清波、赵波林	天保基建股票	证监罚字（2014）3 号
50	2014	苏颜翔	中联重科等 13 只股票	证监罚字（2014）12 号
51	2014	禧达丰	粤富华等 61 只股票	证监罚字（2014）15 号
52	2014	余凯	ST 金花等 105 只股票	证监罚字（2014）16 号
53	2014	蔡国澍	13 只（次）股票	证监罚字（2014）17 号
54	2014	袁郑健	中茵股份股票	证监罚字（2014）30 号
55	2014	恒逸集团	恒逸石化股票	证监罚字（2014）41 号
56	2014	唐汉博	华资实业股票	证监罚字（2014）54 号
57	2014	李国东	长春一东股票	证监罚字（2014）78 号
58	2014	吕小奇	天伦置业股票	证监沪字（2014）2 号
59	2015	李军、张永东	辉煌科技股票	证监罚字（2015）33 号
60	2015	唐汉博	银基发展股票	证监罚字（2015）34 号
61	2015	陈宏庆	国贸酰领股票	证监罚字（2015）43 号
62	2015	吕美庆	西安饮食等 3 只股票	证监罚字（2015）56 号
63	2015	刘长鸿、冯文渊	南通锻压等 2 只股票	证监罚字（2015）58 号
64	2015	相建康	宝鼎重工股票	证监罚字（2015）61 号
65	2015	任良成	沙钢股份等 19 只（次）股票	证监罚字（2015）85 号
66	2015	涂忠华等 5 人	九鼎新材等 2 只股票	证监罚字（2015）89 号
67	2015	艾亿新融	津滨投等 17 只债券	证监罚字（2015）90 号
68	2015	薛黎明	中海阳股票	证监罚字（2015）98 号
69	2016	胡捷	银基发展股票	证监罚字（2016）3 号
70	2016	陈明贤	上工申贝等 3 只股票	证监罚字（2016）10 号

	年份	违法主体	操纵证券标的	文书编号
71	2016	王如增等 3 人	北海港等 2 只股票	证监罚字（2016）26 号
72	2016	上海永邦、朱德洪等 4 人	宏达新材等 2 只股票	证监罚字（2016）32 号
73	2016	李宁	元力股份股票	证监罚字（2016）39 号
74	2016	中鑫富盈、李建林、吴峻乐	特力 A 等 2 只股票	证监罚字（2016）41 号
75	2016	叶兆平	飞马国际股票	证监罚字（2016）42 号
76	2016	唐隆	渤海活塞股票	证监罚字（2016）51 号
77	2016	黄信铭等 6 人	首旅酒店等 3 只股票	证监罚字（2016）61 号
78	2016	胡坤明	九洲电气等 3 只股票	证监罚字（2016）68 号
79	2016	彭旭	美都能源等 2 只股票	证监罚字（2016）76 号
80	2016	穗富投资、易向军、周岭松	国光股份等 6 只股票	证监罚字（2016）77 号

（一）操纵案件涉及的证券种类多样

样本案件操纵行为涉及证券种类广泛，包括股票、权证、封闭式证券投资基金、企业债券和公司债券等主要在二级市场（交易所集中交易市场）交易的证券品种，[①] 尚未发现一级市场上新发行证券被操纵的案例。[②] 此外，2015 年已出现新三板市场挂牌公司的证券被操纵的行政处罚案件，[③] 也有操纵上海证券交易所上市的180ETF 这类交易型开放式指数基金的案件拟被处罚。[④]

从样本中操纵单只或两只股票的案件看，上海相比深圳证券交易所被操纵的上市公司股票数量少 8 起，沪深交易所主板上市公司股票被操纵的案件占比达 82.5%。有观点认为，主板上市公司因流通股份数量多、股东人数多，不易操纵，中小板、创业板公司股本规模较小、控盘资金成本低且有更多"利好"题材信息，更容易成

---

① 见表 1，如汪建中案操纵了"上港 CWB1"股票权证，陈玉憬案操纵了在上海证券交易所交易的 2010 年芜湖市建设投资有限公司公司债券，西安航标案操纵了"广东海鸥"封闭契约型基金。

② 但存在质疑新股询价过程中涉嫌操纵发行价格的媒体报道，参见人民网－国际金融报：《景顺长城回应证券协会处罚：新股询价不存在操纵价格嫌疑》，http://finance.ifeng.com/zq/zqyw/20090212/365485.shtml，最后访问时间：2015 年 8 月 22 日。

③ 如陈宏庆案、薛黎明案。

④ 中国证监会 2015 年 9 月 18 日通报，已对青岛东海恒信投资管理有限公司涉嫌操纵180ETF 价格案调查审理完毕，并拟作出行政处罚。中国证监会："证监会拟对 5 宗操纵证券市场案件作出行政处罚"，http://www.csrc.gov.cn/pub/newsite/zjhxwfb/xwdd/201509/t20150918_ 284091.html，最后访问时间：2016 年 9 月 8 日。

为操纵行为人猎寻的目标。① 但按照本文的统计，目前行政处罚案件中的操纵行为仍然主要指向主板上市公司股票，其他板块上市公司的股票交易高度活跃且投机色彩浓重，使得交易行为的合法性边界更为模糊，调查和认定困难，可能是针对这些公司的操纵行为不易确证的原因之一。

（二）操纵行为主体由机构向个人转变

不同时期操纵案件违法行为主体身份种类差异变化较大。样本案例中单纯由自然人实施的操纵比以单位为主实施的数量多出近一半，但2008年及以前处罚的操纵案件以单位实施为主（占同期案件数量的85.7%），2008年之后处罚的案件以自然人实施为主（占同期案件数量的84.6%）。

在单位实施的操纵行为中，包括证券公司、证券投资咨询机构、私募基金在内的证券投资机构实施22起，占全部样本案件的27.5%。有观点认为，类似从事证券业务的经营单位相比自然人更具有资金、信息等方面的优势，而单位实施操纵行为的案件的确也在国外市场司法实践中占据了相当比例。② 但从证监会公开的行政处罚案件看，虽然证券类机构作为操纵主体占单位操纵类案件的比重高达68.8%，但此类操纵案件中81.8%于2008年以前作出处罚，其操纵行为集中发生在1994年至2005年期间，即证券类机构处于相对不规范经营的阶段。经过多年规范治理后，③ 近年披露的操纵案件中已很少涉及证券经营机构。④

（三）证监会查处操纵案件的变化情况

中国证监会自1995年以来，平均每年公布的处罚案件数为3.5件，不同年份案件数量波动较大（见图1），且与当时证监会的执法政策具有明显的相关性。

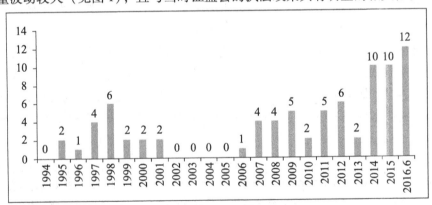

图1：历年公布处罚的操纵案件数

---

① 向中兴：《关于股价操纵的股本规模实证研究》，载《西南农业大学学报》（社会科学版）2006年9月。

② 谢杰：《操纵资本市场犯罪刑法规制研究》，上海人民出版社2013年版，第111页。

③ 于洋：《证券公司综合治理完成》，载《人民日报》2007年9月3日。

④ 有观点认为光大证券"816案件"涉嫌构成操纵市场，但证监会最终将其定性为内幕交易。

1995~1997 年，随着证券市场逐步活跃，为抑制过度投机，证监会集中开展查处券商、机构大户利用各种形式联手造市操纵市场的执法行动，① 1997~1998 年期间公布处罚的操纵案件迅速增加到 10 起，且操纵行为主体多为证券经营机构。《证券法》颁布后的 1999~2001 年期间，证监会集中查处了一批市场操纵行为，② 中科创业、亿安科技等恶性坐庄操纵案件得以曝光，③ 每年公布行政处罚案件数量稳定在 2 起。但在 2002~2005 年期间内，证监会一直未公布有行政处罚的操纵案件。其中可能的原因是，我国股市自 2002 年开始进入长达 4 年的熊市，证监会也正忙于证券公司风险集中处置、上市公司规范治理及推进股权分置改革，针对操纵行为的查处力度因此受到了影响。④ 与之形成鲜明对照，2006 年出现牛市行情以后，伴随《证券法》的修订、《操纵指引》的出台以及证券行政执法体制改革的完成，⑤ 证监会查处的操纵案件数量明显大幅上升，年均公布处罚的案件数上升至 5 件。2015 年证监会开展了"证监法网专项执法行动"，以及针对 2015 年 6 月以后的证券市场剧烈波动过程中涉嫌操纵市场违法违规行为的执法行动，案件查处数量进一步增加，⑥ 仅 2016 年上半年公布处罚的操纵案件就达 12 起。可见，虽然证监会宣称一直对操纵行为保持高压打击态势，但实践中的查处力度不可避免地受到监管政策重心

---

① 《中国证券监督管理委员会关于印发第一次稽查工作碰头会会议纪要的通知》（证监发字〔1995〕100 号），1995 年 6 月 8 日。1996 年 10 月，证监会连续发布了《关于严禁操纵市场行为的通知》、《关于加强证券市场稽查工作、严厉打击证券违法违规行为的通知》等规定。参见中国证监会 1997 年 3 月 3 日：《强化监管、严惩证券市场违法行为的重要举措》，http://www.txsec.com/view/content_ page_ law.asp?id＝1999，最后访问时间：2015 年 8 月 19 日。

② 中国证监会 2000 年 11 月 23 日：《加强市场监管、查处违规行为、保护投资者利益》，http://www.csrc.gov.cn/pub/newsite/scb/gzdt/200711/t20071102_ 69823.html，最后访问时间：2015 年 8 月 14 日。

③ 坐庄的特征主要是"长线集中操纵模式"，行为人利用巨额资金、高比例持股优势，长期控制上市公司流通股的大部分交易，对一只证券进行长期集中炒作，从而操控证券价格。在持续多年的执法行动压力下，以"庄股"为特征的操纵行为在证券市场上已基本消失。中国证监会 2011 年 07 月 08 日：《查处操纵行为、维护市场秩序》，http://www.csrc.gov.cn/pub/newsite/jcj/gzdt/201107/t20110728_ 198210.html，最后访问时间：2015 年 8 月 14 日。

④ 有经济学家专门研究了我国市场牛熊市行情、监管重点与证券违法违规行为查处效率的相关性。See, Z. Chen, Capital Markets and Legal Development: the China Case, *China Economic Review*, 2003, 14 (4): 451-472.

⑤ 中国证监会 2007 年年底实行查审分立的证券执法体制改革，单设专司大要案调查的稽查总队和负责行政处罚的行政处罚委员会。中国证监会 2007 年 11 月 16 日：《我国证券执法体制做出重大改革》，http://www.csrc.gov.cn/pub/newsite/zjhxwfb/xwdd/200711/t20071116_ 68535.html，最后访问时间：2015 年 8 月 18 日。

⑥ 仅 2015 年 1~6 月中国证监会新增市场操纵类案件共计 31 起，创近年来历史新高。中国证监会 2015 年 7 月 24 日：《证监会 2015 年上半年稽查执法综述》，http://www.csrc.gov.cn/pub/newsite/zjhxwfb/xwdd/201507/t20150724_ 281439.html，最后访问时间：2015 年 8 月 14 日。

的变化，法律规范的发展，甚至是股市行情的涨跌等一系列因素的影响。

（四）操纵与其他证券违法案件的查处比较

从公布的操纵与内幕交易、虚假陈述 3 类证券违法行为案件的处罚数量对比来看（见图 2），① 总体而言，在我国证券市场上，虚假陈述是证监会处罚的主要类型，在全部公布的处罚案例中占比达 49.8%，而操纵案件占全部处罚案件数量比值仅为 15%。

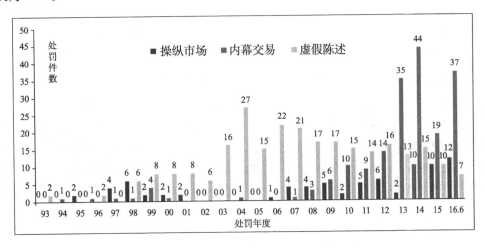

图 2：证券违法行为历年公布的处罚数量

1993~1999 年期间，证监会处罚的证券违法行为一度曾以市场操纵为主。② 2000~2008 年期间，虚假陈述成为行政处罚的主要案件类型。近 10 年来，虚假陈述类处罚案件数基本保持稳定，操纵案件数缓慢增长，内幕交易案件数则急速增加，操纵案件处罚数量明显少于其他两类违法行为。有观点认为，操纵案件处罚数量的减少主要归功于股权分置改革完成后，流通股数量大幅增加导致股价操纵的难度加大。③ 考虑到一方面，处罚数量并不必然准确反映实际发生的操纵行为数量，且如前文所述，证监会处罚的操纵案件仍主要涉及流通股份规模较大的主板上市公司，此种论断值得推敲；另一方面，2010 年以来中国证监会持续开展的打击内

---

① 中国证监会 2010 年 11 月开始在派出机构试点行政处罚工作，并于 2013 年 7 月扩大到全部派出机构，部分派出机构已公布以自己名义作出的内幕交易、虚假陈述类行政处罚决定书，但操纵市场类行政处罚决定仍主要由中国证监会行政处罚委员会作出。图 2 中内幕交易、虚假陈述等违法行为的处罚数量仍以中国证监会名义作出的案件为准，未考虑派出机构处罚的案件。

② 白建军：《证监会 60 个处罚决定的实证评析》，载《法学》1999 年第 11 期。

③ 邢会强：《中国证券市场二十年违法行为之变迁——基于中国证监会 577 份行政处罚决定书的实证分析》，载《证券法律评论》2015 年卷，中国法制出版社 2015 年版，第 254-267 页。

幕交易违法犯罪专项行动虽取得了显著成效，[①] 但也占用了主要的执法资源，至少从处罚案件数量上进行观察，明显限制了该会对于操纵等其他证券违法行为的执法力度，也可能是导致操纵案件处罚数量偏低的原因之一。

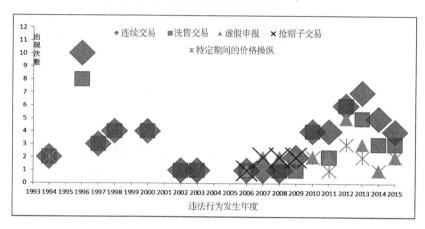

图3：处罚案件涉及的操纵手段类型及发生年度

（五）证监会处罚的操纵行为类型和手段

现行《证券法》把操纵行为区分为4种类型，包括连续交易、约定交易、洗售交易和其他手段。[②] 中国证监会则进一步将"其他手段"界分为虚假申报、[③] 抢帽子交易、[④] 特定期间的价格操纵、[⑤] 蛊惑交易、[⑥] 尾市交易等。[⑦] 以操纵手段的类型

---

① 证监会前任主席郭树清在2012年内幕交易警示教育展中指出，严厉打击内幕交易已经成为当前证券执法工作的重中之重，打击和防控内幕交易取得了显著成效。中国证监会2012年9月24日："内幕交易警示教育展在京举办"，http://www.csrc.gov.cn/pub/newsite/zjhxwfb/xwdd/201209/t20120924_ 215254.html，最后访问时间：2015年8月18日。

② 2005年《证券法》第77条第1款。

③ 虚假申报操纵，是指行为人做出不以成交为目的的频繁申报和撤销申报，误导其他投资者，影响证券交易价格或交易量。参见《操纵指引》第38条。

④ 抢帽子交易操纵，是指证券公司、证券咨询机构、专业中介机构及其工作人员，买卖或者持有相关证券，并对该证券或其发行人、上市公司公开做出评价、预测或者投资建议，以便通过期待的市场波动取得经济利益的行为。但上述机构及其人员依据有关法律、行政法规、规章或有关业务规则的规定，已经公开做出相关预告的，不视为抢帽子交易操纵。参见《操纵指引》第35条。

⑤ 特定期间的价格操纵，是指行为人在计算相关证券的参考价格或者结算价格或者参考价值的特定时间，通过拉抬、打压或锁定手段，影响相关证券的参考价格或者结算价格或者参考价值的行为。参见《操纵指引》第41条。

⑥ 蛊惑交易操纵，是指行为人进行证券交易时，利用不真实、不准确、不完整或不确定的重大信息，诱导投资者在不了解事实真相的情况下做出投资决定，影响证券交易价格或交易量，以便通过期待的市场波动，取得经济上的利益的行为。参见《操纵指引》第31条。

⑦ 尾市交易操纵，是指行为人在即将收市时，通过拉抬、打压或锁定手段，操纵证券收市价格的行为。参见《操纵指引》第45条。

来分析样本案件，① 在75%的案件中出现了连续交易操纵，61.2%的案件中出现了洗售交易，两种操纵手段贯穿了我国证券市场发展的各个阶段，且连续交易往往伴随有其他操纵手段，成为操纵行为的惯常模式。② 数量位居第三的虚假申报操纵占比为27.5%，特定期间的价格操纵和抢帽子交易的占比则分别为18.8%、8.8%，这3类主要是2006年以来新出现的操纵手段。③ 值得关注的是，约定交易操纵在处罚案件中的数量极少，④《操纵指引》列举的蛊惑交易操纵则暂无行政处罚的先例。此外，近年来证监会开始查处利用程序化交易⑤和跨市场手段⑥进行的新型操纵行为，但尚无相关认定的案例公布。

从证监会处罚案件中操纵行为发生所处的年代来看（见图3），2005年之前的案件多为连续交易和洗售交易操纵，此两种手段也是该时段内坐庄操纵的主要手法。在证监会持续多年的执法行动压力下，以"庄股"为特征的操纵行为在证券市场上本来已经逐渐式微，但2009年以来的"短线操纵"模式兴起之际，该类手法又有所翻新抬头。⑦ 而2007年《操纵指引》颁布之后，虚假申报、抢帽子交易和特定期间的价格操纵等新型操纵手段开始走向前台，处罚案件数量增多，总量接近于同期连续交易和洗售交易操纵案件数的一半，这些案件目前全部依据《证券法》第77条第1款第4项"其他操纵市场的行为"处罚，显示现行法律条文的规定已有某种"落伍"的迹象。在此方面，《证券法修法一读草案》将虚假申报撤单、抢帽子交易甚至证监会尚未处罚过的蛊惑交易操纵均明确列举为禁止的操纵手段，并授权国务

---

① 由于中国证监会多数行政处罚决定书主文并未明确涉案行为人的操纵手段的具体类型，本文主要根据行政处罚决定书描述的违法事实情节进行操纵手段的划分，判断的依据为《操纵指引》列举的操纵手段类型。

② 如连续交易操纵样本案件中的74.68%伴随有洗售交易操纵，占全部样本案件的55.7%。

③ 鉴于尾市交易操纵及连续交易操纵案件中出现的"操纵开盘价（收盘价）"行为实质乃为通过拉抬、打压或锁定手段影响相关证券在特定时间的参考价格或者结算价格或者参考价值，本文均纳入"特定期间的价格操纵"类型进行统计分析。

④ 如人保上证案。刑事判决的中科创业案（北京市第二中级人民法院刑事判决书（2002）二中刑初字第541号），虽描述了约定交易操纵的手段，但未明确以该条款定罪。

⑤ 证监会于2015年7月份核查部分具有程序化交易特征的账户并采取限制交易措施，公安机关于2015年10月也破获一起以高频程序化交易操纵股指期货的刑事案件。参见金凌：《伊世顿操纵期货案背后：高频交易系统违规直连交易所》，载《证券时报》2015年11月2日。

⑥ 期货市场首例跨市场操纵的案例见海南大印等3单位操纵天然橡胶RU1010期货合约案（证监罚字（2013）67号）。

⑦ 中国证监会在案件发布时还将"短线操纵"归纳为一种新型操纵市场手段，即短时间内集中资金优势，采取盘中拉抬股价、虚假申报、尾盘巨量堆单等方式操纵市场，影响股价，并高位出货牟利。鉴于该行为仅是在特定时间内综合采用了多种现行的操纵手段叠加的效果，并非创造了新的操纵违法行为模式，本文将其纳入连续交易操纵手段分析。中国证券监会2011年7月8日："查处操纵行为　维护市场秩序"，http://www.csrc.gov.cn/pub/newsite/jcj/gzdt/201107/t20110728_198210.html，最后访问时间：2015年8月18日。

院证券监督管理机构认定其他操纵手段，① 不仅具有前瞻性，还及时呼应了执法实践的发展，值得加以肯定。

三、各类操纵行为的认定思路和问题研究

（一）连续交易操纵

根据《刑法》、《证券法》的规定，连续交易操纵即集中资金、持股优势或利用信息优势联合或者连续买卖，操纵证券交易价格或证券交易量。但对于资金、持股、信息等"优势"的类型及"集中"、"利用"状态的认定，操纵作用下证券交易"价"和证券交易"量"二者之间关系的理解，以及操纵行为人是否必须具备某种主观意图及该种意图的认定问题，《刑法》、《证券法》及《追诉标准二》并未给以明确规定。学理上虽然已有一些具体探讨，② 《操纵指引》也试图进行细化解释，但还需要通过实践案例进行研究把握。

1. 资源优势的认定。

在证券市场中，通过合法或非法的方式实现资金、信息、持股、经营决策权等资源优势，是操纵行为得以实施的前提。《操纵指引》首次将"资金优势"、"持股优势"和"信息优势"作了具体解释。③ 关于资金优势，渤海集团案等 5 起 1998 年之前的案件描述过"动用资金在 10 亿元以上"等情形，④ 实际反映的是操纵行为买

---

① 《证券法修法一读草案》第 94 条："禁止任何人以下列手段操纵证券市场，影响或者意图影响证券交易价格或者证券交易量：……（四）不以成交为目的的频繁申报和撤销申报；（五）利用虚假或者不确定的重大信息，诱导投资者进行证券交易；（六）对证券及其发行人公开作出评价、预测或者投资建议，并进行反向证券交易；（七）国务院证券监督管理机构认定的其他手段。"

② 相关讨论多为刑事法学领域，可参见于莹：《论以连续交易的方式操纵证券市场价格罪》，载《法学家》2002 年第 6 期；刘宪权：《操纵证券、期货交易价格罪行为方式之解读》，载《法商研究》2005 年第 1 期（总第 105 期）；谢杰：《市场操纵犯罪的机理与规制——法律与金融分析》，华东政法大学 2014 年博士论文。

③ 《操纵指引》第 17 条："本指引所称资金优势，是指行为人为买卖证券所集中的资金相对于市场上一般投资者所能集中的资金具有数量上的优势。证券执法人员可以对行为人在行为期间动用的资金量及其所占相关证券的成交量的比例、同期市场交易活跃程度以及投资者参与交易状况等因素综合地分析判断，认定行为人是否具有资金优势。"第 18 条："持股优势，是指行为人持有证券相对于市场上一般投资者具有数量上的优势。证券执法人员可以对行为人在行为期间持有实际流通股份的总量及其所占相关证券的实际流通股份总量的比例、同期相关证券的投资者持股状况等因素综合分析判断，认定行为人是否具有持股优势。"第 19 条："信息优势，是指行为人相对于市场上一般投资者对标的证券及其相关事项的重大信息具有获取或者了解更易、更早、更准确、更完整的优势。前款所称重大信息，是指能够对具有一般证券市场知识的理性投资者的投资决策产生影响的事实或评价……"

④ 此后直到最近 2 年公布的相建康案和穗富投资案的处罚决定书才又使用"动用资金量"、"最大资金投入量"等指标描述资金优势。

入相关证券的成交金额大小，并且是相对市场其他投资者，具有明显资金优势。① 大部分案件逐步通过操纵行为所申报或成交的金额占市场同期的比值或排名来认定"资金优势"，且各项指标的列举日益细致具体。② 而"持股优势"往往和"资金优势"并行认定，主要是操纵账户持股量占上市公司总股本或流通股的比值情况。③

关于信息优势，证监会仅在 2015 年以后的 2 起样本案件中有所涉及。④ 陈宏庆案中，证监会认为新三板挂牌公司董事长利用其掌握的包括所有股东持股情况这一信息优势进行连续大量买卖构成操纵证券市场。上海永邦案中，证监会认为，上市公司宏达新材董事长兼实际控制人朱某某在明知上海永邦持有、交易本公司股票时，提前把实施的一系列并购重组信息传递给上海永邦，且未及时披露相关重大敏感信息，上海永邦则通过连续交易和洗售交易方式配合，双方通过利用信息优势连续买卖共同影响"宏达新材"股价。可见操纵行为人大都是凭借其对上市公司的内部管理权、实际控制权、信息披露决策权等优势更早、更易、更准确地获取重大敏感信息，并利用这种优势来配合其影响股价的交易行为。并且具有这种信息优势的人多为上市公司管理层或实际控制人等，因而《追诉标准二》第 39 条第 6 项将其单独列为可以追究操纵市场刑事责任的情形，⑤ 但其与利用信息优势连续交易操纵是否为一类手法还需另文专门辨析。

此外，早期的《禁止欺诈办法》曾禁止"利用职务便利"的优势进行操纵，⑥ 上海永邦案和《追诉标准二》第 39 条第 6 项中上市公司内部董事、监事、高级管理人员利用信息优势实施的操纵实际也属于"利用职务便利"的情形之一，只是前者的范围相比信息优势更为宽泛。中国证监会处罚的样本案例中出现过行为人

---

① 如胡捷案。

② 如王建森案、相建康案等，逐日描述了特定时段买、卖申报和成交量占当日该账户及同期市场总量的比值，且合计的买、卖申报量和成交量排名多次占据市场第一。

③ 如北方证券案，涉案账户组在统计期间内的持股量超过流通股 20%、30%、50% 等不同比例的天数及占总交易天数的比值，以及持股量达到最高值的状态等事实，是处罚决定书认定其"持股优势"的依据。

④ 但操纵市场的刑事判决案件早有涉及。如中科创业案，被告通过入主上市公司董事会、委派董事、更改上市公司名称、利用股东优势、董事会决议发布新投资方案、资产重组、股权转让等利好消息，影响和操纵中科创业股票价格，是"庄股"时代利用信息优势连续交易操纵的典型手法。

⑤ 《追诉标准二》第 39 条："操纵证券、期货市场，涉嫌下列情形之一的，应予立案追诉：……（六）上市公司及其董事、监事、高级管理人员、实际控制人、控股股东或者其他关联人单独或者合谋，利用信息优势，操纵该公司证券交易价格或者证券交易量的……"

⑥ 《禁止欺诈办法》第 8 条："前条所称操纵市场行为包括：……（六）利用职务便利，人为地压低或者抬高证券价格；……"

利用个人影响力在博客上发表文章，推荐股票并配合连续交易操纵的情形，① 域外还有通过程序化交易、算法交易和高频交易等"技术优势手段"进行操纵的案例，② 但国内尚无相当数量的案例可以验证此种操纵行为的认定思路。

2. "集中"和"利用"优势的本质是欺诈意图。

根据《证券法》规定，连续交易操纵还存有"集中"资金和持股优势或"利用"信息优势的特征。有观点认为，包括操纵市场在内的证券欺诈犯罪是一种滥用资源优势而损害他人利益、破坏市场秩序的行为，③ 但其未明确何为"滥用"资源优势，以及据此认定与操纵证券交易价格或交易量的内在逻辑关系。由于连续交易与基于真实投资目的的短线买卖或者以博取短线差价为目的的投机行为之间的界限不甚清晰，④ 买卖行为在时间上具有连续性和持续性只是外在表现形式，具有某种优势本身并不必然说明连续交易操纵行为的违法性。本文认为，连续交易操纵之所以具有违法性，不在于涉及哪种优势，关键在于行为是否反映了操纵的本质，⑤ 即在借助资源优势而连续买卖的外在形式背后，是否具有制造证券交易活跃的假象或诱使他人跟风买卖证券的主观动因。在证券市场上，借用合法或非法的方式实现资源优势，并在此基础上进行不公平的交易行为，是行为人进行证券欺诈并牟取利益的惯用方式。因此，"集中"和"利用"应从操纵的欺诈本质来理解。

按照文义解释，"集中"乃把分散的人、物或事集合在一起，由于操纵行为人在集中交易市场中的单笔委托申报受到买卖价格、数量的限制及自身资金规模约

---

① 如 2011 年处罚的袁郑健案，中国证监会认为由于袁郑健连续交易数量较大，在自己实际控制的证券账户之间交易的数量较大，博客文章阅读次数较多，操纵了"科冕木业"等两只股票的交易价格。

② 如 2013 年 7 月黑豹（Panther）能源因用高频交易操纵 WTI 原油价格而被美国商品期货交易委员会（CFTC）处罚，参见中国证监会 2013 年课题研究报告：《中国资本市场操纵行为发展趋势及监管执法对策研究》。

③ 白建军：《资源优势的滥用与证券犯罪》，载《法学》1996 年第 3 期；邢颖：《禁止证券欺诈法律问题研究》，中国政法大学 2001 年博士学位论文，第 18 页。

④ 金泽刚：《操纵证券交易价格行为的认定及其法律责任》，载《华东政法学院学报》2002 年第 1 期；汤欣：《操纵市场行为的界定与〈证券法〉的修改建议》，载《中国金融》2004 年第 19 期。

⑤ 关于操纵的本质，存在多种见解。"垄断说"认为操纵市场是一种人为制造的价格垄断行为，"引诱说"则强调制造市场假象，诱导或者致使投资者在不理解事实真相的情况下做出错误的证券投资判断，"欺诈说"认为其本质特征在于制造虚伪的市场行情从而诱使投资者在对行情误解的情况下做出错误的投资决定。各种见解侧重点不同，但并无实质区别，本文采"欺诈说"。相关讨论参见朱亚芬：《操纵市场行为的法律规制财经问题研究》，载《财经问题研究》2003 年第 9 期（总第 238 期）；符启林：《证券法学》，中国金融出版社 2003 年版，第 169 页；傅卜强：《论操纵市场行为的性质与定位》，载《云南行政学院学报》2003 年第 4 期。

束，① 不得不逐次进行交易，或者行为人为隐蔽持股行为而使用多个证券账户分仓交易，② 必然呈现反复、多次的买入卖出申报，集合数笔甚至成百上千笔交易，使有限的股票和资金发挥规模效应。但尤其在投机气氛浓厚的中国证券市场上，投资者特别是基金等机构投资者也可能因真实交易目的而需要进行大笔的反复买卖，③ "集中"的中性词义，并不足以反映出相关行为合法与违法的边界。从实践案例来看，证监会处罚决定书在描述连续交易操纵行为时虽间或提及"集中巨额资金"、"大量买入"等词句，但无从得知"集中"和"利用"在操纵市场中的具体表现形式。也有观点认为，集中资金优势是指集中了大量的资金入市，通过一定的技术操作，制造虚假的交易量，或者直接影响证券价格；集中持股优势，指行为人同时大量抛售自己所持有的股票或其他证券，造成其价格下跌。④ 这种见解关注到了"集中"与制造虚假交易量或大量抛售打压股价的异常行为的关联性，但并未进一步从"集中"的内涵来阐述操纵证券交易价格或交易量的违法行为本质。

此外，"利用"虽有借助外物以达到某种目的的含义，但利用信息优势也未突出违法行为的特征。内幕信息知情人员同样具有信息优势，其利用内幕信息的敏感性而抢先交易牟利，往往被认定为内幕交易。如不对两种"利用"的情形加以区分，则内幕交易与利用信息优势的连续交易操纵行为两者之间难以区分把握。⑤ 正如前述的上海永邦案，中国证监会未直接阐述如何利用信息优势，但结合证监会认定"寻找并购重组题材和热点，未及时披露相关信息，并提供信息、资金等支持"等情形及操纵主体有关"对相关信息已经依法披露"、"其没有控制信息披露的节奏和内容"、"对……买卖股票行为不知情"的抗辩意见，本文推测证监会认为故意控制重大敏感信息披露的节奏和内容来配合股票买卖行为的情形应是"利用"的应有之意。因此，"利用信息优势"并不等同于知悉信息并交易，还应包括为了达成操纵目的而人为决定发布重大信息的时机、内容甚至主动制造、发布重大信息的行为，而此种主观方面的动因实际体现了操纵行为所具有的诱使他人跟风交易的欺诈性。

3. 认定"操纵"证券交易价格或交易量的路径。

"集中"和"利用"本应凸显"操纵"意图，但如前文所述文义的局限性，并

---

① 《上海证券交易所交易规则》（2013 年 10 月 18 日修订）第 3.4.9 款："股票、基金、权证交易单笔申报最大数量应当不超过 100 万股（份）。"

② 早期的坐庄操纵市场案件行为人使用大量他人证券账户交易，如广发证券案，即以 153 个个人名义开设自营账户交易南油物业股票。

③ 高海涛：《指数型基金调仓交易引发尾市异动的分析与思考》，载《证券法苑》2014 年第 2 期。

④ 刘为民主编：《商事案例分析》，中国政法大学出版社 2012 年版，第 278 页。

⑤ 叶林：《证券法》，中国人民大学出版社 2013 年版，第 229 页。

未直接显现连续交易操纵的违法特征，无法准确识别操纵的欺诈本质并以此来区分连续交易操纵与合法投资或投机行为的界限。证监会的焦点往往又回到对"操纵证券交易价格或交易量"这一要素的分析。虽然《操纵指引》仅从操纵行为的效果来界定"操纵证券交易价格或交易量"，[①] 但从样本案例来看，证监会既关注"操纵"意图的存在，也关注"操纵"行为的具体表现和实施效果。且往往通过"操纵"的行为与效果推定意图的存在，或者将"操纵"的行为与意图同时认定。

（1）人为的大量、高价申报买卖。证监会在大部分样本案例中，通过认定操纵主体连续高价大量申买（或低价申卖）的行为模式具有操纵性，并通过特定的指标进行比较分析，认为这些指标反映其连续交易的行为"拉抬"或"操纵"了证券交易价格或交易量。如吕小奇案，操纵主体采用了在盘中多次以明显高出前一刻成交价格的委托价格大量买入天伦置业股票，推高股票价格，随即反向卖出部分持有股票的手法；柳宏案，操纵主体的连续大额买卖中申报买入价格往往较大幅度高于当时的市场成交价格，被认为具有推高股价的意图，证监会通过认定行为人先买入后大量减持的行为，佐证其推高价格意在卖出；刘长鸿案，处罚决定书详细列举了其在某一时刻的申买价比前一秒市场成交价高出的价位值，虽然当事人辩解称"建仓时发现相关股票价格明显异动，为不错失机会而高价申报买入"，但证监会认为其"以明显高于市场成交价的价格和巨大的申报买入量，打破市场买卖平衡格局，将股价拉升至涨停，人为改变了市场供求关系，扭曲了市场成交价格"。[②] 可见，证监会在该类连续交易操纵案件中，主要通过观察行为人申报价格是否明显偏离于市场正常供需所反映的价格，来认定其连续大额的买卖并非一般投资者的合理交易行为，而是人为的拉抬或打压价格。

另有部分案件虽不存在高价申报的情形，但其申报成交量占市场比重较高，因不同于正常投资的虚假性而被认定为"操纵"的行为。"连续以高价买入或低价卖出"并非连续交易操纵行为的必要特征，股价可以在行为人不提高委托价格的情形下被炒高，追随以前的市场价格增加买入申报，也能促成价格上扬，因此在认定违法行为时并无必要证明行为人以高于市价的价格进行买入委托。[③] 如彭旭案，账户组在操纵期间并无申报价格的异常性，但其申买数量明显大于市场供应量，买入成

---

① 《操纵指引》第 14 条第 3 款："……行为人的行为致使证券交易出现下列情形之一的，可认定为影响证券交易价格或者证券交易量：（一）致使新股或其他证券上市首日出现交易异常的；（二）致使相关证券当日价格达涨幅限制价位或跌幅限制价位或形成虚拟的价格水平，或者致使相关证券当日交易量异常放大或萎缩或形成虚拟的交易量水平的；（三）致使相关证券的价格走势明显偏离可比指数的；（四）致使相关证券的价格走势明显偏离发行人基本面情况的；（五）证券交易所交易规则规定的影响证券交易价格或者证券交易量的情形；（六）中国证监会认定的影响证券交易价格或者证券交易量的其他情形。"

② 描述类似情况的还有叶兆平案、胡坤明案等。

③ 于莹：《论以连续交易的方式操纵证券市场价格罪》，载《法学家》2002 年第 6 期。

交量几乎占该股同时段总成交量的100%。虽然基于真实投资需求也可能大量集中买入，但操纵主体在大量买入之后随即反向卖出的行为，说明其并非基于真实的买入需求，而可能是为制造交易活跃的假象或诱使他人跟风买入。但这种市价委托的情形确实难以与基于真实需求的集中买卖相区分，易将合理的投资与操纵行为混淆，彭旭案之所以认定处罚，可能还与当事人同时存在集合竞价阶段虚假申报、洗售交易等较易认定操纵的行为方式综合影响有关。

本文认为，从普遍的经验法则看，高价申买模式背后的欺诈性的确更为明显，但仅仅反映了基于资金或持股优势而为的操纵特征之一，而连续交易操纵能够实现"制造交易活跃的假象"的途径并非仅有这一种模式，如利用信息优势的操纵手段显然可通过先买入股票、制造发布利好消息诱导投资者跟风买入推高价格、待股价上涨卖出获利，并不需要通过高价买入的方式来拉抬股价。正因为现行法规对于操纵的欺诈本质并未阐明，执法实践才会把"高买或低卖"作为在认定连续交易操纵时相对稳妥的核心指标。

（2）其他因素辅助证明操纵意图的存在。证监会在另一部分案例中，并不纠缠于申买量、成交量等技术指标中的操纵特征，转而综合各种因素判断行为人是否具有操纵的主观意图，从而认定行为具有"操纵"证券交易价格或交易量的属性。

如赵清波、赵波林案，行为人"采取集中时间段拉抬或打压股价等方式"连续交易，操纵股票交易量、交易价格的意图明显，但如何"拉抬"、"打压"并就此认定操纵意图明显，处罚决定书未具体阐述；薛黎明案，证监会认为，行为人所发送的交易指令短信中"须收在8元以上"等内容已经表明其有明显的股价操纵意图。涂忠华案，证监会认为，相关人员组织账户对倒、股吧荐股炒作及事后两次销毁电脑规避调查等情形，能够证明其主观上具有人为影响股价诱骗投资者的欺诈意图，也足以认识到其行为的操纵性、异常性及违法性。陈明贤案，操纵主体在拉抬股价之后的卖出获利阶段所采取的高价申报买入并低价申报卖出行为也被认为是影响股票交易价格和交易量的手法之一，以较低价格卖出获利的结果说明其同期的高价申报买入并非真实的投资需求，反映了其可能存在为拉抬股票价格而制造虚假供求关系的欺诈意图。还有恒逸集团案，证监会认为恒逸集团"动用3000万元巨资集中买入恒逸石化的行为"目的是维持、拉抬"恒逸石化"股价，帮助实现公司拟定的定向增发计划，因此主观上操纵"恒逸石化"交易价格的意图明显。虽然本案中行为人的交易金额、持股比例、对市场价格影响的统计结果等交易指标均处于较低水平，相关交易委托均为真实委托，但其买入行为仍被认定为集中资金优势的连续交易操纵行为。

此外，大量的案件通过分析操纵期间证券交易价格或交易量异常或形成虚拟的价格水平或交易量水平，认定"操纵"的效果，进而推定操纵的意图及行为的操纵属性。如胡坤明案，通过比较被操纵股票的涨跌幅度与大盘综合指数或行业指数的偏离幅度，以及操纵期间上市公司是否发布重大事项公告，来论证《操纵指引》第14条第3款列举的"致使相关证券的价格走势明显偏离可比指数的"、"致使相关证券的价格走势明显偏离发行人基本面情况的"情形。这种思路同样在洗售交易、虚假申报、特定期间价格的操纵等手法的认定中出现。但依照《操纵指引》第14条的规定，若从结果推定操纵属性，关键要证明行为人的行为"致使"证券交易价量异常或处于虚拟状态的重要原因，即行为人的交易对市场价格有重要影响，则又回归对大量、高价申报的分析或结合其他要素对操纵意图的认定。

比较上述两种路径，前者侧重于从具体指标来推定行为的操纵意图，后者则从抽象的动机、目的来认定行为的操纵意图。前者更为具体形象，但拘泥于若干特定指标会使得违法行为的认定范围相对狭窄；后者虽然主观，但可以跳出指标的束缚而使得认定具有灵活性。但无论哪种路径，均暗含了对操纵行为的主观要素的把握，操纵的欺诈性虽然可从行为外观把握，但本质上仍需观察行为人是否具有可归责的主观意图，否则极易混淆合法的投资与具有违法性质的操纵行为。

4. 连续操纵的新形态：短线操纵。

随着市场迅速发展、监管不断加强，操纵行为的短线化趋势越来越突出，监管机构逐渐形成了认定"短线操纵"的思路，甚至将其定义为一种新型的操纵手法。

短线操纵不同于传统坐庄操纵，行为人以资金优势在较短时期内操作影响一只或几只证券的价格，快进快出，将股价迅速推高甚至封于涨停，在第二日或较短时期内反向卖出，以赚取短线差价。从证监会行政处罚的案例看，短线操纵具有综合性特点，行为人多同时采用拉抬或打压、虚假申报、封涨停申报、[①] 尾市交易、操纵开盘价或收盘价等手段。如2011年前后集中处罚的林忠案、沈昌宇案、陈国生案、袁郑健案、徐国新案等短线操纵特征明显的案件，行为人在多个交易日的多个时段内，在连续交易过程中，同时出现了对倒拉抬、虚假申报、影响开盘价、尾市封涨停等情形，借股价的短期波动反向交易牟利。再如叶兆平案，操纵主体一个交易日中不到20分钟的时段内利用资金优势，持股优势盘中拉抬即操纵股票交易价格涨幅4.48%。

目前无论国内还是域外可知的法律规则体系，均未将短线操纵认定为一类独立的操纵类型，而仅是对短线操纵涉及的某些具体情形和手段作出规定，根据行为的具体性质、特定的手段和市场影响将操纵行为细分，纳入不同的规制体系。[②] 短线

---

① 封涨停是指证券的市场成交价已达涨幅限制，市场仍有大量未成交买申报，新增加委托明显无法成交的情况下，行为人仍继续以涨停价大量申报买入，使得涨停价位买委托量急剧放量，将证券价格锁定在涨停价位一段时间甚至当日收盘，误导其他投资者对股票走势的判断，为其后续交易牟利创造条件。

② 参见蔡奕：《证券市场短线操纵的界定与规制法律难点分析——海外经验与比较借鉴》，载《金融服务法评论》第2卷，法律出版社2011年版，第390页。

操纵相比传统操纵手段，与正常投资、投机行为更难区分，操纵意图及价量影响的证明标准更加复杂。现有证监会案例仅是笼统认定为"以其他手段操纵证券市场"，并未在处罚决定书中明确其特征和属性。对短线操纵的连续处罚，反映了监管机构对操纵市场行为认识的发展，立法、司法和学理有必要积极跟进研究，推动对操纵行为违法性认识的不断深化。

（二）约定交易与洗售交易操纵

约定交易和洗售交易操纵行为模式基本相似，即按事先约定的时间、价格和方式相互进行证券交易，影响证券交易价格或者证券交易量。虽然《证券法》使用"在自己实际控制的账户之间进行的证券交易"规定洗售交易操纵，但在集中竞价交易市场，若要证券在自己控制的账户之间实现交易，必须保证价格相近、方向相反。因此，约定交易与洗售交易操纵之间的主要实质性区别即在于，操纵行为是单一主体还是多个合谋主体。

1. 行为特质：制造交易活跃假象的典型代表。

约定交易和洗售交易行为模式相对简单，无论是相互串通进行证券交易，还是以自己为交易对象连续进行自买自卖，行为均明显有别于合法的证券投资，可以推定其"具有不当控制该种证券交易价格的意图"，[①] 美国、日本等国家法律将这种欺诈意图的结果认定为"产生不真实或足以令人误解的证券交易处于活跃状态，足以致使或者诱导他人误解证券交易状况"。我国证券法律虽未对此主观意图予以明确规定，但证监会的行政处罚案例是否事实上表述了类似的逻辑则值得分析。

证监会在涉及该类操纵的多数案例中仅提及行为人利用不同账户作价格、数量相近，方向相反的交易，并未阐述异常交易的违法性实质。[②] 但也有案例描述了行为人采用先高价申报卖出、再高价申报买入相对成交的交易方式。[③] 行为人以明显高于市场价格的卖委托申报，既没有被其他投资者的买委托申报撮合成交的风险，又具有时间优先的优势，待其再以同样的高价买申报时，则能优先与之前的高价卖申报撮合成交，从而最大程度地保证在自己控制的账户之间实现高价成交，使得瞬间市场成交价受到影响甚而大幅上涨，这种高价申报一定程度反映了行为人影响证券交易价格的意图。

值得注意的是，证监会在部分案件中还明确指出这种异常的交易方式"形成虚假交易量，造成买卖活跃的假象，引诱他人买卖"，[④] "将股票价格一直维持在较高

---

① 汤欣：《操纵市场行为的界定与〈证券法〉的修改建议》，载《中国金融》2004 年第 19 期。

② 如海通证券案。

③ 如林忠案、李国东案、陈明贤案。

④ 如柳宏案。

价位上"，①"制造成交活跃的假象"。② 可见，证监会在处罚这种操纵行为时，同样认为行为人具有制造交易活跃假象诱导他人买卖证券的欺诈意图和客观效果，秉持了与域外法律相近的立场。只是在样本案例中，证监会并未将这种违法性要素作为构成要件予以充分论证，亦有学者认为这种行为的操纵意图显而易见，无须再行证明。

2. "影响"与"操纵"证券交易价量的差别。

根据《证券法》的规定，约定交易、洗售交易操纵要求"影响"证券交易价量。从样本案例来看，相关行政处罚决定书通常统计洗售交易的天数占比、③ 对倒量占同期市场总成交量的比值，④ 试图通过证明操纵行为人的影响能力来推定其行为对证券交易价量实施了影响效果。虽然《追诉标准二》对于洗售交易、洗售操纵均以连续 20 个交易日内异常交易的成交量累计达到该证券同期总成交量 20% 以上作为刑事追诉的标准，但证监会行政处罚案例并未凸显出其认定的统一量化指标。如柳宏案，行为人的日对倒量占同日市场总成交量的比例主要在 5% 至 10% 区间，方圆投资操纵方向光电案，同类指标数值主要在 10% 以上，崔峻山操纵金德发展案，同类指标数值主要在 30% 以上。证监会均按照洗售交易操纵进行了认定处罚，但并未阐明为何不同量级的影响力指标，同样可以认定其影响了证券交易价量。虽然证监会在部分案例中同时还关注了洗售交易操纵期间股价涨幅及与同行业指数偏离度等指标，⑤ 似乎股价偏离度越大，操纵行为对证券交易价量的影响越明显，但证监会并未通过论证分析来建立操纵行为与价格变动结果之间的关联性。

值得关注的是，约定交易、洗售交易操纵与连续交易操纵的条文存在"影响"与"操纵"证券交易价量的字面区别。⑥ 有观点认为，"影响"仅指行为人的行为客观上影响证券交易价格或交易量，"操纵"则不仅有客观上的影响，而且指行为人主观上有操纵证券市场的故意。⑦ 样本案件的法律文书对此未刻意予以区分，如相建康案，只是笼统地强调"账户组存在连续大额买卖、日内大量反向交易和对倒交易，影响交易价格和交易量的行为"。但《操纵指引》第 14 条有意模糊了可能的区别，统一使用"影响"证券交易价格或者证券交易量的表述，且这种"影响"是指行为人的行为"致使"证券交易价格或交易量异常或出现虚拟水平的客观结

---

① 如南方证券案。

② 如西安航标案。

③ 如兴安证券案、唐汉博案。

④ 如方圆投资案、崔峻山案。

⑤ 如海通证券案。

⑥ 《证券法》第 77 条第 1 款第 1 项为"操纵证券交易价格或者证券交易量"，第 2、3 项均为"影响证券交易价格或者证券交易量"。

⑦ 深圳证券交易所 2006 年《关于〈操纵证券市场行为认定指引（草案）〉的起草说明》。

果，"致使"说明行为是结果的重要原因。

本文认为，首先，立法上区别"操纵"和"影响"证券交易价量的不同用词，说明在行为人主观恶性程度方面存在差别。约定交易以行为人串通为前提，洗售是缺乏合理性的交易，两种行为均较为清晰地体现了行为人的欺诈意图。但连续交易操纵因其交易形式与合法投资（投机）不易区分，主观恶性要小于约定交易和洗售交易操纵。

其次，连续交易与约定交易、洗售交易操纵在导致证券交易价量异动的因果关系强度上存在差异。操纵行为是致使证券交易价格（交易量）异常或形成虚拟的价格（交易量）水平的重要原因，因果关系越直接、越紧密，行为的危害性越大，也更容易证明操纵行为破坏了证券市场正常的交易秩序。监管机构在评价这两类操纵行为对交易秩序侵害的严重程度时的标准也明显不同，如《追诉标准二》要求连续交易操纵需在涉案证券连续 20 个交易日内买卖股份数累计达到同期总成交量的 30% 以上，而约定交易、洗售交易操纵的同一追诉指标仅需达到 20% 以上。① 监管机构（控方）认定约定交易、洗售交易操纵时采用比连续交易操纵较低的影响力指标，说明前者对证券交易价格形成机制更具有破坏力，对证券交易价量的影响力更明显，社会危害性更大。

再者，证明责任分担也有所区别。因为约定交易、洗售交易操纵的主观恶性更为明显，监管机构（控方）在连续交易操纵中需要承担更高的证明责任来确认行为人的主观意图。证监会处罚的样本案件中，连续交易操纵的成交量占比数据同样也高于洗售交易操纵。② 交易量指标越高，越容易证明异常交易行为对证券交易价量变动的影响力。"影响"标准意味着可以采取相比连续交易操纵较低的客观危害标准来追究法律责任。

可见，操纵行为是否具有影响证券交易价格或交易量的能力、价量变动的结果与操纵行为的因果关系均是认定"影响证券交易价格或交易量"的核心因素，但证监会的处罚案例还只是从各种客观要素的量化指标比较，来笼统地证明这一结论，尚未形成从客观行为到主观意志的整体观察来论证操纵行为的欺诈性。

（三）虚假申报操纵

虚假申报操纵又称为订单型操纵（order-based manipulation）或欺骗型订单操纵

---

① 《追诉标准二》第 39 条 1、2、3、4 项。
② 如柳宏案，行为人在操纵期间买入"捷成股份"占市场同期买入量的 21.19%，单日买入量占该股市场交易量最大达到 55.99%，而洗售（对倒）交易量占同日"捷成股份"市场总成交量的比例在 5%~10% 之间，二者分别被认定为构成连续交易操纵和洗售交易操纵。

（spoofing order），① 各主要证券市场都开始禁止订单型操纵行为。② 《操纵指引》、《追诉标准二》先后明确了该种操纵手段的行为模式和追诉条件，③ 证监会 2009 年依据《证券法》第 77 条"以其他手段操纵证券市场"的兜底条款连续处罚了 3 起以虚假申报单一手法操纵的案件后，④ 虚假申报操纵开始和连续交易、洗售、特定期间的价格操纵相结合，主要成为后者行为实施的一种辅助手段。

1. 申报撤单的外在表现形式。

《操纵指引》将虚假申报操纵的行为模式简单概括为同一交易日、在同一证券的有效竞价范围内，按照同一买卖方向，连续、交替进行 3 次以上的申报和撤销申报行为。从样本案例看，虚假申报撤单操纵案件主要发生在盘中连续竞价交易阶段。如周建明案，⑤ 行为人通过短时间内多次申报，委托价格逐步提高，迅速撤单后再以稍低价格择机申报卖出。近两年的案件中，行为人还采用"在每日集合竞价阶段，于可申报可撤单期间申报买入相关股票后撤单，于可申报不可撤单期间以低于之前申报买入价格申报卖出"的操纵手法。⑥

这种短时间内进行频繁的虚假买入申报，可以造成目标股票申买委托量在短期内迅速放大、买盘汹涌的假象，从而影响其他投资者对该股票供求和价格走势的判断，诱导其跟进买入，逐步推高股价。如徐国新案，⑦ 在行为人账户组申报撤单期间，其他投资者买入申报总量和涨停价买入申报总量分别上涨了 174.42% 和

① Spoofing is a type of market manipulation that involves placing certain non-bona fide order（s）... with the intention of triggering another market participant（s）to（place orders），followed by canceling the non-bona fide order，and entering an order on the opposite side of the market. News Release, FINRA, FINRA Joins Exchanges and the SEC in Fining Hold Brothers More Than ＄5.9 Million for Manipulative Trading, Anti-Money Laundering, and Other Violations（Sept. 5, 2012）.

② 孔东民、王茂斌、赵婧：《订单型操纵的新发展及监管》，载《证券市场导报》2011 年 1 月。2015 年 11 月 3 日，美国联邦法院裁定高频交易员米歇尔·科斯夏（Michael Coscia）的商品交易欺诈以及幌骗（spoofing）罪名成立，这是美国也是全球针对这种违法交易行为的首宗刑事起诉。参见彭博（bloomberg）的报道：http://www.bloomberg.com/news/articles/2015－11－03/commodities－trader－coscia－found－guilty－in－first－spoofing－trial＜br＞http://www.bloomberg.com/news/articles/2015-10-19/chicago-trader-oystacher-accused-of-spoofing-in-futures-markets. 事实上订单型操纵在美国联邦证券交易法下也是违法行为，但由于主观意图难以证明，以该法第 9 节有关"市场操纵"的规定提起的监控数量极为稀少。See, D. Deniz Aktas, Spoofing, 33 Rev. Banking & Fin. L. 96（2013）.

③ 《追诉标准二》第 39 条："……（五）单独或者合谋，当日连续申报买入或者卖出同一证券、期货合约并在成交前撤回申报，撤回申报量占当日该种证券总申报量或者该种期货合约总申报量百分之五十以上的；……"但目前实尚无据此刑事定罪的案件公布。

④ 只有 6 起样本案件单独采用虚假申报操纵手法，占涉及该类操纵手法全部案件的 26.1%。

⑤ 类似的手法还有王国斌案。

⑥ 如苏颜翔案、刘长鸿案、彭旭案等。

⑦ 类似情况的还有卢道军案、陈国生案等。

148.33%。而当账户组最后 1 笔撤单后，虽然虚拟成交价格有所下降，但其他投资者买入申报总量和涨停价买入申报总量仍持续增加，增加幅度分别为 36.41% 和 51.55%。可见，虚假申报撤单期间，其他投资者的交易行为受到了明显影响。证监会因此也认定其误导了其他投资者对股票供求关系的判断，影响股票交易量和开盘价。

2. 如何认定"不以成交为目的"。

虚假申报操纵行为人并非真实地希望自己的申报在市场成交，同时为利用有限的资金实现最大的申报效果，需及时将原委托申报撤回以释放资金。因此，撤单成为判断不以成交为目的的首要标准。如《操纵指引》将同一交易日、在同一证券的有效竞价范围内，按照同一买卖方向，连续、交替进行 3 次以上的申报和撤销申报行为定义为虚假申报。但正常的投资行为可能因为先前的委托价格不具有优势而撤回申报，或委托后改变投资决策而申请撤回原申报，为避免打击合法的投资行为，可以观察到证监会在行政处罚时正在丰富认定"不以成交为目的"的思路。

（1）撤单的频繁度。从张建雄案开始，证监会开始统计账户组从买入申报到撤销委托的间隔时间，似乎倾向于认为买入申报驻留时间越短，申报越频繁，委托申报就越不具有真实的交易目的。如穗富投资案，当事人辩解部分撤单行为系正常调整申报价格再行买入，不存在以不成交为目的而误导其他投资者的虚假申报，证监会认为本案涉及的撤单比例较高，距离申报时间很短，具有明显的主观故意。但"频繁"只是体现交易行为非真实性的表象之一，硬性规定一个数字标准来衡量"频繁"并不科学，而应结合当时证券品种的交易活跃程度和市场行情走势判定。

（2）堆单行为的异常性。如刘长鸿案，操纵主体在股票涨停期间，仍大量申报买入，居市场第一位，证监会认为"存在将排队在前的涨停价买单撤单，同时再以涨停价申买的情况，说明其不以成交为目的"。再如徐国新案，[①] 股票已涨停、市场及涉案账户本身已有大量未成交买申报、买入申报明显无法成交的情况下，行为人仍继续"以涨停价大量申报买入堆单"，使得涨停价位买委托量急剧放量，将该股股价锁定在涨停价位，导致该股始终维持涨停价位至当日收盘，误导其他投资者对股票走势的判断，为其下一交易日出货牟利创造条件。对这种堆单行为违法性的认定，也意味着证监会打破了《操纵指引》、《追诉标准二》以撤销申报为必要条件的固有思路。

（3）申报价格档位较低。比较常见的是低档位申报撤单。如卢道军案，账户组为了避免买委托成交，故意以略低于市场成交价的价格申报，按照"价格优先"的规则，其申报的价格在即时行情系统所处的档位较低，既不会立刻成交，又明显增加了相应档位的委托数量，致使投资者以为市场买入需求放大，但其随后即撤销申

---

① 类似情况的还有沈昌宇案、莫建军案、王建森案等。

报。这种低档位申报明显不同于普通投资者真实的买入需求，相比一般撤单行为更加凸显不以成交为目的的意图。

可见，虚假申报操纵通过不以成交为目的的频繁申报，实际制造了虚假的市场供求信息，误导其他投资者交易。尽管该种操纵行为对市场价格和流动性仅有短暂的影响，随着虚假申报的停止，市场价格和流动性又大致会回到正常水平，但仍能吸引其他投资人跟风交易，推动市场价格向预期方向波动，从而牟取非法利益。证监会的行政处罚案例，在论证该种行为的违法性时，也明确指出了其与其他操纵行为所共有的制造交易活跃假象、诱导投资者跟风交易的欺诈本质。

（四）特定期间的价格操纵

1. 特定期间价格操纵的两种类型。

一种特定期间价格操纵常见于操纵证券开盘价、收盘价、尾市操纵等情形。如任良成案，① 操纵主体在大宗交易当日尾市阶段通过二级市场竞价系统买入大宗交易相关股票，以高于市场成交价的价格和大量的申报买入量拉抬股价，并于次日卖出，证监会认为其扰乱了证券市场正常交易秩序，构成以其他手段操纵证券市场。这种尾市阶段操纵收盘价，往往是为了诱骗投资者认为尾市阶段供需关系突然发生了变化，进而在第二天开盘时跟风交易，待价格发生有利变动时，操纵行为人反向卖出获利。

另一种特定期间价格操纵则相对复杂，行为人在计算相关证券的参考价格（价值）或者结算价格的特定期间，通过拉抬、打压或锁定等综合手段，操纵证券交易价格或交易量，以便在参考价格或结算价格的有利变动中牟利。这种表现形式也是特定期间价格操纵能成为一种独立风格的操纵手段的主要因素。如艾亿新融案，以影响债券收市价格进而维持、提升信托产品单位净值为目的，利用交易所债券收盘价形成机制以及债券交易非连续性交易的特点，在即将收市时大幅抬拉债券价格，证监会认为构成操纵证券市场行为。证券的当日收盘价，是各种盘后场外交易、大宗交易、相关指数价格、上市公司市值、证券投资基金净值、下一交易日涨跌幅限制价格、并购重组和新股发行、配股派息的除权参考价的计算基础，② 可谓"一发牵动全身"，极易成为该类操纵行为人所瞄目的对象。此外，股东将持有的上市公司股份向信托公司质押融资时，多以一定期间的股票收盘价格折算补仓警戒线或平仓线标准，一旦股价跌至警戒线时，股东也可能以各种手段操纵标的证券收盘价格而解除融资违约爆仓风险。③

---

① 类似的情形还有李军案。

② 范利民、唐菁菁：《收盘交易机制的国际比较：特点、趋势与启示》，载《当代经济管理》2007 年 6 月。

③ 财经网 2012 年 12 月 10 日："上海莱士大股东增持玄机：股价逼近股票质押警戒线"，http://stock.caijing.com.cn/2012-12-10/112348343.html，最后访问时间：2015 年 8 月 19 日。

如以操纵股票涨跌幅限制价格为特征的新理益集团案，行为人为了在下跌行情中以相对高价减持，在收市前 10 分钟内集中资金优势连续高价买入"京东方 A"股票，致使尾市期间股价涨幅达 5.72%，通过拉高收盘价使得第二日的跌幅限制价格（跌停价）上升了 0.39 元，从而在第二日巨量减持股票时多实现收益 521 万元。本案行为人实际利用了涨跌幅限制以前一日收盘价为计算基础的交易机制，通过尾市期间集中拉抬买入操纵收盘价的方式，锁定后续卖出证券的价格成本。

2. 认定违法所得的困难。

特定期间的价格操纵，直接目的是让证券交易价格（价值）达到预期目标，进而在以该价格（价值）为参考价格的交易中牟利，其不仅诱骗了以该证券供需关系变化为决策依据的市场投资者，同时也欺诈了以该证券价格为基础价格的相关衍生品或场外金融产品的交易参与人。如前文所述的恒逸集团案，行为人集中资金优势大量买卖"恒逸石化"的目的是让股价回复到上市公司拟开展的定向增发的发行价之上，其不仅改变了二级市场供需关系平衡，还可能使参与定向增发的一级市场投资者受到误导，严重干扰了价格形成机制和交易市场秩序。

正因为特定期间价格操纵行为人具有双重意图，实际是以操纵市场为手段去实现其他非法或合法的目的，认定违法行为后则进一步面临着违法所得计算范围的问题。在新理益集团案中，行为人通过人为拉高的收盘价而实现高价减持的获利实际为 1642 万元，但行为人前一日因操纵收盘价而高价买入的证券最后卖出亏损了 1122 万元，证监会按照两种盈亏相抵的金额认定操纵市场违法所得数额。而在浙江恒逸集团案，虽然行为人拉高股价实际亏损 737 万元，但如因此股价维持在增发价格之上而保证了相关公司定向增发的顺利完成，不仅难以衡量行为人因增发带来的股权增值收益与操纵市场行为的相关性，进而确定这部分收益情况，两种收益结果能否相抵无从定论。在操纵市场手段更为复杂化、动机多元化的今天，违法所得的本质、外延及计算方法还有待深入研究。

随着金融衍生品市场的不断创新及场外市场、黑池交易方式的兴盛，[①] 越来越多的投资者并不直接通过集中交易市场证券买卖获取价格差，而是通过与其关联的衍生品投资结构来对冲风险或套利。行为人通过各种手法恶意影响证券品种的交易结算价格，进而在与其结算价格联动的金融衍生产品交易中获取非法利益，不仅可能是未来特定时间价格操纵的主要形式，也是跨市场操纵演化的一种具体路径，此时如何综合认定行为人的违法所得将更为复杂。

---

① "黑池"（dark pool）是一种为买卖双方匿名配对大宗股票交易的平台，主要由机构投资者参与买卖，运作并不透明，不会展示买卖盘价及报价人士的身份，也不会向公众披露已执行交易的详情。

（五）抢帽子交易操纵

虽然学者还在争论"抢帽子交易"行为能否用操纵的兜底条款进行规制①，但事实上证监会自 2007 年处罚武汉新兰德案以来，已积累起一定数量的行政处罚认定案例，人民法院也已陆续作出了多起刑事定罪的判决。② 从前述《操纵指引》和《追诉标准二》有关条款看，抢帽子交易操纵行为模式十分清晰，只要行为人实施了先交易、再推荐、后反向交易的行为，且未公开其持股事实，即可初步认定为抢帽子操纵行为。但此中仍有三个问题值得讨论。

1. 特殊主体要件的实质是看荐股影响力。

虽然《证券法》第 77 条禁止的是一般主体即"任何人"操纵市场，对于行为人并未作出明确的身份限定，但《操纵指引》和《追诉标准二》将抢帽子交易操纵的行为主体限定为证券公司、证券咨询机构、专业中介机构及其工作人员等特殊主体。证监会已处罚的抢帽子操纵案例中的违法主体，也多为证券投资咨询机构或证券公司具有证券投资咨询执业资格的从业人员（简称从业人员），在个别案例中还有专业机构或从业人员将其资质、名义出借给他人而被认定为共同实施了违法行为。③ 因此，一般认为抢帽子操纵行为人仅限于列举的几类特殊身份主体。

但从证监会处罚的个别抢帽子操纵案件看，证监会关注的并不仅限于抢帽子操纵行为主体的从业身份特征，而在于其推荐（买入）股票时对投资者交易决策的影响力。如武汉新兰德案中，武汉新兰德公司与全国多家省级媒体合作，向社会公众提供咨询与荐股服务，其法定代表人朱汉东定期在"金融界"网站等媒体发表股评文章，具有证券投资咨询机构的专业优势及影响力，行为人利用武汉新兰德的股票推荐来影响公众投资者的投资判断，引起所推荐股票价格上涨，并通过反向交易牟取不当利益。④ 这种具有相当知名度和影响力的专业机构，通过公共媒体进行股票推荐活动，社会关注度高，更容易影响投资者的交易决策，实现诱使投资者跟进买入或卖出的效果。在叶志刚案中，行为人仅在特定投资机构和个人客户范围内发送

---

① 何荣功：《刑法"兜底条款"的适用与"抢帽子操纵"的定性》，载《法学》2011 年第 6 期；王崇青：《"抢帽子"交易的刑法性质探析——以汪建中操纵证券市场案为视角》，载《政治与法律》2011 年 01 期；蔡正华、张延武：《抢先交易行为的刑法评价和刑法规制路径》，载《中南大学学报（社会科学版）》2011 年第 6 期；黎琳：《案例四：股市黑嘴之罪与罚——对"中恒信操纵市场案"的思考》，载《公司法律评论》2012 年卷；刘宪权：《操纵证券、期货市场罪"兜底条款"解释规则的建构与应用——抢帽子交易刑法属性辨正》，载《中外法学》2013 年 06 期。

② 汪建中案是首例因抢帽子操纵入罪的案例，见北京市第二中级人民法院（2010）二中刑初字第 1952 号刑事判决书，北京市高级人民法院（2011）高刑终字第 512 号刑事裁定书。陆续判决的还有余凯案等，参见周芬棉：《余凯等操纵证券市场案内幕披露，非法获利超 5000 万》，载《法制日报》2011 年 12 月 19 日。

③ 如余凯案、禧达丰案。

④ 类似的情形如汪建中案。

研究报告，但作为相关行业的首席分析师，其知名度、受认可度较高，且接受其推荐的机构客户从事的交易行为对于市场供需的影响力更强，虽然本案中信息的传播范围相比汪建中案等略为狭窄，但其诱使投资者交易进而影响证券交易价量的效果可能更为明显，证监会同样认定了违法行为并给予处罚。

现行规范实质是将行为人的影响力简单等同于特定职业身份，即推定特殊身份主体推荐股票的行为当然对投资者决策具有影响力。这种认定思路的确减轻了监管机构对操纵主体荐股行为影响力的证明责任，但同时可能会使一部分没有特殊主体身份行为人的同质行为逃脱法律制裁。在投资者判断分析能力不足、跟风炒作投机性强、风险意识较弱的中国市场环境下，媒体记者、"最牛散户"、"炒股达人"、"知名投资家"或"股评家"等非专业机构人员，通过电视、电话或网络社交媒体等方式发表观点、意见来影响相当范围内投资者的决策，且同样使用先持股、后推荐再卖出的手法，也能实现诱骗投资者跟风交易的欺诈效果。

本文注意到，《证券法修法一读草案》已取消了这种对于从业身份的要求，[①] 转而强调有影响力的荐股行为与买卖牟利的联动关系。值得关注的是，证监会在袁郑健案中，试图将这类具有一定民间影响力的非专业机构人士在连续交易过程中通过博客文章推荐股票的行为认定为操纵市场，[②] 但究竟其属于利用信息优势的连续交易操纵还是抢帽子交易操纵，仍可以进一步研究讨论。

2. 具有诱导性的荐股信息。

抢帽子交易操纵依托于向投资者推荐买入卖出股票的信息，与利用信息优势连续交易操纵和蛊惑交易操纵存在相似之处，若要诱导投资者从事相应的证券交易行为，操纵主体所利用的信息应对投资者决策具有一定的影响力。

连续交易操纵所利用的信息多指能够对具有一般证券市场知识的理性投资者的投资决策产生影响的客观事实，[③] 操纵主体往往是上市公司内部人或相关信息的知情人，其获取或者了解重大信息更易、更早、更准确、更完整，但一般不主动加工、刻意传播信息。此处的信息包括内幕信息、宏观信息和市场交易信息，信息内容的真假并不重要，关键在于信息的外部性质以及其直接或间接反映出来的上市公司内在价值对理性投资者决策具有显著或重大影响。蛊惑交易操纵所利用的信息是能够对证券市场上一般投资者的投资决策产生影响的不真实、不准确、不完整或不确定

---

① 《证券法修法一读草案》第94条："禁止任何人以下列手段操纵证券市场，影响或者意图影响证券交易价格或者证券交易量：……（六）对证券及其发行人公开作出评价、预测或者投资建议，并进行反向证券交易；……"

② 2011年处罚的袁郑健案，证监会认为"在持有富临运业股票的情况下发表博客文章推荐富临运业股票。由于袁郑健连续交易数量较大……博客文章阅读次数较多……上述行为违反了《证券法》第七十七条关于禁止操纵股票价格的规定"。

③ 参见《操纵指引》第19条。

的重大信息,① 操纵主体一般并无身份、地位或职权优势,此类信息主要由操纵主体自己编造散布,虽然事实上虚假,重大性程度也可能低于连续交易操纵行为所利用的信息,但多与市场投资者关注的焦点、热点题材紧密相连,一经公布传播,往往对投机炒作氛围浓厚的市场上的投资情绪具有直接影响。而抢帽子交易中的信息主要是行为人公开做出的对交易证券投资价值的主观评价、预测或者建议,这种主观评判既可能符合客观事实,也可能夸大其词,推荐信息之所以能被投资者接受认可,关键是操纵主体身份的影响力。

总之,从信息真实性的角度看,利用信息优势连续交易操纵和抢帽子交易操纵均不关注相关信息内容的真假,而蛊惑交易则以信息虚假为前提;从信息的来源看,抢帽子交易和蛊惑交易的信息由操纵主体自己制造,相当程度上带有主观色彩,而连续交易操纵利用的信息具有外部性。

3. 认定违法性的关键:未揭示利益冲突的欺诈。

关于抢帽子交易操纵的违法属性,有观点认为是具有利益冲突信息披露义务的从业人员,通过未披露利益冲突的荐股信息,诱使投资者按照行为人的预期进行资金配置,(将此种行为)纳入操纵条款是为惩治专业机构及其从业人员隐瞒与投资者之间具有明显利益冲突的经济关系。② 这种观点有可取之处,因为秘而不宣的利害关系会影响到荐股信息的质量及荐股行为的中立性,极易引发相关主体为牟取个人利益蓄意发表有偏向性的甚至完全虚假的分析评论并由此造成投资者损失。《操纵指引》关于行为人如能事先披露买卖证券计划则不构成抢帽子交易操纵的规定,③ 也证明了抢帽子交易操纵的认定与相关的信息披露义务之间的内在关联。

在隐瞒持股信息的情况下先推荐后再卖出的交易模式,反映出行为人意图通过推荐信息诱使投资者从事能引起其所期待的价格波动的交易行为,行为人为了实现其主观目的必然要隐瞒自身交易背后的利益冲突,这也是抢帽子交易的违法属性之所在。德国法院在首例抢帽子操纵案中指出,行为人发出投资建议,在于诱使其他市场参与人做出相应的交易行为,目的在于对行情造成影响,是以"其他欺诈行为"操纵市场。④ 美国法认为这种未充分披露利益冲突的交易触犯了证券交易法的

---

① 《操纵指引》第 33 条。

② 刘宪权:《操纵证券、期货市场罪"兜底条款"解释规则的建构与应用——抢帽子交易刑法属性辨正》,载《中外法学》2013 年 06 期;谢杰:《市场操纵犯罪的机理与规制——法律与金融分析》,华东政法大学 2014 年博士论文,第 98-101 页。

③ 《操纵指引》第 35 条第 2 款:"但上述机构及其人员依据有关法律、行政法规、规章或有关业务规则的规定,已经公开做出相关预告的,不视为抢帽子交易操纵。"但这种豁免条款在《追诉标准二》和《证券法修法一读草案》中未见规定。

④ 高基生:《德国最高法院"抢帽子交易"案的判决及其启示》,载《证券市场导报》2006 年 9 月。

"欺诈"条款，甚至不以荐股后的反向交易为必要。① 中国证监会在部分处罚案例中，也强调了抢帽子交易行为人主观上具有利用咨询推荐活动的影响力实施操纵证券市场行为的意图。② 在现行立法上没有一般性反欺诈条款制度的背景下，将这种隐瞒持股信息、先推荐后再反向交易的交易模式认定为操纵市场，的确能够实现更为严厉的执法效果。在没有直接证据表明行为人的操纵意图时，虽然抢帽子交易的行为模式明显不同于合法的投资咨询活动或正常投资者的交易行为，其在不同程度上存在着影响证券交易价量的主观意图或至少是放任不当荐股误导投资者的重大过失，但与连续交易、洗售交易操纵等力求控制证券交易价量的积极故意仍有明显区别，社会危害性相对较轻，在适用《证券法》第 77 条第 4 项追究行政责任甚至依据《刑法》第 182 条第 1 款第 4 项追究其刑事责任时，应保持相对审慎的态度。

隐瞒利益冲突既是抢帽子交易的外在表现形式，更是其违法属性的核心特征。而信赖关系又成为认定利益冲突的前提基础。专业机构从业人员依法从事证券投资咨询服务，在荐股服务过程中与投资者形成了具有受托义务的信赖关系，因而负有避免利益冲突的信赖义务（fiduciary duty），应当如实地披露利益冲突信息，或至少不得利用信息不对称关系牟利。因此，现行规范及证监会处罚案例多将抢帽子交易操纵主体限定为这类具有明显信赖义务的专业机构及其从业人员。也有观点认为，新闻媒体记者与社会公众尚无法建立这种具有法律约束力的信赖义务关系，即使其实施的交易行为背后存在着某种利益冲突信息的隐瞒，也只是与其新闻执业准则存在冲突，仅须依据有关新闻媒体从业的禁止性规定给予处理，而不宜以操纵市场论处。但国外已有将新闻媒体记者纳入抢帽子操纵规范对象的案例，③ 且美国也有认定实施抢帽子交易的专栏作者存在类似的准信赖义务而认定欺诈的案例。④ 并且我国《证券法》第 78 条对于各种媒介从业人员甚至其他人员都明确了真实客观传播证券市场信息的义务，⑤ 证监会与国家新闻出版总署对新闻媒体记者报道证券

---

① Jill I. Gross, *Securities analysts' undisclosed conflicts of interest: unfair dealing or securities fraud?*, 2002 Colum. Bus. L. Rev. 631 2002, P675. 但本文认为，反向卖出是抢帽子交易的当然构成要件，否则难以说明其隐瞒利益冲突是为了影响证券交易价量而牟利的动机。

② 如汪建中案。

③ 参见中国证监会行政处罚委员会编：《证券行政处罚案例判解（第 1 辑）》，法律出版社 2009 年版，第 36 页。

④ 美国第九巡回上诉法院在茨威格与赫斯特（Zweig v. Hearst）一案判决中认为专栏作者"买入、推荐、卖出"的交易模式构成欺诈，虽然本案中该作者对于报刊读者的义务并不是普通法上的信赖义务，但其地位类似于内幕人员（quasi-insider），参见 Zweig v. Hearst, 594 F. 2d 1261 (9th Cir. 1979)。

⑤ 《证券法》第 78 条："禁止国家工作人员、传播媒介从业人员和有关人员编造、传播虚假信息，扰乱证券市场。禁止证券交易所、证券公司、证券登记结算机构、证券服务机构及其从业人员，证券业协会、证券监督管理机构及其工作人员，在证券交易活动中作出虚假陈述或者信息误导。各种传播媒介传播证券市场信息必须真实、客观，禁止误导。"

市场信息也提出了具体的规范要求，① 说明该类主体在某种程度上对于社会受众也承担了防范利益冲突的准信赖义务。因而，抢帽子交易操纵行为主体扩展至新闻媒体从业人员，甚至有限度地扩展至其他具有类似信赖义务的荐股主体，与规制该类操纵行为的法理基础并不冲突。

（六）蛊惑交易操纵

我国早期的证券立法如《股票条例》、《禁止欺诈办法》和《操纵通知》早已将传播虚假信息纳入禁止的操纵手段范围。② 但后续规范的落脚点在于禁止证券经营机构损害客户利益的欺诈行为，如《证券法》第 78 条明文禁止证券经营机构在证券交易活动中作出虚假陈述或者信息误导，禁止有关人员编造传播虚假信息扰乱证券市场。有观点即认为该条实际是有关散布虚假信息操纵的规定。③ 对于发布虚假信息扰乱市场秩序的行为，出现了反操纵和反欺诈两种规制思路。④

因此，虽然《操纵指引》明确了蛊惑交易操纵的构成要件，⑤ 但至今尚无据此认定操纵的行政处罚案例。实践中涉嫌蛊惑交易的行为也多以传播虚假信息违法认定。如早年的李定兴编造收购"苏三山"虚假信息案，最终以编造并传播证券交易虚假信息罪定案。⑥ 证监会 2015 年处罚的王之所编造传播虚假信息案，⑦ 行为人买入 6 万股"湖南发展"股票后，为使股价上涨而在互联网发帖编造并传播"湖南发展收购财富证券"的虚假信息，随后 3 个交易日湖南发展股票价格明显上涨，行为人趁机卖出股票获利。该案件的行为特征实际符合《操纵指引》蛊惑交易操纵的构成要件，但证监会最终按照《证券法》第 78 条第 1 款及第 206 条关于"禁止国家工作人员、传播媒介从业人员和有关人员编造、传播虚假信息，扰乱证券市场"的规定进行了处罚。

本文认为，这种法律适用值得商榷。首先，蛊惑交易与传播虚假信息两种行为的主体不同，《证券法》第 78 条约束的主体应限于传播媒介或国家工作人员等具有

---

① 新闻出版总署、中国证券监督管理委员会《关于印发〈关于加强报刊传播证券期货信息管理工作的若干规定〉的通知》（新出联〔2010〕17 号）。

② 《股票条例》第 74 条第 1 款 3 项："……或者以散布谣言等手段影响股票发行、交易的；"《禁止欺诈办法》第 8 条："前条所称操纵市场行为包括：……（二）以散布谣言等手段影响证券发行、交易；……"《操纵通知》第 1 条"……8. 证券投资咨询机构及股评人士利用媒介及其他传播手段制造和传播虚假信息，扰乱市场正常运行；……"

③ 朱锦清：《证券法学》，北京大学出版社 2011 年版，第 222–223 页。

④ 前引〔22〕，《操纵资本市场犯罪刑法规制研究》，第 246 页。

⑤ 《操纵指引》第 31 条："本指引所称蛊惑交易操纵，是指行为人进行证券交易时，利用不真实、不准确、不完整或不确定的重大信息，诱导投资者在不了解事实真相的情况下做出投资决定，影响证券交易价格或交易量，以便通过期待的市场波动，取得经济上的利益的行为。"

⑥ 参见湖南省株洲县人民法院（1997）株法刑初字第 230 号刑事判决书。

⑦ 中国证监会行政处罚决定书（王之所）（2015）20 号。

一定信息传播话语权的个人，但事实上蛊惑交易操纵为一般主体，任何单位和个人都可以利用便利的信息传播平台散布不实消息；其次，第78条是针对影响了证券市场秩序的结果来进行规制，而蛊惑交易则须有通过散布信息影响证券交易价格的主观意图，所以第78条应针对掌握传播话语权的特殊主体，系对其规定的特别谨慎义务；再次，第78条规制的传播虚假信息的主观意图可能并不在于影响特定股票价格，也不必然有相应的证券交易活动，而蛊惑交易行为人的直接目的则在于通过编造传播虚假信息去影响特定股票价格，配合自身的证券交易，借此价格波动获利。事实上，第78条规制下的行为人及其关联人根本不需要从事相关证券的交易活动即可能构成违法，而蛊惑交易行为人则必须进行了相关的交易活动。

四、有待进一步观察的问题

（一）操纵期间和行为个数的认定

"操纵期间"是证监会在认定操纵的法律文书中频频出现的一个术语，有时也采用"操纵XX股票价格期间"的表述。特别是在连续交易、洗售交易类操纵案件中，"操纵期间"是中国证监会通过各种指标认定资金优势、持股优势的统计基础，也是统计操纵行为对证券交易价格或交易量的涨跌幅度及涉案账户盈亏计算的起始点。[①] 但"操纵期间"是只限于拉抬影响股价的个别期间还是包括操纵主体从预备实施到实现获利的整个期间？证监会的样本案例并未形成一致的认定标准。在涂忠华案中，证监会认定的操纵期间包括操纵主体"建仓并拉抬"、"巩固维持价格"、"减持卖出"3个阶段。但在李宁案中，证监会只认定行为人在长达8个月的持续交易期间里的6个交易日中的特定时段分别存在操纵证券市场行为，这个时段只包括拉抬和卖出，并未涵盖所卖出股票在此前的建仓阶段。此外，大部分案件中，"操纵期间"成为认定操纵行为个数的依据。但在抢帽子交易操纵案件中，证监会虽认定构成操纵多只（次）股票，仍把所有股票的交易期间合并认定为一个操纵期间并计算盈亏金额，似乎基于一个操纵的"故意"实施的多次行为又可以视为一个行为来认定。

同一个违法事实如果存在认定"操纵期间"的不同标准，导致操纵行为个数的认定结果不同，操纵行为对证券交易价量的影响幅度的判定也不同，从而直接关系到违法行为情节轻重的判断，进而影响到违法所得的认定及处罚的结果。

（二）违法所得认定的特殊情形

近年来，部分操纵主体多采用杠杆融资放大资金优势，或作为投资顾问使用委托人的账户资产进行违法交易，涉嫌操纵的账户出现了证券投资集合资金信托计划、资产管理计划、结构化信托产品和券商收益互换产品等实际公开或私下募集的第三

---

① 如胡捷案。

方资金。在认定账户交易盈亏及违法所得数额时，部分操纵主体要求区分受托管理资产的盈亏与实际获取的收益。如涂忠华案中，当事人辩称受托账户盈利金额的80%已经由客户获取，违法所得应只是账户盈利的业务提成，"不应当没收客户获取的盈利，否则就侵犯了客户合法权益"，证监会则强调"任何人不得因违法行为而获利，因违法行为而获取的所得，不论归于何人，均应予以没收"。再如穗富投资案中，当事人提出"其仅为相关产品的投资顾问，为相关账户的交易行为提供建议，不是产品的所有人或受益人，账户所得非公司所得，不应作为罚款的计算基础"，证监会同样未予采信。但证监会在2014年处罚的财富成长投资公司内幕交易案中，则只将行为人从信托产品涉及内幕交易的该笔交易提取的管理费和享有的特定信托利益，认定为行为人内幕交易实现的违法所得。[①] 两种认定思路的差异，值得继续关注研究。

此外，针对实施多次操纵行为的案件，证监会在2015年以前的案例基本采用分别计算每次交易的盈亏金额，在进行盈亏相抵后的余额认定为违法所得。但在穗富投资案中却未进行盈亏相抵，当事人认为"证监会以往的处罚案例中被认定为市场操纵行为的操纵期间内相关账户的盈利与损失合并计算，基于行政法的信赖保护原则，本案亦应合并计算"，证监会不予采信的理由则是"不能因为操纵多只股票而获利"。有关多次操纵是否抵扣盈亏的问题还有待关注未来案件中证监会的法理依据。

（三）操纵意图的认定及行为竞合

如前所述，证监会在样本案件中努力通过各类丰富的指标或事实来论证行为人具有明显的操纵股价的主观意图。但这种操纵意图的内涵具体如何，证监会并未形成系统、明确的论述。在涂忠华案，证监会强调，认定某个交易行为是否构成市场操纵，主要是依据交易行为本身是否具有操纵性、异常性、违法性，如行为人交易方式是否违背了正常投资者的交易逻辑；是否制造股票交易活跃的假象，诱使其他投资者跟风买卖，造成个股价格异动；主观上是否具有人为影响股价诱骗投资者的欺诈意图。但操纵的欺诈本质如何通过行为人的主观心态、目的、意志进行展现认定，还需要更丰富的案例才能有助于证监会提出明确的认定标准。

与此同时，证监会还处罚了一批共同操纵证券市场的案件，包括多个自然人之间的合谋，自然人与公司法人的合谋，认定操纵意图更为复杂，主要依靠当事人自认、他人指证以及论证利益的相关性、交易行为的一致性等方式解决。涂忠华案中，证监会认为，认定共同行政违法，既要有涉案主体的共同故意，也要有共同行为。通过分析不同行为人在同一违法事实中的角色、地位、作用，证明5位当事人对操纵行为既有共同认知，也实施了共同行为。证监会进一步认为，"参照有关共同犯罪的刑事司法实践与共同行政违法的执法实践，认定共同违法，不要求每个涉案当事人均参与了违法活动的各个环节，或者均知悉违法行为的全貌，只参与了部

---

① 中国证监会行政处罚决定书（深圳财富成长投资有限公司、唐雪来、肖猛）（2014）1号。

分行为、知悉部分事实，亦可构成共同违法"。

此外，对于操纵期间因交易行为而并发产生的信息披露违规、短线交易等问题，大部分案件均只按照操纵市场这一个较重的行为认定处罚。但在李宁案中，① 证监会却认为同时构成超比例持股未履行信息披露义务、持有上市公司股份5%以上的股东短线交易和操纵市场3种违法行为，并分别给予处罚，法律文书中也无法确认当事人是否存在独立实施3种违法行为的意图。证监会是否就此改变对于这类竞合状态下操纵市场与其他违法行为的认定思路，不再按照类似牵连吸收犯原则进行认定处罚，也需要进一步关注。

五、初步的结论

中国证监会以保护投资者为己任，对操纵证券市场等违法行为的执法力度不断加强，认识不断深化，通过丰富的案例和法律文书向社会展示违法行为的特征、规律，不局限于交易行为细节和相关具体数据的罗列，逐步将笔墨专注于描述操纵行为的具体违法属性和特征分析，强化对操纵行为的构成要件事实要素的描述，对当事人的抗辩事由也适当展开针对性分析，其发展轨迹值得肯定。现有处罚决定文书的进步，不仅有助于当事人、市场各方和学术界认识、理解监管部门对操纵市场行政处罚的认定逻辑，也推动各界更深入地关注操纵行为的构成要件、违法本质，有利于操纵市场认定规则的成熟和确定。对于个别同类型案件出现不同处理结果的情形，证监会可以有针对性的阐述其认定原则及依据，避免给当事人造成不遵循惯例、执法尺度不统一的误解，对于落实信赖保护原则、推动行政执法的法治化具有积极意义。

通过样本案例分析发现，虽然针对蛊惑交易、约定交易、抢帽子交易等操纵行为的违法属性认定和规制的思路还需要处罚经验的进一步积累和丰富，但针对连续交易、虚假申报、特定期间价格操纵等违法行为已经通过相当数量的处罚案例明确了认定思路和标准，并在判罚文书中开始深入探讨操纵行为的主观意图、欺诈的属性及表现方式、违法所得的算定等疑难问题。证监会在对各类操纵手段进行认定和处罚的过程中，根据执法政策、市场实践和监管经验形成了颇具特色的识别标准，市场操纵的本质，即通过操纵行为制造交易活跃的假象进而诱使投资者跟风交易的欺诈性，已在证监会查处的各类操纵案件中得以确认，并逐步体现为证监会认定处罚的基本态度。只是这种欺诈本质的具体表述、证明标准和证明路径，仍有待在未来的行政处罚说理中不断得到丰富和发展。此外，对于操纵意图的体现、行为竞合的处理规则、违法所得的范围和计算原则等问题，还有待结合证监会未来处罚案件的观察分析。反观相关主题的学术研究，本文建议改变目前以个别操纵手段为对象的研究范式，不断拓展整体研究的广度和深度。

---

① 李宁案，类似的认定结果还有吕小奇案。

泄露内幕信息行政处罚问题探讨

——兼谈证券行政处罚中的证明方式

黄江东[①]

一、问题的提出与争论

赵某为 A 上市公司总经理，参与筹划了该公司重大资产重组事项，在内幕信息敏感期内赵某的同学钱某买入了大量 A 公司股票，买入金额较以前交易明显放大，内幕信息公告且该公司股票复牌后，钱某将所买入的 A 公司股票卖出，获利逾百万元。经查，赵某与钱某在内幕信息敏感期间存在频繁通话，钱某股票交易与和赵某通话的时间高度吻合，钱某交易行为不符合其一贯交易特征，属明显异常。但没有直接证据证明钱某知悉 A 公司重大资产重组的内幕信息，也没有直接证据证明赵某曾将该内幕信息泄露给钱某，当事人对此均予否认。赵某与钱某均不能就其频繁通话和交易行为的高度异常提供合理说明。

钱某是否构成内幕交易？赵某是否构成泄露内幕交易？不同的观点发生了争论。

第一种观点认为，本案钱某构成内幕交易，赵某不构成泄露内幕交易。本案赵某为内幕信息知情人，钱某与赵某联络接触且其交易行为与该内幕信息基本吻合，根据最高人民法院《关于审理证券行政处罚案件证据若干问题的座谈会纪要》（以下简称《座谈会纪要》）"五、关于内幕交易行为的认定问题"[②] 中第 5 项的规

---

① 黄江东，中国证监会上海专员办工作人员。

② 《最高人民法院关于审理证券行政处罚案件证据若干问题的座谈会纪要》规定："……能够证明以下情形之一，且被处罚人不能作出合理说明或者提供证据排除其存在利用内幕信息从事相关证券交易活动的，人民法院可以确认被诉处罚决定认定的内幕交易行为成立：（一）证券法第七十四条规定的证券交易内幕信息知情人，进行了与该内幕信息有关的证券交易活动；（二）证券法第七十四条规定的内幕信息知情人的配偶、父母、子女以及其他有密切关系的人，其证券交易活动与该内幕信息基本吻合；（三）因履行工作职责知悉上述内幕信息并进行了与该信息有关的证券交易活动；（四）非法获取内幕信息，并进行了与该内幕信息有关的证券交易活动；（五）内幕信息公开前与内幕信息知情人或知晓该内幕信息的人联络、接触，其证券交易活动与内幕信息高度吻合。"

定，在当事人不能做出合理说明，不能提供证据排除其利用内幕信息从事证券交易的情况下，应当认定钱某构成内幕交易。但是，对于泄露内幕信息则不能按此逻辑推定。理由：

一是推定加重了行为人的举证义务，必须在有法律法规、司法解释或类司法解释文件有明确规定时方可进行，本案钱某作为内幕信息知情人之同学，有频繁通话联系，且交易行为明显异常，按《座谈会纪要》规定可推定其内幕交易成立，但对于内幕信息知情人之泄露行为则并未规定可以推定。

二是从逻辑上来看，钱某所知的内幕信息固然很有可能来自赵某，但也有可能来自其他知情人，因此从后端的内幕交易倒推前端的泄露内幕信息存在较大的或然性，后端的内幕交易本身就是推定的，再倒推前端的泄露内幕交易，存在二次推定问题，应当慎重。

第二种观点认为，本案钱某构成内幕交易，赵某构成泄露内幕交易。理由：

一是从立法本意来看，《座谈会纪要》之所以规定内幕信息知情人的配偶、父母、子女以及其他有密切关系的人或者有联络接触的人，在其证券交易活动与该内幕信息基本吻合或高度吻合，且行为人不能做出合理说明或者提供证据排除其利用内幕信息的情况下，推定其构成内幕交易，其法理基础正在于行为人与内幕信息知情人的密切关系或联络接触，因此与其说是基于推定了内幕交易再倒推知情人的泄露行为，还不如说是基于行为人与知情人的密切关系和联络接触顺推了行为人的内幕交易。

二是从内在逻辑来看，如果不推定知情人泄露内幕信息，那行为人的内幕信息从何而来（实践中往往没有其他证据证明其内幕信息来源）？如果不能合理说明行为人内幕信息的来源，那其内幕交易就成了空中楼阁，在逻辑上是不连贯、不完整的。

三是从打击内幕交易违法行为的需要来看，泄露内幕信息的人虽然没有直接从事内幕交易，但他是内幕信息的散布者、传播者，且往往以此作为利益交换的手段，从危害程度上看，不亚于直接从事内幕交易。此外，如果放松对泄露内幕信息行为的打击，则知情人完全可以此作为规避手段，逃避法律责任。

第三种观点较为折衷，认为既不能一概认为在推定内幕交易的情况下可以推定前端泄露内幕信息，也不能一概认为不能推定，推定应严格限定在配偶、父母、子女范围内，对于其他关系密切的人或与知情人联络、接触的人，则不论存在何种情形，均不应推定知情人有泄露行为。其理由是，虽然法律本意上暗含了知情人泄露这个前提，但毕竟没有明示，因此应当较为谨慎，只有知情人与行为人是配偶、父母、子女这种特定的直系亲属关系时，从盖然性上看知情人泄露的可能性更大，故可以推定；当事人之间属于直系亲属关系以外的其他关系的，均不应推定知情人泄露内幕信息，以免误判误罚。

二、证券行政处罚中的证明方式

上述观点争论的核心是在没有法律法规明文规定时证券行政处罚是否可以使用间接证据以"推定"方式定案，其实质是证券行政处罚中的证明方式问题。

按照基本法理，证据分为直接证据和间接证据①。直接证据是能够直接证明案件事实的证据，如发现内幕信息知情人发给涉嫌交易人的邮件或短信等记录中告知了内幕信息，则仅凭此一项证据即可认定内幕信息知情人泄露内幕信息和接收信息的人进行内幕交易。间接证据是虽然不能直接证明案件事实，但又与待证事实有一定关联、具有一定证明力的证据。根据法理，单一间接证据均不足以单独定案，但间接证据形成了完整的证据链条，能够排除合理怀疑的，可以定案。

即使在对证据要求最为严格的刑事诉讼中，也允许在一定条件下使用间接证据定案。《最高人民法院关于适用〈中华人民共和国刑事诉讼法〉的解释》第 105 条规定："没有直接证据，但间接证据同时符合下列条件的，可以认定被告人有罪：（一）证据已经查证属实；（二）证据之间相互印证，不存在无法排除的矛盾和无法解释的疑问；（三）全案证据已经形成完整的证明体系；（四）根据证据认定案件事实足以排除合理怀疑，结论具有唯一性；（五）运用证据进行的推理符合逻辑和经验。"可见，该司法解释明确了在刑事诉讼中只要全案间接证据之间不存在矛盾和疑问，形成了完整的证明体系，且能够排除合理怀疑，相应的推理符合逻辑和经验，即可以定案。

从刑事司法实践来看，也不乏使用间接证据认定泄露内幕信息的案例。广东省高级人民法院《徐某某内幕交易、泄露内幕信息罪二审刑事裁定书》（（2015）粤高法刑二终字第 134 号）中有如下论述："根据徐某某在侦查阶段的供述，其与喻某关系密切，其供认与喻某在一起时不可避免地会谈到涉及网络整合、台网分离及天威视讯需要重组等事情。从徐某某与喻某手机通话的情况看，徐某某手机 186×××× 0089 与喻某手机 138×××9956 于 2012 年 2 月 24 日通话一次，2 月 26 日通话三次，2 月 27 日通话两次；徐某某手机 139××××1024 与喻某手机 138×××9956 于 2012 年 6 月 11 日通话一次。从喻某买卖天威视讯股票的时间看，喻某使用其妻子程某乙的证券账户于 2012 年 2 月 27 日买入天威视讯股票 55000 股，成交金额人民币 984500 元；于 2012 年 2 月 28 日买入天威视讯股票 117088 股，成交金额人民币 2008907 元；喻某于 2012 年 2 月 28 日开立证券账户，买入天威视讯股票 306949 股，成交金额人民币 5271907.09 元。可见，徐某某有关向喻某谈及网络整合、台网

---

① 有的论者使用了环境证据的概念，本文认为从理论上看，间接证据和环境证据较为相近，均为不能直接证明案件事实，但又有一定证明力的证据，但从法律法规规范表述上看，使用的是间接证据的概念，而没有使用环境证据（见《最高人民法院关于适用〈中华人民共和国刑事诉讼法〉的解释》第 105 条），故本文亦使用间接证据的表述。

分离等事情的供述与两人之间手机通话记录以及喻某购买天威视讯股票的时间能相吻合，足以认定在内幕信息敏感期内，徐某某将深圳有线广播电视网络改革重组的内幕信息泄露给喻某。"① 由上可见，该案中没有直接证据证明徐某某向喻某泄露内幕信息，但嫌疑人有关于谈及内幕信息相关事项的供述，两者手机通话记录与喻某购买天威视讯股票的时间高度吻合，且嫌疑人对此不能作出符合逻辑和常理的解释说明，法院据此认定徐某某构成泄露内幕信息罪。

实际上，在当前证券监管行政处罚中广泛存在的所谓"推定内幕交易"，其实质是使用间接证据认定内幕交易。由于证券内幕交易隐蔽性强的特点，很难取得相关直接证据，但嫌疑人的行为难免会留下间接的蛛丝马迹，在符合一定条件下可以据此认定内幕交易。典型的是"《座谈会纪要》五、关于内幕交易行为的认定问题"的第 2 项和第 5 项，"证券法第七十四条规定的内幕信息知情人的配偶、父母、子女以及其他有密切关系的人，其证券交易活动与该内幕信息基本吻合"、"内幕信息公开前与内幕信息知情人或知晓该内幕信息的人联络、接触，其证券交易活动与内幕信息高度吻合"。在上述两种情况下，如果行为人"不能作出合理说明或者提供证据排除其存在利用内幕信息从事相关证券交易活动的"，即认定内幕交易成立。由上可见，当前证券行政处罚中广泛使用的所谓"推定内幕交易"，其本质与刑事司法中运用间接证据定案并无二致，所谓"推定"只是一种通俗的口头表达，并不准确。既然"运用间接证据定案"这种证明方式合法、合理，那么不仅可以用间接证据认定内幕交易，当然也可以认定泄露内幕交易，以及其他一切证券违法犯罪行为。

值得强调的是，上述《座谈会纪要》仅是最高法院和证监会讨论形成的一些共识，供实践中准确理解适用法律参考，并不具有法源效力，从证监会行政处罚决定书来看，都是援引《证券法》第 202 条处罚，从来没有援引过《座谈会纪要》作为依据。因此，前述有观点认为，之所以能够"推定内幕交易"是因为有《座谈会纪要》作为依据，之所以不能"推定泄露内幕信息"是因为没有《座谈会纪要》或别的法律依据，这是站不住脚的。能够运用间接证据认定内幕交易，不是因为有《座谈会纪要》，而是依法理本应如此，只不过《座谈会纪要》对此作了明确解释，以便在适用《证券法》时达成共识。

三、本文之观点

回到开头的案例，本文赞同以上第二种观点，理由如下：

（一）行政执法要在充分理解法律本意的情况下积极执法

社会生活变化万千，而法律法规终归有限，因此要求执法者（也包括司法者）

---

① 参见《徐某某内幕交易、泄露内幕信息罪二审刑事裁定书》。

不能完全拘泥于法律字面，而要根据现实需要，遵循立法本意，积极灵活地在自由裁量权范围内对法律法规字面含义进行解释，以达到最佳的执法（司法）效果。本案中，反对推定泄露内幕信息的最主要理由就是法无明文规定不得推定，上文已对此观点予以辩驳，在此再就法律解释的角度予以阐述。上述理解过于机械，不符合规定的立法本意和内在逻辑。《座谈会纪要》关于推定内幕交易的主要是两种情形：(1)《证券法》第74条规定的内幕信息知情人的配偶、父母、子女以及其他有密切关系的人，其证券交易活动与该内幕信息基本吻合；(2)内幕信息公开前与内幕信息知情人或知晓该内幕信息的人联络、接触，其证券交易活动与内幕信息高度吻合。之所以规定此二种情形下可以推定内幕交易，其内在法理依据在于，行为人与知情人的密切关系以及行为人与知情人、知晓内幕信息的人联络接触（具体要求有所不同）。在这种密切关系或联络接触的基础上，即使没有直接证据证明行为人知悉了内幕信息，只要符合一定条件也可认定其构成内幕交易（允许其提供反证进行解释说明）。其暗含的前提是，这种密切关系和联络接触就是行为人内幕信息的来源。因此，可以认为，法律在规定上述情况下可认定内幕交易之时，已经暗含了相关知情人有泄露内幕信息行为这个前提；否则，认定内幕交易在逻辑上将无法成立。认定泄露行为与认定内幕交易就像一枚硬币的正反面是相伴而生的，无法在肯定一面的同时否定另一面。综上，虽然字面上没有运用间接证据认定泄露内幕信息的规定，但从立法本意出发积极执法，在认定内幕交易的同时，应当认定相关知情人或知晓内幕信息的人构成泄露内幕信息。

（二）从证明标准来看，行政处罚不同于刑事处罚，达到明显优势证据即可

上文第一种观点认为，在推定内幕交易的情况下，行为人的内幕信息在逻辑上并不一定来自该知情人，理论上有可能来自他处，若推定该知情人泄露内幕信息，存在误伤的可能。该观点有一定道理，但要看到，行政处罚的证明标准并非要求排除一切疑点、构成必然的逻辑关系，只需要依据通常的逻辑和经验达到明显优势证明标准即可，这与刑法上排除一切合理怀疑的证明标准存在重大不同。因此，在内幕交易行政处罚案件中，若能够"推定"构成内幕交易，则从逻辑上即应认为相应知情人已构成泄露内幕信息。况且，从刑事司法实践来看，都已有运用间接证据认定构成泄露内幕信息罪的案例，行政执法理应更为积极。如果行政处罚反而比刑事司法更保守，那显然是不符合基本法理的。

（三）从执法效果来看，从严打击泄露内幕信息的行为有利于有效维护资本市场秩序

泄露内幕信息的人多半是法定内幕信息知情人，往往是公司或5%以上股东的董监高人员、中介机构服务人员等，这些人是资本市场的核心从业人员，可以说"非富即贵"，如果不对其泄露内幕信息的行为予以有效打击，则不足以形成充分监管执法威慑，可能使其泄露内幕信息成为一种习惯行为，对资本市场正常秩序危害

很大。在稽查执法实践中，已经发现有的上市公司董事长在重大利好披露前，有意将内幕信息告知相关利益主体，某种程度上已将"泄露内幕信息"当作了利益输送、"送人情"的手段。此外，如果只打击内幕交易行为，而不打击泄露内幕信息行为，还容易使监管机构受到选择性执法的诟病。

（四）第三种观点偏于狭隘

上文第三种观点认为应将运用间接证据认定泄露内幕信息的范围限于配偶、父母、子女等直系亲属关系，本文认为该观点其合理之处是有利于避免误伤，但其逻辑并不严密。前文已述，《座谈会纪要》在规定两种认定内幕交易情形的同时，已经暗含了相关知情人有泄露内幕信息的行为，因此，从逻辑上推导，只要能够运用间接证据认定相关行为人内幕交易成立，就能够同时认定相关知情人泄露内幕信息，而无论当事人之间是直系亲属关系、其他密切关系还是联系接触关系；反过来看，如果认为不足以运用间接证据认定知情人构成泄露内幕信息，则也不应认定相关行为人构成内幕交易。因此，本文认为，第三种观点与其主张对运用间接证据认定泄露内幕交易从严，还不如主张在运用间接证据认定内幕交易时要证据充分、逻辑严谨。

综上，本文赞同上述第二种观点，本案钱某构成内幕交易，赵某构成泄露内幕交易。

四、最近的案例

虽然从近几年证监会行政处罚实践来看，主张不得"推定"泄露内幕信息的观点占据主导，但最近的处罚案例亦不乏采用第二种观点，即运用间接证据认定泄露内幕信息。

在《中国证监会行政处罚决定书（曹玉彬、曹玉军、栾玲）》（〔2016〕117号）[①] 称："曹玉彬时任南山铝业控股股东南山集团监事，是内幕信息法定知情人，因职务便利于9月18日获知上述内幕信息，并签署了内幕信息知情人备案登记表。曹玉彬、曹玉军、栾玲在2015年9月18日至11月12日期间多次电话联系，曹玉军、栾玲在此期间内大量买入'南山铝业'，交易行为明显异常。综上所述，曹玉彬向曹玉军、栾玲泄露了内幕信息。"由上可见，该案认定曹玉彬泄露内幕信息并没有直接证据，间接证据有：（1）曹玉彬是内幕信息知情人；（2）在内幕信息敏感期内曹玉彬与曹玉军、栾玲多次通话联系；（3）曹玉军、栾玲在此期间内大量买入"南山铝业"，交易行为明显异常。[②] 以上间接证据已形成一个完整证明链

---

① 参见《中国证监会行政处罚决定书（曹玉彬、曹玉军、栾玲）》（〔2016〕117号），来源：证监会官网。

② 笔者认为，这里还应当说明：当事人不能对上述异常交易行为做出合理解释说明。当然，在稽查执法实践中应当已经考虑这一点，只是在处罚决定书中列示不够明确。

条，当事人不能做出合理的解释说明，根据一般经验和逻辑，应当认定曹玉彬向曹玉军、栾玲泄露了内幕信息。

此前，在米兴平（北京某知名律所律师）泄露内幕信息案中，证监会也是通过间接证据认定构成泄露内幕信息。在《中国证监会行政处罚决定书（米兴平、冯喜利）》①（〔2013〕79 号）中称："基于下列事实，可以认定米兴平向冯喜利泄露蓝色光标重大资产购买事项的内幕信息：（1）当事人之间存在资金往来；（2）涉案账户交易行为明显异常；（3）当事人之间的关系较为亲密；（4）敏感期内米兴平和冯喜利联系较多且异于平常；（5）米兴平和冯喜利的联系与冯喜利控制账户的交易在时间上高度一致；（6）当事人言辞与事实不符，刻意隐瞒事实。米兴平为内幕信息知情人，与冯喜利系亲属关系。冯喜利所控制的账户在涉案期内交易'蓝色光标'明显异常，且与内幕信息高度吻合。冯喜利所控制的账户部分资金来自米兴平。敏感期内米兴平和冯喜利联系较多且异于平常。综合上述因素，足以认定米兴平向冯喜利泄露内幕信息。"

五、其他相关问题探讨

（一）关于共同内幕交易问题

泄露内幕交易行为有时与共同内幕交易行为较难区分，尤其在近亲属关系情况下更是如此。根据共同犯罪的一般法理，构成共同犯罪需要共同犯意和共同行为，共同犯意指二个及以上的行为人之间存在共同的犯罪意思联络，共同行为指行为人共同实施了犯罪行为，当然这并不要求行为人共同实施了所有犯罪行为，因为行为人可能存在分工。按照这一法理，在共同内幕交易中，要求行为人要有共同进行内幕交易的主观故意；同时要有共同进行内幕交易的行为，如开立账户、筹集资金、操作买卖及后续收益分成等。本文认为，如果内幕信息知情人仅仅提供了内幕信息，没有参与其他环节，则不应认为其构成共同内幕交易；如果内幕信息知情人不仅提供内幕信息，还参与了内幕交易过程，共同实施了内幕交易行为，则应认定为共同内幕交易。本文案例中，如果有证据证明赵某存在积极筹集资金、参与具体买卖操作的行为，则认定为共同内幕交易为妥。

（二）关于"二次推定"的问题

知情人的配偶、父母、子女及其他关系密切的人所谓"二次推定"是从"首次推定"的基础上延伸而来。"首次推定"是指，与内幕信息知情人存在配偶、父母、子女以及其他密切关系的人或者与其联络、接触的人，其证券交易活动符合法律规定的特征时，虽无直接证据证明其知悉并利用了内幕信息，若行为人不能进行合理

---

① 参见《中国证监会行政处罚决定书（米兴平、冯喜利）》（〔2013〕97 号），来源：证监会官网。

说明和反证，可以"推定"其内幕交易成立（实质上是运用间接证据认定）。所谓"二次推定"问题是指，第三人与上述"首次推定"构成内幕交易的人在内幕信息公开前联络、接触，其证券交易活动与内幕信息高度吻合时，是否可以再"推定"该第三人也构成内幕交易。图示如下：

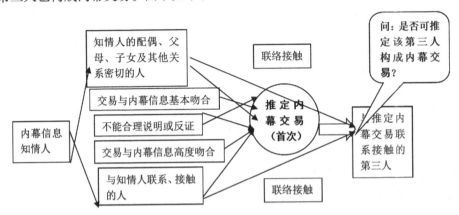

对于"二次推定"，实务中多持谨慎态度。本文认为，从法理上分析，所谓"二次推定"其本质还是运用间接证据定案，只不过这里需要证明的链条更长，需要的间接证据也应更扎实。从法律依据上看，"二次推定"法律依据同样是《证券法》关于内幕交易的相关条款。从实务操作上看，"二次推定"确需谨慎，应在证据较充分时方才适用。《座谈会纪要》"五、关于内幕交易行为的认定问题"中第5项规定，"内幕信息公开前与内幕信息知情人或知晓该内幕信息的人联络、接触，其证券交易活动与内幕信息高度吻合"的，可以认定内幕交易，请注意，这里并未将联络接触的对象限于内幕信息知情人，而是包括"知晓该内幕信息的人"，很显然，通过"首次推定"构成内幕交易的人应属于"知晓该内幕信息的人"，因此，第三人再与被"首次推定"构成内幕交易的人联络接触，且其交易活动与内幕信息高度吻合，又不能做出合理说明或反证的，应当适用该项，推定其构成内幕交易，即成立"二次推定"。值得强调的是，推定毕竟有可能不完全符合客观事实，存在误判误罚的可能，在"二次推定"的情况下，这种可能就进一步扩大了，因此，实务当中对"二次推定"应当高度谨慎，除非确有较充分的证据构成了扎实、紧密的间接链条，否则一般不应轻易适用。

（三）关于泄露内幕信息的主观意思

泄露内幕信息人主观上一般为故意，但也存在过失泄露内幕信息的情况。如配偶之一方为内幕信息知情人，在家里打电话谈工作时相关信息被配偶听到或相关秘密文件被看到；再如内幕信息知情人对相关内幕信息保管不善（如随意放置于桌面等），被无关之第三人获知。因此，泄露内幕信息并不以主观上的故意为要件。基于谨慎起见，本文认为，当泄露人主观上为过失时，应限于重大过失为宜，对于一般过失则不宜以泄露内幕信息论处。

我国证券投资者保护政策有效性评价研究

桂　祥[①]

一、法与金融学角度证券投资者保护政策评价方法

（一）LLSV 投资者保护法律评价体系概述

投资者保护法律制度的量化始于 LLSV 的开创性研究。LLSV（1998）首先对股东保护的立法情况进行衡量。其设计的股东权利指标包括以下 8 个方面。这 8 个指标是：一是"一股一票"（one share one vote），一股一票使股东的投票权与其持有的股份相对应，体现股权平等基础上的股东平等原则。二是"以邮寄方式征集投票权"（Proxy by mail），允许股东以邮寄方式代理投票使股东不必亲自到股东大会参加表决。三是"股东会前无须登记锁定股票"（Share not blocked before meeting），有些国家的法律要求股东在股东会前必须将股票进行登记锁定，在股东大会期间股票将被冻结，不允许交易，会议数天后才能解冻，这一规定限制了投资者的权利，提高投资者参与股东大会的成本，不利于投资者保护。四是"累积投票制"（Cummu-lative voting），累计投票制能够校正"资本多数决"的弊病，防止大股东对表决权优势的滥用，欧力与小投资者把自己的候选人选入董事会。五是"存在受压制小股东的保护机制"（Oppressed minority），某些国家规定了小股东抗衡董事会的机制，赋予中小股东对董事会提起诉讼，请求公司回购反对股东股票的权利，有利于保护中小投资者。六是"优先认购权"（Preemptive right to new issues），某些国家法律规定，公司发行新股时，现有股东享有优先认购的权利。七是"召集临时股东大会所需达到的股权比例"（Percent share of capital to call）。比例越低，股东大会召开越便利。八是"制约董事的权利"（Anti-director rights index），此指标集中反映股东制约董事会的权利，由前述 2~7 项指标相加而成。指标的赋值方法是：当满足某个条件时记值 1 分，否则记值为 0，分值越大，表明小股东权利越多，对中小股东的保护水平越高。

---

① 桂祥，华东政法大学博士，东华大学教师。本文为中国投资者保护基金公司委托课题"我国证券投资者保护政策现状及有效性评价"的中间成果，课题负责人吴弘。

其次，LLSV 考察了投资者保护的执法指标，其执法指标及赋值选自国际私人信用评级机构受外国投资者委托的就"法律与秩序"所作的评估报告。包括 6 个方面：一是"司法体系的效率"，根据国家风险评级机构国际商业公司对各国影响商业的法律环境的评估得出，评估期间是 1980~1983 年，得分范围是 0~10 分，得分越低代表效率越低；二是"法治"，根据注明的国家风险评级机构全球国家风险指引（International Country Risk Guide，ICRG），评估期间为 1982~1985 年，得分越低代表法治传统越少；三是"腐败"，根据国家风险评级机构 ICRG 的评估得出，评估期间为 1982~1985 年，得分越低代表腐败程度越高；四是"征收风险"，根据国家风险评级机构 ICRG 的评估得出，评估期间为 1982~1985 年，得分越低代表征收风险越高；五是"政府违约风险"，根据国家风险评级机构 ICRG 的评估得出，评估期间为 1982~1985 年，得分越低代表政府违约风险越高；六是"会计准则"，根据国际会计审计趋势和国际金融分析与研究中心的评估得出，评估期间为 1990 年，得分越低代表会计准则越不健全。

（二）国外投资者保护法律评价体系需改进之处

LLSV 设计的指标对投资者保护法的量化具有开创性的意义，但是仍存在一些不足，课题组认为主要有以下几点有待改进的地方：第一，没有综合考虑立法和执法的作用，这些指标能够反映投资者立法保护的程度，也能反映执法保护程度，但没有结合起来反映投资者保护程度；第二，没有涵盖有关投资者保护的核心的所有法律准则，如没有涉及对投资者知情权的保护，也没有反映大股东对中小投资者权益的侵害；第三，LLSV 设计的各项立法指标权重存在争议，在选取的 8 项立法指标中，对各项指标的权重进行简单处理，实际上每项指标的重要程度存在差异，如累积投票制比以邮寄方式征收投票制重要；第四，以上各项执法指标均为代理指标，其反映投资者执法保护状况的准确度有限。

皮斯托等（Katharina Pistor 等，2000）在比较经济转归国家的投资者法律保护状况时，随 LLSV 的指标进行了扩展。在 LLSV 的基础上，他们发展了 5 个累积指标：话语权（voice）、退出权（exit）、制约管理者权利（antimanage）、制约大股东权利（antiblock）和资本市场质量（smintegr），前 4 个指标针对股东权利，后 1 个指标针对资本市场的整体质量，期各自的子指标存在交叉。在法律执行方面，皮托斯等构建了 3 个指标：法治、法律的有效性和执行力，这些指标均来自外部专家的调查评估，具体情况详见附件二。

皮斯托（2000）设计的投资者法律保护指标对 LLSV（1998）设计的指标进行了重要的改进，其克服了 LLSV 指标过于简化的缺陷，选取的指标更具有代表性，更能全面反映投资者保护法的核心规则，表现在：第一，皮斯托从证券法的角度，选取了反映证券市场质量的指标，增加了反映投资者知情权保护的相关指标；第二，皮斯托选取了反映对抗大股东的指标，更加符合公司治理的现实现状，即寄存在股权分散的公司，也存在股权集中的公司，对于大陆法系国家，股权集中的公司结构还较为普遍；第三，皮斯托对 LLSV 设计的指标进行了较多的扩展，克服了其过于简化的缺陷，使指标对法律的刻画更加精细准确，如增加了退出权的指标。然而皮斯托设计的指标仍然存在一些缺陷，首先，该指标分类的逻辑层次不太清楚，各类指标之间存在交叉和重叠；其次，皮斯托设计的执法指标仍然采用代理指标来间接反映投资者保护法的执行状况，对投资者保护执法的刻画仍然不够准确。

二、我国投资者保护政策有效性评价指标体系的构建

LLSV 理论体系更多的是预先设定指标体系对现有法律制度进行评价，是一种事前评价的视角。但是法律规章对任何一个处于该环境下的公司是一样的，并不能有效防止一些企业的机会主义行为，对于法律规章的执行有效性存在一定的评价难度，从证券投资者保护的"事后"结果对有关法律政策执行效果进行评价，更具有合理性，从而可以对投资者利益保护的经济后果进行深入的研究。因此对证券投资者保护效果评价可从"事后"法律执行的视角来看，更侧重于投资者的实际权益和公司的实际运行情况。

我们从两大方面设定与中小投资者法律保护有关的 16 项条款：（1）股东权利，主要包括 LLSV（1998）与中小投资者权利法律保护有关的 6 项条款：一股一票、"抗董事权"中的通信表决权、代理表决权、累积投票权、临时股东会召集权和股东起诉权。此外，课题组另外增加了重大事项（如重大重组、分立、合并和解散等）的表决方式，共计 7 项条款。（2）其他制度与政策。法律对中小投资者的保护除了确保投资者相关权利的实行外，还从其他制度和政策的制定上保护中小投资者的权益，主要包括信息披露制度、会计和审计制度、送配股政策、大股东和董事的诚信义务和忠实义务以及外部独立董事等 9 项条款。其中，信息披露制度又包括三大内容：一是初次发行的信息披露；二是公司定期报告；三是临时报告。从 1993 年 6 月发布的《公开发行股票公司信息披露实施细则（试行）》开始，为了保证信息披露的充分性、真实性和及时性，中国证监会共发布了 10 多个有关招股说明书、年报、配股以及关联交易等方面内容与格式的规范性文件，并不断予以完善和更新。此外，强化大股东和董事的诚信义务和忠实义务是保护中小投资者的另一个重要方式。《上市公司章程指引》首次明确规定："公司的控股股东在行使表决权时，不得做出有损于公司和其他股东合法权益的决定。"《上市公司治理准则》更是对控股股东的行为规范作了详细的规定。而《公司法》和《关于在上市公司建立独立董事制度的指导意见》则对董事的义务作出相关规定。

证券投资者保护政策有效性评价指标体系

一级	二级
股东权利	临时股东大会召集权
	代理表决权
	通信表决权
	一股一票
	股东起诉权利
	累积表决权
	重大事项表决方式
其他制度与政策	上市公司信息披露
	会计政策与审计制度
	外部独立董事
	送配股政策
	内部人股权转让
	管理层、董监事持股规定
	内幕交易
	关联交易
	限制大股东行为的规定

由于法律与行政法规、部委规章的法律效力不同，本文对各类法律法规在前述 16 项保护条款的规定上分别赋予不同的分值，赋分原则如下表所示，而对于某一条款所做的加分处理或减分处理，则采用与 LLSV 相同的方法。

16 项中小投资者法律保护条款的赋分原则，具体如下：

对保护条款的规定	法律或法规		分值
当某项条款首次有法律或法规作相应规定时	法律		2
	行政法规或部委规章		1
当某项条款已由法律或法规作了规定，而后出台的法律或法规又对相同条款作了规定	新规定与旧规定相同	法律	1
	新规定与旧规定在相同条款上作更强更具体规定	行政法规或规章	0
		法律	1
		行政法规或规章	0.5

1. 加分。

凡以下情况均作加分处理。规定一股一票表决权，允许采用累积表决权、通信表决权和代理表决权，有权召集临时股东大会（满足 10% 的最低股权比例要求）、准许股东提起诉讼，规定重大事项须经 2/3 以上表决通过，规定建立外部独立董事制度，限制大股东行为以及在信息披露、会计制度与审计政策、送配股、董监事持股、内部人股权转让、内部交易和关联交易上作出有利于中小投资者的相关规定。以"信息披露"条款中有关《年度报告的内容与格式》的规定为例，每次修订都对年报所应披露的信息作了更具体更严格也更有利于中小投资者的规定，故每次新的《年度报告的内容与格式》出台后，均在"信息披露"条款上加 0.5 分。

2. 减分。

凡与上述各条款作相反规定时，各条款则减去相应的分值。以"通信表决权"为例，2000 年出台的《上市公司股东大会规范意见》（已失效）首次明确规定禁止使用通信表决权，该条款不利于中小投资者合法权益的保护，故该条款减值 1 分。

三、依据指标体系对近年我国证券投资者保护政策有效性的评价分析

有关"临时股东大会召集权"的政策法规在 2013 年至 2016 年国家法律没有新增规定，行政法规是 2013 年国务院颁布的《关于开展优先股试点的指导意见》对于优先股的临时股东大会召集权作了具体规定，部门规章关于中小股东召集"临时股东大会"更具体的规定主要有：上交所发布的《关于发布上海交易所上市公司分红指引的通知》；减分规定主要有：证监会 2014 年颁布的《上市公司股东大会规则》，因此按照上文的赋分原则前 4 年该项的得分为 0.5 分。

有关"代理表决权"的政策法规，2013 年至 2016 年没有新增法律规定和行政法规，部门规章主要有：《公开发行证券的公司信息披露编报规则第 15 号——财务报告的一般规定》，因此按照上文的赋分原则前 4 年该项的得分为 0.5 分。

有关"通信表决权"的政策法规，2013 年至 2016 年没有新增法律规定和行政法规，部门规章主要有：《证券公司治理准则》，因此按照上文的赋分原则前 4 年该项的得分为 0.5 分。

有关"一股一票"的政策法规，2013 年至 2016 年没有新增法律规定、行政法规和部门规章，因此按照上文的赋分原则前 4 年该项的得分为 0 分。

有关"股东起诉权利"的政策法规，2013 年至 2016 年没有新增法律规定、行政法规和部门规章，因此按照上文的赋分原则前 4 年该项的得分为 0 分。

有关"累积投票权"的政策法规，2013 年至 2016 年没有新增法律规定和行政法规，部门规章主要有：《证券公司治理准则》、《非上市公众公司监管指引第 3 号——章程必备条款》，因此按照上文的赋分原则前 4 年该项的得分为 1 分

有关"重大事项表决方式"的政策法规，2013 年至 2016 年没有新增法律规定，行政法规有国务院发布的《关于开展优先股试点指导意见》、《关于进一步加强资本市场中小投资者合法权益保护工作的意见》，部门规章主要有：《关于创业板上

市公司保荐机构落实 2013 年持续督导工作的通知》、《证券发行与承销管理办法》、《优先股试点管理办法》、《上市公司监管指引第 4 号——上市公司实际控制人、股东、关联方、收购人以及上市公司承诺及履行》、《创业板上市公司证券发行管理暂行办法》、《公开发行证券的公司信息披露内容与格式准则第 33 号——发行优先股预案和发行情况报告书》、《中国证券监督管理委员会上市公司并购重组审核委员工作规程》、《非上市公众公司收购管理办法》、《非上市公众公司重大资产重组管理办法》、《关于上市公司实施员工持股计划试点的指导意见》、《关于改革完善并严格实施上市公司退市制度的若干意见》、《非上市公众公司信息披露内容与格式准则第 7 号——定向发行优先股说明书和发行情况报告书》、《关于首发及再融资、重大资产重组摊薄即期回报有关事项的指导意见》、《上市公司股权激励管理办法》因此按照上文的赋分原则前 4 年该项的得分为 9 分。

有关"上市公司信息披露"的政策法规，2013 年至 2016 年没有新增法律规定，行政法规有国务院发布的《国务院关于开展优先股试点的指导意见》、《国务院关于全国中小企业股份转让系统有关问题的决定》、《国务院办公厅关于进一步加强资本市场中小投资者合法权益保护工作的意见》、《国务院关于进一步促进资本市场健康发展的若干意见》、《国务院关于促进市场公平竞争维护市场正常秩序的若干意见》、《国务院关于加强金融监管防范金融风险工作情况的报告》，部门规章主要有：《证券期货业统计指标标准指引》、《全国中小企业股份转让系统有限责任公司管理暂行办法》、《证券公司债务融资工具管理暂行规定》、《关于创业板上市公司保荐机构落实 2013 年持续督导工作的通知》、《中国证监会关于进一步推进新股发行体制改革的意见》、《关于进一步加强稽查执法工作的意见》、《公开发行证券的公司信息披露解释性公告第 2 号——财务报表附注中政府补助相关信息的披露》、《公开发行证券的公司信息披露解释性公告第 3 号——财务报表附注中可供出售金融资产减值的披露》、《上市公司监管指引第 3 号——上市公司现金分红》、《关于首次公开发行股票并上市公司招股说明书财务报告审计截止日后主要财务信息及经营状况信息披露指引》、《优先股试点管理办法》、《关于首次公开发行股票预先披露等问题的通知》、《公开发行证券的公司信息披露解释性公告第 4 号——财务报表附注中分步实现企业合并相关信息的披露》、《公开发行证券的公司信息披露解释性公告第 5 号——财务报表附注中分步处置对子公司投资至丧失控制权相关信息的披露》、《上市公司监管指引第 4 号——上市公司实际控制人、股东、关联方、收购人以及上市公司承诺及履行》、《公开发行证券的公司信息披露编报规则第 26 号——商业银行信息披露特别规定》、《优先股试点管理办法》、《首次公开发行股票并在创业板上市管理办法》、《公开发行证券的公司信息披露内容与格式准则第 33 号——发行优先股预案和发行情况报告书》、《关于商业银行发行优先股补充一级资本的指导意见》、《公开发行证券的公司信息披露内容与格式准则第 15 号——权益变动报告书》、《公开发行证券的公司信息披露内容与格式准则第 35 号——创业板上市公司公开发行证券募集说明书》、《公开发行证券的公司信息披露内容与格式准则第 36 号——创业板上市公司非公开发行股票预案和发行情况报告书》、《公开发行证券的公司信息披露内容与格式准则第 37 号——创业板上市公司发行证券申请文件》、《关于上市公司实施员工持股计划试点的指导意见》、《关于改革完善并严格实施上市公司退市制度的若干意见》、《上市公司重大资产重组管理办法（修订）》、《上市公司收购管理办法（修订）》、《公司债券发行与交易管理办法》、《行政和解试点实施办法》、《证券市场禁入规定》、《关于鼓励上市公司兼并重组、现金分红及回购股份的通知》、《中国证监会派出机构监管职责规定》、《首次公开发行股票并上市管理办法》、《关于首发及再融资、重大资产重组摊薄即期回报有关事项的指导意见》、《关于进一步规范发行审核权力运行的若干意见》、《上市公司股权激励管理办法》、《上市公司大股东、董监高减持股份的若干规定》、《公开发行证券信息披露内容与格式准则第 38 号——公司债券年度报告的内容与格式》、《上市公司并购重组审核工作规程》，因此按照上文的赋分原则前 4 年该项的得分为 26.5 分。

　　有关"会计政策与审计制度"的政策法规，2013 年至 2016 年没有新增法律规定，行政法规有：《国务院关于开展优先股试点的指导意见》，部门规章主要有：《证券期货业统计指标标准指引》、《证券公司股权激励约束机制管理规定》、《关于创业板上市公司保荐机构落实 2013 年持续督导工作的通知》、《公开发行证券的公司信息披露内容与格式准则第 31 号——创业板上市公司半年度报告的内容与格式》（已失效）、《公开发行证券的公司信息披露解释性公告第 2 号——财务报表附注中政府补助相关信息的披露》、《公开发行证券的公司信息披露解释性公告第 3 号——财务报表附注中可供出售金融资产减值的披露》、《关于首次公开发行股票并上市公司招股说明书财务报告审计截止日后主要财务信息及经营状况信息披露指引》、《关于首次公开发行股票并上市公司招股说明书中与盈利能力相关的信息披露指引》、《公开发行证券的公司信息披露解释性公告第 4 号——财务报表附注中分步实现企业合并相关信息的披露》、《公开发行证券的公司信息披露解释性公告第 5 号——财务报表附注中分步处置对子公司投资至丧失控制权相关信息的披露》、《非上市公众公司收购管理办法》、《非上市公众公司重大资产重组管理办法》、《公开发行证券的公司信息披露内容与格式准则第 16 号——上市公司收购报告书》、《公开发行证券的公司信息披露内容与格式准则第 28 号——创业板公司招股说明书》、《非上市公众公司信息披露内容与格式准则第 5 号——权益变动报告书、收购报告书和要约收购报告书》、《非上市公众公司信息披露内容与格式准则第 6 号——重大资产重组报告书》、《关于改革完善并严格实施上市公司退市制度的若干意见》、《上市公司重大资产重组管理办法》、《上市公司收购管理办法》、《公司债券发行与交易管理办法》、《首次公开发行股票并上市管理办法》、《上市公司股权激励管理办法》、《公开发行证券的公司信息披露内容与格式准则第 38 号——公司债券年度报告的内容与格式》、《上市公司重大资产重组管理办法》、《公开发行证券的公司信息披露内容与格式准则第 32 号——发行优先股申请文件》，因此按照上文的赋分原则前 4 年该项的得分为 14 分。

有关"外部独立董事"的政策法规，2013 年至 2016 年没有新增法律规定，行政法规有 2013 年国务院发布的《关于进一步加强资本市场中小投资者合法权益保护工作的意见》，部门规章主要有：2013 年证监会颁布的《非上市公众公司监管指引第 3 号——章程必备条款》，《证券公司股权激励约束机制管理规定》、《公开发行证券的公司信息披露编报规则第 20 号——创业板上市公司季度报告的内容与格式》（已失效）、《关于创业板上市公司保荐机构落实 2013 年持续督导工作的通知》、《公开募集证券投资基金管理人管理办法》、《公开募集证券投资基金管理人董事、监事和高级管理人员监督管理办法》、《上市公司监管指引第 3 号——上市公司现金分红》、《优先股试点管理办法》、《上市公司监管指引第 4 号——上市公司实际控制人、股东、关联方、收购人以及上市公司承诺及履行》、《公开发行证券的公司信息披露编报规则第 26 号——商业银行信息披露特别规定》、《创业板上市公司证券发行管理暂行办法》、《公开发行证券的公司信息披露内容与格式准则第 33 号——发行优先股预案和发行情况报告书》、《公开发行证券的公司信息披露内容与格式准则第 35 号——创业板上市公司公开发行证券募集说明书》、《公开发行证券的公司信息披露内容与格式准则第 36 号——创业板上市公司非公开发行股票预案和发行情况报告书》、《关于上市公司实施员工持股计划试点的指导意见》、《关于改革完善并严格实施上市公司退市制度若干意见》、《上市公司重大资产重组管理办法》、《期货公司监督管理办法》、《关于首发及再融资、重大资产重组摊薄即期回报有关事项的指导意见》、《关于加强发行审核工作人员履职回避管理的规定》（已失效）、《关于加强发审委委员履职回避管理的规定》（已失效）、《上市公司股权激励管理办法》，因此按照上文的赋分原则前 4 年该项的得分为 22 分。

有关"送配股政策"的政策法规，2013 年至 2016 年没有新增法律规定、行政法规和部门规章，因此按照上文的赋分原则前 4 年该项的得分为 0 分。

有关"内部人股权转让"的政策法规，2013 年至 2016 年没有新增法律规定和行政法规，部门规章主要有：《公开募集证券投资基金管理人管理办法》、《非上市公众公司信息披露内容与格式准则第 6 号——重大资产重组报告书》、《期货公司监督管理办法》、《公开发行证券的公司信息披露内容与格式准则第 26 号——上市公司重大资产重组》、《证券公司行政许可审核工作指引第 10 号——证券公司增资扩股和股权变更》，因此按照上文的赋分原则前 4 年该项的得分为 2.5 分。

有关"管理层、董监事持股规定"的政策法规，2013 年至 2016 年没有新增法律规定和行政法规，部门规章主要有：《公开募集证券投资基金管理人管理办法》、

《关于大力推进证券投资基金行业创新发展的意见》、《关于上市公司实施员工持股计划试点的指导意见》、《关于创业板上市公司保荐机构落实2013年持续督导工作的通知》、《公开发行证券的公司信息披露内容与格式准则第35号——创业板上市公司公开发行证券募集说明书》、《上市公司大股东、董监高减持股份的若干规定》（已失效）、《证券发行与承销管理办法》、《优先股试点管理办法》、《非上市公众公司信息披露内容与格式准则第3号——定向发行说明书和发行情况报告书》、《非上市公众公司收购管理办法》、《非上市公众公司重大资产重组管理办法》、《公开发行证券的公司信息披露内容与格式准则第15号——权益变动报告书》、《公开发行证券的公司信息披露内容与格式准则第16号——上市公司收购报告书》、《公司债券发行与交易管理办法》、《股票期权交易试点管理办法》、《关于上市公司大股东及董事、监事、高级管理人员增持本公司股票相关事项的通知》。在2015年股票市场发生剧烈波动期间，证监会还发布了《上市公司大股东及董事、监事、高级管理人员6个月内不得减持》（已失效），从证券法理看，规定本身并不符合正常市场运行规则，但由于该规定并没有危机中小投资者的利益，在评价过程中不予以减分，因此按照上文的赋分原则前4年该项的得分为8分。

有关"内幕交易"的政策法规，2013年至2016年没有新增法律规定和行政法规，部门规章主要有：《证券公司分支机构监管规定》、《关于加强证券公司资产管理业务监管的通知》、《证券公司股权激励约束机制管理规定》、《关于创业板上市公司保荐机构落实2013年持续督导工作的通知》、《证券投资基金服务机构业务管理办法》、《证券公司集合资产管理业务实施细则》、《中国证券监督管理委员会关于进一步加强稽查执法工作的意见》、《关于推动国有股东与所控股上市公司解决同业竞争规范关联交易的指导意见》、《关于在借壳上市审核中严格执行首次公开发行股票上市标准的通知》、《非上市公众公司监督管理办法》、《非上市公众公司收购管理办法》、《非上市公众公司重大资产重组管理办法》、《公开发行证券的公司信息披露内容与格式准则第26号——上市公司重大资产重组申请文件》、《关于上市公司实施员工持股计划试点的指导意见》、《上市公司重大资产重组管理办法》、《股票期权交易试点管理办法》、《中国证监会委托上海、深圳证券交易所实施案件调查试点工作规定》、《中国证监会行政和解试点实施办法》、《证券市场禁入规定》、《区域性股权市场监督管理试行办法》、《证券公司融资融券业务管理办法》、《上市公司股权激励管理办法》、《上市公司大股东、董监高减持股份的若干规定》、《证券期货经营机构私募资产管理业务运作管理暂行规定》，因此按照上文的赋分原则前4年该项的得分为12分。

有关"关联交易"的政策法规，2013年至2016年没有新增法律规定和行政法规，部门规章主要有：《基金管理公司固有资金运用管理暂行规定》、《中国证监会上市公司监管二部关于创业板上市公司保荐机构落实2013年持续督导工作的通知》、

《公开发行证券的公司信息披露内容与格式准则第 3 号——半年度报告的内容与格式》、《公开募集证券投资基金运作管理办法》、《公开募集证券投资基金管理人管理办法》、《公开发行证券的公司信息披露内容与格式准则第 31 号——创业板上市公司半年度报告的内容与格式》、《基金管理公司固有资金运用管理暂行规定》、《关于首次公开发行股票并上市公司招股说明书中与盈利能力相关的信息披露指引》、《非上市公众公司信息披露内容与格式准则第 1 号——公开转让说明书》、《公开发行证券的公司信息披露编报规则第 26 号——商业银行信息披露特别规定》、《公开发行证券的公司信息披露内容与格式准则第 33 号——发行优先股预案和发行情况报告书》、《上市公司章程指引》、《公开发行证券的公司信息披露内容与格式准则第 26 号——上市公司重大资产重组申请文件》、《公开发行证券的公司信息披露与格式准则第 28 号——创业板公司招股说明书》、《公开发行证券的公司信息披露内容与格式准则第 35 号——创业板上市公司公开发行证券募集说明书》、《公开发行证券的公司信息披露内容与格式准则第 36 号——创业板上市公司非公开发行股票预案和发行情况报告书》、《非上市公众公司信息披露内容与格式准则第 6 号——重大资产重组报告书》、《上市公司重大资产重组管理办法》、《首次公开发行股票并上市管理办法》、《公开发行证券的公司信息披露内容与格式准则第 2 号——年度报告的内容与格式》，因此按照上文的赋分原则前 4 年该项的得分为 10 分。

有关"限制大股东行为"的政策法规，2013 年至 2016 年没有新增法律规定和行政法规，部门规章主要有：《关于创业板上市公司保荐机构落实 2013 年持续督导工作的通知》、《关于进一步推进新股发行体制改革的意见》、《非上市公众公司收购管理办法》、《非上市公众公司重大资产重组管理办法》、《期货公司监督管理办法》、《公开发行证券的公司信息披露内容与格式准则第 23 号——公开发行公司债券募集说明书》、《关于上市公司大股东及董事、监事、高级管理人员增持本公司股票相关事项的通知》、《上市公司大股东及董事、监事、高级管理人员 6 个月不得减持》（已失效）、《证券公司增资扩股和股权变更》、《首次公开发行股票并上市管理办法》、《关于首发及再融资、重大资产重组摊薄即期回报有关事项的指导意见》、《关于加强发行审核工作人员履职回避管理的规定》（已失效）、《关于加强发审委委员履职回避管理的规定》（已失效）、《上市公司大股东、董监高减持股份的若干规定》（已失效），因此按照上文的赋分原则前 4 年该项的得分为 7 分。

证券投资者保护政策有效性评价指标体系

一级	二级	分值
股东权利	临时股东大会召集权	0.5
	代理表决权	0.5
	通信表决权	0.5
	一股一票	0
	股东起诉权利	0
	累积表决权	1
	重大事项表决方式	9
其他制度与政策	上市公司信息披露	26.5
	会计政策与审计制度	14
	外部独立董事	22
	送配股政策	0
	内部人股权转让	2.5
	管理层、董监事持股规定	8
	内幕交易	12
	关联交易	10
	限制大股东行为的规定	7

通过上述评价体系对目前证券投资者保护政策有效性评价结果，可以反映出几个特征：

1. 对中小股东权利进行保护的法规、政策力度不够，课题组所选的"权利指标"包括：临时股东大会召集权（0.5）、代理表决权（0.5）、通信表决权（0.5）、一股一票（0）、股东起诉权利（0）、累积表决权（1）、重大事项表决权（9），除了重大事项表决权，其他各权利的保护分值没有超过1分，而反观"其他制度与政策"，保护分值基本都超过5分以上。由此可以看到目前的证券投资者保护政策仍偏向于约束上市公司行为，而对中小投资者的权利实现仍缺乏力度，应当说中小投资者权利实现和上市公司违法行为是一个问题的两个方面，中小投资者合法权利保护得当，上市公司的违法行为也必然很难有所作为，因此在证券投资者保护工作上，只有双管齐下才能达到有效性的最大化。

2. 证券投资者保护政策的数量和证券违法高发行为成正比关系，通过上文案例分析可知，公司信息披露，内幕交易、关联交易、大股东、董监高的违法行为是目前证券市场、上市公司中最常见的违法行为，但是从评价结果可以看出这些领域的保护政策法规已经很多，而且内容比较全面，因此可知对于这类高发违法行为，不仅要在立法上更加完善，还要在落实执法上加大力度，如从专业性、廉洁性等方面考虑。

五、完善证券投资者保护政策建议

（一）加强对证券投资者合法权利的制度保护

1. 健全投资者适当性制度。

投资者适当性制度是保护中小投资者权益的最重要的制度，是规范证券期货经营机构及投资者之间权利义务关系的重要手段。针对此前有关投资者适当性管理的制度比较零散且相互独立的情况，按照国务院办公厅发布的《关于进一步加强资本市场中小投资者合法权益保护工作的意见》要求，由证监会投资者保护局牵头，重点推进证券期货投资者适当性管理办法，评估现行适当性制度及执行情况，强化经营机构义务，明确底线要求和监管规则，以解决以往适当性管理侧重设置准入门槛、未覆盖高风险产品以及对经营机构的义务规定不够系统和明确等问题，保证证券期货经营机构执行的有效性、风险评估的真实性、投资者与产品和服务的匹配以及核查的科学性，防范市场风险，提高投资者保护水平。

2. 优化投资回报机制。

2015 年 8 月 31 日，证监会、财政部、国资委、银监会等 4 部委联合发布《关于鼓励上市公司兼并重组、现金分红及回购股份的通知》，旨在进一步提高上市公司质量，建立健全投资者回报机制。《通知》明确表示"积极鼓励上市公司现金分红"，上市公司具备现金分红条件的，应当采用现金方式进行利润分配；鼓励上市公司增加现金分红在利润分配中的占比，鼓励具备分红条件的公司实施中期分红，增加分红频率，使投资者获得更及时的回报。同时"大力支持上市公司回购股份"，公司选择适当时机进行回购，不仅有利于调整资本结构，也是回报投资者的重要方式。

3. 保障中小投资者知情权。

为增强信息披露的针对性，提高市场透明度，保障中小投资者知情权，证监会于 2015 年发布《公开发行证券的公司信息披露内容与格式准则》系列公告，对公开发行债券募集说明书及申请文件、年度报告、招股说明书等的内容和格式作出明确要求，修订信息披露准则，优化信息披露监管制度。同时将非许可类重组预案纳入信息披露直通车范围，2015 年，除个别风险公司被取消信息披露直通车资格，或交易所需作除权除息等技术操作外，上市公司已全部实现电子化、直通式的自主信息披露。

4. 建立多元化纠纷解决机制。

本年度，证监会联合最高人民法院推进证券期货纠纷诉讼与调解对接工作，起草《关于在全国部分地区开展证券期货纠纷多元化解机制试点工作的通知》。继续完善多元化纠纷解决机制，推进全国性纠纷调解组织建设工作，发挥行业协会、专业调解机构和地方调解组织作用，形成互补效应，增强纠纷解决整体能力。截至

2015年年底，共受理纠纷2300余起，争议涉及金额超过1亿元，调解成功1900余起，约占总量的80%。

5. 健全中小投资者赔偿机制。

本年度证监会重点完善投资者权益补偿、赔付及纠纷解决机制，一是建立摊薄即期回报补偿机制，要求公司制定切实可行的填补回报措施，董事、高级管理人员忠实、勤勉履责，维护公司及全体股东合法权益，并在招股说明书中承诺；二是建立保荐机构先行赔付制度，要求保荐机构在公开募集及上市文件中进行公开承诺，因保荐机构为发行人首次公开发行制作、出具的文件有虚假记载、误导性陈述或者重大遗漏，给投资者造成损失的，将先行赔偿投资者损失。

6. 强化中小投资者教育。

一是做好投资者风险提示工作。根据投资者不同需求，开展风险提示工作，实现提示主体多样化、提示对象精准化、提示渠道多元化。

二是推进投资者教育基地建设。发布《关于加强证券期货投资者教育基地建设的指导意见》及配套《首批投资者教育基地申报工作指引》，明确投教基地建设的总体要求、建设标准、申报命名、基地管理等。制定国家级投教基地命名评审工作指引，启动基地申报命名工作，建立基地评审专家库。

三是编发投资者保护典型案例。编写80余个投资者保护典型案例，并在全国60余家中央及地方媒体发布。编印发放《"公平在身边"投资者保护系列丛书：典型案例集》、《"公平在身边"投资者保护系列丛书：打非清整问答》，发挥典型案例示范作用。

四是推进投资者教育纳入国民教育体系。扩大与丰富投资者教育纳入国民教育体系的覆盖范围和形式，主要包括：将投资者教育引入大、中、小学等各级教育课程；拓宽上海、广东、青岛、湖南、四川等省市教学试点学校数量及教学范围；与地方政府联合发布《关于合作推进河南省投资者教育纳入国民教育体系的意见》。

（二）提高证券投资者保护的执法质量

1. 发挥自律组织功能，完善自律监管。

首先，增强自律组织的独立性。一是改革政府管理体制，改变政府以往对民间行业协会较多干涉的情形，保障政府在实施监管和日常事务中最大限度地不介入民间行业协会的内部事务，减少对行业自律的行政干扰。二是进一步深化市场经济体制改革，市场经济体制的改革有助于促进证券行业协会的自律功能实现。一方面市场化改革可以促进资源在市场各主体间的合理配置，削弱政府对资源的集中控制，使政府与市场在资源的配置中各尽其能，各司其职，同时也可减少经济对政府的依赖，为行业协会的自律和自治奠定基础；另一方面市场化改革将使我国涌现更多产权清晰的企业，使其在市场交易中实现企业利益与个体利益更大程度的契合。

其次，要合理地划分政府和自律组织之间的权限。证券交易所可以利用其贴近市场优势，主要负责一线市场并对上市公司控股股东实行监管；证券业协会主要在一线市场对证券公司、律师事务所和会计师事务所等中介机构实行监管，对违反法律规范和行业规范者给予纪律处分，同时开展市场参与者和公众投资者教育活动提高投资者的风险意识；政府对一级市场内外的行为都实行监管，但要以指导性的间接监管为主，给自律组织以更大的功能实现空间，避免政府因过度监管对市场的压抑。

2. 行政监管法治化，强化公共执法机制。

证券监管作用主要是为了弥补法律的有限性。根据监管经济学理论，政府监管机构也并非完全公共利益代表者，其也有可能滥用职权，不是从维护社会公共利益角度出发，而是凭主观意愿或倾向于某一个利益集团。因此，抑制监管者的寻租行为，建立完善的、有章可循的行政程序制度，使行政监管程序法治化就很有必要。课题组认为不仅要尊重证券市场依法自治创新，更要充分发挥我国证券市场准入、行政保护、指导和处罚的功能，尤其是要及时地运用法定的行政核准、指导、监督、调查、处罚、调解等权限，以维护证券市场公平、公正、公开的秩序，制止和惩处损害投资者权益的违法违规行为。

3. 构建证券投资者受损的民事补偿机制。

我国现行的保护中小投资者、规范证券市场的法律和法规对证券违法违规行为规定的法律责任形式有行政责任、刑事责任和民事责任，这三者分别从公法和私法的角度对投资者进行保护，但我国证券投资者保护立法在投资者受损的民事赔偿规定方面具有明显的不足。现有的《证券投资者保护基金管理办法》对上市公司的职责、证券投资者保护基金的性质、筹集和使用进行了规范。但由于是部门规章，法律效力较低，仍不利于投资者受损民事补偿制度的持续稳定发展。因此，课题组建议应扩宽证券投资者受损的赔偿诉讼受案范围。除虚假陈述的民事责任外，还必须明确内幕交易、操纵市场、欺诈客户的民事责任。另外，将民事责任的定性、构成要件、诉讼和非诉讼机制涵盖进去，把投资者受损的民事补偿制度整合成一部针对证券投资者保护的专门法律，全面而又高效地保护投资者的利益。

保险法实践

我国《保险法》中不可抗辩条款完善之研究

——以《保险法》第 16 条第 3 款为中心

孙宏涛^①

我国现行《保险法》第 16 条第 3 款规定了不可抗辩条款。该条款的规定对于平衡保险公司与被保险人之间的利益冲突，保护处于弱势地位的被保险人及受益人的合法权益以及改善社会公众对保险业的负面印象都发挥了巨大的作用。但与此同时，应当看到的是，我国不可抗辩条款的规定过于简略和粗糙。对于不可抗辩条款的适用范围，不可抗辩条款适用中的例外情形，保险事故发生于不可抗辩期间内的法律效果，保险合同复效时不可抗辩期间起点的计算等诸多问题，我国现行《保险法》都未作出明确规定，有必要进一步补充完善。

一、问题的提出

许多人寿保险单中都规定了不可抗辩条款，该条款规定，自保单起保之时起到被保险人死亡之时，如果经过了一定期间，通常为 2 年，保险人就不能对保单的有效性提出争议，[2] 即使投保人在投保时未如实告知重要事实时也是如此。[3] 该条款是保险合同法中独一无二的条款，在其他商贸领域内，合同双方都不可能同意经过一段时间后，合同的有效性即变为不可争议之情形。[4] 由此，不可抗辩条款成为保险合同的一大特色，同时也成为保险公司经营中遵循的行业惯例。[5] 追溯不可抗辩条款的历史，其滥觞于 19 世纪中期，[6] 该制度肇始于英国，广泛应用于美

---

① 孙宏涛，华东政法大学经济法学院副院长，副教授。

② ［美］约翰·F. 多宾 John F. Dobbyn：《美国保险法》，梁鹏译，法律出版社 2008 年版，第 205 页。

③ Cristina Alonso, *Imposter Fraud and Incontestability Clauses in Life Insurance Policies*, Florida Bar Journal, 2006, v. 80, p. 68.

④ 陈欣：《保险法》，北京大学出版社 2010 年版，第 71 页。

⑤ Aaron A. Haak, *Callahan v. Mutual Life Insurance of New York: Incontestability Clauses as a Bar to "First Manifestation" Policy Provisions*, American Journal of Trial Advocacy, 1999, v. 23, p. 231.

⑥ 梁鹏：《保险人抗辩限制研究》，中国人民公安大学出版社 2008 年版，第 307 页。

国。① 1848 年，基于市场竞争策略的考虑，英国的一家保险公司率先在其销售的保单中引入了不可抗辩条款。② 英国这家保险公司引入不可抗辩条款的目的在于增加社会公众对保险公司的信任。因为在不可抗辩条款出现之前，虽然投保人已经长期缴纳保费，但保险人在保险事故发生时可能会寻找一些细小的瑕疵来撤销保险合同并拒绝赔付保险金。③

在美国，1864 年，美国曼哈顿人寿保险公司成为第一家在保单中引入不可抗辩条款的保险公司。④ 与英国同行相似，曼哈顿人寿保险公司在保单中添加不可抗辩条款的初衷也是为了平复和消除美国保险消费者对保险公司不满情绪而采取的一种销售策略。⑤ 到 1905 年为止，大多数美国保险公司都在其销售的保单中添加了不可抗辩条款。⑥ 20 世纪初期，美国部分州开始以通过制定法的方式规定不可抗辩条款，不可抗辩条款开始向不可抗辩法则转化。⑦ 1905 年，纽约的阿姆斯壮（Armstrong）委员会与芝加哥的"15 人委员会"制定了标准保单中的不可抗辩条款。1946 年，美国国家保险委员会联合会起草了关于不可抗辩条款的示范法，该法案被47 个州的保险法立法所采纳。其中，43 个州的立法将不可抗辩条款适用于人寿保险单，4 个州的保险立法将不可抗辩条款适用于各种类型的保险单，只有北达科他州、罗得岛州与怀俄明州未通过立法明确规定不可抗辩条款。⑧

美国关于不可抗辩条款的立法影响了许多国家的保险立法，我国现行《保险法》第 16 条第 2 款、第 3 款也规定了不可抗辩条款。按照该规定，当投保人故意或者因重大过失未履行前款规定的如实告知义务，足以影响保险人决定是否同意承保

---

① 李青武：《我国〈保险法〉不可争辩条款制度：问题与对策》，载《保险研究》2013 年第 6 期。

② David G. Newkirk, *An Economic Analysis of the First Manifest Doctrine*: *Paul Revere Life Insurance* Co. V. HAAS, 644 A. 2D 1098（N. J. 1994），Nebraska Law Review, 1997, v. 76, p. 826.

③ Erin Wessling, *Contracts—Applying the Plain Language to Incontestability Clauses Kersten v. Minnesota mutual life insurance* CO., 608 N. W. 2D 869（MINN. 2000），William Mitchell Law Review, 2000, v. 27, p. 1256.

④ Betram Harnett & Irving I. Lesnick, *Life and Health Insurance Annotated* § 5.07（2000）. 转引自 Erin Wessling, *Contracts—Applying the Plain Language to Incontestability Clauses Kersten v. Minnesota mutual life insurance* CO., 608 N. W. 2D 869（MINN. 2000），William Mitchell Law Review, 2000, v. 27, pp. 1256-1257.

⑤ Muriel L. Crawford, William T. Beadles, Janice E. Greider, *Law and the Life Insurance Contract*, Richard D Irwin, 1989, p. 424.

⑥ Katherine Cooper, *Liar's Poker*: *The Effect of Incontestability Clauses After Paul Revere Life Insurance* CO. V. HAAS, Connecticut Insurance Law Journal, 1995, v. 1, p. 228.

⑦ 李庭鹏：《保险合同告知义务研究》，法律出版社 2006 年版，第 61 页。

⑧ Erin Wessling, *Contracts—Applying the Plain Language to Incontestability Clauses Kersten v. Minnesota mutual life insurance* CO., 608 N. W. 2D 869（MINN. 2000），William Mitchell Law Review, 2000, v. 27, pp. 1257-1258.

或者提高保险费率的，保险人有权解除合同。但是，自合同成立之日起超过 2 年的，保险人不得解除合同；发生保险事故的，保险人应当承担赔偿或者给付保险金的责任。由于我国现行《保险法》有关不可抗辩条款的规定过于简单、抽象，导致立法上的漏洞以及司法实践中法官适用法律上的诸多困惑。例如，不可抗辩条款的适用范围仅限于人身保险还是既包括人身保险也包括财产保险？在规定不可抗辩条款的同时是否应当规定其适用中的例外情形，其适用中的例外情形具体应当包括哪些？在投保人欺诈投保之情形，保险合同存在除外条款规定之事项，保险合同未成立之情况以及投保人未缴纳保费之情形中是否可以适用不可抗辩条款？在保险合同成立 2 年内发生保险事故以及保险合同复效时不可抗辩期间起算点确定等问题，都值得我们深入研究和分析。

二、不可抗辩条款适用范围：人身保险抑或人身保险加财产保险

关于不可抗辩条款的适用范围，不仅学界存在着较大争议，各国的立法也有所不同。有学者认为，不可抗辩条款的适用范围仅限于人身保险，并不包括财产保险，其理由在于：首先，财产保险多为短期保险，其期限通常为 1 年，不符合不可抗辩条款 2 年期限的规定。其次，不可抗辩条款设立的初衷在于保护被保险人长期缴纳保费后的心理信赖，此与财产保险的短期性不相符合。最后，财产保险不像人身保险举证那样困难。在人身保险中，当保险人以被保险人不履行如实告知义务进行抗辩时，被保险人可能已经死亡。经过长久时间之后，索赔受益人很难举证证明被保险人在投保时是否真正存在不履行告知义务之情形，因此，需借助不可抗辩条款加以保护。[①] 财产保险的保障对象是物品，特定物品的状态是一种客观存在，举证相对简单，而且财产保险的目的是损失的补偿，不涉及人的价值，因此没有牺牲诚信原则而予以特别保护的必要。[②] 与此同时，财产保险只关注保险标的财产价值损益变动的补偿，并不涉及对人的生存价值的保障，因此根本不可能适用于不可抗辩条款。[③] 因此，有学者指出，不可抗辩条款正如其名称所宣示的那样，是寿险保单中因重大不实告知引起的一个特殊保单抗辩规则，旨在禁止因投保单中的误报而对人寿保单的有效性提出争议。不可抗辩条款乃人寿保险合同独特的条款。[④]

与上述观点相对，也有学者认为，不可抗辩条款的适用范围既包括人身保险也包括财产保险。为了促使保险人尽快调查相关文件，保护投保人的利益，人身保险与财产保险均有适用不可抗辩条款之余地。只是由于财产保险的期限较短，运用不

---

① 梁鹏：《保险人抗辩限制研究》，中国人民公安大学出版社 2008 年版，第 319 页。

② 姚军、于莉：《保险欺诈及其防范——新〈保险法〉不可抗辩条款的法律适用》，载《国际金融》2012 年第 2 期。

③ 李庭鹏：《保险合同告知义务研究》，法律出版社 2006 年版，第 62 页。

④ 樊启荣：《保险契约告知义务制度论》，中国政法大学出版社 2004 年版，第 282 页。

可抗辩条款的实际机会相对较少而已。[①] 在美国，最初的时候，保险公司只是在人寿保险单中添加不可抗辩条款来缓解社会公众对保险公司的敌对情绪和质疑。[②] 时至今日，美国大多数州的保险立法都要求保险公司在人寿保险合同、健康保险合同以及意外伤害保险合同中添加不可抗辩条款。[③] 除此之外，康涅狄格州、密西西比州、密苏里州以及北卡罗来纳州的保险立法将不可抗辩条款适用于各种类型的保险合同。[④] 在大陆法系国家的保险立法中，《德国保险合同法》将不可抗辩条款规定在第一章总则中，该法第 21 条规定：保险人根据本法第 19 条第 2 款至第 4 款规定所享有权利的行使期限为合同生效后 5 年内。如果投保人故意违反告知义务的，上述期限为 10 年。[⑤] 由于《德国保险合同法》将不可抗辩条款规定在第一章总则中，意味着不可抗辩条款既适用于人身保险，也适用于财产保险。此外，韩国、我国澳门地区及台湾地区的保险立法也在总则部分规定了不可抗辩条款，这也意味着不可抗辩条款既适用于人身保险，也适用于财产保险。[⑥] 我国《保险法》在第二章保险合同的一般规定第 16 条第 3 款中规定了不可抗辩条款，从立法体系上看，不可抗辩条款也应当同时适用于人身保险与财产保险。除了法律条文规定的原因外，还有以下理由：

第一，从立法目的来看，不可抗辩条款适用于财产保险合同，同样可以达到督促保险人严格核保程序，规范保险公司经营，树立保险公司的诚信经营形象的目的。[⑦] 这与不可抗辩条款的立法目的相一致，同时也有利于保险公司严格核保，谨慎经营。

第二，虽然财产保险多为短期保险，但也有超过两年的家庭财产保险及企业财产保险，换言之，财产保险也有两年不可抗辩期间适用之可能性。从这种意义讲，那种认为财产保险合同一定短于两年期间因此无不可抗辩条款适用余地之想法

---

① 参见沈晖：《不可抗辩规则适用探析》，载《新疆社科论坛》2011 年第 3 期。郭建标：《〈保险法〉中不可抗辩条款若干法律问题之探讨》，载《法律适用》2012 年第 1 期。袁碧华、袁继尚：《我国保险法上不可抗辩条款的适用问题研究》，载《政法学刊》2012 年第 6 期。

② See Wischmeyer v. Paul Revere Life Ins. Co., 725 F. Supp. 995, 1000 (S. D. Ind. 1989).

③ V. G. Lewter, *Annotation, Construction of Incontestable Clause Applicable to Disability Insurance*, 13 A. L. R. 3d 1383, 1384 (1967).

④ Erin Wessling, *Contracts—Applying the Plain Language to Incontestability Clauses Kersten v. Minnesota mutual life insurance* CO., 608 N. W. 2D 869 (MINN. 2000), William Mitchell Law Review, 2000, v. 27, p. 1257.

⑤ 孙宏涛：《德国保险合同法》，中国法制出版社 2012 年版，第 67 页。

⑥ 《韩国商法典》第 651 条，我国澳门地区《商法典》第 1041 条，我国台湾地区"保险法"第 64 条也作了类似的规定，只是可抗辩期间上稍有差异。例如，韩国规定 3 年，中国澳门规定 1 年或更短，我国台湾地区规定 2 年。参见黄积虹：《论保险合同不可抗辩条款》，载《云南大学学报法学版》2010 年第 6 期。

⑦ 郭建标：《〈保险法〉中不可抗辩条款若干法律问题之探讨》，载《法律适用》2011 年第 5 期。

难免有主观臆断之嫌。

第三，如果财产保险的缴费期限超过两年，则保险公司也应当保护投保人长期缴纳保费之后的心理信赖。这与不可抗辩条款的立法目的相吻合，同时也有利于保护被保险人或受益人的合理期待。[①]

第四，按照我国现行《保险法》的规定，投保人为告知义务的履行主体，经过长久时间后，即使在财产保险中，被保险人也很难举证证明投保人在投保时是否真正存在不履行告知义务之情形，因此，也有适用不可抗辩条款加以保护之必要。

第五，财产保险虽然只是对承保标的物发生保险事故后的一种损失补偿，但保险补偿金对被保险人而言可能至关重要，甚至直接关系到其基本生活的保障，因此，认为财产保险只关注保险标的财产价值损益变动的补偿，并不涉及对人生存价值保障的观点难免有些以偏概全、过于武断。事实上，从美国的保险立法考察，美国各州保险立法将不可抗辩条款法定化的主要原因在于保护处于弱势地位的保险消费者免于遭受实力强大的保险公司的压迫。[②] 从这个角度分析，财产保险中的被保险人与人身保险中的受益人一样，应同样得到不可抗辩条款的保护，如此才能彰显保险法对处于弱势地位的保险消费者的保护，并真正践行法律的公平正义原则。

三、不可抗辩条款适用中的例外情形：类型化区分

有学者指出：根据不可抗辩条款的一般规则，当可争议期间届满后，禁止对保单有效性提出任何争议。但正如大多数规则一样，该规则也有例外情形，在欺骗性冒名顶替、缺乏可保利益、蓄意谋杀被保险人而投保等情况下，即使可争议期已经结束，也可以对保单的有效性提出争议。[③] 长期的司法实践表明，不可抗辩条款的适用常常与保险保障，被保险人欺诈，保险合同是否成立等问题纠缠不清，也正是在长期的审判实践和理论研究中，人们开始将不可抗辩条款适用中的例外情形逐步加以厘清。[④] 事实上，在司法实践中，不可抗辩条款的适用确实存在着一些例外情形。但我国现行《保险法》第 16 条第 3 款在规定不可抗辩条款之后，并未针对该条款适用中的例外情形进一步作出明确规定，导致司法实践中法官在适用不可抗辩条款时感到模糊迷茫，因此，有必要进一步厘清不可抗辩条款的适用范围，并对该条款适用中的例外情形进行类型化区分。

（一）投保人欺诈投保之情形

在投保人欺诈投保之时，是否适用不可抗辩条款，一直是保险法理论界与实务

---

① 《美国保险法》，第 206 页。

② Erik K. Fosaaen, *AIDS and the Incontestability* Clause, 66 N. D. L. Rev. 268 (1990).

③ ［美］缪里尔·L.克劳福特：《人寿与健康保险》，周伏平、金海军等译，经济科学出版社 2000 年版，第 380 页。

④ 梁鹏：《保险人抗辩限制研究》，中国人民公安大学出版社 2008 年版，第 320 页。

界激烈争论的问题。按照我国现行《保险法》第 16 条第 3 款的规定，自合同成立之日起超过 2 年的，保险人不得解除合同；发生保险事故的，保险人应当承担赔偿或者给付保险金的责任。该款规定并未将欺诈投保排除在外，换言之，当投保人欺诈投保时，只要保险公司未能在合同成立之日起两年内发现欺诈之事由，发生保险事故的，保险公司必须承担保险责任。但与此同时，我国《合同法》第 54 条规定，一方以欺诈、胁迫的手段或者乘人之危，使对方在违背真实意思的情况下订立的合同，受损害方有权请求人民法院或者仲裁机构变更或者撤销。由此，当投保人欺诈投保时，保险公司能否以《合同法》第 54 条为由撤销合同，成为《保险法司法解释二》起草中的焦点问题。《保险法司法解释二（征求意见稿）》第 9 条规定，投保人投保时未履行如实告知义务构成欺诈的，保险人依据《合同法》第 54 条规定行使撤销权的，人民法院应予支持。由上述规定可知，在征求意见稿中，最高人民法院对于保险公司撤销权的行使还是持赞同态度的。在最终正式出台的《保险法司法解释二》中却删除了上述规定，这意味着最高法院否决了保险公司的撤销权。但是在 2014 年 10 月 22 日最高人民法院发布的《保险法司法解释三（征求意见稿）》第 10 条有关保险合同解除与撤销的关系上，同时规定了两种截然相反的条文。一种意见是当投保人在订立保险合同时未履行如实告知义务，保险人解除保险合同的权利超过保险法第 16 条第 3 款规定的行使期限，保险人以投保人存在欺诈为由要求撤销保险合同，符合合同法第 54 条规定的，人民法院应予支持。另一种意见却是当投保人在订立保险合同时未履行如实告知义务，保险人根据合同法第 54 条规定要求撤销保险合同，人民法院不予支持。如此之规定，也说明在投保人欺诈投保时，是否应当适用不可抗辩条款以及如何处理解除与撤销的关系，仍然是充满争议、悬而未决的问题，尚有深入探讨之必要。

目前，理论界与实务界对于投保人欺诈投保并且保险合同成立满两年后，保险公司还能否适用民法规定之撤销权存在两种针锋相对的观点：

否定说认为：保险法是民法的特别法，基于商事法律行为效力必须尽快确定的理由，一旦保险法规定的除斥期间届满，即使民法规定的撤销权的除斥期间还没有届满，保险公司也不得行使撤销权。

肯定说认为：保险法规定的解除权与民法规定的撤销权并非法条竞合关系而是权利竞合关系。就规范目的以及构成要件而言，不应认定保险法中投保人解除权是民法撤销权的特别规定，而应认定这两种权利是同时存在的关系，保险公司可以择一行使。若其中一个除斥期间已经届满而不得行使，保险公司还可以行使另外一个。①

---

① 刘宗荣：《新保险法：保险契约法的理论与实务》，中国人民大学出版社 2009 年版，第 143-144 页。

事实上，当投保人的故意不实告知构成欺诈时，理应赋予保险公司撤销合同之权利。该种做法的正当性有三：

1. 当投保人故意欺诈并企图骗保时，应当允许保险公司行使撤销权并保护自身的合法权益，此种做法也符合保险法中最大诚信原则的要求。众所周知，保险是人类抗御自然灾害和意外事故的共同行为，体现的是"人人为我，我为人人"的互助协作精神。每一个参加者都由衷地希望和要求其他当事人真诚参与，只有和衷共济，众志成城，才能抗御灾害，化险为夷。[①] 在投保人基于欺诈订立合同并企图在保险事故发生时骗取保险金时，不仅违反了保险关系成立之前提，也违背了人类社会创设保险制度之初衷。

2. 保险费率的确定是以投保人如实告知的事实为计算基础的，在投保人故意欺诈的情形下，在可抗辩期间经过后如果要求保险公司不得行使撤销权而必须承担保险责任，则此时已然破坏了保险公司的经营基础，对其他投保人而言也极为不公。因为，随着欺诈投保案例的增多，保险人的赔付风险快速增大，由此可能导致保险人陷入经营亏损而不得不提高保险费率甚至破产倒闭，此时，其他无辜的投保人成为欺诈投保行为的直接受害人。

3. 在投保人故意欺诈的情形下，双方当事人的意思表示不一致，此时，法律赋予受害人在知晓欺诈事由之日起 1 年内的撤销权，无论在一般合同的订立中抑或是保险合同的订立中并无本质上之区别。因此，如果仅仅因为可抗辩期间的经过就不允许保险公司撤销合同与保险立法的本意也是相违背的。

综上所述，在投保人欺诈投保的情形下，应当允许保险公司在发现欺诈事实之日起的 1 年内行使撤销权。当然，笔者也承认，借助《合同法》规定之撤销权来规制投保人的欺诈投保行为实际上也是无奈之举，只能治标而不能治本。从这种意义上讲，最根本的方法就是在《保险法》修改时明确不可抗辩条款适用中的例外情形，例如，将欺诈投保行为排除在外，如此既能打击保险实务中的欺诈投保行为，又能弘扬保险法中的最大诚信原则，最关键之处是将不可抗辩规则进一步体系化、科学化。因此，上述任务应当成为立法者重点思考之问题。

（二）保险合同除外条款规定之事项

保险合同的除外责任，是指依法律规定或合同约定，保险人不负赔偿责任的范围，一般在保险单上印就的保险条款中予以列明，目的是对保险人的责任范围加以适当的限制。[②] 通常情况下，保险公司仅就保险条款约定的承保范围承担保险责任，对于保险合同中的除外条款规定的事项，保险人自然无须承担保险责任，此时，自无不可抗辩条款适用之余地。因此，当投保人或被保险人在与保险人订立合

---

① 孙积禄：《保险法最大诚信原则及其应用》，载《比较法研究》2004 年第 4 期。

② 李玉泉：《保险法》，法律出版社 2003 年版，第 150 页。

同时未告知之事项属于保险合同除外条款规定之事由时，则无论保险合同成立之日起是否经过两年，投保人或被保险人都不能借助不可抗辩条款进行抗辩并要求保险人承担保险责任。

在美国，不可抗辩条款通常情况下也不能排除保险公司对保险合同除外条款规定事项的抗辩。例如，在康威（Conway）一案中，卡多佐（Cardozo）法官认为不可抗辩条款的适用范围并不是毫无限制的，事实上，对于保单承保范围之外的损失，保险人并不负责。① 在康威（Conway）一案后，1947 年，美国人寿保险协会组织了一个委员会来起草标准保险法案。该委员会被称为荷兰委员会，荷兰委员会的成立背景是日益增多的关于不可抗辩条款过于宽泛解释的判决。上述法案规定如下：在经过特定期间后，除了有关保单有效性、保险范围等条款外，人寿保险中的任何其他条款都是不可抗辩的。②

在康威（Conway）一案后，有关保险合同承保范围是否适用不可抗辩条款的争论继续发酵。一些保险公司通过在保险合同中添加"首次显现"条款，拒绝对一些首次显现在保险合同生效之前的疾病承担保险责任。此后，越来越多的保险公司通过在保险合同中添加"首次显现"条款来阻碍不可抗辩条款的适用。按照"首次显现"条款的规定，对于保险合同生效前被保险人首次罹患的疾病，保险公司可以拒绝承担保险责任。保险公司的观点是：如果法院不允许适用"首次显现"条款，其直接后果就是法官人为地扩大了保险合同的承保范围。③

从保险学的角度来看，对于保险合同的除外条款，保险人自然无承担保险责任之必要。之所以得出该种结论的原因在于，保险公司在运用大数法则通过精算技术确定保险费率时，已然将除外条款排除在外。如果针对保险合同中的除外条款适用不可抗辩条款，相当于人为地破坏了保险公司运营的精算基础，这对于保险公司的正常经营，乃至整个保险行业的健康运作都会造成巨大的伤害。因此，对于保险合同除外条款规定之事项不应适用不可抗辩条款。

（三）保险合同未成立之情况

在保险实务中，不可抗辩条款的运用已经经历了上百年的历史，其主要目的是为了鼓励人们购买人寿保险。④ 不可抗辩条款的存在可以限制保险公司的合同解除

---

① See Metro. Life Ins. Co. v. Conway, 169 N. E. 642, 642 (N. Y. 1930).

② Erin Wessling, *Contracts—Applying the Plain Language to Incontestability Clauses Kersten v. Minnesota mutual life insurance* CO., 608 N. W. 2D 869 (MINN. 2000), William Mitchell Law Review, 2000, v. 27, p. 1259.

③ See Dale Joseph Gilsinger, *Construction of Incontestable Clause Applicable to Disability Insurance*, 67 A. L. R. 5th 513, 513 (1999). Aaron A. Haak, *Callahan v. Mutual Life Insurance of New York: Incontestability Clause as a Bar to "First Manifest" Policy Provisions*, 23 Am. J. Trial Advoc. 231, 231 (1999).

④ See Plotner v. Northwestern Nat'l Life Ins. Co., 48 N. D. 295, 183 N. W. 1000, 1003 (1921).

权及其相应的拒赔主张，但其前提是有效存续的保险合同。① 如果保险合同不成立，则保险合同中的不可抗辩条款也就无法履行。② 从这种意义上讲，如果保险合同并未成立，此时保险合同中的不可抗辩条款也并非有效条款，被保险人也就无法借助不可抗辩条款请求保险公司承担保险责任。

在保险实务中，保险合同未能成立的典型例子就是投保人或被保险人缺乏保险利益。例如，我国《保险法》第 31 条第 3 款规定：订立合同时，投保人对被保险人不具有保险利益的，合同无效。因此，如果投保人故意隐瞒其对被保险人不具有保险利益的相关事实并以此与保险公司订立保险合同并获得保险公司的承保，则此时，即使经过两年不可抗辩期间，保险公司仍然可以抗辩。原因在于，保险利益背后有着强有力的公共政策支持，缺乏保险利益的合同因为违反了公共政策因而从未生效过，此时，不可抗辩条款自然无法得到法院的强制执行。③

（四）投保人未缴纳保费之情形

保险公司为了避免被保险人不缴纳保费而导致自己在两年期间经过后丧失抗辩权，在不可抗辩条款之后通常都附加了未缴纳保费保留抗辩权的条件。④ 虽然未缴纳保费并不属于投保人或被保险人故意或重大过失不履行告知义务的情形，但对于保险公司而言，要求其在未收取任何保费的前提下仍然承担保险责任，显然违反了对价平衡与公平原则。因此，保险公司可以不受不可抗辩条款的限制，拒绝承担保险责任。

四、余论：不可抗辩期间起算点的准确判定

由于不可抗辩条款通常规定在保单签发之日起两年后，保险公司不能对保单的有效性提出异议，即使投保人在投保时故意违反告知义务时也是如此。因此，不可抗辩期间起算点的准确判定，对于不可抗辩条款的正确适用起到了至关重要的作用。⑤ 我国《保险法》第 16 条第 3 款明确规定，自合同成立之日起超过 2 年的，保险人不得解除合同；发生保险事故的，保险人应当承担赔偿或者给付保险金的责任。由此可见，我国的保险立法明确将不可抗辩期间的起算点确定在保险合同成立之日。值得注意的是，自保险合同成立之日起两年内发生保险事故的，是否应当适用不可

① 刘学生：《论不可抗辩规则——我国〈保险法〉第 16 条第 3 款之解析》，载谢宪：《保险法评论》（第三卷），法律出版社 2010 年版，第 167 页。

② Robert H. Jerry, Understanding Insurance Law, Matthew Bender & Co., Inc., 1989, p. 546.

③ ［美］小罗伯特·H. 杰瑞、［美］道格拉斯·R. 里士满：《美国保险法精解（第 4 版）》，李之彦译，北京大学出版社 2009 年版，第 140-141 页。

④ 梁鹏：《保险法修改中的不可争条款——借鉴英美保险法的视角》，载谢宪：《保险法评论》（第二卷），法律出版社 2009 年版，第 65 页。

⑤ See Kaufman v. Mutual of Omaha Ins., 681 So. 2d 747, 750 n. 5 (Fla. 3d D. C. A. 1996).

抗辩条款则是值得思考的问题。事实上，许多人对不可抗辩条款心存疑虑的主要原因就是该条款的存在有可能会引发保险欺诈。因此，有保险行业的代表人士主张彻底废除不可抗辩条款或者至少将可抗辩期间拉长，以便于保险公司可以发现或揭露投保人的欺诈行为。① 彻底废除不可抗辩条款的做法有些过于极端，将可抗辩期间拉长的做法值得考虑，虽然该种做法存在着损害被保险人、受益人合法权益的可能性，但是规制投保人保险欺诈的做法却是值得赞同的。

（一）保险合同成立两年内发生保险事故时不可抗辩期间起算点的判定

在我国的司法实践中，已经出现有的被保险人在保险合同成立两年内发生保险事故，但故意拖延至合同成立两年后才向保险公司申请理赔，以规避如实告知义务的案例。② 在上述情况下，如果仍然适用不可抗辩条款并要求保险公司承担保险责任，则无异于鼓励保险欺诈行为。我国台湾地区学者江朝国教授也认为，保险公司解除权两年除斥期间的适用，应限于该期间内保险事故未发生之情形为宜。原因在于：

1. 如果保险合同订立两年内，保险事故已经发生，则限制保险人合同解除权的目的已经无法达到，此时应回归违反如实说明义务应有的法律效果，纵使合同订立后经过两年，也允许保险公司行使合同解除权。

2. 防止保险金请求权人钻法律漏洞。如果不论保险期间内事故是否已经发生，都适用不可抗辩条款，则极有可能导致某些被保险人在两年内发生事故时也选择等待保险合同订立满两年，从而向保险公司请求赔付保险金。由此，使具有诚信、善意及公平精神的保险制度沦为投机性浓厚的赌博工具。

3. 就英美法系国家立法例而言，均在不可抗辩条款中添加在"被保险人仍生存时"，抗辩期间始能进行的限制。③

综上所述，我国将来在修改《保险法》时应借鉴英美法系国家保险立法的规定，规定以保险事故未发生作为两年不可抗辩条款适用的前提条件，以防范道德危险的发生，避免少数被保险人的投机行为。这意味着，如果在保险合同成立两年内发生了保险事故，则不可抗辩期间起算点就不能从保险合同成立之日起计算，而应当从保险事故发生之日起开始计算，如此，既能充分发挥不可抗辩条款保护被保险人与受益人之功效，又能规避被保险人与受益人滥用不可抗辩条款进行保险欺诈的不当行为。

（二）保险合同复效时不可抗辩期间起算点的判定

除上述情形外，在保险合同复效时应如何计算不可抗辩期间的起算点也是值得

---

① Fiona M. Jones, *The Viatical Settlement Industry: the Regulatory Scheme and Its Implications for the Future of the Industry*, Connecticut Insurance Law Journal, v. 6, p. 506.

② 刘竹梅、林海权：《保险合同纠纷审判实务疑难问题探讨》，载《法律适用》2013 年第 2 期。

③ 江朝国：《保险法论文集（三）》，瑞星图书股份有限公司 2002 年版，第 188-189 页。

关注的问题。对上述问题的解答取决于在保险合同复效时投保人是否仍应履行如实告知义务，如果投保人根本无须履行如实告知义务，则自无不可抗辩期间起点计算之问题。反之，如果保险合同复效时投保人仍须履行如实告知义务，则在投保人违反告知义务时，不可抗辩期间的起点是从保险合同成立之时起算还是保险合同复效之时起算则是应当思考之问题。

笔者认为，在保险合同复效时投保人也应当履行告知义务。因为虽然复效后的保险合同是原保险合同的延续，并未形成新的保险合同。但在保险合同效力中止期间，被保险人的身体健康状况可能会发生很大的变化。事实上，在许多情况下，被保险人都是在发现自己的身体状况恶化时才去申请复效的。而且，许多疾病并非一般体检可以查出，此时，如不适用告知义务的规定，则极有可能会出现"逆选择"的现象。[1] 因此，在保险合同复效时，保险人就被保险人的有关情况提出询问的，投保人也应当履行如实告知义务。既然保险合同复效时投保人也应当履行告知义务，则若投保人违反如实告知义务，不可抗辩期间的起点应当如何计算才更为妥当？就该问题，美国的许多法官认为，应当重新计算不可抗辩期间，但是，该期间仅仅是为被保险人恢复保单效力而提出的新信息设置的。如果保险人对最初签发保单时作为基础的信息进行抗辩，则不可抗辩条款规定的期限依然有效。[2] 该做法根据投保人告知义务违反的期间来区分计算不可抗辩期间的起算点，更加科学合理，值得我国保险立法借鉴。因此，在保险合同复效时，如果投保人或被保险人违反了如实告知义务，并且保险公司以投保人或被保险人在合同复效时提供虚假信息为由解除保险合同的，则不可抗辩期间的起算点应从保险合同复效之时开始计算。当然，如果保险公司以保险合同最初订立时投保人或被保险人违反告知义务为由解除合同的，不可抗辩期间的起算点仍然应从保险合同成立之日起开始计算。

---

① ［美］肯尼思·布莱克等：《人寿保险》（上册）（中译本），洪志忠等译，北京大学出版社1999年版，第52页。

② ［美］约翰·F.道宾：《美国保险法》，梁鹏译，法律出版社2008年版，第207页。

保险法视角下的诉讼财产保全保险

方乐华[①]

　　研究诉讼财产保全保险（以下简称诉全险）的视角多元，理论界不乏从担保法、民诉法、侵权法等各种视角进行探讨者，但笔者认为，诉全险首先是一个险种，保险法的视角不可或缺，且是其他视角研究的基础性理论铺垫。

　　自云南诚泰保险3年前试水诉全险，目前已有18家公司开展该业务，平安保险的市场占有率达90%。截至2016年1月31日，全国各地有1339家级别不等的法院认可保函担保，累计保全金额已达数百亿元。[②] 因此，诉全险可谓方兴未艾、前景看好。笔者对现行诉全险的基本评价是：借责任保险之名，行保证保险之实，系特殊背景下的畸形产物。其名不副实的事由多多，如责任转嫁原理与担保性质保险不符；民事赔偿责任与信用风险不匹配；责任保险合同的独立性与诉全险的附从性相矛盾；我国《保险法》有关责任保险的规定难以适用诉全险；两者的风险控制手段相异等。而特殊背景，是指保险立法、司法审判、保险监管等诸多因素促成了诉全险的畸形演变。笔者认为，诉全险名不副实的现状，不利于该险种的健康、稳定发展，须从保险理论和实务上对诉全险进行条分缕析、正本清源。

一、诉全险究竟是责任保险还是保证保险

（一）从保险合同的性质考量

　　保证保险合同是否是从合同的问题另当别论，而对于其具有附从性的特征，理论上应当没有异议。其附从性主要体现在"依附于基础法律关系"[③]（在一本有关美国保险法的著作中，作者表述为"附属于基础合同而生效"[④]）而成立、生效，及至存续、变更和消灭；保险合同的范围和强度不能超越所附从之基础法律关系；有支持、促成所依从基础法律关系成立或履行之积极作用。

　　与此相比，责任保险合同则全无保证保险合同的这种附从性质，纯粹是一份独

---

①　方乐华：华东政法大学教授。

②　吕丹丹：《诉讼财产保全责任保险中的法律问题》，载《中国保险报》2016年3月24日。

③　李玉泉：《保险法》（第二版），法律出版社2003年版，第192页。

④　齐瑞宗、肖志立编著：《美国保险法律与实务》，法律出版社2005年版，第297页。

立的保险合同，不附从于任何其他合同或行为。

以此观之，诉全险合同附从于财产保全申请人与被申请人之间的第一性债权债务关系、申请人诉被申请人的第二性诉讼法律关系；支持诉讼财产保全关系成立；只有在诉讼财产保全申请人有申请行为，经法院裁定后，才可能产生、成立、生效，显然具有保证保险合同的特征。

（二）从订立保险合同的目的考察

投保人购买保证保险之原因，盖源于本人信用不足或欠缺，其保险事故系"被保证人（债务人）信用不良造成的主观性危害"①；故投保人订立保证保险合同的首要目的为"增信"或"补信"。与此不同，投保人投保责任保险之根本目的，是转嫁民事损害赔偿责任风险。从这一角度看，保证保险承保的是信用风险，而责任保险承保的是责任风险，两者承保的风险性质截然不同。

鉴于现行诉全险多回避诉前财产保全而承保诉中财产保全，本文就只讨论诉中财产保全的相关规定。我国《民事诉讼法》第 100 条规定，法院采取（诉中）保全措施，"可以责令申请人提供担保"，无须赘言，可以责令意味着也可以不责令提供担保，从可以不提供担保到责令提供担保，法院的基本判断是：申请人信用不足或欠缺。由此观之，诉全险的首要功能是增信，而"申请人不提供担保的，裁定驳回申请"（同 100 条），诉全险促成诉讼财产保全关系成立的作用不言而喻。

（三）从保险利益的结构辨析

基于上述原因，保证保险的保险利益呈现复合型结构。以典型的确实保证保险合同为例，发展商房屋滞销——张贴广告宣称买房就保租 10 年并支付租金——由于发展商商业信用不足，便购买保证保险让保险人承诺：发展商逾期 3 个月未支付租金时，由保险公司代为支付——同时，保险合同约定：保险人支付后 3 个月内发展商须清偿垫付租金；反担保：发展商提供房屋抵押。从上述确实保证保险合同中，可以清晰勾勒出其保险利益的结构：积极利益——发展商得以"增信"，摆脱房屋滞销、资金周转不济之困境；消极利益——发展商得以有条件转嫁可能发生的违约责任风险。

无须赘言，责任保险的保险利益是被保险人单一的、消极的责任利益。

以此衡量现行诉全险，其保险利益同样呈现复合型保险利益结构：积极利益——投保人申请的诉讼财产保全关系得以成立；投保人避免了担保财产被依法查封、扣押、冻结②而给自身生产或生活造成重大影响的困境；投保人胜诉后债权执行有保障；消极利益——转嫁诉讼财产保全申请错误导致的损害赔偿风险。

---

① 覃有土：《保险法》，北京大学出版社 2000 年版，第 170 页。

② 《最高人民法院关于适用〈中华人民共和国民事诉讼法〉的解释》第 164 条规定，对申请保全人或者他人提供的担保财产，人民法院应当依法办理查封、扣押、冻结等手续。

（四）从险种的风控角度考虑

保证保险难以按大数法则精算费率、控制风险，"保证保险收取的保费并不是通过精确计算确定，而是出于保险人当时心理上或主观上的认识而定"①，因为其承保的风险"都不同程度地涉及了人们的道德风险，甚至犯罪风险，至少是涉及人们的不诚实行为"②，具有难以控制的主观故意因素，导致出险的概率难以估算。保证保险学理上应当建筑在零损失的基础上，但实际上由于上述原因，一旦发生赔案，损失会相对集中。最近，沈阳市中级人民法院二审审理了一起因财产诉讼保全错误造成损害的纠纷案，最终判决保全申请人"长城资产沈阳办事处"赔偿被申请人"新东北电气公司"675万元。③ 本案最值得深省的，是早在2008年，新东北电气公司就作为共同被告被国家开发银行起诉过，并最终由最高人民法院判决其不承担连带赔偿责任，而本次长城资产沈阳办事处又栽在了承担连带责任的主张上。本案若由保险公司承保，只要未获知2008年诉讼案的详情，就可能陷入承担巨额保险金的风险，而从现行诉全险的特点看，申请人不可能提供被申请人数年前的纠纷案情，申请人本身也可能并不知情，足见诉全险承保前的资信调查、评估之重要性和复杂性。有资深业内人士戏称：675万对于一些省公司来说，恐怕等于1年白干了。

上述案例充分说明，保证保险的首要风控手段：承保前缜密、周全的资信调查和评估。"保证保险的赔付率很低，一般在10%以下，但订立保证保险合同前，保险人对投保人的资信等的调查费用极高，通常在80～90%。只有经过充分的调查，发现投保人资信相当可靠，保险人才予以承保。"④ 但是，资信调查、评估却并非责任保险的风控手段，责任保险通常采取"责任免除"手段，将风险控制在民事赔偿责任范围，且将故意、重大过失等民事违法行为排除在外。由此，以责任保险为名的诉全险处在十分尴尬的境地，行责任保险之实，法院无法认可背书有免责条款的保函，而既不设置免责条款，又不进行资信调查的诉全险，不但险种本身可能面临承保道德危险的法律风险，且等同于"不设防的城池"；行保证保险之实，不少保险公司可能自身还不具备与之相匹配的资信调查、评估机制和能力。

"反担保"在保证保险中大行其道，其可以在很大程度上弥补资信调查不充分、信用评估偏差的失误，以规避被保证人的信用风险。也许有人质疑：保险公司要求申请人提供反担保，申请人还不如直接向法院提供保全担保，这里的主要价值和区

---

① 齐瑞宗、肖志立：《美国保险法律与实务》，法律出版社2005年版，第298页。

② 同上，第290页。

③ 沈阳市中级人民法院：《中国长城资产管理公司沈阳办事处与新东北电气（沈阳）高压隔离开关有限公司因申请诉中财产保全损害责任纠纷二审民事判决书》（2016）辽01民终3360号，详见中国裁判文书网：http://wenshu.court.gov.cn/list/list/?sorttype=1&conditions=searchWord+，最后访问时间：2016年5月27日。

④ 李玉泉：《保险法》（第二版），法律出版社2003年版，第191页。

别是：保险公司要求的反担保是一种抵押担保，可以避免申请人面临担保财产被查封、扣押的窘境。因此，诉全险若定性于保证保险，在面临债权债务关系比较复杂、申请人恶意诉讼或恶意保全的嫌疑较大、资信调查任务艰巨而时间十分有限、涉案案值较高等情况时，完全可以采取反担保手段来控制风险。凡此种种，定性于责任保险的诉全险，受险种特征等因素的制约，却无法采取。

在无法设置免责条款的情况下，为了控制险种风险，现行诉全险条款，多采取了向被保险人追偿的手段，但是，诉全险的追偿制度，与代位求偿及责任保险的原理皆相悖。代位求偿的对象是第三人，若申请错误系第三人造成，自然可以向该第三人追偿，凭什么投保人就成了追偿对象呢？责任保险的投保人支付对价后，将民事损害责任风险转嫁于保险人，既然责任风险已经转嫁，保险人承担责任后还有什么追偿的余地？总之，投保人支付对价后向其追偿的合同安排，于法于理无据。与此相比，"保证保险合同关系中，被保险人的风险并没有完全转嫁给保险人，只是附条件地将连带责任转嫁给保险人"。① 连带关系存在外部和内部两种结构，就内部结构而言，保险公司为控制信用风险，在保证保险合同中设置追偿条款天经地义，"在保证保险中，保险人有权起诉自己的被保险人"。②

不得不说的是：无免责条款、无追索权、无反担保措施的诉全险，几近丧失风控能力。

（五）其他方面的比较甄别

1. 权利人的角度。

责任保险的权利人为不特定第三人，保证保险的权利人特定，即使可能出现不确定的利害关系第三人。诉全险的权利人确定无疑，为被申请人，即便可能存在保全错误造成损害的利害关系第三人。

2. 法定解约权的角度。

责任保险适用《保险法》法定解约权的所有规定，如违反告知义务、危险程度显著增加等；但诉全险成立后，即使出现法定解约事由，向法院作出的担保承诺不可撤销，所谓不可撤销连带责任。这与保证保险的特征相符。

3. 责任性质和范围的角度。

即便责任保险和保证保险都可以承保责任风险，两者的责任性质和范围却大相径庭。责任保险必须注意险种本身的法律风险：民事违法行为有违公序良俗亦非可保责任。以此观之，食品安全责任险、环境责任险的发展之所以步履蹒跚，根本原因是现实中存在大量主观故意、重大过失乃至恶意犯罪等食品、环境违法行为，责任保险绝对不能替这些违法民事行为乃至违法犯罪行为买单。值得强调的是：民事

---

① 覃有土：《保险法》，北京大学出版社 2000 年版，第 170 页。

② 齐瑞宗、肖志立：《美国保险法律与实务》，法律出版社 2005 年版，第 297 页。

赔偿制度有抑制、预防民事违法行为之立法目的，责任保险不能破坏民事赔偿制度的立法旨意。

笔者注意到，在某外资保险公司的《董监事及高级管理人员责任保险》条款中，扩展保障的范围包括"资产和人身自由"项目，具体内涵为：保释保证金和民事保证金、资产和人身自由保全费用、资产和人身自由抗辩费用、资产和人身自由费用。该扩展性条款表明，在财产保全、行为保全领域，责任保险与保证保险具有一定共通性，但是，该董监事责任保险采取事后承担赔偿责任而非事前提供担保的方式，因此，其承保的风险性质，依然是民事赔偿责任风险而非性质复杂、范围宽泛的信用风险。

那么，诉全险能否采取事后承担赔偿责任的范式？否！因为其所附从的基础法律关系不允许，保险公司必须向法院出具无条件、不可撤回之保函，保证承担法院判决的申请错误赔偿责任。与此同时，诉全险定位于责任保险的法律困境油然而生，因为导致申请错误的原因多种多样，其中不乏民事违法行为乃至违法犯罪行为。

二、诉全险是特殊背景下的产物

（一）免责条款之或然性无法得到法院认可

诉全险之所以演变成目前这种不伦不类的状况，显然与法院对诉全险的要求密切相关。当然，这并不意味着法院有什么过错，其实质是诉讼财产保全这一基础法律关系，无法与责任保险的免责原理相容。用"釜底抽薪"来形容免责条款的效果也许有些过，但法院要求申请人提供担保的目的，至少在免责条款范围内将无法实现。由此，免责条款就掏空了《民事诉讼法》及其司法解释中有关申请人提供担保的规定。

1. 免责条款与保函表里不一的格局让法院无法接受。

笔者认为，诉全险合同具有内外表里的二层结构，投保人与保险人之间的保险合同构成内部结构，保险人依保险合同约定向法院出具的保函构成外部结构，两者之间理应统一基调、表里一致。在保险人须向法院出具无条件担保之保函的前提下，保险合同中若出现免责条款，必然与保函形成表里不一的格局，一旦发生保险事故，即会陷入依保函赔偿、依免责条款拒赔的悖论，这种明显的冲突和矛盾无疑是法院不愿看到也无法接受的。为了明确这一点，不妨对诉全险曾经设置的一些免责条款进行分析。

免责条款（1）：因被保人和被申请人恶意串通造成的损失——恶意串通行为主观恶意程度高；明显超出责任保险承保范围；但若被申请人在恶意串通中处在被动、次要地位且遭受财产损失，法院可能判决申请人承担保全错误责任（破折号后为笔者注，以下同）。

免责条款（2）：被保险人由于财产保全错误遭到被申请人诉讼时，未及时通知保险人而造成或扩大的损失——所谓保险人的参与权，典型的责任保险条款，但这与诉全险毫无关系，法院认定申请人申请错误时必然判决赔偿。

免责条款（3）：被保险人由于财产保全错误遭到被申请人起诉时，未经保险人同意，与被申请人和解、调解结案，而承担的赔偿责任——这一条款中有"结案"的表述，表明申请人与被申请人在法院主持的民事诉讼调解程序中达成和解，并依据和解协议承担赔偿责任。即使按责任保险原理，该免责条款也存疑问，因为被保险人未经保险人同意而与被申请人达成和解协议时，保险人可以主张不受其拘束，却不构成当然拒赔的事由，如果双方达成的和解协议合法、合理，保险人无由拒绝承担责任。同时，这一免责条款将导致法院主持达成的生效和解协议无法执行。

免责条款（4）：被保险人撤诉（不包括和解后撤诉）、诉前保全后不起诉或使用虚假证据而给被申请人造成的损失，保险人可以在赔偿限额内先行垫付后向被保险人追偿——这一条款中有"垫付"的表述，拟借鉴了"交强险"的垫付条款作为变通，"交强险"的垫付条款能否适用商业责任保险另当别论，这一免责条款的主要问题是"可以"颇具或然性，无法满足法院要求的"必然性"。

免责条款（5）：被保险人未依法行使诉讼权利或履行诉讼义务而造成或扩大的损失——这一条款的免责范围相当宽泛，适用尺度可松可紧，是或然性最强的免责条款，可能导致相当部分的法院判决被其架空。

与上述免责条款形成鲜明对比的，是保险人向法院出具的无条件担保之保函。其保函通常承诺：如申请人财产保全申请错误致使被申请人遭受损失，经法院判决由申请人承担的损害赔偿责任，保险人向被申请人在限额内进行赔偿。面对这样一份颇有阴阳合同之嫌的诉全险合同，法院完全有理由质疑保险人：你打算如何破解这样的悖论，如何处理两者之间的冲突和矛盾？毋庸置疑，正是在无法破解这种悖论的情况下，保险人选择了删除免责条款，代之以追偿乃至垫付条款。

2. 免责条款与申请错误的类型不谋而合。

深入研究申请错误的类型，可以发现其大多数可能被归入免责事由，从而导致人保性质之保险人担保形同虚设，法院对此不予认可理所当然。

在一篇讨论保全错误损害赔偿责任归责原则的论文里，作者查询了中国裁判文书网中的相关案件后，归纳出可能被认定为申请有过错的几种类型[1]：（1）诉讼请求数额与法院支持数额相差悬殊——可能构成主观故意或重大过失（破折号后为笔者注，以下同）；（2）保全财产价值明显大于请求额且有预见能力或过于自信——可能构成主观故意或重大过失；（3）被申请人诉讼中多次提出异议申请，申请人不同意解封——可能构成恶意保全或滥用诉讼权；（4）法院释明价值超额，申请人作出愿承担错误保全责任——主观故意的可能性很大；（5）未仔细甄别本属第三人财

---

[1] 肖建国、张宝成：《论民事保全错误损害赔偿责任的归责原则——兼论〈民事诉讼法〉第105条与〈侵权责任法〉第5条的关系》，载《法律适用》2016年第1期。笔者引用时加了注脚。

产——重大过失；（6）基于申请人自身原因以撤诉等方式拖延诉讼——主观故意可能性很大。上述申请错误的类型虽然不能与前述免责条款一一对号入座，但仔细分析，不难找到两者之间的联系。囿于篇幅限制，笔者不再一一赘述。

在上述引文中，笔者加注脚是为了再次强调诉全险定性于责任保险的法律风险：无条件担保之承诺，在缺少保证保险风控手段的情况下，可能助长恶意诉讼、恶意保全等民事违法行为，破坏正常的司法秩序、公序良俗。

（二）法律和监管因素

1. 法律缺位与舶来险种。

我国《保险法》仅在分类中列举了保证保险，全无具体规范。这与保证保险有些另类、系舶来险种不无关系。值得一提的是，大陆法系国家或地区对英美通行的保证保险持犹疑不定态度，如日本 2008 年新制定的《保险合同法》中，将保险分类为损害（即财产）保险、生命（人寿）保险和伤害（意外）疾病定额保险。对于损害保险契约，总则部分的定义是："保险人对于一定偶然事故造成的损失予以填补之保险契约①"，章节中有责任保险的规范，全无保证保险的条文。

笔者无意探究保证保险在大陆法系一些国家或地区缺位的原因，只是为了说明我国《保险法》的笼统规定事出有因。但是，保证保险法律规范的缺位势必影响相关理论研究之展开和深入，更对相关险种开发产生不利因素。事实上，笔者接触的一些资深业内人士中，认为诉全险应当定位于保证保险的不在少数，却在险种开发时，有意回避了保证保险而冠名为诉讼财产保全责任保险（市场和学界通常简称诉责险，笔者为回避诉责险之称而简称为诉全险）。

2. 保险监管上的因素。

一些研究诉全险的文章中，很多都提到了保监会的《关于规范保险机构对外担保有关事项的通知》。如上述《诉讼财产保全责任保险中的法律问题》中提到：有观点认为，保险公司从事的诉讼保全责任保险业务涉嫌违反该监管规定……因为，"只有具有担保业务范围的主体才能依法向人民法院提供诉讼担保"。另一种观点则认为："保监会出台该项规定的本意是禁止保险公司及其分支机构在保险经营业务范围外，违规为其他相关经济主体出具非基于经营目的、没有精算、风控基础的违规担保业务，并非全部禁止类担保性质的保险业务。"看了这段引文，一个简单的疑问就是：既然诉全险被定性为责任保险，与保监会的通知又有何相关？当然，笔者无意评论该文在责任保险与保证保险之间的游移和矛盾，想强调的是，监管部门的监管政策，对诉全险乃至保证保险的发展和演变具有重大影响。其实，上述保监会通知与保证保险并无关系，保证保险是法定保险业务，且经保监会核准业务范围后经营，保监会岂有禁止该业务之权限？不过，不能排除一些未经核准保证

---

① 日本 2008 年《保险合同法》，译文由笔者从法律条文直译。

保险业务的保险公司，为规避监管风险而将诉全险定性为责任保险。此外，由于保证保险的特殊风险，经核准经营该业务的保险公司，在开发新险种时仍须报保监会审批的规定①，可能让众多保险公司避重就轻，转向开发只需报备程序的责任保险险种。

三、诉全险名不副实的法律风险

诉全险名不副实的现状，必然产生行名还是行实的实际操作问题。

（一）行名（名副其实的责任保险）风险巨大

1. 行责任保险之名可能让保险人放任风险。

保险人若完全按责任保险之名操作，由于责任保险没有资信调查、评估的环节（或曰责任保险固有的风险调查、评估方式，与资信调查、评估各不相同），正如前述资深业内人士所言：有些同业可能审都不审，秒出一单……照现在市场的普遍玩法，这个坑一定会掉进去。而且很多保险公司出完保函就不管了，后续案件怎么样都不知道，提前挽回一些损失的机会也没有。这段出自内部人士的坦言，在相当程度上揭示了目前诉全险市场的乱象：对承保风险熟视无睹、放纵信用风险发生。而且，在责任保险的名义下，监管部门也难以对上述乱象进行监管。

2. 难以追偿的风险。

事实上，信用保险的最大风险即在于追偿，得以追偿与能否达到追偿目标完全是两码事。

而名不副实的诉全险还有另一层风险：保险人承担担保责任后向被保险人追偿，可能面临被保险人以违背责任保险原理为由抗辩。前述资深业内人士也认为：保险公司的追偿条款法院到时会不会认目前存疑。

3. 面对责任保险特有的法律风险。

"责任保险在开办初期曾引起激烈争论，一些人认为责任保险代替致害人承担赔偿责任有违法律的宗旨及社会道德准则，甚至认为责任保险是鼓励犯罪，会产生极大的社会副作用。为此，责任保险的发展屡遭挫折。最终因责任保险对被保险人故意行为、违法行为是不予以承保的，且承保仅限于民事经济赔偿……逐步得到人们和社会的认可。②"笔者把责任保险的这一软肋称之为特有的、甚至可谓"原罪性"的法律风险，即使在社会已经认可责任保险的今天，其依然存在。诉全险在责任保险机制下，替道德风险、犯罪行为承担责任的法律风险尤为明显。

（二）行实（借责任保险之名行保证保险）的风险

保险公司欲行诉全险之实，面临的首要问题是：行保证保险之实，公司准备好

---

① 保监会在《关于实施〈财产保险公司保险条款和保险费率管理办法〉有关问题的通知》中规定，保险期间超过 1 年期的保证保险和信用保险，应当报保监会审批。

② 乔林、王绪瑾主编：《财产保险》，中国人民大学出版社 2003 年版，第 688 页。

了没有？美国保证保险实务中有所谓的资信评估 3C 标准，即"保险人都要仔细地评估三个要素：委托人的品质（character）、履约能力（capacity）和资本（capital）"①，而诉全险涉及民事诉讼，资信评估的范围更深、更广。诉全险合同订立过程中，法院对申请人的保全申请仅作程序性审查，而保险人除所谓的资信评估 3C 标准外，还须对案件（时效、主体适格、管辖权等）、案情（诉由与适用法律、事实与证据）、被保全标的（银行账户、房产等）进行实质性调查和评估。显而易见，保险人若既缺少资信调查的机制、机构和经验，又缺少具有风险评估资质的专业人员，必然要面对巨大的信用风险。当然，保险公司可以借助社会力量，如委托律师事务所、查询央行征信系统②等。但律师事务所有无资信调查、评估的能力，需要审慎选择，而社会征信系统提供的只是原始信用信息，可以弥补一些资信调查时间不够的短板，却无法替代资信评估，因此，保险公司还须建立信用等级评估标准和机制。

此外，虽然行保证保险之实，名义上依然是责任保险，可能会面临名不正言不顺，只能实行被捆住手脚的保证保险之困境；而诉全险合同条款过于倾向于保证保险，还可能面临被监管风险。

四、诉全险正本清源之途径

（一）监管机构充分认识诉全险意义并完善之

就保险监管部门而言，应当站在开拓司法保证保险的高度，把诉全险作为其突破口，制定部门规章或规范性文件稳步推进险种发展，并积极推动保证保险相关立法。作为过渡措施，对获准经营保证保险的保险公司，保监会应当督促其转型诉全险产品，并鼓励保险公司逐步开拓保释保证、受托保证、诉前保全、行为保全保证、被保全保证等险种。以被保全保证保险为例，诉讼保全关系一旦成立，被申请人因财产被查封而生产或生活受到严重影响是必然的，那么，既然申请人可以通过投保转嫁申请保全带来的风险，为何被申请人就不能通过保险转嫁被保全风险呢？若保险人向法院担保：被申请人保证不转移、藏匿、隐瞒被保全财产，如有违反：保险人承担赔偿责任，法院何必还要查封被申请人财产呢？如此，还可以大大减轻因诉讼保全而给法院带来的工作压力。以一对一的比例观之，被保全保证保险的市场需求，应该等同于诉全险市场。

就保险行业协会而言，应当积极推动保证保险领域的理论研究，制定诉全险示范条款，并逐步将示范条款扩展、覆盖至其他保证保险险种。同时，行业协会应当

---

① 齐瑞宗、肖志立：《美国保险法律与实务》，法律出版社 2005 年版，第 298 页。

② 据新华社报道，截至 2015 年 9 月末，中国人民银行征信系统已经收录 8.7 亿自然人和 2102 万家企业组织的信用档案。详见《新闻晨报》2015 年 10 月 28 日。

着力制定保证保险资信调查、资信评估的准则和规范，组织专业人员的培训和考核，以逐步增强保险公司经营保证保险的能力。

就司法审判机关而言，首先，应当充分认识司法保证保险在维护司法审判秩序、提高司法审判效率上的积极意义，乐见其成，并积极促进其早日实现。其次，对于诉全险应当统一保函的认可标准，在同等条件下优先选择保险保函的担保方式，并给予保险人必要的诉讼及司法业务指导，以促进诉全险乃至司法保证保险的发展和完善。

（二）保险人应当积极开拓保证保险市场

有资质经营保证保险的保险公司，应当积极转型诉全险，使之名副其实。同时，考虑到保证保险的特殊性，保险公司应当建立以总公司或有条件分公司为中心的专业承保机构，改变目前市场一哄而上的欠健康状态。

至于司法保证保险乃至其他确实、诚实保证保险之险种的拓展，当仁不让的主角是保险公司。保险公司应当本着厚积薄发的精神和心态，不断积蓄承保能力和经验，积极推进和培育保证保险市场的成熟和发展。

信托法理论研究

我国商事信托的制度演化分析

祁　琳①

信托法在英国经过了上百年的发展，随着英国社会的不断发展，衡平法院通过判例逐渐地构建了信托法律制度，英国信托法的发展是融入其社会发展之中的。随着西风东渐，信托制度传入了我国。但是这一制度的移植经历了一个较长的过程，才慢慢地从形式相符真正进入到实质相符。信托作为一项财产管理制度，从其在英国发源的本意来说，其功能主要是规避法律限制，实现财产的转移。随着经济环境的发展和变化，现代信托的功能已经多样化，但其最本质的特征即财产管理功能并没有发生改变，反而越来越突出。但是由于法系不同、国情不同，我们在"拿来主义"的时候，也要考量中国的社会发展阶段和发展需求。信托制度移植到我国需要结合我国的国情进行改造，构建中国特色的信托法律制度。本文通过研究揭示内生于现代市场经济秩序中的信托法律制度，是如何在西方近现代市场秩序生成和发展的。然后回答我国信托法的具体问题以及我国信托法又将要走一条什么样的演化道路。

一、商事信托法律移植中的制度冲突

（一）英美法系与大陆法系之间法律传统的冲突

1. 英美法系的判例法传统与大陆法系的成文法传统的冲突。

信托法是建立在英美法传统上的法律制度。这项制度的发展很大程度上是由于具有衡平法思想的大法官的贡献。信托制度的有效运作对法官的依赖性极强。尽管后来由于普通法和衡平法的融合以及信托法的法典化，这种依赖程度有所减弱。但是即使在今天，信托法仍然是一部法官的法，这就使得信托的移植变得十分困难。信托制度不同于大陆法系法律制度的一个表现就是它不是套用某个先验的理论范式构建出来的，是在英国特定的历史土壤中各利益集团长期势均力敌演化博弈出来的一种制度，打上了深刻的英国经验主义印记。我国没有形成判例法的传统，法官缺乏运用衡平法理判案的训练。法官的判案仍然遵循成文法的法律规范和三段论的推

---

①　祁琳，青岛农业大学教师，法学博士。

导模式，这在一定程度上限制了信托制度发展的空间。

2. 英美法系的司法中心主义和大陆法系的立法中心主义的冲突。

普通法和大陆法的一个显著区别就是，大陆法关心的主要是通过列举或其他方式明示人们的权利和义务，并在它们的平衡被打破时进行司法救济，普通法则很少关注这些对于权利和义务的直接分配，相反它将这一任务留给了习惯或其他社会规范，很多时候它默认这些规范对权利和义务的分配，只在它们被打破时予以救济。因此，普通法一开始是缺乏实体的权利义务分配规则的，这些内容蕴含在日耳曼习惯法或是人们的内心当中，只在纠纷发生时提供解决办法。衡平法和信托法也是如此。司法中心主义的立场还为普通法带来了其他一些不为或很少为传统大陆法学所关注的内容，如令状制、陪审制、巡回审判、司法审查等。普通法和衡平法的许多制度创新和社会变革都是通过司法而非立法完成的。

3. 衡平法与衡平法的精神实质。

衡平法是英国人对人类法律思想最惊人的贡献，是一种非常独特的法律制度，宏大而难以把握。① 在英国法中有多种含义，一是与普通法对应的一种法律规则、程序和救济方式以及由此产生的财产权利，由衡平法院弥补普通法院的缺陷发展而来，是对普通法的补充；二是对普通法的严厉适用所有一切情形规则导致的不合理、不公正结果的一种矫正，也就是法官根据自由裁量原则调试的个案公正；三是指公平、正义、平等、良心、良知的道德原则。总之，衡平法是一种道德化的法律，由判例和十几条格言组成。虽然普通法院与衡平法院在 1873 年的司法改革中合并，但是衡平法还处于孩童时代，还在发展。

衡平法义务类似于负面清单一样的否定性义务，衡平法的格言和判例都是克服法律不完备性的一种方式。衡平法的经济分析表明，衡平法是基于全球古今中外经济人本性进行治理机会主义行为的一种手段和方法，利于克服最大的不确定性——人的行为不确定性导致的风险，利于实现法律上的正义与经济学上效率的统一。

（二）信托财产的双重所有权原则与一物一权原则的冲突

在英美法系国家，在同一标的物上同时存在普通法上的所有权与衡平法上的所有权，这双重所有权结构的存在，分属于受托人和受益人。而在大陆法系国家，同一标的物上只有一个所有权的存在。这种信托双重所有权是英美信托制度的精髓和特色，也是大陆法系国家继受英美信托制度的最大障碍。

长久以来国内的信托研究认为，两大法系的区别是一物多权和一物一权的区别，其实不然。根本原因是，两大法系是权能分解还是权利分解。

英美法系的财产权来源于英国封建保有制下的地产权。作为英国封建分封和保

① ［英］密尔松著：《普通法的历史基础》，李显冬译，中国大百科全书出版社 1999 年版，第 82 页。

有制产物的地产权，是一组财产权利，不具有绝对性，不仅可以"一地多权"，而且可以按照契约在时间和空间上自由创设与分割。今天英美的财产权制度就是按照这一模式发展而来。地产并非作为物的土地本身，而是对土地上存在的权利的一种抽象，并将抽象出来的东西当作一种独立财产（抽象物），可以对之进行独立的转让、处分等。通过这种方式，将地产（作为一种权利或抽象的财产）与土地（作为实物）分开，作为独立的标的物，从而产权的流转就可以脱离对实物的占有、使用、收益，不仅适应封建制下的土地保有制的现实，而且解决了物的排他性和流转性之间的矛盾，即对物的排他权利不再阻碍物的变相流转。这样极大地丰富了土地的权利体系，极大地增进了土地的可流转性。这种分割并非对实物的量的分割，而是对"整体权利"的质的分割（即地产权人所具有的只是"整体权利"中的部分权利，而非对实物中的一部分权利）。

在大陆法系中，这块土地属于我之后，我享有独占性支配权，是对物的占有、出租、出借、担保、转让等权利的集合。由于土地是我的，我其中一项或多项权利转让给他人不影响我的控制地位，我可以把其他权利收回来，并且其他权利是权能，附着在我拥有这个土地之上。这就是英美法系"一物多权"和大陆法系"一物一权"的实质。

大陆法系的所有权是"物权—债权"范式，所有权下的权能不具有独立性，采用物权制度下的权能分解，将所有权分为占有、使用、收益、处分四项权能。英美法系进行的是权利分解，只要具有经济利益的权利就是所有权，所有权可以独立交易转让。交易的不是物，而是权利，权利有抽象性和相对性，并行不悖地独立转让、处分与交易。

英美法系与大陆法系在财产权利的归属和利用、法律思维方面有着根本的区别。后来两种法律体系将不动产所有权转移到动产上也是如此。两种法律体系中所有权的模式都是一种旨在解决问题的司法工具，是在实践上对个人需求和社会变革的法律回应，同时也是社会变革的立法工具。

（三）信托财产的独立性原则与主客体分立原则的冲突

信托制度中实行的管理权与收益权分离的原则，很适合现代经济发展对方便而灵活的理财制度的要求。信托制度设立了信托财产独立性的原则，是信托制度的又一个基本要求。根据这一原则，信托设立后，信托财产即独立于委托人、受托人和受益人，但最重要的是独立于受托人。受托人在管理和处分信托财产时，必须将信托财产与其固有财产区分开来，实行分别管理、分别登记；如果受托人破产，信托财产也不能加入破产财产，信托财产不能成为强制执行的对象。受托人处理受托事务所产生的利益，除依信托文件的规定应支付给受益人的以外，应归属于信托财产。所产生的损失，除非是由受托人的过失行为所致，也应由信托财产承担。

1. 英国的财产权制度。

在英美信托法的制度设计中，信托财产既是信托法律关系的客体，同时又具有某种程度的"法主体性"。之所以可以做到这一点，与英国的财产权制度是分不开的。

英国封建保有制以土地为基础，是军队、税收、司法和行政组织的依托，不仅是一种政治法律制度和社会关系，还是一种土地财产制度，形成了英国独有的地产权（estate）制度。这种地产权制度按照不同的法律依据、保有方式、保有程度、享受权利的确定性、权利享受者的数目及其相互关系构成了非常复杂的地产权利体系。地产权（estate）作为一种独立财产从土地上分离出来的制度设计，深深影响了英美的财产法体系。今天英美的财产权制度就是按照这一模式发展而来。地产并非作为物的土地本身，而是对土地上存在的权利的一种抽象，并将抽象出来的东西当作了一种独立财产，可以对之进行独立的转让、处分等。① 通过这种方式，将地产与土地分开，作为转让、处分的独立标的物，从而产权的流转就可以脱离对实物的占有、使用、收益，不仅适应封建土地保有制的现实，而且解决了物的排他性和流转性之间的矛盾，即对物的排他权利不再阻碍物的变相流转。

今天，英美法中财产权利完全具有地产权特征，都是一种抽象物，并且是一束从时间、空间、救济方式、质地、权能等多维度进行分解和自由创设的权利，进而进行独立转让和处分，都是一种人与人之间对物利用的契约关系而不是对物的占有。这种权利特征不同于罗马法中的无体物，特别适合于知识和经济时代，特别利于创新，不会遇到大陆罗马法系那样人格权、人身权与物的关系相分离（如知识产权、股份表决权与股份的关系）、物权法定的麻烦。

在英美法中，这种财产权利束的任何一种权利又称为所有权，与大陆法系中所有权具有完全不同的内涵。英美法中的权利分解和所有权完全不同于大陆法系的四个权能分解，也决定了英美法系与大陆法系在财产权利的归属和利用、法律思维方面的根本区别。

2. 大陆法系的主客体分立原则。

"按照信托财产的独立性原则，信托设立后，信托财产既不属于受托人，也不属于委托人和受益人，按照大陆法系的逻辑，这项财产似乎成为一项'无主财产'。大陆法系国家的法律关系中，严格奉行主客体分立原则。根据这一原则，在任何一项法律关系中，主体和客体都是各自独立的，主体就是主体，客体就是客体，任何一个具体事物（包括人和物）都不可能既是某一法律关系的主体又是某一法律关系的客体。"② 由此可见，信托财产的独立性原则与大陆法系国家的主客体分立原则的冲突，是信托法移植过程中必须克服的制度障碍。

---

① 这也是英美法系的财产法特别适于信息知识经济时代和金融时代发展的原因。

② 侯怀霞：《论信托制度的演变与传播——兼对我国继受信托法的两点思考》，载《社会科学研究》2009年第4期。

二、从产权理论看信托财产的独立性

信托制度的生命力源自其内在的制度结构，适应了社会经济发展的需要。其独特的分权结构，适应了现代社会财富积累与代际传承的需要。特别是信托财产的特定化、独立性，这一信托制度区别于其他财产制度的重要特征，实现了信托财产交易风险的隔离，既适应了现代工商业社会人们对投资的财产在安全保障上的需要，又适应了现代工商业社会投融资的需求，使信托发展成为资金供给者和需求者合作的重要渠道。信托中财产的相对独立性以及各方责任的从属性和有限性，为参与的各方提供了很好的交易保护。现代制度经济学认为，产权有清晰的界定是采用市场机制配置资源的前提。产权没有界定的财产，不可能采用市场机制进行配置，而产权界定不清晰的财产，会增加交易费用，消散租值，降低经济效率。信托财产的独立性这种以物为中心、围绕物的使用和收益展开相关主体的关系的规则，能够更加明确、具体地界定当事人之间的产权，这在经济学上属于明晰产权的行为，为市场交易提供了前提。在当代西方社会，我们认为：是正式的法律与产权为生活和经济提供了秩序。①

（一）产权与所有权的区别

1. 行为关系上的差异。所有权主要反映由财产所引起的人与物的关系，它一般仅分析财产所有者怎样支配自己的财产，不考虑财产使用过程中对他人产生的后果；产权则主要反映由财产所引起的人与人之间的行为关系，它不仅考察所有者如何对自己的财产行使权利，还要分析行使这项权利会给他人带来什么影响，是否有损于其他社会成员的利益，要不要为此付出代价。

2. 权利内容上的差异。所有权以财产关系为核心设置权利，反映由人拥有物而产生的各种现象的本质属性。就所有权来说，财产所有者处理本身的权利和义务，可以仅从人与物的角度，着手寻找解决办法。相邻所有者行使各自的权利，也可以仅从人与物的角度，考虑相互之间是否给予方便，是否接受限制。与此不同，产权内含各项权利的设置，除了必须考虑财产关系外，还要更多地考虑人际关系。所有者按照产权概念，行使权利或承担义务，既要考虑如何对待自己拥有的财产，又要考虑如何处理由此引起的与他人之间的关系。实际上，产权是一种以财产所有权为基础形成的社会性行为权利，外延比所有权宽得多，是以所有权为核心的若干权利的集合体。

3. 权利界定上的差异。所有权是对财产归属作出的权利规定，集中体现在财产的终极归属权上，比较容易确立排他性的权利关系。同时，它又以假定不存在交易

---

① ［美］道格拉斯·C. 诺思著，杭行译：《制度、制度变迁与经济绩效》，韦森译审，格致出版社 2014 年 4 月版，第 43 页。

费用为前提，因此所有权的确立，较少考虑权利界定过程的各种成本。与所有权不同，产权作出的权利规定，集中反映在财产的收益权或剩余索取权上。它不仅涉及财产所有权及其内含的各项权利，而且还包括由这一财产派生的有形物和无形物的权利。它除了确定财产本身的权利边界外，还要确定其派生物品的权利边界。所以，产权形成排他性的权利关系，比所有权困难得多，复杂得多，必须考虑界定过程的技术成本和交易成本。

4. 分析方法上的差异。所有权建立在静态分析的基础上，蕴含了经济活动当事人是完全理性的，并具有高超的计算能力和预测能力。这实际上蕴含着交易费用为零，不用考虑与所有权获取、转让和保护相关的成本。产权则建立在动态分析的基础上，认为人们不可能了解经济活动过程的一切信息，必须为产权交易支付费用。

（二）地产权、衡平法与信托制度

1. 信托作为财产权利是一束可分解的抽象权利。

信托是英美法中的一种基于地产权形成的财产权利形式，完全具有地产权的特征。信托法律关系要成立必须要有明确的财产权利。A 以 C 为受益人把财产转移给 B，那么财产权利分解为两个部分：普通法上的所有权和衡平法上的所有权。普通法上的所有权，又是一个权利束，主要包括占有、使用、处分、管理、投资、损害赔偿等若干权利。衡平法上的所有权也是一个权利束，主要包括收益、信托到期后的财产、禁令和特别履行等衡平救济权利。无论是终身权益还是将来权益，C 不仅可以出售、转让、设立担保和放弃，还可以在权益方面再设立信托（sub-trust）。C 可以宣告自己为受托人，为 D 谋取利益，也可以为 D 设立信托的方式将利益转移给 E。也就是把其所有的财产权再分割、再利用下去。

所以信托财产权利与地产权一样是一个从不同角度进行分割的一束权利。这种财产权利的分割和利用方式与大陆法系的所有权权能分解和利用方式很不相同，大陆法系的抽象所有权决定四个权能作为财产权利。[①] 所以，我国的信托公司在基础资产上创设收益权、租赁权等新型财产权利作为信托财产进行融资时，往往同时要求将基础资产或提供新的资产进行抵押或质押，同时又与物权登记相矛盾，被迫签订阴阳合同[②]，并且与物权法定原则、一物一权、物权-债权的思维范式相冲突。

2. 财产权利分割制度与信托作为财产管理和传承制度。

这种基于地产权范式的信托财产权利分割与创设的方式顺应了人类专业化分工和有效率地利用资源的趋势，可以更好地实现人类的自由意志，因而信托制度成为一种财产管理与传承制度，即委托人把财产信托给受托人，受托人运用专业知识和技能管理、运用、处分财产，受益人享有财产收益，受托人受信托义务约束。这也

---

① 我国《物权法》第39条规定"所有权人对自己的不动产或者动产，依法享有占有、使用、收益和处分的权利"。

② 安信信托公司诉昆山纯高案就是一个典型体现。

是全世界普遍引进信托制度的重要原因。这种财产管理与传承方式根本不同于古罗马的遗赠、委托代理、寄售等大陆法系国家的类似制度。

（三）信托财产独立性的制度体现

1. 信托本身是围绕信托财产的转移、管理运用和收益分配展开的经济活动，没有信托财产，就没有信托。信托财产不明确的，也不能成立信托。我国《信托法》第 7 条规定，设立信托，必须有明确的信托财产，并且该信托财产必须是委托人合法所有的财产。本法所称财产包括合法的财产权利。对于非物的有价证券、知识产权、股权、债权，应为合法拥有。从国外信托历史来看，采用信托方式持有的财产最初主要是土地，逐渐发展到古董、油画、公司股票、现金等财产种类。当信托财产的形态发生变化时，还成立物上代位权，即信托仍然在新的财产形态上存在。如由物变为货币收入时，货币收入仍然是信托财产，受益人对之仍有追及权。

2. 信托一旦设立，信托财产即具有独立性，既区别于委托人的其他财产，也区别于受托人的固有财产，在信托期间也不属于受益人的财产。委托人对信托财产不再占有，也不能保有支配权，而且信托一旦设立，委托人既不能撤销信托，也不能随意解除信托，以收回信托财产。根据《信托法》第 15 条的规定，设立信托后，如果发生委托人死亡或者依法解散、被依法撤销、被宣告破产情形时，在他益信托中，信托存续，信托财产不作为委托人的遗产或者清算财产，因而独立于委托人的其他财产；在自益信托中，信托终止，信托财产作为委托人的遗产或者清算财产，因而不独立于委托人的其他财产。受托人实际占有和管理支配信托财产，但不享有信托财产的真正所有权，甚至不能自我交易。受益人只能从信托财产中获得信托利益，不能对信托财产主张所有权，也不能直接支配信托财产。

3. 信托财产管理中的隔离。受托人在管理运用信托财产中，必须将信托财产与其固有财产分别管理、分别记账，并且不同委托人的信托财产也应当分别管理、分别记账。信托财产与其他财产在"物格"上是独立的，其目的之一就是避免用于信托的财产作为受托人的固有财产被处分。受托人对信托财产及信托利益不享有个人利益，因处分信托财产所获得的利益，均应当归属于信托财产，包括受托人处分信托财产所获得的身份利益，如股东、董事报酬，也应当归入信托财产。如果受托人对信托财产及信托利益享有个人利益，那么就会导致信托财产独立性的崩解，给受托人侵蚀信托财产及信托利益提供制度机会，不符合信托管理要以受益人最大利益为原则的要求。

4. 信托财产的不可强制执行性。除《信托法》第 17 条规定的四种情形以外，对信托财产不得强制执行。因此，信托财产能够维持其独立存在的状态。这是信托财产完全不同于其他财产的特点，也是信托理念中非常特别的一点。非信托财产可以强制执行，从法律意义上不存在不可强制执行性，而且总是与一定的主体相联系，不存在独立状态。

三、从交易费用理论看商事信托的法主体性

（一）交易费用理论

1. 科斯的理论。

科斯首先提出了交易是有成本的，他从资源配置的角度提出"交易成本"的概念，并把它纳入经济学的分析之中。科斯认为，相对于市场上的个别契约交易，企业之所以形成，是因为这样的生产方式在某些情形下是有优势的。建立企业之所以有利可图，原因在于在市场的生产调节方式中，价格机制的使用并非可以坐享其成，而是需要付出一定的成本。但是科斯没有给出交易成本的明确严格定义。在科斯看来，交易成本是"通过价格机制组织生产的最明显的成本，就是所有发现相对价格的成本。随着出售这类信息的专业人员的出现，这种成本可能减少，但却不能消除。市场中发生的每一笔交易的谈判费用和签约费用也必须加以考虑"。[①] 科斯的交易成本的含义是非常广泛的。另外，还有度量、界定和保护产权的成本，企业组织内部运作所产生的成本等。[②] 诺思在他的研究中，对交易成本的构成进行了阐述，"交易费用包括：衡量交换物之价值的成本、保护权利的成本以及监管与实施契约的成本。这些衡量与实施成本是社会、政治与经济制度的来源"。[③]

2. 张五常的理论。

张五常在科斯交易成本思想的基础上，提出了交易成本的定义。张五常认为，交易成本一定存在于多人社会中，不可能存在于一个人的、没有产权、没有交易的世界中。因为只要社会中存在多个人，就存在着如何约束个人行为的规则问题。在多人社会中，存在着人与人之间的竞争，要制定竞争规则，制度就出现了。制度是因为交易成本而产生的，所以交易成本也可称为制度成本。张五常给交易成本所下的定义，是指一切不直接发生在物质生产过程中的成本。除了生产成本之外，社会中可能存在的成本都是交易成本。在现代社会，随着市场经济越来越发达，很大一部分是交易活动而非生产活动，交易活动占据经济活动的比例越来越高，从而使得交易成本在社会总成本中的占比也越来越大。另外，政府的效率、机构设置等行政管理方式，也会影响到交易成本的大小，政府具有的权力寻租等行为，也可以影响交易成本。

3. 威廉姆森的理论。

威廉姆森借助交易成本的概念来解决企业与市场的边界问题。他指出，交易成

[①] ［英］罗纳德·H. 科斯：《企业的性质》，［美］奥利弗·E. 威廉姆森、［美］西德尼·G. 温特主编：《企业的性质——起源、演变和发展》，姚海鑫、邢源源译，商务印书馆 2008 年版，第 23—24 页。

[②] ［美］科斯：《论生产的制度结构》，上海三联书店 1994 年版，第 5 页。

[③] ［美］道格拉斯·C. 诺思著：《制度、制度变迁与经济绩效》，杭行译，韦森译审，格致出版社 2014 年 4 月版，第 32 页。

本经济学有两个重要的行为假设：第一是认知的假设，假设人的动因是意欲合理的，但只是有限地做到，该条件通常被称为有限理性；第二是行为的假设，假设人的动因天生就是机会主义，这是人们为实现目标而寻找自我利益的一个深层次条件。① 威廉姆森在科斯交易成本思想的基础上，不仅分析了交易成本的各种类型，而且还较系统地分析了交易成本产生的原因。一是不确定性。为了减少这类不确定性对人类造成的影响的同时，就会产生成本，这种成本就是交易成本。

二是机会主义。由于市场经济中存在的有限理性、外部性效应和信息不对称等因素的影响，人类要想办法对付各种方式的机会主义行为，就必须要付出代价，这些代价也属于交易成本。

（二）降低交易成本的制度安排：组织制度

交易成本本身虽不直接创造社会财富，但它要占用一定的社会资源，所以交易成本的高低会影响社会经济效率。如何降低交易成本、提高经济效率是新制度经济学要研究和解决的重要问题。

1. 市场制度是节省交易成本的制度安排。

市场之所以存在，就在于它能节约交易成本，对人们来说是解决利益矛盾冲突的一种有效的制度安排。市场通过促进专业化的发展，降低人们的学习成本以及市场交换过程中的各种规则和方式，有效地降低了交易成本。

2. 组织制度是降低交易成本的制度安排。

组织是新制度经济学研究的一项重要内容，科斯就是从企业组织入手来分析交易成本问题的。企业可以看作一系列契约关系②，通过这一系列契约关系来替代市场交易，以达到降低交易成本的目的。企业的经济本质就是为了节约交易成本而通过合约将不同要素组合在一起的独立人格体。

信托同样是一种契约关系，在信托运用和财产处理的过程中，通过对信托受托人和专业理财技术的规范来降低交易成本，提高经济效率。商事信托的主体地位一旦得以确立，在充分吸收信托机理的基础上，作为一种商事组织形式，商事信托所具备的信托财产独立性、受托人与受益人的有限责任与信托内部治理机制的灵活性势必会在金融理财领域得到更加广泛的运用。科斯在1937年指出，企业是对市场的部分替代，这种替代在一定程度上可以降低包括信息费用在内的交易费用。③ 既然作为制度存在的企业有这种经济上的效用，在法律上确立商事信托的法律主体地位

① ［美］奥利弗·E. 威廉姆森：《经济组织的逻辑》，［美］奥利弗·E. 威廉姆森、西德尼·G. 温特主编：《企业的性质——起源、演变和发展》，姚海鑫、邢源源译，商务印书馆2008年版，第119页。

② 段文斌：《制度经济学制度主义与经济分析》，南开大学出版社2003年版，第235页。

③ ［英］罗纳德·H. 科斯：《企业的性质》，［美］奥利弗·E. 威廉姆森、西德尼·G. 温特主编：《企业的性质——起源、演变和发展》，姚海鑫、邢源源译，商务印书馆2008年版。

就会使商事信托的作用更加显性化和固定化。

3. 组织产生的两种方式。

在我们的经济生活中之所以出现商事组织，主要原因是需要通过人的集合与资本的集合等组织规范以解决个人在商事活动中所面临的资本不足、经营能力短缺等问题。公司的法人格在大陆法系的确定并从理论上从"拟制说"过渡到"实在说"，"传统商事组织如合伙、有限合伙和公司等形式之间的区别只能通过历史而不是通过逻辑来解释"。① 一般而言，商事组织在法律上得到承认是内生的诱致性制度变迁的产物。但是在我国，商事信托的产生和应用则基本上是自上而下的强制性制度变迁的产物，随着我国资本市场的发展，商事信托在证券投资领域和资产证券化领域的应用会越来越多，养老保险、医疗保险也将更多地采用信托形式。在这种趋势下再无视商事信托的法主体地位是不合时宜了。

四、我国商事信托制度演化的趋势分析

（一）制度演化的法律逻辑：商事信托法治的中国道路

信托制度，尤其是商事信托，一直存在于任何一个大陆法系国家与地区的社会经济生活中。既然如此，从情理上看，每一个大陆法系国家与地区似乎都有必要继受存在于英美法中的信托制度，并结合本国和本地区的实际需要确立自符合自身实际的、独具特色的信托制度。

中国当代的法律移植是以国家主导的"变法模式"自上而下强制推进的，而变法和法治之间存在一种紧张的关系，移植来的法律至少在其实施的初期不能便利人们的行为，相反可能会使人们感到是在添麻烦；当人们企图规避法律并转而求助于习惯或其他方式来解决纠纷的时候，就必然会出现国家制定法的普遍无效和无力。② 任何一个国家或者地区无论是通过引进还是通过独创某一项法律制度，只能从自身的社会生活实际需要出发，绝不可能是从该国所属的法系或者是固有的与这一制度有关的法律基本理念出发。即便所属法系与这一制度有关的法律基本理念存在冲突，也仍然会引进该制度。引进之后，如果冲突不影响对该制度的适用就可以置之不理，如果影响到对其适用，可以从立法技术层面或者司法层面加以解决。

社会生活中所需要的知识至少有很大部分是具体的和地方性的，外国的经验也不可能替代中国的经验。因此，中国的法治只能来源于中国的社会生活，必须从中国的本土资源中演化创造出来。③ 在实践层面，法律移植几乎没有成功的先例。在当代中国社会法治实践与西方国家之间都存在着深刻的差距，因此中国的法治建设

---

① Robert W. Hamilton. *The Law of Corporations*. 4th ed. St. Paul, Minn.: West Publishing Co., 1996: pp. 29-30.

② 苏力：《法治及本土资源》，中国政法大学出版社 1996 年版，第 11 页。

③ 同上，第 17 页。

不可能是西方国家法治建设在中国社会的重演，中国的法治实践必须根据中国的国情来选择自己的道路。

（二）制度演化的价值选择：实现财富管理的效率化

现代信托的安全价值已经弱势于效率价值。信托持有的巨额财富深刻地影响着社会的发展，信托法的现代化成为各国共同探讨的议题——信托制度如何促进社会的发展而适应社会变革成为更有效率的财产管理制度。普通法系信托制度功能的变迁对于我国信托法提出了一个不可忽略的重大问题，即如何实现财富管理的效率化，这在更深层次上影响着信托法的目标和价值。

早期信托主要是民事信托，而民事信托的主要功能是有效转移财产，并不需要使财产增值，因此转移财产的安全性放在首要位置，信托制度的设计以安全为首要价值取向。在现代商事信托之下，信托财产越来越复杂，信托目的也不仅仅是财产的安全转移，而是追求更高的收益。现代信托的功能定位于财产管理，它以通过财产管理实现财产的增值为宗旨，因而其制度设计以效率为主要价值导向。

由于信托是就具体财产提供的一种全方位的管理、收益安排的制度，它把债权和物权巧妙地结合为一个统一体的经济制度，比单一的物权制度或债权制度提供了更多、更精确的交易信息，能给当事人更多、更具体的普遍性指导，有利于形成法律规则供求的规模化效应，节省交易费用，增进交易效率。从制度角度来看，一个产权界定、一个专业化分工、一个信息传递，这三大特点是信托作为经济工具的内在根据，使得信托能够完成从财产转移的功能到财产保值、增值的功能。因此，从经济性质来看，现代信托主要是资金供给方与需求方通过市场合约开展资金融通的一种交易，其目的是通过分工合作，把清晰界定了产权的财产进行投资赚取未来收入，共同分享产出收益。

我国信托法在立法之前，无论是理论上，还是实务应用上均没有提供充分的立法资源，信托制度本身的定位和立法的目标几度变更。但是，最终信托法是作为调整信托基本关系的法予以颁布和实施。与现在已经继受信托法的大陆法系国家相比较，我国的信托立法思路是具有一定的特色和先进性的。我国的信托法并非纯粹是为了解决某一特定的社会或经济问题而进行的填充式立法，而是在制度层面上，在作为实现财产有效管理和分配的视角上定位信托法，这就使得信托制度在中国"本土化"具有了可能性和现实性。但是在具体的立法模式选择和具体规范的设计上还需要根据中国目前的市场实践进一步推进商事化的路径。

（三）制度演化的基本路径：确立商事信托的法主体地位

大陆法系国家通常不把信托视为独立的法律主体，而是委托人—受托人—受益人之间的一组复杂的法律关系。① 商事组织基本上不包含信托这种形式。在我国，商事信托不具备法律主体地位是显而易见的。我国商事信托成为法主体在立法上缺少逻辑基础。我国立法从"行为"这一角度来界定信托，从逻辑上就推演不出信托成为商事组织形式的可能性，因为商事组织的逻辑起点在于组织成员之间的关系。与我国立法从行为角度界定信托不同，美国的信托法重述则把信托界定为"与财产有关的信义关系，是由于创制这种关系的意愿表示而产生，并将对财产持有所有权的人（即受托人）置于为了第三方受益人的利益而处置财产的义务之下"。把信托界定为与财产有关的信义关系，为信托成为商事组织并进而获得相应的法律主体地位清除了逻辑上的障碍。

1. 有助于解决信托财产所有权的难题。

包括我国在内的大陆法系国家在引进信托制度时一个难以解决的理论问题就是信托财产的所有权问题。信托制度是成长于普通法系的"精灵"，是一种内生的、诱致性的制度变迁产物，而信托制度移植到大陆法系传统的国家，在普通法系中信托的双重所有权架构却面临着物权法领域中"一物一权"这种绝对所有权观念的障碍。很多大陆法系国家对信托财产只在法律上规定其独立性而对其归属则显得有些无所适从，使信托财产成为一种"无主财产"。

如果赋予商事信托法律主体地位，可以顺理成章地规定商事信托享有信托财产的所有权，受托人享有信托财产的经营管理权，受益人享有受益权。这样信托财产的所有权问题则可以得到解决，信托架构下受托人与受益人的权利配置会获得更多的制度空间。商事信托理论的自足性和合理性会得到更多法理上的支持②。

2. 商事信托的法主体地位是确定受托人有限责任的基础。

我国《信托法》规定，受托人因处理信托事务所支出的费用、对第三人所负的债务，以信托财产承担；我国台湾地区"信托法"第 30 条规定，受托人因信托行为对受益人所负担之债务，仅于信托财产限度内履行责任。这种立法体例实际上是经不起仔细推敲的，信托在不被视为独立的法律主体和责任主体的情况下，受托人承担有限责任一来没有法理依据，二来不利于对相对人的债权保护，有违交易公平原则。因此，确立商事信托的法律主体地位和责任主体地位是受托人承担有限责任的逻辑基础。

在美国，受托人的有限责任是通过确定商事信托的法律责任主体而确定的。在 1935 年的多尔宾与格里森（Dolben v. Gleason）案中，马萨诸塞州最高法院在判决中指出，"信托不能自己行事，受托人不能作为信托的代理人，只能作为信托的具体表现，这样缔结的合同是个人合同，并且负有个人责任，除非特别约定他不承担

---

① 楼建波、刘燕：《论信托型资产证券化的基本法律逻辑》，载《北京大学学报》（哲学社会科学版）2006 年第 4 期。

② 于朝印：《商业信托法律主体地位的确定》，载《现代法学》2011 年第 5 期。

个人责任"。① 由此可见，受托人在对信托财产的经营管理中承担无限责任，他可能会因为其经营管理行为而遭受破产的风险。随着成文法商事信托法律主体地位的确立，受托人的有限责任才得以确定。受托人及受益人在商事信托中的有限责任的确定是商事信托法律责任主体地位确立的结果。

3. "以物为本"的信托财产独立性理念是法主体地位确立的基础。

信托财产具有独立性，是信托制度中极其重要的概念，商事信托法主体地位确立的一个重要制度保障就是信托财产独立性问题。它贯穿于整个商事信托制度，渗透于信托制度的各个层面和环节，要完善商事信托制度，就必须高度重视和充分贯彻信托财产独立性的理念。但这一理念在立法层面仍处于模糊不清的状态，需要在认识层面进行梳理和明确，并在制度层面进行完善。

1. 对信托财产的这种独立性特点，不能以传统的《物权法》或《合同法》理念来理解和解释。传统的《物权法》和《合同法》理念可以用一句话来概括，就是"以人为本"，即完全是围绕不同主体来描述和定位法律关系，物只是作为法律关系的客体而存在。即使是《物权法》将物权行为和债权行为分离的观念和做法，也仍然是为了更便于界分相关主体的权利和义务。而信托不同，信托制度是围绕信托财产来展开的，整个信托过程均强调信托财产的独立性、稳定性，信托财产不仅仅是信托关系的客体，它在一定程度上已获得了与主体相似的独立地位，类似于法律拟制的主体。信托的意志是通过信托文件的规定得到体现的，而且信托文件一旦生效，委托人非有特别情形不得改变其内容。信托各方的关系通过信托财产相连接，并围绕信托财产来展开权利义务，但信托各方没有独立决定信托生死存亡的权利。因此，信托财产的独立性用一句话来概括就是"以物为本"。

在理论上，正是由于信托财产具有这样独特之处，所以，日本学者对信托财产提出了法主体说。在立法实践上，把信托财产作为主体立法在一些国家和地区也有所反映，信托是一个能享有权利及负有债务的法人组织体。② 虽然这种观点还没有得到大多数国家法律的认可，但这样的观念无疑是正确反映了信托财产的本质，也正确反映了委托人设立信托的本意。因此，应当借鉴财团法人制度，赋予信托财产以类似财团法人的法主体地位，至少应当具有准主体地位。

2. 用"以物为本"的观念来看待信托，而非用"以人为本"来看待信托，会对其中的法律关系与利益平衡的规则看得更清晰。即我们在考察信托时，只需要考虑各相关方在信托财产上有何权利义务即可，而不需要去考察各相关方之间互享或互负怎样的权利义务。而且，也只有以信托财产为中介进行考察，我们才能理清信

---

① 施天涛、周勤：《商事信托：制度特性、功能实现与立法调整》，载《清华法学》2008年第2期。

② 周小明：《信托制度：法理与实务》，中国法制出版社2012年版，第210页。

托中相关各方的权利关系，离开了信托财产，各相关方的权利义务就失去了载体，无法加以界分或厘定。这与对合同和物权关系的考察是完全不同的。

比如，合同法上强调的是合同的相对性，是围绕合同主体之间的关系来展开法律关系的，合同项下的特定利益在法律关系中并不受到特别的关注。典型情形是第三人利益合同。我国法律承认第三人利益合同，这体现在《合同法》第 64 条的规定：当事人约定由债务人向第三人履行债务的，债务人未向第三人履行债务或者履行债务不符约定的，应当向债权人承担违约责任。虽然合同对第三人设定了利益，但是我国《合同法》并没有赋予第三人合同法上的权利，即可以作为合同主体向债务人主张合同利益的权利，债务人也不对第三人承担合同上的违约责任。在这里，特定利益并没有得到特别关注，在法律上没有任何意义，一切都只是围绕人的关系来展开，物的关系淹没在人的关系之下。

信托显然与之不同，人的关系是建立在物的基础上的，物在法律上有自己独特的地位。即使在法国、德国等大陆法系国家和地区，第三人通过接受合同利益而成为合同的当事人，因而在制度外观上与信托比较接近，但实质仍不相同，信托受益人与第三人仍有重大区别。信托受益人的权利兼具物权与债权性质，第三人则只有债权，并无物权（包括物上请求权）。信托受益人的权利自信托成立时即自动享有，并不需要受益人作出特别的意思表示，其拒绝接受信托利益的，只是向后放弃权利，不视为自始未取得权利，而第三人必须作出接受合同利益的意思表示，才能享有相应的权利。在信托中，受托人只以信托财产为限向受益人支付信托利益，但在第三人合同中，债务人是以自己的全部财产向第三人承担责任。可见，信托财产独立性的理念是区别第三人利益合同与信托的关键所在。

五、结论

商事信托要在中国落地生根，切实融入中国社会的发展实际，就必须找到商事信托落地的切入点。如果在法律上确立了商事信托的法主体地位，那么在充分发挥信托机理的基础上，商事信托将作为一种商事主体，充分发挥其信托财产独立性、受托人与受益人的权利分配和信托机制的灵活性等优势，在金融理财领域得到广泛的运用。商事信托是一个法律拟制的抽象主体，是商事主体的一种类型，需要很多的配套制度来协助该主体的成立和存在。信托合同、信托公司章程，作为唯理的存在，融产权界分与交易规则于一体，不是独立于信托之外的存在，是信托财产作为主体的意思表示及其方式，是信托这一法律活性主体的组成部分。

信托受托人信义义务研究

杨宏芹　刘静辉①

随着我国居民财富的不断积累以及理财观念的逐渐提升，人们对金融消费的需求也随之增长，希望通过各种投资方式以更好地实现资产的保值增值。金融机构也在不断向投资者推出多元化的金融理财产品及服务，以期满足金融消费者的投资需求。但消费者在信息获取及专业能力上相对于金融机构明显处于弱势，随着金融产品及服务的日趋复杂化，双方之间信息不对称现象还会日趋深化，在现实中金融消费者权益遭到金融机构侵害的案件屡屡发生。在民法一般规则难以应对这种日趋不对等的法律关系时，难以矫正这种失衡的利益关系时，需要赋予金融机构信义义务这一法定义务。信托公司作为金融机构在迎合金融消费者推出多元化的金融理财产品的同时，同样负有法定的信义义务。本文拟针对一则具体案件分析信托受托人的信义义务，探析双方当事人之间的信义关系及信托受托人是否违反了信义义务，是否需要对受益人的财产损失承担损害赔偿责任。

一、问题的引出

2015 年 5 月 8 日，股民狄女士与某信托有限公司（以下简称信托公司）签订协议购买某信托理财产品。在双方的信托合同中有关键性的一条，即如果把项目确立净值为 1 计，双方约定 0.95 为警戒线，0.9 为止损线，换言之当账户资金亏损 10% 的时候，信托公司就应该实行强行平仓。6 月 30 日，狄女士购买的理财产品净值为 0.9757，接近警戒线。7 月 1 日，千股跌停，预估净值为 0.8994，不仅跌破了警戒线，还直接跌破了止损线。7 月 2 日又是千股跌停，狄女士 1000 余万元的账户满仓而跌。信托公司 7 月 3 日平仓，这时账户余额为 936 万元，扣除配置资金，本金骤然缩水至 36 万元，晚平仓一天，140 万元灰飞烟灭。2015 年 11 月，狄女士以信托公司不作为、失当、合同违约为由提起诉讼，诉请信托公司出具清算报告，并赔偿财产损失及融资利息。

2017 年 3 月杭州下城区法院作出了一审判决，原告狄女士败诉。双方争议焦点

---

①　杨宏芹，上海对外经贸大学法学院副教授；刘静辉，上海对外经贸大学法学院硕士研究生。

在于：对于上文信托合同中关键性的一条约定是否需要严格执行。被告信托公司答辩说，7月1日，他们再三询问狄女士是否补仓，但是狄某不同意补仓，但是也不愿意平仓。7月2日早晨，信托公司再跟狄某沟通，建议狄女士至少要降半仓控制风险。7月2日上午，狄女士发出指令让信托经理卖出部分股票，随即又让信托经理买入近百万元股票，信托方开始强制降半仓。中午，双方再次沟通，狄女士拒绝补仓。下午开盘后股票继续下跌，下午2点，信托方开始强制平仓。7月3日，继续强制平仓，直至账户内股票全部卖完。原告狄女士的意思是，其本人可能是不理智的，所以才委托更专业的信托公司，并且认为信托公司应该有操作系统，能自动依照合同在破止损线的情况下自动平仓。杭州下城区法院的核心观点是，该条款系约定了信托公司的权利而非义务，信托公司积极与狄女士沟通，未限制狄女士的指令建议，属于尊重投资人意愿和为受益人利益考虑的行为，所以对于狄女士的财产损失，不是信托公司违约造成的后果。[①]

在此案中，信托公司、狄女士以及杭州下城区法院有着各自的说理，对于信托公司是否需要对狄女士财产损害的扩大部分承担责任，笔者将从信托公司的信托受托人的身份出发，分析信托受托人的信义义务及双方之间的信义关系，以期得出结论。

二、信托受托人信义义务涵义及特征

信义义务对受托人提出的标准很高，受托人只能从受益人的利益出发，审慎处理信托事务，管理信托财产，不得利用信托财产控制谋取私利。[②] 信义义务的核心就是充分维护委托人的信托目的，规制受托人的处分行为，实现受益人的信托利益。在司法实践中，要求委托人忠实、审慎地考虑受益人利益，明确按照委托人的意愿或目的，实行信托行为。信义义务是受托人信托义务最核心的内容，没有信义义务，也就谈不上信托。[③] 从学者们见解中可看出，信托受托人的信义义务是非常重要的。

（一）信义义务的涵义

信义义务起源于衡平法对被信任者（信义义务人）的背叛和滥用信托地位导致受益人利益遭受损害的重视。在信托关系中，受托人应该以一个善良管理者的态度，忠实审慎地为受益人的利益服务或者为实现其他信托目的服务，在财产管理的过程中，不得隐瞒和欺诈，侵吞信托财产，进而损害受益人的利益。在信义关系里，受益人与受托人之间的法律地位并不对等，受托人的法律地位更具有优势，受

---

① "配资炒股导致亏损该不该怪信托公司"，凤凰网，http://ifinance.ifeng.com/15252517/news.shtml?&back，最后访问时间：2017年4月1日。

② 陈大纲：《中国信托法与信托制度创新》，立信会计出版社2004年版，第25页。

③ 陈雪萍：《信托关系中受托人权利与衡平机制研究》，法律出版社2008年版，第65页。

托人因为对托付的财产享有处置权，在受托人没有对受益人负担信义义务时，受托人极易会为私利处置信托财产而对受益人的利益造成损害。故为维护受益人之权益，法律规定信托关系有效成立后，受托人必须对受益人负担相应的信义义务。事实上，信托关系中受托人和受益人之间的关系就是信义义务的最终体现，其核心就在于信任，不为自己谋利。①

（二）信义义务的特征

在信托中，信义关系实质上是一种无法对等的法律关系，受托人往往会利用其优势地位侵蚀信托财产。因此需要一定的强制性约束来确保一定基础上的广泛自由，而强制性也成为信义义务之必然性特征。信托法的根本目的在于规制委托人、受托人、受益人三方当事人之间以及他们与第三人之间发生的法律关系，在信托业不断发展的今天，商事信托中金融产品的不断创新及多元化，在受益人与受托人之间，委托人与受托人之间都存在着许多信息获取及处理上不对等的情况，且也会涉及对于第三人的效力及利益影响问题。故信托法需要对受托人的信义义务进行强制性规定，《中华人民共和国信托法》（以下简称《信托法》）第 25 条第 2 款规定，"受托人管理信托财产，必须恪尽职守，履行诚实、信用、谨慎、有效管理的义务"，就是对受托人信义义务的强制性规定，即信义义务是一种法定义务。

三、信托受托人信义义务存在的基础——信义关系

在探讨信托受托人的信义义务之前，首先需要厘清委托人与受托人之间存在的信义关系。信义关系指的是委托人基于对受托人的信任将其权利委托给受托人，双方之间所产生的法律关系。信义关系与委托代理关系有所区别，具体而言：

第一，在信义关系中，委托人须将财产权转移给受托人，信托财产的名义所有权由受托人享有，信托财产的利益由受益人享有；在委托代理关系中，被代理人并不需要将财产权转移给代理人，代理人也并不因代理活动而取得被代理人的任何意义上的财产所有权和财产利益，代理活动所涉及的任何财产上的所有权和利益仍归属于被代理人。

第二，在信义关系中，委托事务的处理内容限于财产性事务，信托的成立以委托人将其财产权委托给受托人为前提，受托人的职责就是管理、处分信托财产和分配信托利益；而在委托代理关系中，委托事务的处理内容则广泛得多，既可以将财产事务委托给代理人处理，也可以将非财产性事务委托给代理人处理。

第三，在信义关系中，委托人因承受信托财产的名义所有权，所以是以自己的名义对外处理信托事务；而在委托代理关系中，代理人所实施的活动被视为是被代理人民事行为能力的一种延伸，代理人原则上只能以被代理人的名义对外从事代理

---

① 陈雪萍：《信托关系中受托人权利与衡平机制研究》，法律出版社 2008 年版，第 148 页。

活动。

第四，在信义关系中，除委托人在信托文件中明确给自己保留了权限外，受托人具有为实施信托事务所必须或适宜的一切权限，委托人或受益人不得随意干涉受托人的行为，更不得随意改变受托人的权限；而在委托代理关系中，代理人应当按照被代理人的指示处理委托事务，而且对于被代理人的指示和授权，被代理人可随时更改和撤销。

在信义关系中，信赖他方而托付权利的一方为托付人（entrustor），被信赖托付的一方为受信人（fiduciary），为实现托付人的利益而提供服务。① 《元照英美法词典》中对受信人的解释中列举了具体的信义关系，"fiduciary 源自罗马法，指受托人及其他类似信任关系中的受信任关系中的受信任者。受托人应克尽诚信勤勉之责，为委托人的利益处理有关信托事务，且须达到法律或合同所要求的标准。受信托人、破产管理人、遗嘱执行人、监护人等均属受托人之列。""fiduciaryduty" 指的是 "受托人责任，信托义务，即为他人利益办事时，必须使自己的个人利益服从于他人的利益。这是法律所默示的最为严格的责任标准"。② 可见，在信义关系中由于受托人处于被信任的地位，要求应尽诚信谨慎之责，要全心全意地为受益人的利益服务。信义关系一般具备四个特征：信托受托人为受益人的利益服务；委托人对信托受托人有着较高程度的合理信赖；信托受托人对委托人的资产享有决定权或事实上的控制力及影响力；委托人在授权后及陷入信托受托人可能滥用其优势地位的风险中，并且难以通过自身能力来降低此种风险。③

（一）信托受托人为受益人的利益服务

《信托法》第 25 条第 1 款规定："受托人应当遵守信托文件的规定，为受益人的最大利益处理信托事务。"在信义关系中，受托人可以根据约定获取一定的报酬，但同时需要以实现受益人最大利益为出发点，不得利用其专业及优势地位为自身谋取信托合同约定报酬之外的利益，也不得怠于管理委托人资产而给受益人的利益造成损害。"信托受托人为受益人的最大利益服务"这一特征是区分信义关系与一般合同关系的重要标尺，因为在一般的合同关系中更强调的是合同双方当事人的互利互惠，而并不是必须要为另一方的最大利益服务。

在狄女士与信托公司合同违约纠纷案中，狄女士购买了信托公司的信托理财产品并与之签订了信托合同。信托公司虽然可以基于合同的约定收取一定的报酬，但应当以实现狄女士投资的产品收益最大化为出发点，不得怠于管理或者因其他不合理原因损害狄女士的利益。

---

① 谢哲胜：《财产法专题研究（三）》，中国人民大学出版社 2004 年版，第 81 页。
② 薛波主编：《元照英美法词典》，北京大学出版社 2013 年版，第 549-550 页。
③ 参见贾同乐：《金融机构信义义务研究》，吉林大学 2016 年博士学位论文。

（二）委托人对信托受托人有着较高程度的合理信赖

信义关系成立的重要条件之一在于委托人对信托受托人有着较高程度的合理信赖，即委托人信赖信托受托人能够为其利益服务，才会向信托受托人托付其资产。法律之所以要规定信托受托人负有信义义务，也是为了保护委托人的这种信赖利益，以此来维护在信托以及其他商事交易中双方之间的信赖和依靠关系。但需明确的是，如果双方之间在知识以及经验方面处于大致平等的地位，那么一方当事人就没有理由向对方寄予较高程度的信赖，双方当事人之间就会难以被认定存在信义关系。

在狄女士与信托公司合同违约纠纷案中，信托公司作为专业的金融机构，应当有着专业的人员及完善的风险防控系统为消费者提供金融理财服务。狄女士在股票投资方面的知识及经验明显弱于信托公司，故才会信赖信托公司会凭借自身的专业性为其利益服务并购买了信托理财产品。

（三）信托受托人对委托人的财产享有决定权

在委托人基于对信托受托人的信赖之后，为了使信托受托人能够高效合理的为受益人的利益服务，委托人需要将其财产托付给受托人。这里的"托付"指的是基于委托人的授权，受托人实际上可以控制委托人的财产，或者是可以对相关事务享有决定权。需明确，委托人的委托授权对于信义关系的成立非常必要。因为委托人将其财产以委托授权的方式交给受托人处置，表明了委托人对受托人有着较高程度的合理信赖；另外如果没有委托人的委托授权，实际上受托人很难有效地为委托人的利益服务。还需明确，在司法实践中委托人对于受托人的委托授权程度是认定双方之间是否存在信义关系的标准之一。只有当委托人的授权达到一定的程度时，双方当事人之间的信义关系才能得以成立。因为如果委托人将其财产及其相关事务的决定权牢牢掌控在自己的手中，受托人在管理委托人的财产时将会时时受到控制，此时受托人将没有机会滥用其权利损害受益人的利益，法律也就没有必要为其设置信义义务。

在狄女士与信托公司合同违约纠纷案中，狄女士购买了信托公司的信托理财产品，可认定狄女士基于对信托公司的信赖将财产委托给了信托公司，信托公司实际上取得了对狄女士财产的处置权。根据双方信托合同中的关键性一条，即如果把项目确立净值为 1 计，双方约定 0.95 为警戒线，0.9 为止损线，换言之当账户资金亏损 10% 的时候，信托公司就应该实行强行平仓。可认定信托公司至少在处置狄女士财产亏损标准上享有决定权，即在账户资金亏损 10% 的时候，信托公司就应该强行平仓。笔者认为，在 7 月 1 日预估净值跌破止损线时，信托公司就应该严格按照合同约定立刻采取措施进行强行平仓。但信托公司并没有行使决定权，而去征询知识及经验处于弱势地位的狄女士的建议并根据狄女士错误的意见晚平仓一天，最终导致 140 万元额外亏损。

（四）委托人因委托授权而承担风险

在委托人将其财产托付给受托人之后，为了使受托人能够高效地处理事务，委托人需要对受托人进行较高程度的授权。受托人在取得授权之后拥有一定的裁量权，即能够根据具体情况当机立断，无须在每次作出决策前都要征询委托人的意见。在理想的情境中，受托人会运用取得的权利为受益人的利益忠实勤勉地服务。但是在现实生活中，不可排除受托人会为了私利滥用职权的风险，或者在处理事务中懈怠等其他不合理的情况，从而使得委托人面临较高程度的风险。

在狄女士与信托公司合同违约纠纷案中，信托公司在狄女士购买其信托理财产品并签订信托合同之后，便取得了对处理信托财产的一定裁量权。笔者认为，信托公司在7月1日预估净值跌破止损线时，就应该根据合同的约定当机立断强行平仓。但是信托公司却首先去征求狄女士的意见并根据狄女士的意见作出了错误的决策，才使狄女士的损失进一步扩大，风险也转化为了现实中的财产损失，不可否认信托公司存在过错，需要承担责任。

四、信托受托人信义义务的具体内容

在信托关系中，受托人作为信托事务的管理者，对信托财产享有处置权及相关事务的决定权。相对于受托人，受益人只是获得信托利益，是出于脱离信托财产的地位，明显较为被动。如果没有对受托人管理信托财产的行为进行有效约束，往往会发生受托人为了一己私欲滥用权利损害受益人利益的情况。信义义务成为了有效规避受托人滥用优势地位侵蚀信托财产的重要关卡，根据信托法的规定以及主流学者的观点，信义义务的内容主要包括谨慎义务和忠实义务，但笔者认为还应当包括对高风险金融理财产品的助言义务。

（一）谨慎义务：专业人员应有的勤勉谨慎

谨慎义务又指注意义务，即受托人在管理信托财产和处理信托事务中必须谨慎，要尽到合理的注意义务，不能因为是关系到他人（受益人）利益而不加判断进行一系列不负责任的管理行为。如果受托人严格履行了相应的注意义务，还是出现了信托财产损失，应当免除其赔偿责任。可见谨慎义务的标准与受托人是否需要承担法律责任密切相关。针对受托人专业知识以及技能水平高低的不同，谨慎义务的标准有所区别，受托人承担责任的大小也有所区别。

1. 一般标准——普通商人标准。

19世纪末，英国在判例中制定了受托人"普通的谨慎商人"标准及经营管理信托事务的专业技能要求。此标准只适用于无偿管理信托事务的领域，即受托人不具有专业技能，且受托人管理信托财产不收取任何报酬。[1] 此种标准通常适用一般的民事信托，即委托人基于与受托人在长期交往中产生的相互信赖情感，或者是基于血缘关系等，对受托人有着较高的信赖度并在此基础上将信托财产托付给受托人经营、管理和处分。双方之间彼此熟悉且受托人不收取任何报酬，因此不能对受托人苛求过高的信义义务，即尽到普通商人的合理注意义务就可以。但受托人利用对信托财产的处置权而谋私利，损害受益人利益时，仍需要承担因违反信义义务的损害赔偿责任。

2. 严格标准——专家标准。

在商事信托飞速发展的今天，具有法人资格的受托人相继出现，如信托公司。具有法人资格的受托人在知识、专业技能方面强于一般的受托人，需要对其适用更高的信义义务标准，即专家标准。信托公司作为专业的金融机构必须雇佣具有专业知识背景的高级管理人才和各类专业技能人员，如此才能将庞杂的金融信息收集整理，向客户提供专家建议。因此普通的金融消费者内心确信信托公司能够提供专门知识和专业技术，帮助现实资产的保值增值。如果只要求信托公司遵守普通商人的谨慎义务，相对于金融消费者来说，显然是不公平的。因此，信托公司作为专业的法人型受托人，如果声称由于过失，没有遵守其具有的特别注意义务和技术导致受益人利益受损或者信托财产遭受损失，毫无疑问需要承担违反信托注意义务的责任。

在狄女士与信托公司合同违约纠纷案中，作为具有专业知识和技术的信托公司在7月1日预估净值跌破止损线时，就应当预测到信托财产会继续遭受损失的情形，并且应当及时采取措施强行平仓。但是信托公司却征求在知识及经验相对欠缺的狄女士的意见，并根据狄女士错误的意见作出了错误的决策，导致狄女士财产进一步遭受损害。笔者认为，信托公司没有尽到其作为专家的信义义务，在管理狄女士的信托财产上存在过失，没有遵守其具有的特别注意义务进而导致信托财产的损害，需要承担损害赔偿责任。

(二) 忠实义务：以受益人的利益为目的

忠实义务是指受托人必须为受益人的利益着想，不能利用优势地位及管理信托财产的权力谋取私利，是受托人在信托关系中必须负担的本源性的基础义务。忠实义务是要根除诱惑而不是抵制诱惑，要求一种对于被信任者单向的忠诚。谨慎义务是在忠实义务的基础上建立起来的义务；对信托关系的判断，忠实义务是考量的最为核心的义务。忠实义务是对占用行为的控制，而谨慎义务是对疏于管理信托事务的约束。[2] 忠实义务的根本就是受托人在信托关系范围内对受益人要绝对忠诚。具体而言，忠实义务主要包括禁止自我交易、禁止利用其地位牟利、公平交易原则以

---

[1] 参见刘东亚：《论英国信托法受托人的信义义务》，载《河北科技大学学报》（社会科学版）2004年第2期。

[2] 彭插三：《信托受托人法律地位比较研究》，北京大学出版社2008年版，第128页。

及禁止同业竞争四个方面。由于案例中信托公司没有违反忠实义务，这里不做过多赘述。

（三）助言义务：对高风险金融理财产品的警示

对一些结构复杂、隐含巨大风险的金融产品，即使金融消费者具有一定的投资经验，并且金融机构也已经妥善履行了相关事项的说明义务，但消费者仍然难以准确掌握该产品的风险，在交易中有遭受重大损失之虞。为了预防消费者遭受意料之外的巨额损失，在这类金融商品的交易过程中，对拥有专业能力的金融机构，法律需要对其设定进一步的信息提供、提醒、警示和建议义务。这一义务在日本和我国台湾地区被称为助言义务。[1] 金融商品交易是一种持续性的交易，在当事人缔约后，信息不对称的现象依然存在。在高风险金融商品的交易中，信息获取的不及时会给金融消费者带来巨大风险，因此金融机构需要对消费者负有持续通知的义务。助言义务不仅包括信息的持续提供义务，还包括金融机构对消费者后续投资行为的警告和适当建议义务。如果消费者作出了明显错误的决策而给自身带来巨大风险，金融机构即应当运用其专业和经验对消费者进行指导，必要时可以根据协议采取一定的措施，以免其遭受巨额损失。

助言义务在日本和我国台湾地区的司法实践中得到确认：一方面，在一些结构性商品交易中，金融机构应定期检视商品的价格及风险变化，将可能导致商品价格剧烈变动的危险及时通知消费者，以方便消费者判断是否提前赎回商品；另一方面，倘若金融机构发现消费者明显误解了金融商品的特性，从事高度不合理的交易，金融机构应当对消费者进行提醒，或者结合消费者的属性、商品特性以及当时的交易情况，给予消费者适当的指导建议。[2]

对于狄女士与信托公司合同违约纠纷一案，在7月1日预估净值跌破止损线时，信托公司及时地履行了向狄女士的提醒、说明义务，并征求狄女士的意见。7月2日上午信托公司再与狄女士沟通，建议狄女士至少要降半仓控制风险。但狄女士却发出指令让信托经理卖出部分股票，随即又让信托经理买入近百万元股票。显然狄女士作出了明显错误的决策并遭受了巨额财产损失，不可否认信托公司积极履行了信息持续通知的义务，但是在狄女士作出明显错误的决策时，并没有运用其专业和经验及时对狄女士进行指导、建议及警示，更没有根据信托合同约定第一时间强行平仓。因此笔者认为，信托公司没有尽到完全意义上的助言义务，存在过错，对狄女士的财产扩大损失负有责任。

---

[1] 参见陈洸岳：《金融消费者保护法下业者损害赔偿责任初探》，载《月旦法学杂志》2011年第12期。

[2] 参见詹森林：《台湾金融消费者权益之保护》，载《月旦法学杂志》2013年第3期。

五、结语

信托公司作为信托受托人，狄女士在购买信托理财产品后，就应该负有法定的信义义务，应该忠实审慎地为狄女士的最大利益进行服务。但是信托公司并没有很好地履行对狄女士的信义义务，具体而言：首先，信托公司没有在 7 月 1 日狄女士购买的信托理财产品预估净值跌破止损线时第一时间进行强行平仓，使狄女士的财产损害进一步扩大，换言之没有为狄女士的最大利益进行服务；其次，在信托理财产品预估净值跌破止损线时，信托公司首先去征询知识及经验处于弱势地位的狄女士的建议并根据狄女士错误的意见晚平仓一天，没有行使对信托财产的决定权进行及时平仓，并最终导致 140 万元额外亏损；再次，在信托理财产品预估净值跌破止损线时，信托公司没有尽到其作为专家应有的谨慎义务以及助言义务。不可否认信托公司对狄女士财产的扩大损失部分存在过错，故需要承担一定的责任。另外对于杭州市下城区法院的"该条款系约定了万向公司的权利而非义务"的核心观点，笔者并不赞同，该条款并不是普通意义上的民事权利，可随意放弃。如果关键性的合同约定被认定为是权利而非义务，换言之这属于信托公司的权利，可为也可不为，那么约定将毫无意义。该关键性的合同约定应是信托公司信义义务在合同中的具体表现，其应该是信托公司的义务而非权利。

金融司法

P2P 网络借贷中本金给付标准的反思与应对

——以 P2P 网贷平台预扣服务费为视角

王　鑫　孔燕萍①

一、P2P 网贷纠纷中本金争议的现状思考

近年来，随着互联网金融的发展，P2P 网络贷款成为互联网金融一种重要的运营模式，P2P 网络借贷涉及 P2P 网贷平台、出借人和借款人三方法律主体，包含双重法律关系，即出借人与借款人的借款合同关系、P2P 网贷平台与出借人、借款人之间的居间合同关系。实践中，绝大多数 P2P 网贷平台在向借款人划付出借金额时预扣了较高的服务费用，由此引发涉及 P2P 网贷平台的借款案件中，借款人对实际借款本金金额提出异议。

（一）P2P 网贷平台法律性质及诉讼地位

1. P2P 网贷平台的居间人地位。

P2P 在互联网金融领域，是指基于互联网形成的借贷关系，即借贷双方通过第三方运营的互联网平台完成借贷的互联网金融模式，由于借贷双方往往是非金融机构的自然人、法人或者其他组织，因此，P2P 网络借贷属于民间借贷的范畴。从 P2P 网贷平台开展业务情况来看，其主要业务是对借款人和出借人的信息和交易匹配、信用咨询与管理服务，从而收取一定的服务费用，该行为属于合同法上的居间行为，也即金融信息中介。根据四部委 2016 年 8 月发布的《网络借贷信息中介机构业务活动管理暂行办法》，P2P 网贷平台应当在经营范围中实质明确网络借贷信息中介，不得提供增信服务，不得直接或间接归集资金，不得非法集资，其基于提供金融信息中介服务收取费用。

2. 民间借贷网络化背景下三方当事人的双重法律关系。

从法律实质来看，P2P 网络借贷涉及 P2P 网贷平台、出借人和借款人三方法律主体，包括借款、居间双重法律关系。第一，借款人与出借人的借款合同关系。实

---

① 王鑫，上海市浦东新区人民法院金融庭庭长；孔燕萍，上海市浦东新区人民法院金融庭法官助理。

践中借款协议的主体通常包括 P2P 网贷平台、出借人和借款人，既约定了借款合同的相关要素，亦约定了 P2P 网贷平台如何协助双方履行借款合同。第二，P2P 网贷平台与出借人或借款人之间的居间关系。出借人与 P2P 网贷平台之间的居间服务关系往往是其在 P2P 网贷平台注册时，通过点击确认"已阅读并同意平台服务协议"订立的，借款人与 P2P 网贷平台之间的居间服务关系除了通过签订电子协议外，往往还在线下签订书面的咨询服务协议，具体约定居间服务费用的收取。

3. P2P 网贷平台法律性质及诉讼地位。

从司法实践来看，P2P 网贷平台的诉讼地位既可能是原告，也可能是被告，相应的案件类型主要包括两类：一类是出借人或者借款人起诉 P2P 网贷平台；一类是 P2P 网贷平台①起诉借款人。此外，有的 P2P 网贷借款案件中，出借人直接起诉借款人，P2P 网贷平台可能是案件的第三人，或者并非案件当事人。

（二）P2P 网贷平台预扣服务费引发的几类典型本金争议

传统民间借贷只存在出借人和借款人双方当事人，出借人在交付借款本金时预扣利息或者变相预扣利息的行为较易认定。而 P2P 网络借贷较传统的民间借贷增加了一方当事人，即作为金融信息服务中介的 P2P 网贷平台，P2P 网贷平台预扣服务费用引发的本金争议，在不同类型的 P2P 网贷纠纷中均有涉及，司法实践中比较典型的案例有三类。

【案例一】原告 P2P 网贷平台起诉被告借款人要求还本付息，借款人对借款本金提出抗辩

如《借款协议》约定借款本金为 300 万元，借款人应向 P2P 网贷平台支付咨询服务费 51 万元，并授权 P2P 网贷平台从出借人交付的借款本金中一次性扣除。P2P 网贷平台扣除 51 万元服务费用后，实际向借款人划付了 249 万元，后因借款人未能按约还款，P2P 网贷平台受让出借人的债权后起诉借款人要求还本付息，借款人则抗辩实际借款本金应为 249 万元。

【案例二】原告借款人起诉被告 P2P 网贷平台，要求确认实际借款本金

如《借款协议》约定借款本金为 426000 元，P2P 网贷平台按约扣除了平台服务费用共计 126000 元后，实际向借款人划付借款金额 30 万元，后借款人在履行合同的过程中对本金提出异议，向法院起诉要求确认借款本金不包括 P2P 网贷平台预扣的服务费用，该类诉讼出借人往往对合同的效力提出异议。该类案件中，由于 P2P 网贷平台并非出借人，借款人能否直接起诉 P2P 网贷平台亦存在较大争议。

【案例三】原告出借人起诉被告借款人要求还本付息，借款人对借款本金提出

---

① P2P 网贷平台作为原告的情况下，P2P 网贷平台虽然不是出借人，但其通过受让出借人的债权成为债权受让人，从而取得诉讼主体地位。

抗辩

如出借人、借款人通过 P2P 网贷平台居间撮合达成借贷时，《借款协议》约定借款本金 188800 元，借款人授权出借人扣除其应交纳给 P2P 网贷平台服务费共计 28800 元，出借人向借款人实际转账 16 万元。后借款人未按约还款，出借人起诉还本付息，借款人抗辩应以实际收到的借款本金计算。

引发上述本金争议的根源具有同质性，即均是由于 P2P 网贷平台在划付本金时预扣了较高的服务费用，由此引发实际借款本金的争议。

（三）P2P 网贷借款本金认定规则适用乱象

在 P2P 网贷借款案件中，借款本金的认定中是否应包含 P2P 网贷平台预扣的服务费，目前司法实践中的裁判准则缺乏统一性，同案不同判的现象仍比较突出，主要有以下几种观点和理由：

1. 观点一：约定本金规则——本金以合同约定为准。

即法院应当区分 P2P 网贷纠纷中的居间关系与借款关系，对借款本金的认定应当尊重合同约定。借款人与 P2P 网贷平台的居间法律关系，不影响出借人权益，居间服务费不属于利息性质，以合同约定的借款本金为准更符合合同实质。[①]

2. 观点二：交付本金规则——本金以借款人实际提取的金额为准。

即法院对 P2P 网贷纠纷应当严格审查实际交付的本金数额。对于如何认定本金交付，实践中主要存在两种观点，P2P 网贷平台一般主张其将借款本金划付至借款人的虚拟账户时即完成本金交付规则；而借款人则主张，交付本金应以借款人实际收到的借款本金为准。由于 P2P 网贷平台在操作时先将约定的借款本金划付至借款人的虚拟账户，但此时借款人实际上无法提取约定的借款本金，须等 P2P 网贷平台扣除约定的服务费后，借款人才能提取剩余借款本金。如果认为 P2P 网贷平台将借款本金划付至借款人的虚拟账户时即完成本金交付规则，则此时的交付本金和约定本金并无区别。P2P 网贷平台将借款本金划付至借款人的虚拟账户后，在其扣除服务费之前，借款人实际上并不能提取出约定的借款本金，也即其对账户仍不具有实际控制权，因此，对于交付本金的认定，以借款人实际提取的金额为准更具有合理性。

实践中，法院一般依法确认《借款协议》效力，对通过代付服务费、咨询费、审核费等形式预扣利息或掩盖超出法律规定限度的高额利息的，不予支持，以借款人实际收到的借款金额为借款本金。[②] 此外，有的法院在确认出借人系居间人的实

---

① 参见上海市黄浦区人民法院（2014）黄浦民五（商）初字第 6199 号民事判决书，湖北省武汉市江汉区人民法院（2016）鄂 0103 民初 6280 号民事判决书。

② 参见江苏省南京市秦淮区人民法院（2016）苏 0104 民初 10357 号民事判决书，苏州市虎丘区人民法院（2016）苏 0505 民初 4414 号民事判决书，上海市浦东新区人民法院（2017）沪 0115 民初 1984 号民事判决书。

际控制人时，如果居间人预扣服务费过高的，又无法证明居间人实际提供了相关服务的，则认定《借款协议》属无效合同，借款人返还实际取得的借款。①

二、根源分析：预扣服务费引发的本金认定之争

（一）P2P 网贷平台预扣服务费之现状思考

P2P 网贷平台作为金融信息服务中介，向借款人以及出借人提供服务为有偿服务，有权收取相应服务费，但收取方式和收取标准目前均无相应的监管规范，实践中 P2P 网贷平台预扣服务费基本呈现出如下几个特征：

1. 名目较多，用途不明。P2P 网贷平台虽然约定了不同名目的服务费，但相关用途并没有明确说明，尤其是各类保证金性质的服务收费，存在提供担保的嫌疑。

2. 费率较高，预扣服务费和月付服务费并存。P2P 网贷平台预扣服务费的费率普遍较高，有的甚至高达 20% 左右，且不少 P2P 网贷平台除了在划付本金时预扣服务费外，仍要求借款人按月支付相应服务费。

3. 涉嫌违法预扣利息。有的 P2P 网贷平台在预扣服务费时明确约定预扣了首月利息，违反了法律的禁止性规定。

表格一：司法实践中 P2P 网贷平台预扣服务费相关情况

平台	约定借款本金	实际收到借款本金	预扣服务费情况	预扣服务费占约定本金比例	月付服务费	约定利率
平台 1	115920 元	90000 元	风险管理费 1159.20 元 借款服务费 24760.80 元	22.36%	月付平台管理费 347.76 元	正常利率：13.2% 逾期利率：0.1%/天
平台 2	370500 元	299800 元	平台服务费 18000 元 征信服务费 18000 元 个人信用查询费 200 元 贷后管理服务费 34500 元	19.08%		正常利率：12% 逾期利率：0.1%/天
平台 3	60289.70 元	50000 元	咨询费 2363.43 元 评估费 1181.72 元 管理费 1575.62 元 推荐服务费 2757.34 元 风险基金 2411.59 元	17.07%		正常利率：12% 逾期利率：0.05%/天

---

① 如在天津市第二中级人民法院（2017）津 02 民终 1251 号案件中，法院最终认定，出借人未能提供充分证据证实金融信息服务中介实际为借款人提供了相应的服务，以及实质性的代借款人缴纳了相关费用，因此认定出借人系以收取高额中介费用的方式来达到预扣利息或规避利率限制的目的，属于以合法形式掩盖非法目的，《借款协议》属无效合同。

平台	约定借款本金	实际收到借款本金	预扣服务费情况	预扣服务费占约定本金比例	月付服务费	约定利率
平台 4	500000 元	435000 元	交易手续费 7500 元 还款保证金 50000 元 风险准备金 5000 元 当月账户管理费 2500 元	13%	月付风险准备金：5000 元 月付账户管理费：2500 元	正常利率：12% 逾期利率：0.2%/天
平台 5	420000 元	395080 元	居间管理费 8610 元 诚信管理费 12600 元 车辆评估费 100 元 保管费 260 元 平台服务费 200 元 首月利息 3150 元	5.93%		正常利率：12% 逾期利率：0.3%/天

（二）约定本金规则下预扣服务费的合理性分析

1. 合同自由原则。合同法赋予当事人缔约自由的原则，包括自由确定合同内容，对于 P2P 网络借贷中如何收取服务费，当事人可依据借款协议和居间合同的约定，由借款人授权 P2P 网贷平台从其协助划扣的借款本金中预扣相应的服务费，再将剩余借款金额划付至借款人的账户，预扣服务费是借款人和 P2P 网贷平台的真实意思表示，应当尊重合同约定。

2. 法无明文禁止皆可为。P2P 网贷平台作为居间人，有权收取合理的居间费用，预扣服务费不同于预扣利息，虽然我国的法律和司法解释对于预扣利息行为是禁止的，但是服务费并非利息，在法律没有禁止预扣服务费的情况下，应予认可。

（三）交付本金规则下预扣服务费的否定性评价

1. 实践性合同。民间借贷合同系实践性合同[①]，仅有双方当事人的合意不能成立，必须要有实际的交付行为，即合同在出借人提供借款时生效。P2P 网络借贷属于民间借贷范畴，对借款本金的认定应遵循民间借贷实践性规则，以借款人实际收到的借款金额为准，P2P 网贷平台预先扣除的服务费不能计入借款本金。

2. 巧取利益之禁止。传统民间借贷中，出借人在约定利率之外巧取利益方法甚多，如折扣副本（即提前预扣利息），或另立手续费等。法律上所谓为消费贷借之成立者，惟限于实支之金额，故应将扣取之额扣除后，在不超过民法最高利息限制

---

① 《中华人民共和国合同法》第 210 条规定："自然人之间的借款合同，自贷款人提供借款时生效。"

内之约定，应认定为有效。① 虽然 P2P 网贷纠纷中，P2P 网贷平台有权收取相应的服务费，但其预扣服务费之高仍有巧取利益的嫌疑，具体表现在：

第一，为隐性担保提供资金来源。不少 P2P 网贷平台承诺通过先行垫付、受让债权的形式对出借人提供隐性担保，其垫付本金主要来源即向借款人收取的各类风险保证金或者管理费。

第二，涉嫌预扣利息。在出借人系 P2P 网贷平台的实际控制人或股东或关联方的情况下，出借人通过 P2P 网贷平台预扣的服务费实际上归入了出借人自身，此种情况下 P2P 网贷平台完全沦为出借人预扣费用的工具。在现代法下，施行利息自由原则，但对特定种类的利息则限制在一定比例之内，禁止高利息及趁对方无认识或窘迫情况下谋取暴利之个别行为。②

3. 合同正义原则的衡量。合同正义原则的表现之一是给付与对待给付之间具有等值性。③ P2P 网贷平台预扣的服务费名目众多，包括平台服务费、诚信服务费、贷款管理费、逾期管理费，甚至利息等，除此以外，有的 P2P 网贷平台还要求出借人按月支付服务费，上述服务费总额甚至高于民间借贷 24% 的利率。P2P 网贷平台以居间服务为由，收取高额服务费用，已经远超其居间服务所应得之对价，较易导致借款人不堪重负，无法按约还本付息，亦容易引发高利贷、暴力催收导致人身伤害等违法犯罪问题，对金融秩序、社会经济造成不利影响。因此，即便在当前法律没有规范的情况下，依合同正义原则也应对 P2P 网贷平台预扣高额服务费作否定性评价。

三、裁判规则思考：P2P 网络借贷中本金给付标准的司法判定

（一）"借款+居间"架构下"交付本金规则"的合理性分析

自然人之间的借款合同，依习惯为实践合同。④ 根据民间借贷实践性特点，传统民间借贷的本金应以借款人实际收到的本金为准，出借人预扣利息的，预扣的利息不得计入本金之中。但在 P2P 网贷纠纷中，P2P 网贷平台预扣的服务费能否计入本金，则因借款关系和居间关系交叉重叠而引发争议。从 P2P 网络借贷本质属性来看，P2P 网络借贷本金的认定应当坚持"交付本金规则"，即以 P2P 网贷平台实际划付至借款人，并为借款人实际提取的金额为准。交付的标准应以借款人对其账户有无实际控制权为准，P2P 网贷平台将约定借款本金划付至借款人虚拟账户时，由于借款人此时不能实际提取约定借款本金，尚不能认定完成了交付。理由如下：

① 史尚宽著：《债法总论》，中国政法大学出版社 2000 年版，第 257 页。
② 【日】我妻荣：《我妻荣民法讲义Ⅳ新订债权总论》，王燚译，中国法制出版社 2008 年版，第 36 页。
③ 崔建远著：《合同法总论（上卷）》，中国人民大学出版社 2008 年版，第 42 页。
④ 同上，第 63 页。

1. 格式合同下借款人缔约地位不平等。P2P 网贷平台在本金中预扣服务费，系 P2P 网贷平台以格式合同方式订立，借款人基于自身缔约地位并无权对此提出异议，如果 P2P 网贷平台以此变相提高借款人借款利率，则相应格式条款效力也存在争议。

2. 服务费率畸高，对社会经济秩序产生负面影响。目前在借款人对本金提出异议的案件中，P2P 网贷平台预扣服务费占本金的比例大约在 15%～30% 之间，加上借款人应当付出较高的利息成本外，借款人的实际融资成本远远超过 24% 的标准，使得借款人容易陷入高利贷陷阱，或者因无法按约还款引发遭受恶意催讨事件。

3. P2P 网贷平台的服务费收益高于出借人的借款收益，显失公平。从居间服务行业的收费标准来看，P2P 网贷平台预扣的服务费明显畸高，其收益远远高于出借人出借资金的收益，合同各方当事人之间的利益因此呈现出不合理的失衡状态，如果认可这种失衡状态不加以矫正，不仅对借款人的合法权益难以保护，而且对 P2P 网贷平台行业良性发展也更为不利，P2P 网贷平台通过收取高额服务费用提供隐性担保的局面难以得到控制，不利于行业的健康有序发展。

4. 规避法定利率限制。有的 P2P 网络借款中，出借人可能只是"名义"上的出借人，真正的出借资金来源于 P2P 网贷平台或其关联方，实际上利息收入和服务费可能均归属于 P2P 网贷平台，P2P 网贷平台对其借款收益通过与其存在关联的"名义"出借人进行了拆分，从而规避了法定的利率限制。

（二）路径探索："交付本金规则"的具体处理模式选择

在适用"交付本金规则"认定 P2P 网络借贷本金的情况下，实际处理情况也因 P2P 网络借贷"借款+居间"的双重架构而显得较为复杂，如何在实体上处理 P2P 网络借款本金的认定，具体有如下两种思路：

1. 借款本金和居间服务费用"分开处理模式"。即对于 P2P 网贷平台预扣服务费的，预扣的服务费不应计入本金，以借款人在 P2P 网贷平台的账户中实际收到的借款本金为准。但 P2P 网贷平台提供了居间服务，其收取合理的居间费用应当予以支持，由于其中借贷和居间密不可分，因此，可由法院向当事人释明，是否要求在处理借款关系的同时一并处理居间关系，如果当事人选择一并处理居间关系的，法院应在合理的范围内支持 P2P 网贷平台收取相应的居间费用。

2. 借款本金和居间服务费用"合并处理模式"。对 P2P 网贷平台预扣服务费的行为作合法性评价，但是对 P2P 网贷平台预扣服务费的标准做实质性审查，也即，如果 P2P 网贷平台预扣的服务费相对合理，则认可约定的借款本金为实际借款金额；如果 P2P 网贷平台预扣的服务费畸高，则法院对服务费进行实质性审查后予以合理调整，并将合理预扣的服务费计入实际借款本金金额中。

（三）理性之选："分开处理模式"的具体司法裁量准则探析

在目前对 P2P 网贷平台如何收取服务费并无具体监管规范的情况下，由法院对

P2P 网贷平台收取服务费用的标准进行认定，一是存在越俎代庖之嫌，二是司法实践对于收取服务费用的标准也难以统一，容易导致适用法律的不统一。因此，在目前相关监管规则缺位的情况下，P2P 网贷平台预扣服务费能否计入本金如果取决于其收取服务费用的合理性，反而使得 P2P 网络借贷的本金认定处于不确定规则之中，也不具有合理性。因此，在 P2P 网贷纠纷本金给付标准的认定上，应当坚持借款本金和居间服务费用"分开处理模式"，具体考量如下几个方面：

1. P2P 网贷平台"非法集资"刑事风险的甄别。根据最高人民法院《关于审理非法集资刑事案件具体应用法律若干问题的解释》第 1 条①的规定，当 P2P 网贷平台违反金融监管要求，达到一定社会危害性时，即可能构成刑法层面上的"非法集资"罪名。从司法角度来看，对于坚持金融信息中介定位的 P2P 网贷平台，应当发挥一定的司法宽容特性。对于存在涉嫌恶意欺诈、发放高利贷和暴力催收等违法违规行为的 P2P 网贷平台，则依法移送公安机关处理。

2. 合同效力判定，"以合法形式掩盖非法目的"的无效认定。一些 P2P 网贷纠纷中，P2P 网贷平台的股东、法定代表人、实际控制人或关联方，以出借人名义通过 P2P 网贷平台与借款人签订借款协议，在借款本金中代扣借款人应向 P2P 网贷平台支付的居间费用，一旦借款人逾期未还，则由出借人统一向各借款人提起诉讼。此类案件中，借款人往往与居间人呈现出主体混同的特征，且通过各类名目收取高额服务费，以此规避民间借贷利息限制。该类合同以合法形式掩盖非法目的，且可能伴随非法集资、暴力催收、非法拘禁、人身伤害等一系列严重破坏市场秩序和社会秩序的违法犯罪行为，因此，该类案件中，对于借款协议的效力可作否定性评价，对于应返还借款本金的认定，也应以出借人实际交付的金额为准。

3. 明确借款、居间法律关系的独立性。P2P 网络借款中存在借款和居间两重独立的合同关系，对各自合同项下的权利义务应当分别看待，虽然当事人之间可以通过合同约定将居间费用的扣除与借款本金的划付一并处理，但是在 P2P 网贷纠纷的本金认定上，应当坚持借款、居间关系分别处理原则，预扣服务费约定与法律确定的"民间借贷实践性"规则相冲突的，该约定不得对抗法律的规定，P2P 网络借贷纠纷中借款本金的认定应坚持实际交付的标准。对于当事人之间因居间服务引发的争议，则应当另案处理。

4. 便于借款人就本金争议向 P2P 网贷平台先行行使诉权。在前文所述的案例三

---

① 《关于审理非法集资刑事案件具体应用法律若干问题的解释》第 1 条："违反国家金融管理法律规定，向社会公众（包括单位和个人）吸收资金的行为，同时具备下列四个条件的，除刑法另有规定的以外，应当认定为刑法第一百七十六条规定的'非法吸收公众存款或者变相吸收公众存款'：（一）未经有关部门依法批准或者借用合法经营的形式吸收资金；（二）通过媒体、推介会、传单、手机短信等途径向社会公开宣传；（三）承诺在一定期限内以货币、实物、股权等方式还本付息或者给付回报；（四）向社会公众即社会不特定对象吸收资金。"

的情况中，借款人主动对借款本金提出异议的，借款人如何行使诉权本身亦存在一定争议。由于 P2P 网贷纠纷中出借人相对较多，且借款人无法知晓出借人的相关信息，在借款人对本金有异议的情况下，其能否起诉并非借款关系相对人的 P2P 网贷平台存在争议。实践中，从保护出借人合法利益的角度来看，可以考虑如下具体规则：

第一，允许借款人起诉 P2P 网贷平台。虽然 P2P 网贷平台并非出借人，但在借款人对本金存有异议的情况下，其无法获知具体的出借人，如不允许借款人起诉 P2P 网贷平台，则事实上剥夺了借款人通过司法途径获得救济的权利，因此，应当允许借款人起诉 P2P 网贷平台。

第二，P2P 网贷平台应诉后，经法院释明，其可以披露出借人，出借人可依申请追加为案件当事人。如 P2P 网贷平台拒绝披露出借人的，应认定其作为居间服务方未尽到相应的服务义务，应承担相应的责任。

四、结语

P2P 网贷平台预扣服务费引发本金争议的根源在于相关法律和监管规则存在滞后性，导致 P2P 网贷平台服务费的收取存在一定恣意性，也容易为违法犯罪行为所利用，如不加以规范，则会危及社会金融秩序的稳定性。在此背景下，从民间借贷实践性特点、法定利率最高限制、居间费用合理性范畴角度考虑，法院在处理 P2P 网络借贷的本金认定争议时，不应将 P2P 网贷平台预扣的服务费计入借贷本金，应将借款关系与居间服务关系分别处理，以此切实保护出借人、借款人的合法利益，并借此对 P2P 网贷平台合理收取服务费起到促进推动作用。

金融法制
年度报告

2016 年银行市场法制报告

何颖　张春燕　郭雨亭　戴娇娇①

刚刚过去的 2016 年，银监会加强对商业银行理财业务的监督，理财产品"野蛮生长"的时代即将结束。互联网金融及金融科技进入高速发展阶段，传统银行运营模式面临挑战，银行中间业务也面临来自第三方移动支付的挑战。连续下调基准利率，以及银行业"营改增"的落实又给商业银行的盈利能力带来消极影响，商业银行净利润增速放缓。2016 年商业银行利用自身风险低、信用好、客户基础多、数据沉淀多、风险控制经验多的优势，借助互联网的东风推动自身的优化和转型。伴随着全面风险管理体系的建立，银行业金融机构在提升风险管理水平、完善内部治理结构，促进银行稳健经营方面更加健全。

一、金融支持供给侧改革指导性规范出台

（一）国务院发布《关于市场化银行债权转股权的指导意见》

2016 年 9 月 22 日国务院发布并实施了《关于积极稳妥降低企业杠杆率的意见（附：关于市场化银行债权转股权的指导意见）》，与 90 年代一轮政策性债转股不同，此次债转股的突出特征是市场化和法治化，其目的主要是降低企业杠杆及财务成本，进一步推进供给侧结构性改革。《意见》规定了七项实施方式：一是明确适用企业和债权范围，市场化债转股对象企业由各相关市场主体依据国家政策导向自主协商确定；二是通过实施机构开展市场化债转股，除国家另有规定外，银行不得直接将债权转为股权，银行向实施机构转让债权，由实施机构将债权转为对象企业股权，实施机构既可以是金融资产管理公司、国有资本投资运营公司等，也可是银行现有符合条件的所属机构，或申请设立符合规定的新机构开展市场化债转股；三是银行、企业和实施机构自主协商确定债权转让、转股价格和条件；四是市场化筹集债转股资金；五是规范履行股权变更等相关程序；六是依法依归落实和保护股东权利；七是采取多种市场化方式实现股权退出。

（二）人民银行等发布《关于加大对新消费领域金融支持的指导意见》

为贯彻落实《国务院关于积极发挥新消费引领作用加快培育形成新供给新动力

---

① 何颖，华东政法大学副教授；张春燕、郭雨亭、戴娇娇，华东政法大学研究生。

的指导意见》，创新金融支持和服务方式，促进大力发展消费金融，更好地满足新消费重点领域的金融需求，发挥新消费引领作用，加快培育形成经济发展新供给新动力，经国务院同意，中国人民银行、银监会于2016年3月24日发布《关于加大对新金融消费领域金融支持的指导意见》。要求：一是要推动专业化消费金融组织的发展，鼓励有条件的银行业金融机构围绕新消费领域，设立特色专营机构，开发专属产品，提供专业性、一站式、综合化金融服务；二是提出要优化消费信贷管理模式和产品创新，鼓励银行实现消费贷款的线上操作及创新消费信贷抵押模式，加大对养老家政健康消费、信息和网络消费、绿色消费等新消费重点领域的金融支持；三是批准经营个人汽车贷款业务的金融机构办理新能源汽车和二手车贷款，可分别在15%和30%的最低要求基础上，按照审慎和风险可控原则，自主决定首付款比例；四是改善优化消费金融发展环境，通过金融债券发行等方式，拓宽消费金融机构多元化融资渠道。

（三）三部委联合发布《关于支持银行业金融机构加大创新力度开展科创企业投贷联动试点的指导意见》

为完善科技金融服务模式，支持科技创新创业企业（以下简称"科创企业"）发展，就银行业金融机构加大创新力度，开展科创企业投贷联动试点工作，中国人民银行、银监会与科学技术部于2016年4月15日发布《关于支持银行业金融机构加大创新力度开展科创企业投贷联动试点的指导意见》。投贷联动是指银行业金融机构以"信贷投放"与具有投资功能的子公司"股权投资"相结合的方式，通过相关制度安排，由投资收益抵补信贷风险，实现科创企业信贷风险和收益的匹配，为科创企业提供持续资金支持的融资模式。该《意见》提出了五个方面的工作措施：一是明确了指导思想、基本原则和试点目标；二是限定了试点范围以及对投贷联动进行了界定，明确了适用对象、试点银行业金融机构条件、试点地区条件；三是对设立投资功能子公司、科技金融专营机构的组织架构设置提出了要求；四是要求相关试点机构投资功能子公司建立"防火墙"，与银行母公司实行机构隔离、资金隔离，同时要求银行应当开展实施科创企业贷款"三查"等多项有针对性的配套机制；五是要求相关地方各级政府部门制定试点机构开展投贷联动业务的具体实施方案，加强事中事后管理。

（四）七部委联合发布《关于构建绿色金融体系的指导意见》

为全面贯彻《中共中央国务院关于加快推进生态文明建设的意见》和《生态文明体制改革总体方案》精神，坚持创新、协调、绿色、开放、共享的发展理念，建立健全绿色金融体系，服务实体经济，支持和促进生态文明建设，经国务院同意，中国人民银行、财政部等七部委于2016年8月31日联合发布《关于构建绿色金融体系的指导意见》。具体要求：一是要构建绿色信贷的政策体系，完善银行绿色评价机制，支持和引导银行等金融机构建立符合绿色企业和项目特点的信贷管理制度；二是强调了证券市场在支持绿色投资方面的重要作用，要求统一绿色债券界定标准，支持开发绿色债券指数等相关产品，同时建立和完善上市公司和发债企业强制性环境信息披露制度；三是通过政府和社会资本合作（PPP）模式动员社会资本，以支持设立各类绿色发展基金；四是提出要发展绿色保险和环境权益交易市场，支持发展各类碳金融产品，推动建立环境权益交易市场，发展各类环境权益的融资工具；五是鼓励和支持有条件的地方通过再贷款、宏观审慎评估框架、资本市场融资工具等发展绿色金融，同时推动开展绿色金融国际合作。

二、银行业监管新规频发

（一）六部委联合打击电信网络诈骗犯罪，银行账户支付安全新规出台

按照国务院打击治理电信网络新型违法犯罪工作部际联席会议第三次会议有关部署，最高人民法院、最高人民检察院、公安部、工业和信息化部、中国人民银行、中国银行业监督管理委员会六部门于 2016 年 9 月 23 日联合发布《防范和打击电信网络诈骗犯罪的通告》，主要通过四个方面来防范电信网络诈骗犯罪：一是强调各商业银行要抓紧完成借记卡存量清理工作，严格落实"同一客户在同一商业银行开立借记卡原则上不得超过 4 张"等规定；二是明确自 2016 年 12 月 1 日起，个人通过银行自助柜员机向非同名账户转账的，资金 24 小时后到账；三是提出对互联网上发布的贩卖信息、软件、木马病毒等要及时监控、封堵、删除，对相关网站和网络账号要依法关停，构成犯罪的依法追究刑事责任；四是要求电信企业、银行、支付机构和银联，要切实履行主体责任，对责任落实不到位导致被不法分子用于实施电信网络诈骗犯罪的，要依法追究责任。各级行业主管部门要落实监管责任，对监管不到位的，要严肃问责。

2016 年 9 月 30 日，中国人民银行发布《关于加强支付结算管理防范电信网络新型违法犯罪有关事项的通知》，重点从七个方面加强支付结算管理：一是加强账户实名制管理；二是加强转账管理；三是加强银行卡业务管理；四是强化可疑交易监测；五是健全紧急止付和快速冻结机制；六是加大对无证机构的打击力度；七是建立责任追究机制。自 2016 年 12 月 1 日起，同一个人在同一家银行只能开立一个 Ⅰ 类户，已开立 Ⅰ 类户，再新开户的应当开立 Ⅱ 类户或 Ⅲ 类户。此举旨在遏制买卖账户和假冒开户的行为，保护资金安全。对于下列情形的，银行有权拒绝开户：单位和个人身份信息存在疑义，要求出示辅助证件，单位和个人拒绝出示的；单位和个人组织他人同时或者分批开立账户的；有明显理由怀疑开立账户从事违法犯罪活动的。自 2016 年 12 月 1 日起，银行和支付机构提供转账服务时，向存款人提供实时到账、普通到账、次日到账等多种转账方式选择，存款人在选择后才能办理业务。另外，任何人不得在网上买卖 POS 机，银行和支付机构应当对全部实体特约商户进行现场检查，建立健全特约商户信息管理系统和黑名单管理机制。

（二）多部委联合开展网贷业务专项整治工作

2016 年 8 月 17 日，中国银监会、工业和信息化部、公安部、国家互联网信息办公室公布并施行了《网络借贷信息中介机构业务活动管理暂行办法》（以下简称《办法》）。以负面清单形式划定了业务边界，明确提出不得吸收公众存款，不得归集资金设立资金池，不得自身为出借人提供任何形式的担保等，并要求增设不得从事债权转让行为，不得提供融资信息中介服务的高风险领域等内容，意在对打着网贷旗号从事非法集资等违法违规行为，坚决实施市场退出。此外还确立了网贷监管体制，明确了网贷监管各相关主体的责任，加强沟通、协作，形成监管合力；坚持底线思维，加强事中事后行为监管，对业务管理和风险控制提出了具体要求；注重加强消费者权益保护，强化信息披露，发挥市场自律作用。

2016 年 4 月 12 日，国务院办公厅发布《关于印发互联网金融风险专项整治工作实施方案的通知》，要求集中整治 P2P 网贷、股权众筹、互联网保险等领域，在 2017 年 3 月底前完成互联网金融风险专项整治工作。具体要求：P2P 网络借贷平台不得设立资金池，不得发放贷款，不得非法集资；股权众筹平台不得"明股实债"或变相乱集资；互联网企业未取得相关金融业务资质不得依托互联网开展相应业务；未经相关部门批准，不得将私募发行的多类金融产品通过打包、拆分等形式向公众销售；金融机构不得依托互联网，通过各类资产管理产品嵌套开展资产管理业务、规避监管要求。

2016 年 4 月 13 日，银监会会同工业和信息化部、公安部、工商总局、国家互联网信息办公室等十五个部委联合印发了《P2P 网络借贷风险专项整治工作实施方案》，从四个方面开展网贷风险专项整治工作：第一，明确了"态度积极、措施稳妥，底线思维、预案完备，线上线下、统筹治理，分类处理、标本兼治，依法合规、有章可循，上下联动、协调配合"的网贷风险专项整治的六大工作原则。第二，确定了网贷风险专项整治工作的范围和重点，既包括从事信息中介服务的网贷机构，也包括以网贷名义开展经营、异化为信用中介的机构。第三，明确了网贷风险专项整治工作的标准措施，通过综合采取多方数据汇总、逐一对比、网上核验、现场实地认证等方式来甄别判断网贷机构在信息中介定位、业务合规性、客户资金第三方存管等方面是否符合要求。第四，确定了网贷风险专项整治工作的职责分工，实施中央金融监管部门与省级人民政府双负责、地方人民政府金融监管部门和银监会派出机构双负责。

（三）人民银行等发布《银行卡清算机构管理办法》等

根据《中国人民银行法》、《国务院关于实施银行卡清算机构准入管理的决定》，中国人民银行与银监会于 2016 年 6 月 6 日颁布并施行《银行卡清算机构管理办法》，细化了银行卡清算机构准入管理的各项条件，明确了银行卡清算机构在筹备、开业、机构变更及业务终止等环节的相关申请材料要求与办理程序。还细化了对不在境内设立机构，仅为跨境交易提供外币银行卡清算服务的境外机构的监管要求，明确规定其应遵守有关业务管理要求并履行报告义务；亦规定境外机构如对境内银行卡清算体系稳健运行或对公众支付信心造成重大影响，则应当在境内设立机构，依法申请准入。《办法》还进一步明确了银行卡清算品牌、业务规则和技术标准的相关要求，以保障银行卡清算服务的一致性、安全性、稳定性和持续性，维护银行卡清算业务各当事人的合法权益。

2016 年 12 月 29 日，中国人民银行、国家发展和改革委员会等部门发布《关于促进银行卡清算市场健康发展的意见》。从法律制度、技术标准、财税政策等方面夯实银行卡清算市场发展的基础，从市场准入、价格形成、消费者权益保护、市场规范等方面健全银行卡清算服务的市场化机制，推动构建多层次、可持续的银行卡清算服务体系。要求依法建立银行卡清算服务等金融领域安全审查机制，对银行卡清算机构业务系统、终端、设备和密码产品等提出信息安全管理要求，强调提升安全管理水平。推动银行卡清算服务由跨境支付向境外发卡、全球受理、金融基础设施建设等领域延伸。

（四）修订《银行业金融机构内部审计指引》

为进一步提升商业银行内部审计的独立性和有效性，发挥内部审计作为风险管理第三道防线的作用，银监会对原《银行业金融机构内部审计指引》进行了修订，并于 2016 年 4 月 16 日正式发布实施《商业银行内部审计指引》，修订后的《指引》共八章四十八条，主要内容包括：一是强化银行内部审计的独立性。强调内部审计应遵循独立性、客观性原则，独立于业务经营、风险管理和内控合规；要求商业银行建立独立垂直的内部审计体系，从职责界定和报告路径中体现独立性要求。二是完善内部审计组织架构。确立了董事会对内部审计工作承担最终责任；明确了审计委员会的工作职责、监事会的监督职能，以及高级管理层对内审部门提供充分支持的制度安排。三是强化商业银行内部审计工作制度建设。要求商业银行结合实际建立内部审计章程，从制度层面对内部审计工作进行规范。四是明确商业银行内部审计工作流程。通过实施内部审计计划、方案、实施、报告、结果运用、后续审计及质量评估等一整套运行流程，建立并完善有效的内部审计运作机制。五是对内部审计活动外包加以规范。在禁止将内部审计职能外包的同时，对部分内部审计活动外包提出限制性要求，同时强调尽职调查，并要求建立内部审计外包项目的知识转移机制。六是明确监管评估的机制安排。要求商业银行建立内部审计部门与监管部门的沟通机制，明确了内部审计的报告事项，细化了监管评估内容。七是对银行集团和村镇银行提出差异化要求。要求银行在集团层面建立与其规模、风险偏好和复杂程度相适宜的内部审计制度，明确了集团内部自上而下和自下而上的内部审计监督机制。此外，还对村镇银行的内部审计职能安排做了特殊处理，规定村镇银行可根据实际情况设置审计委员会、内部审计部门和内部审计专岗。

（五）银监会发布《银行业金融机构全面风险管理指引》

2016年9月27日，中国银监会发布《银行业金融机构全面风险管理指引》，从现有规则中梳理提炼出共性要素，同时将巴塞尔银行委员会《有效银行监管核心原则》的基本要求落地。要求银行业金融机构将全面风险管理覆盖各个业务条线，包括本外币、表内外、境内外业务；覆盖所有分支机构、附属机构，部门、岗位和人员；覆盖所有风险种类和不同风险之间的相互影响；贯穿决策、执行和监督全部管理环节。银行业金融机构应当制定书面的风险偏好，做到定性指标和定量指标并重，制定风险限额管理的政策和程序，建立风险限额设定、限额调整、超限额报告和处理制度。树立风险管理"三道防线"的理念：一是强调银行业金融机构董事会承担全面风险管理的最终责任；二是银行业金融机构应当设立或指定部门负责全面风险管理，牵头履行全面风险的日常管理；三是银行业金融机构各业务经营条线承担风险管理的直接责任。

（六）人民银行推广全口径跨境融资宏观审慎管理政策

2016年4月27日，中国人民银行曾发布文件，将全口径跨境融资宏观审慎管理政策推广至全国范围。跨境融资是指境内机构从非居民融入本、外币资金的行为，适用依法在中国境内成立的企业和金融机构。其中，适用的企业仅限非金融企业，且不包括政府融资平台和房地产企业；适用的金融机构指经中国人民银行、中国银行业监督管理委员会、中国证券监督管理委员会和中国保险监督管理委员会批准设立的各类法人金融机构。全口径跨境融资宏观审慎管理推广至全国范围之后，中国人民银行可根据宏观调控需要和宏观审慎评估的结果设置并调节相关参数，对金融机构和企业的跨境融资进行逆周期调节，使跨境融资水平与宏观经济热度、整体偿债能力和国际收支状况相适应，控制杠杆率和货币错配风险，能够有效防范系统性金融风险。

三、司法实践与典型案件评析

（一）最高法院出台关于审理独立保函纠纷案件的规定

2016年11月18日，最高人民法院公开发布了《最高人民法院关于审理独立保函纠纷案件若干问题的规定》，自2016年12月1日起施行。

《规定》明确界定独立保函的外延以及法定构成要件。独立保函，是指银行或非银行金融机构作为开立人，以书面形式向受益人出具的，同意在受益人请求付款并提交符合保函要求的单据时，向其支付特定款项或在保函最高金额内付款的承诺。合法有效的独立保函应当具备以下法定要素：（1）保函载明见索即付；（2）保函载明适用国际商会《见索即付保函统一规则》等独立保函交易示范规则；（3）根据保函文本内容，开立人的付款义务独立于基础交易关系及保函申请法律关系，其仅承担相符交单的付款责任。明确指出独立保函是开立人出具的附单据条件的付款承诺，在受益人提交符合独立保函要求的单据时，开立人即需独立承担付款义务，受益人无须证明债务人在基础交易中的违约事实，开立人不享有传统保证所具有的主债务人抗辩权以及先诉抗辩权。《规定》进一步明确，独立保函虽然具有担保债权实现的功能，但不属于我国《担保法》规定的法定担保方式，故不适用我国《担保法》关于保证的规定。

在实践中由于银行或者非银行金融机构对独立保函项下的单据仅作表面审查，而单据较多来源于受益人自身，因此独立保函制度存在受益人欺诈的风险。《规定》严格界定了独立保函的欺诈情形及构成欺诈的证明标准：（1）受益人与保函申请人或其他人串通，虚构基础交易的；（2）受益人提交的第三方单据系伪造或内容虚假的；（3）法院判决或仲裁裁决认定基础交易债务人没有付款或赔偿责任的；（4）受益人确认基础交易债务已得到完全履行或者确认独立保函载明的付款到期事件并未发生的；（5）受益人明知其没有付款请求权仍滥用该权利的其他情形。此外，《规定》严格规范止付程序，依法确认独立保证金的金钱质权性质并对独立保函开立与生效、转让、终止以及涉外独立保函的管辖权和准据法等问题作出了规定。

（二）银行卡盗刷纠纷案例

姚某在交通银行 A 支行（以下简称"A 银行"）申领借记卡和理财 IC 卡，并开通网上银行服务，双方签订《交银理财卡领用合约》、《交通银行个人网上银行及电话银行服务协议》。

姚某称，2016 年 3 月 20 日，手机一直在身上，但理财卡和借记卡均不在身边，直到回家才看到手机短信提醒发现"交易异常"，其本人并没有在当日在机上操作过理财卡，但理财卡内资金被转移 39900 元。姚某认为 A 银行的网上银行交易系统存在安全隐患，导致其存款受损，向人民法院起诉，要求 A 银行赔偿被盗刷理财卡内资金损失。

经查明，网上银行支付流程为先输入用户名、登录密码、交易密码，获取手机动态密码并输入，才能完成网银支付，之后向客户发送手机短信提示。在此次具体交易过程中，A 银行不间断地向姚某手机号发送短信告知交易内容及相关动态验证码。[①]

本案的争议焦点为通过网银转账方式的银行卡被盗刷，银行是否需要承担责任。法院对于该案的判决主要基于以下两点：

第一，银行是否对交易尽到提醒和合理的安全保障义务。在本案中，法院认为，姚某在 A 银行开立账户并开通网上银行服务，双方签订《理财卡领用合约》、

---

① 姚某与交通银行股份有限公司上海徐汇支行银行卡纠纷案，资料来源：http://www.hshfy.sh.cn/shfy/gweb2017，最后访问时间：2017 年 2 月 10 日。

《个人网上银行及电话银行服务协议》，均应按协议履行各自义务。A 银行已提醒持卡人保管好银行卡、密码等安全因素。并告知泄露安全要素所造成的损失由持卡人自行承担。在此次交易中，A 银行不间断地向姚某手机号发送短信告知交易内容以及相关动态验证码，以确保持卡本人知晓。姚某并没有证据表明银行卡盗刷是由于 A 银行泄露安全要素所致，且根据现有证据无法证明 A 银行系统存在安全隐患。应当认定银行已对交易尽到提醒和合理的安全保障义务，此次盗刷造成银行卡内资金损失，并不能归责于 A 银行。

第二，持卡人在交易中是否存在过失。法院认为，姚某在开通银行卡及网上银行时设置了登录密码、交易密码，且密码由姚某自行保管。姚某主张被盗刷的交易，系通过网银转账的方式，此交易与一般银行卡盗刷有所不同，需要通过姚某预留在发卡内的手机号码及银行卡密码才能绑定银行卡并通过输入动态密码完成交易。《个人网上银行及电话银行服务协议》中约定："安全要素是乙方确认甲方身份的唯一依据，凡通过安全要素发送的交易指令，甲方均应承担乙方执行该交易指令的一切后果，并赔偿乙方因此遭受的损失。"并在《理财卡领用合约》中约定："凡使用乙方的密码进行的交易，均视同乙方本人所为。"现虽姚某否认上述交易系本人所为，但银行卡、手机号码和交易密码均由姚某掌握，在具体交易过程中，姚某没有注意 A 银行向其手机发送的告知交易内容的短信及相关动态验证码，由于其疏忽大意，未能及时阻止不法交易，使其银行卡内资金被转走。对此，法院认定姚某对银行卡盗刷存在一定过失，驳回原告的诉讼请求。

在处理银行卡盗刷类纠纷中，对于持卡人和发卡行的责任认定一直是司法实践中争议的焦点。通过办理理财卡业务，发卡行和持卡人之间形成金融委托理财合同关系。双方应当根据合同约定履行各自义务。理财卡盗刷的实质是合同的给付障碍，其障碍表现形态为错误给付，即银行误将第三人（犯罪分子）当作给付对象履行合同。第三人构成故意侵权，其犯罪行为是造成合同给付障碍的最主要原因，该行为在违反相关法律规定的同时，构成对理财卡客户财产权利的故意侵害，应当承担赔偿责任。但是，第三人不是合同参与主体，不存在违约行为与合同责任的探讨。[①] 在持卡人和发卡行责任认定中，认定银行行为是否构成违约时，首先应当考虑银行是否尽到提醒和合理的安全保障义务。银行作为理财卡的发卡行以及相关技术、设备、操作平台的提供者，在其与持卡客户的关系中明显占据优势地位，尽到提醒和合理的安全保障义务是其重要合同义务。银行在与持卡人订立合同时，应向持卡人履行风险告知义务，提醒持卡人保管好银行卡、密码等安全要素，并在具体交易过程中尽到提醒和安全保障义务，对持卡人账户的资金变动情况及时履行告知

---

① 北京市第二中级人民法院课题组：《银行卡盗刷案件审判思路探析——以案件相关主体间的法律关系分析为重点》，载《法律适用》2017 年第 3 期。

义务，特别是涉及盗刷行为的情形，及时告知行为可提醒持卡人采取补救措施，避免扩大损失。①

同时持卡人负有合理注意的合同义务。银行卡、手机号码和交易密码均由持卡人掌握。通常网银转账需要一定流程，即由客户输入用户名、登录密码、交易密码，然后获取手机动态密码并输入，才能完成网银交易，期间如有一项不符，银行会停止交易，但银行是无法识别该四项验证属不法分子所为。双方会在合同中约定持卡人应妥善保管理财卡、密码和预留手机号码，因卡号、预留手机号码对应的SIM 卡、UIM 卡以及用户识别码保管不善而遗失、被第三人复制、盗取或密码泄露而造成的损失由持卡人承担。

此外，在银行卡盗刷纠纷中，司法实践中对举证责任的分配也存在争议。有法院判决认为应由持卡人承担举证责任，证明发卡行没有尽到提醒和合理安全保障义务，其理由是银行卡保存在持卡人手中，个人密码仅持卡人本人知晓。当发生银行卡盗刷时，应当与持卡人没有尽到合理注意义务有关，进而作出原告具有过错的事实推定。也有法院判决认为，发卡行应当承担举证责任，因为发卡行主张持卡人没有尽到合理注意义务。承担举证责任，意味着举证不能的一方将成为银行卡盗刷的过错方，举证责任的分配，直接决定对违约方、过错方的判断。② 在本案中，法院认为银行卡、手机号码和交易密码均由持卡人掌握，持卡人无证据证明上述安全要素由发卡行泄露所致。在本案中，法院认定持卡人承担举证责任。

（三）预付卡纠纷案例

2011 年，被告某银行股份有限公司上海分行（以下简称"B 银行"）与第三人某某网络服务股份有限公司（以下简称"C 公司"）签订《合作协议》及《补充协议》合作发行乐通卡，该卡系预付钱包式借记卡。双方约定逾期账户管理费收益归 C 公司享有。随后，C 公司与案外人上海某某投资管理有限公司（以下简称"D公司"）签订《储值卡代理销售合作协议》，约定 C 公司所得的逾期账户管理费收益归 D 公司享有。《乐通卡章程》载明："……卡片设有效期，售卡机构有权对超过有效期的卡片收取账户管理费。""本章程由 B 银行负责制定和解释，同时保留根据国家法律法规和我行相关规定修改本章程的权利，修改后的章程对持卡人具有同等约束力。"但乐通卡卡片上未标注有效期及账户管理费的收取条件和标准。

2013 年 12 月 13 日，第三人 C 公司、案外人某商务服务有限公司、D 公司、原告上海某有限公司（以下简称"A 公司"）签订"四方协议"，其中载明：鉴于 B 银行已于 2012 年 3 月将乐通卡有效期从 1 年延长为 3 年，从而将约定支付给 C 公司

① 姜新林，李世寅：《绑定第三方支付平台的银行卡被盗刷的责任承担》，载《人民司法：案例》2016 年第 29 期。

② 戴欣悦，章军侃，许肖茜：《银行卡盗刷纠纷责任认定与分配的类型化研究——以 152 份判决书为研究对象》，载《法律适用》2017 年第 3 期。

的逾期账户管理费顺延支付；应 D 公司要求，B 银行乐通卡项目合作协议中 D 公司的所有权利义务全部转让给 A 公司；2014 年 10 月，B 银行官网发布《关于对 B 银行乐通卡收取账户管理费用的告知》，后该公告被 B 银行删除。现乐通卡仍处于可正常使用的状态，通过乐通卡服务专区网页可查询到目前乐通卡有效期具体到期日期已再次延长了 3 年。

原告 A 公司以 C 公司怠于向 B 银行行使其到期债权，导致其合法权益被侵害，向法院起诉，请求判令被告 B 银行支付原告 A 公司乐通卡账户管理费 2320 万余元及相应利息损失 95 万余元。一审法院认为原告不符合提起代位权诉讼的条件，其诉讼请求缺乏事实和法律依据，不予支持。原告不服，提起上诉，二审法院判决驳回上诉，维持原判。①

关于原告 A 公司主张的账户管理收费标准是否对持卡人生效。一审法院认为相关监管文件中虽未明确禁止对超过有效期的预付卡收取账户管理费，但是账户管理费即便可以收取，也不应超出合理的限度，否则将有可能对金融消费者的合法权益造成损害。现原告依据其主张的账户管理费收费标准计算出的诉请金额，已接近目前的卡内所有余额，与上述监管文件精神明显存在一定冲突。二审法院认为从合同依据的角度来看，B 银行若要收取逾期账户管理费，应在销售乐通卡时向作为金融消费合同相对方的购卡人作出对逾期账户管理费的收取时间、标准、范围等履行告知义务。本案中，并无充分证据证明乐通卡的实际售卡方在销售时向购卡人明确告知了收取逾期账户管理费的相关事项，故持卡人不应负担支付逾期账户管理费的义务，B 银行向持卡人收取逾期账户管理费缺乏合同依据。就法律依据的角度而言，并无相关法律规定持卡人有支付逾期账户管理费的法定义务，且就该类卡片收取逾期账户管理费也与金融监管部门的多项监管文件精神相悖，B 银行向持卡人收取逾期账户管理费不仅缺乏法律依据，还会造成对广大金融消费者合法权益的侵害。

被告 B 银行是否有权决定延长乐通卡有效期，一审法院认为发卡机构对于预付卡有效期的延长，在告知持卡人后对持卡人及发卡机构均具备法律效力。其次，对原告和第三人而言，"四方协议"中虽表述"B 银行已于 2012 年 3 月将乐通卡有效期从 1 年延长为 3 年"，但同时又约定乐通卡有效期"以 B 银行公告的卡章程规定的期限为准"。鉴于"四方协议"签订时，B 银行 2014 年 10 月的官网公告尚未发布，也无证据表明"四方协议"签订之前 B 银行就乐通卡有效期发布过其他公告，《乐通卡章程》中亦未明确具体有效期且载明 B 银行有权修改章程，故法院认定 B 银行有权决定延长有效期。二审法院认为乐通卡的有效期系作为发卡机构的 B 银行与持卡人之间的金融消费合同内容之一，B 银行与持卡人之间关于有效期期限

---

① 上海某电子商务有限公司与某银行股份有限公司上海分行债权人代位权纠纷案，资料来源：http://www.hshfy.sh.cn/shfy/gweb2017/flws_ list.jsp，最后访问时间：2017 年 2 月 10 日。

的约定无须取得 A 公司的同意。B 银行的《乐通卡章程》虽载明乐通卡设有有效期,但未明确有效期的具体期限,且章程中还明确 B 银行享有对《乐通卡章程》解释和修改的权利,而 B 银行延长乐通卡的有效期亦不减损持卡人的权利内容。

关于原告 A 公司对第三人 C 公司是否享有到期债权,一审法院认为"四方协议"明确约定账户管理费在乐通卡到期后支付,而如上所述,被告有权延长乐通卡的有效期,目前乐通卡仍处于有效期内,故原告无权向第三人主张该债权。并且,即便认为账户管理费已经可以收取,但由于"四方协议"中同时约定"若 B 银行迟延支付的,第三人的付款期限相应顺延",又未明确限定该约定仅针对正常结算过程中的偶发性逾期支付情形,故第三人对原告的付款责任尚需以被告向第三人支付了相应款项为前提。二审法院认为 B 银行延长乐通卡有效期并不违反法律规定,C 公司认可有效期的延长亦不违反合同约定,A 公司关于其就逾期账户管理费享有对通联公司的到期债权的主张,事实与法律依据不足,故 A 公司提起代位权诉讼的前提不成立。

关于第三人 C 公司对被告 B 银行是否享有到期债权并怠于行使。一审法院认为,乐通卡目前仍处于有效期内,不符合被告与第三人之间约定的账户管理费收取条件,自然也不存在相应的到期债权。同时,鉴于诉讼中被告明确表示,乐通卡有效期将一直顺延至持卡人将卡内余额消费完毕,即今后也不会收取账户管理费,而第三人对此不持异议。因此,现第三人实质上已不再要求被告履行债务,即放弃了对被告的债权。二审法院认为,债权人提起代位权诉讼的,应以债权人对债务人享有合法到期债权为前提。本案中,乐通卡仍处于有效期内,A 公司主张对 C 公司享有关于收取逾期账户管理费的到期债权,依据不足。

本案确立的审判原则对于处理预付卡纠纷案件具有指导意义。

1. 对预付卡收取账户管理费不应超出合理限度。通过办理预付卡业务,发行机构与消费者之间建立金融消费合同法律关系,双方应当根据合同规定行使权利履行义务。发行机构向消费者收取费用,必须具备法定或者约定的依据。中国人民银行《支付机构预付卡业务管理办法》第 8 条第 4 款规定:"超过有效期尚有资金余额的预付卡,发卡机构应当提供延期、激活、换卡等服务,保障持卡人继续使用。"法院认为虽然现行监管文件中未明确禁止对超过有效期的预付卡收取账户管理费,但同时亦明确要求超过有效期尚有约的预付卡应保障持卡人继续使用,未经持卡人授权不得停止正常支付。

2. 对预付卡进行收费应当事先向消费者履行信息披露义务。支付账户管理费并非法定义务,如果要求持卡人承担账户管理费用,则应向持卡人明确告知具体收费标准,否则有悖于对金融消费者合法权益的保护。本案中,法院认为原告主张的乐通卡逾期后收取账户管理费,无论当事人之间是否存在明确约定,现均无充分证据表明在售卡时对持卡人进行了告知,更未取得持卡人的授权同意,其主张缺乏法定或约定依据。

3. 遵循合同相对性原则，维护金融消费者合法权益。根据合同相对性原则，合同当事人不能向与其无合同关系的第三人提出合同上的请求，也不能擅自为第三人设定合同上的义务。在本案中，通过办理乐通卡业务，持卡人和发卡行之间形成合同关系，如果消费者与 B 银行并没有对乐通卡的有效期在合同中进行约定，但根据《乐通卡章程》规定，B 银行享有解释修改的权利，则 B 银行延长客通卡有效期，虽然是单方行为，但是一经做出，对消费者及银行均产生法律效力。但是，当事人之间就乐通卡的有效期的相关约定，其效力并不及于作为第三人的消费者，并不能对消费者设定合同上的义务。①

（四）最高额担保合同案例

2010 年 9 月 10 日，浙江省温州银行股份有限公司宁波分行（以下简称"温州银行"）与宁波婷微电子科技有限公司（以下简称"婷微电子公司"）、岑某分别签订编号为温银 9022010 年高保字 01003 号、01004 号的最高额保证合同。2011 年 10 月 12 日，温州银行与岑某、宁波三好塑模制造有限公司（以下简称"三好塑模公司"）分别签署了编号为温银 9022011 年高保字 00808 号、00809 号最高额保证合同。2011 年 10 月 14 日，温州银行与创菱电器公司签署借款合同，并列明担保合同编号分别为温银 9022011 年高保字 00808 号、00809 号。创菱电器公司从温州银行借款后，偿还部分贷款，婷微电子公司于 2012 年 6 月、10 月、11 月三次向温州银行支付贷款利息，但创菱电器公司仍未按期归还部分贷款。温州银行以创菱电器违反合同约定向浙江省宁波市江东区人民法院提起诉讼，要求创菱电器公司归还借款本金，支付利息、罚息和律师费用；岑某、三好塑模公司、婷微电子公司对上述债务承担连带保证责任。法院作出支持原告的诉讼判决。宣判后，婷微电子公司以其未被列入借款合同，不应承担保证责任为由，提起上诉。浙江省宁波市中级人民法院作出终审判决，驳回上诉，维持原判。②

本案的争议焦点为婷微电子公司签订的最高额保证合同未被选择列入借款合同所约定的担保合同范围，婷微电子公司是否应当对借款合同项下债务承担保证责任。对此，法院主要基于以下几个因素进行考量：

第一，借款合同签订时间及贷款发放时间是否在最高额保证合同约定的保证期间内。对此，一审法院认为根据被告签订的《温州银行最高额保证合同》中约定

---

① 虞憬、孙琼：《预付卡收费应事先履行信息披露义务并保障消费者合法权益》，资料来源：http://shfy.chinacourt.org/article/detail/2017/04/id/2740701.shtml，最后访问时间：2017 年 2 月 10 日。

② 最高人民法院指导性案例 57 号温州银行股份有限公司宁波分行诉浙江创菱电器有限公司等金融借款合同纠纷案，资料来源：http://www.court.gov.cn/zixun-xiangqing-21731.html，最后访问时间：2017 年 2 月 10 日。

"保证人为债权人与申请人在 2010 年 9 月 10 日至 2011 年 10 月 18 日内签署的所有主合同项下各笔债权提供最高额连带责任保证",认定借款合同签订时间及贷款发放时间在最高额保证合同约定的保证期间内,被告婷微电子公司应当承担连带保证责任。二审法院认为本案诉争借款合同签订时间及贷款发放时间均在婷微电子公司签订的最高额保证合同约定的决算期内,温州银行向婷微电子公司主张权利并未超过合同约定的保证期间,故婷微电子公司应依约在其承诺的最高债权限额内为创菱电器公司对温州银行的欠债承担连带保证责任。

第二,被担保人是否以明示方式放弃担保人提供的最高额保证。一审法院认为,本案诉争借款合同虽未将被告签订的最高额保证合同列入,但原告未以明示方式放弃被告婷微电子公司提供的最高额保证。二审法院认为,民事权利的放弃必须采取明示的意思表示才能发生法律效力,默示的意思表示只有在法律有明确规定及当事人有特别约定的情况下才能发生法律效力,不宜在无明确约定或者法律无特别规定的情况下,推定当事人对权利进行放弃。本案中,温州银行与创菱电器公司签订借款合同虽未将婷微电子公司签订的最高额保证合同列入,但原告未以明示方式放弃婷微电子公司提供的最高额保证,故婷微电子公司仍是该诉争借款合同的最高额保证人。

第三,担保人是否有为借款合同提供最高额保证的行为表征。对此,一、二审法院均认为,被告婷微电子公司曾于 2012 年 6 月、10 月、11 月三次代借款人创菱电器公司归还本案借款利息的行为是婷微电子公司对本案借款提供最高额保证的行为表征。

第四,最高额担保权利义务应以担保合同为准。对此,二审法院认为最高额担保合同是债权人和担保人之间约定担保法律关系和相关权利义务关系的直接合同依据,不能以主合同内容取代从合同的内容。本案中,温州银行与婷微电子公司签订了最高额保证合同,双方的担保权利义务应以该合同为准,不受温州银行与创菱电器公司之间签订的温州银行非自然人借款合同约束或变更。

综上,婷微电子公司应对创菱电器公司的上述债务承担连带清偿责任,其承担保证责任后,有权向创菱电器公司追偿。

在认定最高额保证担保人是否应当为债务承担连带保证责任时,应注重从以下几个方面考量。第一,关于最高额担保的范围,根据《中华人民共和国担保法》(以下简称"《担保法》")第 21 条规定:"保证担保的范围包括主债权及利息、违约金、损害赔偿金和实现债权的费用。保证合同另有约定的,按照约定。当事人对保证担保的范围没有约定或者约定不明确的,保证人应当对全部债务承担责任。"第二,关于最高额担保的决算日,《担保法》第 27 条规定:"保证人依照本法第十四条规定就连续发生的债权作保证,未约定保证期间的,保证人可以随时书面通知债权人终止保证合同,但保证人对于通知到债权人前所发生的债权,承担保证责任。"因此，保证人的书面通知到达债权人之日应当视为决算日。第三，关于最高额担保的保证期间，《最高人民法院关于适用〈中华人民共和国担保法〉若干问题的解释》第37条规定："最高额保证合同对保证期间没有约定或者约定不明的，如最高额保证合同约定有保证人清偿债务期限的，保证期间为清偿期限届满之日起六个月。没有约定债务清偿期限的，保证期间自最高额保证终止之日或自债权人收到保证人终止保证合同的书面通知到达之日起六个月。"

四、银行法学理论研究综述

（一）银行法期刊成果

1. 民营银行的监管。

银监会于2015年6月出台了《关于促进民营银行发展指导意见》，提出"在加强监管前提下，积极推动具备条件的民间资本依法发起设立中小型银行等金融机构"。民营银行的设立与发展现状引起了社会高度重视，也成为本年度的理论研究热点之一。

在监管制度上，有研究以市场准入制度为视角，认为我国现有的金融业市场准入制度存在准入标准高、准入断层大、不予认可合会等传统民间金融形式的特点，造成了"系统性负投资"、民间金融市场混乱、市场不公平、低效率等问题。为此，我国应在金融发展理论的指导下，放松金融管制，实现金融自由化。针对现阶段我国市场准入的问题和特点，应采取降低小规模民间金融组织的准入门槛，促进民间金融组织的升级转型和认可部分民间金融形态等措施，以实现市场准入路径的优化。[1] 也有学者采用比较研究与实证分析等研究方法，借鉴了发达国家和地区的金融准入制度，并结合我国具体国情，指出我国民营银行准入规则在所有权结构、注册资本、业务范围、高级管理人员资格等方面均存在不足，应从以下四个方面进行完善：（1）建立民营资本准入的法制保障，全面修订《商业银行法》，加入有关民营银行的专门章节；（2）继续推行循序渐进的市场开放制度，小范围开展民营银行试点工作；（3）建立风险预警体系，定期进行压力测试；（4）建立健全多级牌照制度，确立不同的发展目标。[2] 有研究以民营银行股东自担风险制度为视角，运用比较分析法对美日模式、俄罗斯模式和我国台湾地区模式的相关立法进行评价，在充分考虑中国金融及监管现实的前提下，得出中国应当采用银行业基本法为主，存款保险法和银行破产法为辅的立法模式，而不适宜采用金融控股公司法模式，理由为：（1）受中国金融分业经营现实的限制，以及此前对金融控股公司的政策抑制的影响，当

---

[1] 熊进光、王奕刚：《金融发展理论下民间金融的市场准入路径优化》，载《社会科学家》2016年第7期。

[2] 金彭年：《法与经济交融视域下民营银行准入之检视与完善》，载《上海对外经贸大学学报》2016年第4期。

前我国金融控股公司数量不多；（2）金融控股公司法仅调整商业银行的控股公司，而对于银行的其他股东并无法予以规范；（3）从中国当前民营银行股权结构看，除中国平安银行存在具有明显持股比例优势的控股股东外，其余民营银行并没有明显的一股独大的控股股东。①

在监管路径上，有研究运用实证分析法，通过对我国首批五家试点民营银行进行调研，指出民营银行试点虽取得初步成效，但发展中还面临诸多挑战。特别是准入监管仍偏审慎，开展业务过程中实际面临的限制过多，事中事后监管制度亟待细化，市场退出机制不健全以及内部治理水平有待提高等。该学者建议，有关部门应总结三年多来的试点经验，按照"放松事前准入管制，加强事中事后审慎监管"的思路，与时俱进地完善法律制度和政策框架，创造更加公平、更有效率的市场竞争环境。主要包括：（1）在平等待遇基础上将"风险自担"机制纳入金融法律框架中；（2）进一步放宽准入，取消不必要的限制；（3）充实细化事中监管制度；（4）完善市场退出机制。② 有研究运用比较研究法，通过对我国民营银行的经营风险进行分类，并借鉴美国社区银行丰富的风险控制经验，对民营银行的"内部性风险"和"外部性风险"提出了不同的监管路径：在"内部风险控制"上，首先应明确准入门槛和严控经营范围来消除生存风险，其次应调整治理结构和完善内部控制来消除运行风险，最后应完善退出制度和激励合理并购来消除破产风险；在"外部风险控制"上，应通过建立信用评级和贯彻存款保险来减轻信誉风险，通过明晰银行责任和管控关联交易来减轻交易风险，从而实现对民营银行经营风险的合理规制。③

2. 人民币国际化法律问题。

本年度理论研究聚焦于人民币国际化进程中遭遇的法律困境及解决措施。

有研究从宏观角度对人民币国际化的法律风险进行分类，进而提出了法律保障措施。该学者认为，人民币国际化的法律风险有两大类：人民币现金国际化的法律风险和人民币财产国际化的法律风险。人民币现金国际化的法律风险包括主权风险、"伪变造货币"风险和在境外通过"地摊银行"等非正规金融方式进行兑换或结算风险；人民币财产国际化的法律风险主要包括货币政策失效和国内金融市场的风险。因此，在保障措施上，我国应在全球范围内构建人民币业务经营权，实施人民币业务监管权，增强人民银行的独立性，完善人民币发行制度，为人民币国际化提供法

---

① 杨松、宋怡林：《民营银行股东自担风险立法模式借鉴与选择》，载《法律科学》2016 年第 6 期。

② 王刚、吴飞：《我国首批试点民营银行经营状况调查与政策建议》，载《经济纵横》2016 年第 12 期。

③ 柴瑞娟、隋禾：《中国民营银行的经营风险与法律规制——以美国社区银行为镜鉴》，载《理论学刊》2016 年第 5 期。

律保障机制。[1] 有学者对人民币加入特别提款权（SDR）后面临的法律问题进行宏观分析，在肯定人民币"入篮"对于加速人民币国际化进程积极意义的基础上，指出了目前中国亟待解决的三大重要法律问题：一是央行独立性法律地位的缺失直接影响了货币政策的目标、实施和效果，偏离了货币政策的轨道；二是央行对人民币汇率干预时可能存在国际法风险，即中国政府是否非法操纵了人民币汇率问题；三是和国际储备货币管理的巨大需求相比，中国国债市场的深度和规模仍有很大差距。针对上述问题，我国在进行市场化改革时应采取如下措施：（1）启动汇率中间价改革，推行有管理的浮动汇率制，将币值稳定作为中央银行的首要目标；（2）保持汇率政策框架不变、维持汇率框架的透明和稳定，尽量减少其他国家对央行操作空间的可能想象，以确保相应的干预具有充分的国际法依据；（3）进一步发展中国的债券市场，尤其是政府债券市场，逐步扩大中国政府债券的发行规模、丰富政府债券的期限结构。[2]

有研究从微观角度对人民币国际化的重大法律问题逐一分析，进而有针对性地提出具体的解决构想。在人民币国际化实现前，主要面临资本项目管制、汇率制度和金融市场制度三大障碍，因此，开放资本项目、建立浮动汇率制和构建支撑发达金融市场的法律制度构成是实现人民币国际化的三大法律使命。在人民币国际化实现中和实现后共同面临的重大法律问题，主要有人民币国际化清算的法律问题、人民币国际货币债务纠纷解决的法律问题和人民币国际化风险防控的法律问题等。而人民币国际化伴随的风险是贯穿人民币国际化始终的突出法律问题，故应当通过创新宏观审慎监管制度，辅之以资本项目管制的临时回弹机制加以防范。在人民币国际化实现后，主要面临他国针对人民币采取的不当货币及贸易行为等问题，应通过改革多边货币和贸易制度、建立区域和单边制度加以应对。[3] 有学者对上述观点持赞成意见，认为有关人民币国际化的国内法律制度在开放资本项目、改革人民币汇率形成机制和发展国内金融市场三个方面存在障碍，是现阶段人民币国际化发展的羁绊。为此，我国应采取如下解决措施：其一，加强资本项下人民币可兑换的法律制度建设，一方面，对于诸如期权、期货等投机性较强的特定种类的交易仍然要加强监管或保持禁止，减少资本流动不稳定的风险；另一方面，充分保障市场参与者和中央银行对建立人民币银行账户以及买卖人民币计价债券和股票的自由。其二，改革人民币汇率和利率形成机制，通过修改有关法律法规，推动利率市场化改革。其三，建构金融市场开放与监管并重的法律制度，制定《金融监管法》，规定由一个新的监管机构对金融业实行统一监管，或者从总体上加强中国人民银行的宏

---

① 张西峰：《人民币国际化的法律保障机制》，载《学习与探索》2016 年第 12 期。

② 宋晓燕：《人民币加入特别提款权货币篮子：一个法律层面的思考》，载《上海财经大学学报》2016 年第 5 期。

③ 韩龙：《人民币国际化重大法律问题之解决构想》，载《法学》2016 年第 10 期。

观审慎监管职权，对银行业、证券业和保险业进行统筹监管。①

3. 金融消费者保护研究。

本年度对金融消费者的保护研究更为深入，有从理论上对"金融消费者"的概念进行法律定性，有从保护措施的视角具体阐述金融消费者纠纷的解决路径，也有从金融信息权的角度论证完善我国金融消费者信息权保护立法的必要性，还有观点提出以功能性规制为基础构建金融消费者保护法。

有研究指出，金融消费者概念的全面确立在理论和实践中遭遇到"投资领域没有金融消费者"、"证券法的投资者保护规范已经足够"等困境。应当突破传统商法理论的局限性，承认"投资者"由于杂糅了机构投资者、投资专家等商主体和消费者等非商主体于一身因而性质模糊的现实。并且需要突破证券法投资者保护传统理论与制度的局限性，注意到金融消费者概念与保护规范的形成在于经营者与消费者的信息不对称和交易力量悬殊这两个问题的叠加出现：二者在逻辑起点、行为规制对象、规制内容三个方面与投资者保护规范存在本质区别。金融消费者统一概念的缺失是金融司法及金融监管相关实践遭遇诸多困境的根源所在，构建金融消费者保护规范体系，应当在"金融消费者"的统合概念之下，遵循统一的立法原则和规范框架进行。② 有学者通过分析金融消费者产生的社会基础、理论基础以及立法对金融消费者保护的缺失，阐释了界定金融消费者概念的必要性，结合理论界不同的观点以及国外的立法经验，尝试对金融消费者进行概念界定：金融消费者是指，不以营利为目的、没有金融专业知识、在交易中处于弱势地位的购买或使用金融产品、接受金融服务的主体（此处的"主体"包含自然人和法人、机构、组织），但购买高风险、高收益的金融产品的投资者除外。③

而对于金融消费者的保护的路径，目前学者主要从立法的规制和纠纷解决机制展开探讨。在立法层面，有研究认为我国应单独制定金融消费者保护法，摒弃机构性规制理念，采纳功能性规制理念。同时引入"金融投资商品"概念，将整个金融市场中的金融商品重新分类为存款型商品、金融投资型商品、保障型商品、贷款型商品和复合型商品类型。在设计具体的金融消费者保护规则时，应以重整后的金融商品类型为基础，以"投资者分类"、"适当性原则"、"说明义务"、"不当劝诱之禁止规则"等为体系加以构建。④ 也有研究认为，对于金融消费者的保护应当遵循金融消费者人格尊严和人格利益优先，强化涉及消费者个人的隐私信息保护，并在

① 范笑迎：《人民币国际化的法治化思考》，载《当代法学》2016 年第 6 期。

② 何颖：《金融消费者概念的法律定性及规范价值》，载《财经法学》2016 年第 1 期。

③ 崔金珍、邓露露：《金融消费者权益保护——以概念界定为中心》，载《天津大学学报》（社会科学版）2016 年第 1 期。

④ 董新义：《以功能性规制为基础构建金融消费者保护法》，载《国家检察官学院学报》2016 年第 6 期。

此基础上让金融消费者作出一定的信息权利让渡，允许金融机构在合理限度内利用、分析及处理信息，便于其经营，从而实现信息的使用价值。同时需构建信息权保护基本法律框架，明确金融信息保护价值优位的理念，作为信息主体的消费者享有完整的信息权权能，同时金融机构亦能在消费者授权下利用并使用信息，以实现信息的开发价值。① 在纠纷解决层面，有研究认为应该结合当前我国的实际情况，借鉴香港地区的经验，建议构建统一的金融纠纷调解机制：（1）构建金融纠纷调解机制必须以简易、低廉和高效为基本原则；（2）制定统一的《金融纠纷调解条例》；（3）保障金融纠纷调解机构的设立和职能；（4）明确金融纠纷调解的受案范围和处理原则；（5）构建金融纠纷调解程序的制度。② 有学者对此持相同观点，认为我国的确应建立纠纷快速处理机制，完善多元化的纠纷解决体系：一是由监管机构研究出台金融纠纷快速解决方案；二是建议借鉴新加坡、英国等发达国家的经验构建一套诉讼外纠纷解决机制；三是参考国外的做法，本着简化工作程序，提高工作效率原则，在经济金融发达的地方，在法院内部可考虑设立处理小额金融消费纠纷的法庭，使金融消费者可以便捷参与到司法活动中，及时解决矛盾纠纷。③

4. 互联网金融监管研究。

2016 年被称之为"互联网金融监管元年"。《政府工作报告》再次提到"互联网金融"，强调"以防风险为主，高度警惕互联网金融等累积风险"。互联网金融正经历从爆发成长期到整顿规范期的过渡，监管的发力使得互联网金融逐渐回归理性。

在监管理念上，有研究认为应该借鉴金融危机之后主要发达国家的监管理念与方法，创新互联网金融监管的法律路径，即以目标监管模式为最终监管模式。该学者指出，目标监管相对于其他监管模式，其优点主要体现在以下方面：其一，缓和两大监管目标——维护金融系统安全稳健和消费者保护的内在矛盾；其二，监管机构各司其职，不存在功能重叠；其三，行为监管机构可以给予消费者特别是零售消费者充分的保护，同时确保信息透明度和市场操守。对互联网金融监管不是一蹴而就的，而是有一个逐步推进的过程。在监管实施过程中，应当将功能监管、协调监管、金融消费者保护三位一体和现阶段的法律法规的修订与完善作为监管的重中之重。④

在监管方式上，有研究跳出合规性监管和风险性监管的研究角度，专门讨论经

---

① 张继红：《论我国金融消费者信息权保护的立法完善——基于大数据时代金融信息流动的负面风险分析》，载《法学论坛》2016 年第 6 期。

② 李慈强：《论金融消费者保护视野下金融纠纷调解机制的构建》，载《法学论坛》2016 年第 3 期。

③ 周开禹：《我国金融消费者权益保护的我国金融消费者权益保护的主要问题及对策研究》，载《武汉金融》2016 年第 7 期。

④ 何剑锋：《论我国互联网金融投资者准入法律制度》，载《暨南学报》（哲学社会科学版）2016 年第 1 期。

常被忽略的竞争监管。所谓竞争监管是指运用包括反垄断法和反不正当竞争法在内的各项竞争法律来监督和管理市场经济运行的手段或方法。互联网金融的竞争融合了网络和传统金融，形成了自身独有的特点。沿用传统的、分割的、简单的竞争监管手段已经无法应对互联网金融这种新型的、整体的、复杂的被监管对象。因此，要对互联网金融竞争问题进行合法合理规制就必须要完善相关监管依据、建立符合国情的竞争监管协同机制。①

在监管制度上，有研究以投资者准入制度为视角，指出监管者对互联网金融的投资者准入的制度安排在很大程度上是对传统金融监管的复制，但事实上互联网金融投资者已经不需要投资者准入制度下的防火墙机制，在网络经济时代，监管者基于传统技术和金融模式所确立的监管规则与法律规制，已经不适应互联网金融的新特征。构建开放条件下的互联网金融监管体系，以及新的信息披露制度、投资者顾问制度和投资者教育制度非常有必要。② 也有研究以互联网金融的本质为视角，对我国互联网金融监管法律制度进行了全面而系统的设计。该学者认为，互联网金融是互联网与金融的有机结合，但不是简单的嫁接，互联网金融是采用新技术和方法，改变原有金融体系基本要素的搭配和组合而提供新的金融功能的过程。在设计我国互联网金融监管法律制度时，首先要明确互联网金融监管的主体和职责，借鉴美国的双重多头监管模式；其次要合理配置互联网金融监管机构权责的目标，给予监管机构充足明确的授权和充分的监管资源；再次要减少信息不对称，建立行之有效的信息披露制度；最后要加强金融消费者权益保护，制定隐私权保护的相关制度。③

（二）主要著述

本年度在金融监管体制改革与完善、互联网金融以及民间金融治理等议题，以及金融法的发展、金融机构危机市场化处置机制方面，学术著作成果较多。

第一，金融监管学术研究成果。刘颖所著《电子银行风险法律问题研究》一书针对与法律密切相关的电子银行操作风险与法律风险进行了深入研究，对我国互联网金融业务（主要是 P2P 网络借贷、众筹和第三方电子支付）的主要法律风险进行了分析，并对巴塞尔银行监管委员会发布的电子银行风险国际管理文件群的法律性质提出了独到见解。梁家全所著《商业银行监管套利的法律规制》一书指出我国商业银行监管套利与西方发达国家相比，同业业务、理财业务等成为监管套利的重灾区，强调我国应该坚持实质重于形式、激励相容、规则监管与原则监管相统一的原则，进一步优化金融监管体系，促进监管协调，加强对影子银行的审慎监管，在风险防范与金融创新中寻求一个"黄金分割点"。朱小黄主编的《经济新常态与法治

---

① 曾威：《互联网金融竞争监管制度的构建》，载《法商研究》2016 年第 2 期。

② 同上。

③ 李爱君：《互联网金融的本质与监管》，载《中国政法大学学报》2016 年第 2 期。

金融（2015）》一书统筹整合多方资源，对现有金融监管体系实行大踏步式的改革，建立国家金融安全机制，防范外部对中国的金融攻击，加大打击金融犯罪的力度，进行了全方位多角度的研究。许凌艳所著《金融监管法制比较研究：全球金融法制变革与中国的选择》一书试图拓展、重构金融监管法制基础原理，认为金融监管法制应高度重视整合宏观经济政策，强化以货币政策制定机构为主的宏观审慎监管框架。我国应谨慎面对金融业的"大部制"，构建统合式金融监管与目标式金融监管相结合的双保险模式。

第二，民间金融学术研究成果。魏敬淼所著《民间金融法律治理研究》一书首先对民间金融进行概括介绍，在此基础上，梳理民间金融的法律规范现状，指出当下民间金融规范存在的问题，重点针对不同类型、不同特点的民间金融形式，探讨法律治理的机制与对策。岳彩申主编的《2015年民间金融法治发展报告》一书收集整理了2015年我国有关民间金融研究的学术文献、学术活动、各级政府颁布的规范性文件，从理论的视角综述2015年国内外民间金融的活动与发展，并选取了10个为社会关注的典型案例，以案例的形式直接展现了民间金融的现状与问题。

第三，农村金融、小微金融、互联网金融等的学术研究成果。姜庆丹所著《金融发展权视角下农村合作金融法制创新研究》一书以金融二元化背景下的农村合作金融法律制度为研究对象，以农民金融发展权为新的研究视角和逻辑起点，对我国农村合作金融的现实异化和立法缺陷进行了历史考察、实地调研和文本分析。在此基础上对传统的以金融安全和金融效率为引领的金融法学价值追求予以反思和解构，提出应当以金融公平引领合作金融立法，并从市场准入和退出法律制度、产权法律制度、组织管理法律制度、监管法律制度和社员权益保护法律制度五个方面对我国农村合作金融法律制度进行了详细的制度设计。武长海主编的《P2P网络借贷法律规制研究》一书分别介绍了P2P网贷与其他投融资手段的比较研究、P2P互联网借贷的现状、问题、未来趋势、以制度视角构建中国P2P网络借贷法律监管制度、以主体视角构建中国P2P网络借贷法律监管制度和我国P2P网络借贷债权人保护法律制度研究等内容。

第四，中国金融法发展进路的学术研究成果。冯果所著《收入分配改革的金融法进路：以金融资源的公平配置为中心》一书，立足于金融法立场审视收入分配改革，探究收入分配差距扩大的金融法诱因，提炼收入分配改革的法理分析框架，推进金融公平、金融民主、金融包容的体系化研究，构建"民生金融法"的知识论范畴，从金融资金的公平分享、金融机构的优化布局、金融工具的组合配置、金融市场的功能优化四个维度求解收入分配改革的金融法进路，彰显金融法制变革与收入分配改革互动的制度逻辑。

第五，金融机构危机市场化处置机制的学术研究成果。郭金良所著《系统重要性金融机构危机市场化处置法律制度研究》一书以系统重要性金融机构（SIFIs）为研究问题的核心主体，通过对金融危机中大型金融机构处置实例、相关制度政策的分析与阐释，指出传统处置制度存在的弊端，意在强调市场经济与法治国家背景下政府在 SIFIs 危机市场化处置中的角色定位，突出该类特殊主体处置制度实施的有效性。即在保证系统性风险防范及基础性金融服务能够得到持续供给的前提下，确保 SIFIs 能够按照市场方式、利用市场资源实现机构的健康恢复或有序退出。同时，试图通过 SIFIs 相关国际规则的研究，探索跨境处置中合作法律框架构建之新路径。

（三）主要学术活动

中国法学会金融法研究协同机制继组织金融法研究方阵后，又组织了金融法沙龙活动。金融法治沙龙第 1 期于 2016 年 4 月 28 日在北京大学法学院举行，主题为"互联网金融创新与监管"，专家学者对互联网金融的创新模式、非法集资与互联网金融、网络支付的监管模式、P2P 网贷的监管、股权众筹的监管等互联网金融创新与监管问题进行了热烈而富有成效的讨论。金融法治沙龙第 2 期于 2016 年 5 月 19日在中国政法大学举行，主题为"中央银行与金融监管体制改革"，讨论焦点主要集中在我国"一行三会监管模式"与目前金融业发展的适应性、存在的问题、世界各国的基本做法，以及我国未来的改革方向等方面。金融法治沙龙第 3 期于 2016 年5 月 27 日在上海举行，以"自贸区金融改革创新持续化及其法制保障"为主题，与会专家学者围绕自贸区金融改革创新的持续化与法制化、自贸区金融制度创新的标准、自贸区金融交易制度和金融监管制度的创新，以及完善自贸区金融纠纷多元化解决机制等议题展开了热烈讨论，提出了一系列新鲜观点。

2016 年 11 月 12 日，由中国银行法学研究会主办，中国民生银行协办的"金融创新与金融法治——中国银行法学研究会 2016 年年会"在北京辽宁大厦举行。来自金融监管部门、司法审判单位、相关行政主管部门的主要负责人、商业银行等金融机构的从业者、高校教授共大约 330 人参加了本次活动。会议分为四个分论坛，分别就"互联网金融法治及货币法"、"金融监管体制改革与完善"、"金融风险的法治对策"、"金融消费者的法律保护"四大议题的具体学术问题进行研讨。会议还选举产生了新一届研究会理事和常务理事，将进一步围绕我国金融法治建设的热点问题，凝聚智慧，精心研究，推动我国金融法治建设。

2016 年 12 月 10 日至 11 日，首届"中国金融法论坛"在上海举行。论坛由中国商法学研究会主办，华东政法大学、上海市法学会金融法研究会和京衡律师事务所共同承办。来自全国各地的金融法学者、实务专家及高校师生等 300 余人参会，就"全球视野下金融法的现代化"这一主题开展了交流与讨论。与会专家学者通过主题演讲、圆桌讨论，以及以期货、信托、保险三个分论坛讨论等形式，探讨了"'一带一路'与人民币国际化的法律框架"、"新金融的挑战与立法需求"、"境外金融立法现代理念的借鉴"、"金融监管与金融司法现代化"等议题，并就证券、保险、信托法的修订及网约车风险与保险等热点问题进行了深入细致的讨论，取得了诸多共识，提出了很多有益建议。

此外，2016 年上海金融法治论坛于 2016 年 11 月 25 日召开，由上海市法学会与复旦大学主办，复旦大学法学院和上海市法学会金融法研究会等承办。本次论坛围绕"金融创新与交易安全的法制保障"的主题，邀请了国家与地方金融主管部门、全国各高校、司法机构、金融机构的百余名专家学者参会。会议围绕"上海国际金融中心地位形成与交易安全的制度保障"、"金融机构的权利、义务与交易安全"、"金融欺诈的法律治理与司法治理"等内容进行主旨演讲和专题演讲。研讨会气氛热烈。上海市法学会金融法研究会 2016 年年会暨上海首届科创金融法治论坛于 2016 年 12 月 23 日举行，与会嘉宾围绕"金融科技与科技金融"法律问题展开了系列讨论，同时举行了"科创金融法治研究中心"成立仪式。

2016 年度票据市场法制报告

伍 坚 李超男 李晓露 谢 天 李春艳①

2016 年，全球经济与金融形势依然不明朗。实体经济一如既往地疲软，货币政策分化加剧。我国在 2016 年经济增长总体呈平稳态势，GDP 增长率平均每季度不低于 6.7%，监管部门加强监管，票据市场交易略有回落，但总体仍保持平稳，2016 年中国票据市场悄然发生了三大变化：其一是风险的集中爆发，其二是票据媒介的快速转化，其三则是全国统一交易平台的上线运行。12 月 8 日上海票据交易所正式开业，标志着票据市场揭开标准化场内交易的新篇章。

一、2016 年票据市场的改革发展

（一）2016 年票据市场的发展态势

随着经济和金融改革的不断深化，票据市场的发展环境已发生显著变化。票据市场总体向好，虽然交易量会延续适当减少的趋势，但发展将更趋健康合理。一方面，票据业务在总量和结构上需要进一步优化，在业务经营和风险管控上需要进一步平衡，在法律基础和市场操作上需要进一步完善，票据业务目前在各类业务创新和发展方向上，需要进一步探索和把握；另一方面，国家对于实体经济和中小企业的支持，以及金融市场的快速发展和变革，都为票据业务参与经济发展和适应金融趋势提供了良好的发展基础和发展条件，票据业务依然具有较大的市场潜力。

票据业务量持续下降。2016 年，全国共发生票据业务 2.93 亿笔，金额 187.79 万亿元，同比分别下降 29.64% 和 21.17%。其中，支票业务 2.73 亿笔，金额 165.80 万亿元，同比分别下降 30.23 % 和 21.62 %；实际结算商业汇票业务 1 656.45 万笔，金额 18.95 万亿元，同比分别下降 13.08% 和 9.71%；银行汇票业务 153.01 万笔，金额 9 504.63 亿元，同比分别下降 27.80% 和 39.05%；银行本票业务 234.52 万笔，金额 2.09 万亿元，同比分别下降 48.86% 和 49.59%。

电子商业汇票系统业务量快速增长。截至 2016 年年末，电子商业汇票系统参与

---

① 伍坚，华东政法大学经济法学院副教授；李超男、李晓露、谢天、李春艳，华东政法大学经济法学专业硕士研究生。

者共计 426 家，较上年末增加 30 家。2016 年，电子商业汇票系统出票 230.47 万笔，金额 8.34 万亿元，同比分别增长 71.89% 和 48.96%；承兑 237.75 万笔，金额 8.58 万亿元，同比分别增长 72.89% 和 48.29%；贴现 83.77 万笔，金额 5.77 万亿元，同比分别增长 69.09% 和 54.54%；转贴现 325.08 万笔，金额 49.2 万亿元，同比分别增长 108.77% 和 122.26%。[①]

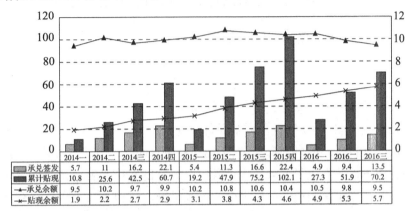

	2014一	2014二	2014三	2014四	2015一	2015二	2015三	2015四	2016一	2016二	2016三
承兑签发	5.7	11	16.2	22.1	5.4	11.3	16.6	22.4	4.9	9.4	13.5
累计贴现	10.8	25.6	42.5	60.7	19.2	47.9	75.2	102.1	27.3	51.9	70.2
承兑余额	9.5	10.2	9.7	9.9	10.2	10.8	10.6	10.4	10.5	9.8	9.5
贴现余额	1.9	2.2	2.7	2.9	3.1	3.8	4.3	4.6	4.9	5.3	5.7

表一　2014 年~2016 年各季度商业汇票市场统计数据表（万亿元）

票据利率整体稳中趋低。2016 年票据市场资金化特征明显，票据利率走势整体下行，但在年初年尾波动较大。票据利率自年初春节高点一路走低，往年在季末、月末等信贷重要时点会明显起伏的现象已经不明显，票据资金化趋势越来越显著，票据利率波动的原因均为资金因素。随着票据利率的快速下降以及利差水平持续收窄，获利空间不断压缩，市场整体盈利水平有所下降。

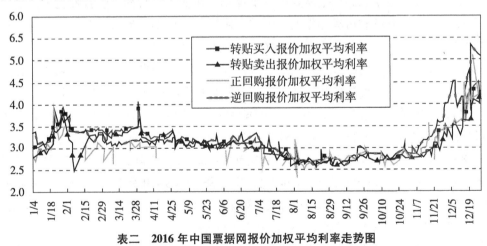

表二　2016 年中国票据网报价加权平均利率走势图

①　参见中国人民银行发布的《2016 年支付体系运行总体情况》，http://www.chinacp.com.cn/NewChinaCp/cms/article/articleView.action? clumnArticleId = 140100 _ 100033054，最后访问时间：2017 年 6 月 3 日。

业务创新取得阶段性成果。2016 年 12 月 8 日由中国人民银行筹建的具有全国性质的上海票据交易所正式成立，标志着我国纸票电子化取得历史性突破。同时，票据资产证券化（ABS）进行了初步尝试。3 月 29 日，全国首单基于票据收益权发行的资产证券化产品——"华泰资管-江苏银行'融元 1 号专项资产支持计划'"成功发行，标志着中国票据业务"证券化"之门正式开启，票据资产管理等产品不断趋于成熟并创新发展。① 京津冀协同票据中心、武汉票据交易中心、前海票交中心等区域性、地方性交易平台纷纷成立，为纸票电子化、票据标准化添砖加瓦。

城市商业银行汇票处理系统和支付清算系统业务增长较快。2016 年，城市商业银行汇票处理系统和支付清算系统处理业务 387.46 万笔，金额 8253.17 亿元，同比分别增长 49.22% 和 52.65%。日均处理业务 1.06 万笔，金额 22.55 亿元。②

（二）业务风险特点

2016 年，票据市场面临的风险形势更为严峻，经济增速下行导致企业违约向银行传染，票据中介挪用资金向银行转嫁，票据从业人员投资失败诱发道德风险，票据经营机构迫于利润压力不审慎经营等，全年票据业务面临的风险呈现频发和突发特点，同时风险的关联性、传染性和转化特性较为明显。一是案件频发、金额巨大。年初农业银行发布消息称"票据买入反售业务发生重大风险事件，涉及风险金额为 39.15 亿元"，中信银行、天津银行也相继爆出票据业务发生风险事件，涉及风险金额分别为 9.69 亿元和 7.86 亿元，加上随后爆发的其他票据案件，预计全年涉及风险的票据资金可能会超过百亿元。二是信用风险、违约风险有所抬头。经济仍处于去产能、去库存、去杠杆的过程，企业资金链断裂、债务违约、逃债等事件时有发生，票据逾期率、承兑垫款率显著提高，商业承兑汇票到期不付、连环追索的新闻不绝于耳，整体信用环境形势严峻。三是操作风险、道德风险、合规风险较为突出。假票、克隆票、假章等票据诈骗案件居高不下，票据掮客无孔不入，与银行业务人员内外勾结，联手诈骗银行资金，诈骗行业已渗透到票据办理过程中的各个操作环节。一些票据掮客借用银行账户、假冒银行工作人员、克隆背书章等形式参与到票据交易链条中，一票多卖、资金挪用等现象频发，一旦出现资金损失就会"跑路"，欺诈风险显著提升。各银行纷纷开始开展自查，监管部门加大监管力度，合规风险更加凸显。

（三）问题与趋势

我国票据市场面临的主要问题是，市场规模逐步扩大，但存在制度缺陷③；市场主体更加多元，但中介业务亟待规范；票据业务更加专业和规模化，但法制体系相对滞后。

---

① 参见江西财经大学九银票据研究院课题组：《票据市场 2016 年回顾及 2017 年展望》。

② 参见潘功胜：《中国票据市场的发展与规范》，载《金融时报》2016 年 12 月 8 日。

③ 崔卫红：《我国票据市场发展现状、问题及对策建议》，载《华北金融》2016 年第 9 期。

票据市场的发展有"四化"趋势[①]：一是融资票据化，根据上市银行年报数据显示，企业贷款收益率（年化）普遍高于贴现年化收益率 50BPs 甚至 100BPs 以上，说明企业的贴现融资成本低于贷款融资成本。利率市场化程度远不及票据业务。在票据业务诸多优势下，其他融资工具转为票据产品存在很大的发展空间，无论是从企业需求还是银行选择来看，融资工具票据化都是未来的发展趋势。二是票据电子化，电子票据将进一步加速发展，市场占比有望在 2017 年升至 80% 以上，2018 年升至 90% 以上。而上海票据交易所的成立，从事票据承兑、质押、保证、贴现、交易等票据业务的金融机构将分批加入票交所系统，过渡期后所有新增票据业务都将在票交所进行信息登记和转贴现交易，实现纸票电子化。三是市场集中化，随着集中统一的票据交易所运行，票据市场将发展成为与资本市场、债券市场平行的金融市场，原来的线下交易转到线上，场外交易转到场内，交易主体、监管主体均汇集于票交所系统，票据流、资金流、信息流实现"三流合一"。四是流程一体化，要求商业银行从企业融资服务方案的设计，到票据承兑、贴现、转贴现、投资、再贴现等环节都交由票据专营部门统筹管理，根据企业综合融资成本来设计企业票据融资模式，全面考虑企业的授信额度使用、承兑保证金比例、承兑手续费率、贴现方式、贴现利率，以及该笔贴现票据卖出可获得的价差收益或投资收益，进行合理且市场化的定价，使企业能够支付合理成本、银行能够提高综合收益，形成银企共赢和可持续发展的局面。

（四）上海票据交易所正式上线运行

2016 年 12 月 8 日，由人民银行牵头筹建的上海票据交易所正式上线运行，票交所系统一期试点机构共 43 家，包括 35 家商业银行、2 家财务公司、3 家证券公司和 3 家基金公司。票交所系统上线运行是票据市场发展进程中的大事件，标志着票据市场进入了电子化发展新时代，在深刻影响商业银行票据业务经营管理模式的同时，将大大提高票据市场运行效率，进而促进票据市场对于实体经济的支持作用。

二、2016 年票据市场的相关法规政策

2016 年 2 月 6 日，国务院发布了《中华人民共和国税收征收管理法实施细则》，要求税务机关应当根据方便、快捷、安全的原则，积极推广使用支票、银行卡、电子结算方式缴纳税款。

2016 年 3 月 16 日，全国人民代表大会公布了《中华人民共和国国民经济和社会发展第十三个五年规划纲要》，要求积极培育公开透明、健康发展的资本市场，提高直接融资比重，降低杠杆率。推动同业拆借、回购、票据、外汇、黄金等市场发展。积极稳妥推进期货等衍生品市场创新。2016 年 3 月 16 日，第十二届全

[①] 李明昌：《我国票据市场发展出现"四化"趋势》，载《上海证券报》2017 年 1 月 21 日。

国人民代表大会第四次会议通过了《关于 2015 年国民经济和社会发展计划执行情况与 2016 年国民经济和社会发展计划的决议》，要求拓宽债权、股权等融资渠道，发展项目收益债、高收益债券及可转换债券、可续期债券、永续票据等股债结合产品，提高直接融资比重，保持流动性合理充裕和社会融资总量适度增长。

2016 年 4 月 30 日，由中国人民银行和银监会共同发布了《关于加强票据业务监管促进票据市场健康发展的通知》，要求严格贸易背景真实性审查，严格规范同业账户管理，有效防范和控制票据业务风险，促进票据市场健康有序发展。

2016 年 8 月 11 日，中国人民银行公告了《中国人民银行对十二届全国人大四次会议第 161 号议案的答复》，指出修订《中华人民共和国票据法》是社会经济和票据业务发展的现实需要，有必要尽快进行修订和完善，同时拓展本票的种类，综合考虑可能将本票的范围拓展至商业本票。

2016 年 8 月 27 日，中国人民银行下发《关于规范和促进电子商业汇票业务发展的通知》，明确 2017 年 1 月 1 日起，单张出票金额在 300 万元以上的商业汇票必须全部通过电票系统办理；自 2018 年 1 月 1 日起，原则上单张出票金额在 100 万元以上的商业汇票必须全部通过电票办理。电票交易主体扩大到全银行间市场，自 2016 年 9 月 1 日起，除银行业金融机构和财务公司以外的、作为银行间债券市场交易主体的其他金融机构，可以通过银行业金融机构代理加入电票系统，开展电票转贴现、提示付款等规定业务员。整体市场交易活跃度将因此大幅度提升，市场容量也将大幅增加。[①]

2016 年 9 月 23 日，中国银行间市场交易商协会发布《信息联结票据业务指引》规范信用联结票据业务。丰富银行间市场信用风险管理工具，完善市场信用风险分散、分担机制，促进市场持续健康发展。

2016 年 12 月 5 日，中国人民银行〔2016〕第 29 号公告《票据交易管理办法》对外发布，对票据市场参与者，票据市场基础设施、票据信息登记与电子化、票据登记与托管、票据交易以及票据交易结算与到期处理进行了规定，旨在规范票据市场交易行为，防范交易风险，促进票据市场健康发展。

2016 年 12 月 30 日，《上海票据交易所股份有限公司、中国银行间市场交易商协会公告（票交所〔2016〕1 号）——票据交易协议（2016 年版）》发布，要求市场参与者应当按照有关要求做好主协议签署工作，促进票据交易的顺利展开，维护市场参与者合法权益，促进票据市场规范健康发展。

---

① 参见中国票据网：http://www.chinacp.com.cn/NewChinaCp/toIndexAction.action? click = 130400#，最后访问日期：2017 年 6 月 3 日。

三、2016 年度票据司法裁判的典型案例

（一）溧阳市宏峰水泥有限公司诉中国燃料有限公司上海分公司票据追索权纠纷案①

2013 年 11 月 11 日，中国燃料有限公司上海分公司（以下简称中国燃料上海分公司）开具两张金额分别为人民币 300 万元和 200 万元的商业承兑汇票，收款人均为苏州市 A 物资贸易有限公司（以下简称 A 公司），到期日均为 2014 年 5 月 11 日。上述汇票上中国燃料上海分公司作为付款人和承兑人签章，并载明"本汇票已经承兑，到期无条件付票款"。收款人 A 公司作为背书人将上述汇票背书给与其存在 10 多年货物买卖交易关系的溧阳市 B 水泥有限公司（以下简称 B 公司）。同日，中国燃料上海分公司向 B 公司出具《承诺书》，载明上述商业承兑汇票到期不能如期兑付，则中国燃料上海分公司负责按票面金额无条件给付兑付。届期 B 公司未取得票据款项，遂提起诉讼，请求法院判令中国燃料上海分公司支付汇票金额 500 万元，中国燃料公司承担共同清偿责任。

被告中国燃料上海分公司不满一审判决，要求其向原告溧阳市 B 水泥有限公司支付票据款 500 万元，向上海市第一中级人民法院提起上诉。称：首先，B 公司提供的供货合同是其有资产关联关系的案外人与 A 公司签订的，故 B 公司并没有因向其前手供货而直接享有票据权利。其次，在 A 公司未向中国燃料上海分公司供货的情况下，本案票据交付的行为性质属于非典型担保，应按担保法律关系审理。再次，A 公司已将 500 万元另行现金支付给 B 公司，只是未将汇票取回，B 公司无权再起诉被告主张票据权利。

二审法院认为，本案的争议焦点为：中国燃料上海分公司作为讼争票据的付款人和承兑人，可否以其与 A 公司之间以及 B 公司与 A 公司之间的基础合同履行情况为依据行使票据法上的抗辩权，从而拒绝履行其票据债务。

对此，二审法院认为：首先，《中华人民共和国票据法》第 13 条第 2 款规定，票据债务人可以对不履行约定义务的与自己有直接债权债务关系的持票人进行抗辩。据此，只有在 A 公司作为持票人向中国燃料上海分公司行使票据权利时，中国燃料上海分公司才有权以对方未履行基础法律关系中的约定义务为由，行使票据抗辩权。本案中，对中国燃料上海分公司负有交货义务的 A 公司已通过背书方式将讼争票据转让，现持有票据并行使权利的系与中国燃料上海分公司无直接债权债务关系的 B 公司，中国燃料上海分公司并不具备行使上述票据法上抗辩权的前提条件，故法院对其以 A 公司未按约向其供货为由拒绝履行相关付款义务的抗辩主张不

---

① 本案案情引自北大法律信息网 http://www.pkulaw.cn/case/pfnl_ 1970324845476217.html? keywords＝票据＆match＝Exact，最后访问时间：2017 年 6 月 3 日。判决文书号：（2014）浦民六（商）初字第 15217 号，（2016）沪 01 民终 5501 号。

予支持。

其次，针对中国燃料上海分公司关于 B 公司作为票据上记载的 A 公司的直接票据后手，未能提供证据证明其与 A 公司之间存在真实的交易关系，故不应享有票据权利的抗辩，同样依据上述《中华人民共和国票据法》第 13 条第 2 款之规定，以是否具有真实交易关系对抗持票人的权利只能由持票人的直接票据前手行使，现中国燃料上海分公司并非 B 公司的直接票据前手，故其无权以 B 公司取得讼争票据未支付对价为由对抗 B 公司。更何况，作为 B 公司的直接票据前手，A 公司已确认其与 B 公司之间存在多年的交易往来，且也是出于真实意思表示向 B 公司交付了涉案票据，故可以确认 B 公司取得本案讼争票据系基于与 A 公司之间的真实交易关系。

再次，对中国燃料上海分公司提出的其开具票据属于"非典型性担保"的主张，因并非票据法规定的合法抗辩理由且缺乏基本的事实依据，故法院亦无法予以支持。

最后，关于中国燃料上海分公司提出的本案讼争票据记载的金额 A 公司已支付给了 B 公司，故 B 公司无权再起诉中国燃料上海分公司的主张，除因中国燃料上海分公司并未提供有效的证据证明其主张的上述事实成立外，中国燃料上海分公司因并非 B 公司的直接票据前手，故 B 公司与 A 公司之间的债权债务是否以其他方式履行完毕，亦并不构成中国燃料上海分公司作为票据出票人和承兑人不予承担付款责任的法定理由。

综上所述，中国燃料上海分公司的上诉理由，缺乏法律依据，二审法院不予支持。原审判决查明事实清楚，判决结果并无不当，二审法院依法予以维持。

（二）东营 A 橡胶有限公司诉中国工商银行股份有限公司宁波江北支行等票据纠纷案①

原告 A 橡胶公司诉称，2013 年 4 月 13 日，中介柴某自称能够通过其他中介办理银行承兑汇票低息贴现，将原告 A 橡胶公司所有的票面金额均为 1000 万元人民币的 3 张银行承兑汇票（收款人均为 A 橡胶公司）带到浙江省宁波市办理贴现，在办理贴现过程中，被以王某（已被宁波市中级人民法院以诈骗罪判处无期徒刑）为首的诈骗团伙骗走，原告仅收到 1400 万元贴现款。王某通过其实际控制的宁波 B 能源科技有限公司（以下称宁波 B 公司）和宁波 C 金属制品工贸有限公司（以下简称宁波 C 公司）虚构贸易，伪造票据背书，向被告工商银行宁波江北支行申请贴现。工商银行宁波江北支行工作人员未按照有关规定严格审查，玩忽职守，在明知票据贴现申请资料不全（没有商品发运单据）且存在明显瑕疵、审核手续尚未办理、复核人员未进行复核的情况下，违法向申请人宁波 C 公司贴现 29274987.84 元，使王

① 本案案情引自北大法律信息网 http://www.pkulaw.cn/case/pfnl_ 1970324845852761.html? keywords=票据 &match=Exact，最后访问时间：2017 年 6 月 3 日。判决文书号：（2015）东商初字第 14 号，（2016）鲁民终 2023 号。

某诈骗犯罪目的得逞，给原告 A 橡胶公司造成巨额损失。被告工商银行宁波江北支行通过违法违规贴现取得的汇票属于《中华人民共和国票据法》第 12 条第 2 款"持票人因重大过失取得不符合本法规定的票据的，也不得享有票据权利"的情形，依法不享有票据权利。

原告 A 橡胶公司认为，其作为王某诈骗犯罪的受害人，系涉案汇票被诈骗失票前的最后合法持票人，不因涉案票据被他人骗取而丧失票据权利。宁波 B 公司、宁波 C 公司是通过王某诈骗犯罪行为而恶意取得原告汇票并串通被告工商银行宁波江北支行套取贴现资金。根据《票据法》第 12 条的规定，宁波 B 公司与宁波 C 公司不享有涉案汇票票据权利且无权处分涉案汇票。宁波 C 公司与被告工商银行宁波江北支行签订的《银行承兑汇票贴现协议》、《承兑汇票贴现申请书》等法律文书及贴现行为因违反法律强制性规定而无效。被告工商银行宁波江北支行因玩忽职守和重大过失以贴现取得涉案汇票没有法律依据，不享有票据权利，故应向原告 A 橡胶公司返还涉案票据权利中的 1600 万元及利息。被告柴某亦应当依法承担连带清偿责任。综上，请求法院依法判令：依法确认被告工商银行宁波江北支行持有的 3 张银行承兑汇票权利中的 1600 万元归原告享有，判令其向原告返还上述票据金额及利息 164 万元，合计 1764 万元；被告柴某承担连带清偿责任；本案诉讼费用由被告承担。

被告工商银行宁波江北支行答辩称：

1. 本案为非票据权利纠纷。《中华人民共和国票据法》第 4 条第 4 款规定，票据权利是指持票人向票据债务人请求支付票据金额的权利，包括付款请求权和追索权。票据责任是指票据债务人向持票人支付票据金额的义务。2013 年 10 月 17 日，工商银行宁波江北支行已经通过工商银行东营市河口区支行从出票人山东某化学有限公司账户托收了票据款项 3000 万元。票据债务人即出票人已经支付了票据款项，该案所涉票据权利和票据责任均已消灭，既不构成票据付款请求权纠纷，也不构成票据追索权纠纷，因此，原告作为第一背书人与工商银行宁波江北支行的纠纷属于非票据权利纠纷，原告要求工商银行宁波江北支行承担 1600 万元的票据款返还责任，没有任何事实和法律依据。

2. 工商银行宁波江北支行在取得涉案 3 张银行承兑汇票时履行了必要的审查义务，审查了汇票贴现申请书、宁波 C 公司与前手宁波 B 公司签订的《购销合同》和增值税发票，并通过中国工商银行跨行支付系统向该汇票的承兑银行即工商银行东营市河口区支行发报文进行查询，核实了该汇票系其签发，且在得到该汇票无挂失止付的回复下，才为宁波 C 公司办理了相关的贴现手续，不存在有重大过失的情形，且支付了对价，依法享有票据权利，是涉案票据托收前的正当持票人。

3. 案外人王某实施诈骗，构成刑事犯罪的事实不影响工商银行宁波江北支行依法享有票据权利，因为在票据上签章的不是王某，而是企业法人。根据票据行为无因性原则，票据关系一经产生即与基础关系相分离。宁波 C 公司与宁波 B 公司之间的购销合同关系属于基础关系的范畴，工商银行宁波江北支行通过背书取得票据时支付了相应贴现款，依法取得了票据，《票据法》没有规定票据的被背书人即贴现银行对其前手取得票据的基础关系是否真实有效负有审查义务。工商银行宁波江北支行对上述材料的审查仅是形式性审查。并且根据《中华人民共和国票据法》第 32 条第 1 款的规定"以背书转让的汇票，后手应当对其直接前手背书的真实性负责"，工商银行宁波江北支行只对其直接前手宁波 C 公司背书的真实性负责。本案中用于贴现的票据，经与承兑银行核实系真实的票据，且其记载事项齐全、背书连续，为合法有效的票据。工商银行宁波江北支行依法享有汇票托收前的票据权利。

一审法院认为，本案争议的焦点问题是：（1）原告 A 橡胶公司是否是涉案票据贴现前的最后合法权利人；（2）被告工商银行宁波江北支行在办理涉案票据贴现过程中是否存在重大过失；（3）被告工商银行宁波江北支行是否应向原告 A 橡胶公司返还票据利益；（4）被告柴某是否应与工商银行宁波江北支行承担连带清偿责任。

关于焦点一，原告 A 橡胶公司是否是涉案票据贴现前的最后合法权利人，一审法院认为：A 橡胶公司是涉案三张银行承兑汇票的收款人和第一背书人，属于票据上记载的当事人，A 橡胶公司取得票据后通过柴某联系贴现业务时，被王某利用其实际控制的宁波 B 公司、宁波 C 公司诈骗。虽然根据票据记载事项看，A 橡胶公司将票据背书转让给了宁波 B 公司，宁波 B 公司又背书转让给宁波 C 公司，但因该两公司实际为诈骗犯王某控制，两公司系通过欺诈方式恶意取得涉案汇票。《票据法》第 12 条第 1 款规定，以欺诈、偷盗或者胁迫等手段取得票据的，或者明知有前列情形，出于恶意取得票据的，不得享有票据权利。故宁波 B 公司、宁波 C 公司不享有票据权利，A 橡胶公司是涉案票据贴现前的最后合法权利人。

关于焦点二，A 橡胶公司主张工商银行宁波江北支行在办理涉案票据贴现过程中，未审查出贴现申请人宁波 C 公司与其前手宁波 B 公司之间不存在真实交易关系，存在诸多重大过失。一审法院认为：第一，票据具有无因性的特点，票据法及相关司法解释并没有规定被背书人在受让票据时要审查背书人与其前手之间是否有真实交易关系的义务。第二，A 橡胶公司主张工商银行宁波江北支行在办理贴现时未要求贴现申请人提交商品发运单，构成重大过失。对于银行办理商业汇票贴现时是否要审查商品发运单，中国人民银行在其有关文件中的规定并不统一，因此，是否提交商品发运单据并不能作为认定工商银行宁波江北支行是否存在重大过失的依据。第三，工商银行宁波江北支行在办理涉案票据贴现业务过程中，对票据的真实性、背书连续性、挂止支付情况等进行了核对查询，对贴现申请人的有关资信及主体信息进行了核实，并按照中国人民银行《关于切实加强商业汇票承兑贴现与再贴现业务管理的通知》的规定，要求贴现申请人宁波 C 公司提交了《购销合同》及增值税发票原件，履行了应有的谨慎注意义务。关于工商银行宁波江北支行在审批流程中的不规范事项，系其内部的操作规范问题，其审批流程是否规范均不构成 A 橡胶公司主张的重大过失。综上，A 橡胶公司主张工商银行宁波江北支行在办理涉案票据贴现过程中存在重大过失不成立。

关于焦点三，被告工商银行宁波江北支行是否应向原告 A 橡胶公司返还票据利益，一审法院认为：第一，本案系票据收款人 A 橡胶公司以贴现行存在过失，不应享有票据利益为由，诉请贴现行向其返还票据利益的票据贴现纠纷案件。票据贴现实质是金融机构向持票人融通资金的一种方式，贴现行在贴现过程中尽到合理的审查义务并支付贴现款后成为合法持票人，享有票据权利。如前所述，工商银行宁波江北支行在办理涉案票据贴现过程中不构成重大过失，亦不具有恶意，其通过贴现合法取得的票据权利受法律保护。第二，A 橡胶公司作为票据上的收款人及第一被背书人，为实现资金融通的目的，将涉案票据委托中介到银行寻求贴现并取得贴现款正是其所期待的结果，至于后来其未收到相应贴现款系由于受到以王某为首的犯罪分子诈骗而导致，因此工商银行宁波江北支行的贴现行为与 A 橡胶公司票据贴现款损失之间没有直接因果关系，且工商银行宁波江北支行及其工作人员也不存在参与诈骗的情形。故原告要求被告向其返还票据权利没有事实和法律依据，不予支持。

关于焦点四，被告柴某是否应与工商银行宁波江北支行承担连带清偿责任。关于柴某的身份，原告 A 橡胶公司主张其与被告柴某之间系居间合同关系，并以该法律关系为由主张柴某对涉案票据款承担连带清偿责任。一审法院认为，根据《中华人民共和国合同法》第 425 条规定，居间人应当就有关订立合同的事项向委托人如实报告。居间人故意隐瞒与订立合同有关的重要事实或者提供虚假情况，损害委托人利益的，不得要求支付报酬并应当承担损害赔偿责任。涉案银行承兑汇票虽然被以王某为首的犯罪团伙骗取，但柴某在代为贴现过程中，如实向原告进行报告，在被诈骗后立即向公安部门报案，尽力追回贴现款，减少原告损失。原告要求柴某向其承担赔偿责任且系连带清偿责任，没有事实和法律依据，法院依法不予支持。

A 橡胶公司不服一审法院判决，向山东省高级人民法院提起上诉。二审法院认为，一审判决认定事实清楚，适用法律正确，应予维持。

四、2016 年度票据法制理论研究综述

(一) 票据无因性问题

票据的无因性是根据票据关系与原因关系相分离的原理，票据一经作成，权利就产生，而与原因关系分离，无论票据原因关系有效与否，对票据权利的效力不产生影响，如果从法律行为的角度，票据行为已经具备法定要件的，作为票据授受原因的法律行为的有效、无效，是否撤销，是否解除，抑或存在与否等，不影响票据行为的效力。依两种不同行为产生的原因关系和票据关系各自分别发生、独立存在，没有效力上的相互联系。

此外，票据的无因性不是绝对的，而是相对的。我国票据法制尚不完善，票据欺诈也时常发生，相较于确保交易来说，诚实信用也是票据法的追求。我国票据立法赋予了票据无因性以一定的相对性，相对性存在两种情况：第一，原因关系与票据关系存在于具有直接债权债务关系的当事人之间，票据关系受原因关系的影响。债务人可以用原因关系的瑕疵否定票据关系的绝对独立性。第二，持票人取得票据无对价或无相当之对价，不能享有优于其前手的权利。这是等价有偿原则的要求。

但有学者认为，票据相对无因性是不合理的，主要原因有三，一是票据相对无因性违反了同一律，依据票据行为相对无因性的理论或规则，票据签发行为对直接后手是有因行为，对间接后手是无因行为，这在逻辑层面有违同一律。二是相对无因性违背了票据无因性的制度基础，承认相对无因性将破坏票据无因性的法理基础，票据法所追求的价值与民法也没有本质区别，票据法的部门法特性无法突显。三是司法实践中的尴尬，法院可否依据《票据法》第 10 条关于票据的签发、取得和转让应当具有真实的交易关系和债权债务关系的规定，否定票据的效力？还有学者认为，票据无因性是国际上的通用原则，我国票据相对无因性在国际贸易票据支付的过程中若产生冲突，如何解决又成为一大难题。①

（二）空白票据

空白票据是指出票人在签发票据时有意识地对票据的法定必要记载事项不记载完全，而是授权持票人在出票后作补充记载，依照票据的记载事项发生法律效力的票据。我国《票据法》对空白票据制度的规定极其简单，在第 85 条和第 86 条规定允许签发金额和收款人空白的支票，而不允许签发空白汇票和本票。

但在票据实务中，出于融资的目的发行空白票据的情况相对常见，如作为金融借贷担保而发行，到期本金利息可以一次性支付，这样就免除了清偿的麻烦。再如，向银行抵押借款的本票，于清偿期到来之时，尚有利息发生，此时银行如果持有金额空白的本票，可以基于补充权的授予，直接请求本金和利息，这样的做法对于贷款业务非常有利，对于票据流通来说，也是一种很有效的简易规则。空白票据欠缺收款人记载的情况比较常见，允许这样的票据进行转让，可以减少许多背书手续。如果是出票日空白的票据，承认其效力，还会使这些票据免于处于消灭时效的危险中。②

此外法规过分强调了票据的安全性，而忽视了票据的流通性。而提高票据的流通，无疑会使交易便捷，进而促进票据的使用率。正如我国台湾地区郑玉波学者所言："助长流通乃法律上对于票据所采取之最高原则，票据法之一切制度，无不以此原则为出发点。"因此，空白票据制度对于票据流通利益的保护和促进有极大的

---

① 叶婷婷：《我国票据法中的票据无因性问题探析》，载《中外企业家》2016 年第 21 期。

② 刘菊：《票据实务视角下票据法的修订建议》，载《西部金融》2016 年第 9 期。

现实意义，但不能否认其对票据的要式性规则的挑战。在票据法修订时，应充分考虑市场对汇票、本票空白的现实需要，扩大空白票据的适用范围，在规则设计时尽量使不完全的票据得到补充而成为完全票据，充分发挥票据作用。

（三）票据善意取得

票据的善意取得指票据的受让人，按票据法规定的转让方法，善意地从没有票据处分权利的人手中取得票据，因而享有票据上的权利。

《日内瓦统一汇票本票法公约》第 16 条规定，汇票如丧失所有后，无论该票之持有人，以何法取得，若能以前项（即第一款规定的背书连续方式）所述方法证明其权利，不能使其丧失票据上之权利。但其以恶意或重大过失取得时，不在此限。我国台湾地区"票据法"第 14 条第 1 款规定：以恶意或有重大过失取得票据者，不得享有票据上之权利。其反面解释与其他票据善意取得制度无异。我国票据法虽未对善意取得作明确规定，但第 12 条规定，如果受让人受让票据时明知其前手是通过欺诈、偷盗、胁迫等手段而取得票据的，该受让人不享有票据权利；如果受让人因重大过失而取得票据的，受让人也不享有票据权利。这种规定方式显然有我国台湾地区"票据法"规定模式的影子。依反面解释，就是如果受让人取得票据时不知道也不应知道票据上存在权利瑕疵，或者前手取得票据的手段不合法，尽管处分人对票据无处分权，也不影响受让人票据权利的取得。所以说，票据善意取得是世界普遍承认的一项票据制度。[①] 但是有学者认为，在已经有了票据无因性理论的情况下，票据的善意取得制度可以被无因性制度涵盖，仅通过无因性就可以保护不知情的第三人，善意取得制度没有独立存在的必要。

根据无因性原则，持有票据的人当然被视为票据权利人，其行使票据权利时，只需提示票据，无须证明授受票据的原因。另如我国《票据法》第 13 条第 1款就有"票据债务人不得以自己与出票人或者与持票人的前手之间的抗辩事由，对抗持票人"的规定。很显然，票据无因性原则的法律效果是对持票人权利人资格的当然推定。无因性原则与善意取得制度相比，都是为了保护交易安全，在对第三人权利的保护上两者是相同的，前者强调原因关系与票据关系的分离以及原因关系不对票据关系的效力产生影响，后者直接解决转让人无权利对受让人的权利不产生影响的问题。无因性适用于整个票据流转的每一个环节，善意取得只是针对持票人直接前手无权利的情况，无因性有覆盖善意取得制度的功能，而且从保护第三人的角度，善意取得是以第三人善意为条件的，无因性原则则直接推定第三人善意，只是以第三人知道前手原因关系的抗辩存在为例外，如我国《票据法》第 13 条第 1 款规定，持票人明知存在抗辩事由而取得票据的除外。聪明的德国人为什么在物权法

---

① 董惠江：《票据善意取得制度评析》，载《黑龙江教育》2016 年第 9 期。

和票据法上都同时采用无因性原则和善意取得制度叠床架屋式的立法，颇令人费解。①

（四）票据伪造

我国票据法广义上的伪造，包括票据本身的伪造和票据上签章的伪造两种情况。票据本身的伪造，是指假冒他人名义进行出票行为，如在一张空白票据上伪造出票人的签章或者盗盖出票人的印章而进行出票；而票据上签章的伪造，是指假冒他人名义而进行出票行为以外的其他票据行为，如伪造背书签章、承兑签章、保证签章等。

《联合国国际汇票和国际本票公约》第 34 条第 2 款规定，伪造人应当承担票据责任，可是按照我国《票据法》第 14 条第 1 款规定，票据记载内容必须真实、不允许伪造，否则要承担相应的法律责任，依据票据法"文义性"和"签章人承责"原则，票据伪造人，无须承担票据责任，只是承担民事和刑事责任。另一方面，《票据法》第 5 条第 2 款规定："没有代理权而以代理人的名义在票据上签章的，应由签章人承担票据责任；代理人超越代理权限的，应当就超越权限部分承担票据责任。"票据无权代理因票据上有无权代理人签名，所以其需要承担票据责任。所以有学者认为，票据伪造人较之无权代理人，其犯意更明显，情节更重大，无权代理人尚需承担票据责任而伪造人却无须承担，其结果未免失之平衡，也有失公允。②

近来，在域外较成熟的"票据签名代理说"颇受我国学者的重视和推崇。该说主张将票据伪造视为票据无权代理的一种特殊类型，故可类推适用票据法中的无权代理规定，使得伪造人承担票据责任有法有据。支持说认为，票据伪造与无权代理均属未经授权而进行的签名行为，在追究票据行为人责任时，不应以有无代理表示这一形式上的区别而产生本质性差异，票据法中对于无权代理人承担票据责任的规定可以援用于伪造人，使其同样担责。在票据伪造人追究民事、刑事责任的基础上，进而还让其承担相应的票据责任，从时间和效率的角度考虑，伪造人的票据责任更易确定，只要从其票据文义记载金额支付即可。它与对伪造人追究民事责任相比，可以免去评估对价、折算赔偿金额等繁杂的手续以及免受诉讼程序拖延之累，凸显时间短、效率高之长处，因此，较之民法制度下的民法侵权行为解决自然更为经济、便利而可靠。此外，让票据伪造人承担票据责任，就能给善意持票人多一层保护，从而有利于维护票据交易的安全。再者，对伪造人追究刑责的同时，如果再苛以票据责任，就会大大增加伪造人的造假成本，切实有效地防止伪造的

---

① 董惠江：《票据善意取得制度评析》，载《黑龙江教育》2016 年第 9 期。

② 李伟群：《伪造人票据责任在无权代理理念上的突破与创新——基于〈联合国国际票据公约〉框架下的票据研究》，载《上海财经大学学报》2016 年第 8 期。

发生。①

（五）融资性票据法律问题

融资性票据是指票据持有人通过非贸易的方式取得商业汇票，并以该票据向银行申请贴现套取资金，其没有真实的交易背景，专为融通资金而签发。由于票据本身特有的功能，使票据融资在企业的短期资金融通方面具有手续方便、无须担保、不受资产规模限制、融资成本低等特性与优势，已成为深受我国广大中小企业欢迎的一种融资方式。②

我国《票据法》第10条第1款规定："票据的签发、取得和转让，应当遵循诚实信用的原则，具有真实的交易关系和债权债务关系。"因为融资性票据没有真实交易关系，所以其并不被《票据法》第10条所承认，但并不能否认融资性票据的效力。

首先，一张票据是否是有效票据，从而能够在市场中流通，主要看票据发行之时是否符合法律要件。在我国，只要票据上发行人签章为真实，记载事项无违反法律规定的情形，就是一张有效的票据，可以进入流通。任何持票人，只要其不是发行人的直接关系人——即发行时记载的收款人、发行人或债务人均不能以原因关系抗辩票据权利。第10条并没有作出任何关于票据无效的规定，因此不是对票据效力的否定，其仅对特殊情形下持票人的票据权利的否定。③

此外，票据效力否定和票据权利的否定是两个不同的概念。票据效力否定是针对整张票据的，尤其是发行之时，发行了一张没有效力的"票据"，充其量是一张纸。而票据权利的否定是基于票据有效的前提，无非是对无真实交易或债权债务关系以及未支付对价之人的票据权利的否定。第10条适用于真实性票据即交易性票据的，否定的是特殊持票人的权利，不是关于票据效力的规定；因此融资性票据的效力不受第10条拘束，"票据法强调对价的必要性，其着眼点在于票据'取得'，而'取得'仅是票据流转中的其中一个环节，并不能概括创造票据权利义务关系的票据签发，因此没有理由将取得无效与票据无效等同起来"。④

（六）互联网票据理财法律问题

互联网票据理财是互联网理财的一种创新模式，主要是借助互联网、移动通信技术与银行承兑汇票的一种业务模式，实质上为融资方以其持有的银行承兑汇票为质押向投资方筹措资金的民间借贷。借款人以持有的未到期银行承兑汇票为担

---

① 李伟群：《伪造人票据责任在无权代理理念上的突破与创新——基于〈联合国国际票据公约〉框架下的票据研究》，载《上海财经大学学报》2016年第8期。

② 于永芹，李遐祯：《论电子商业汇票融资功能的法律制度保障》，载《烟台大学学报》2016年第1期。

③ 赵意奋：《论融资性票据的入法》，载《宁波大学学报》2016年第4期。

④ 同上。

保，根据互联网理财平台发布融资需求并设计成"票据贷"等理财产品，供投资者选择，以较低价格将汇票的收益权转让给投资者，以达到融资的目的。到期后，投资者可获取约定的本金和收益，若未能及时归还款项，投资者可实现质权，向银行承兑汇票的承兑银行进行兑付票据。新事物的产生随之带来了法律问题。

1. 票据设质方式的立法冲突与解释分歧。

我国立法规定的票据设质方式主要有两种：一是"质押背书"方式；二是"书面合同+交付"方式，核心差异在于票据设质是否应当进行质押背书。其中，后者因"交付"的含义不同，又可进一步细分为两种不同方式。然而，此种对同一对象，适用不同调整方法的做法，无疑会造成立法上的冲突与矛盾。针对此种立法冲突，长期以来我国理论界也聚讼纷纭、各执一端，形成了肯定说、否定说和折衷说三种不同学说观点。立法冲突与解释分歧所带来的是行为人的选择困境。互联网票据理财中，融资企业与投资者除了订立书面合同并交付票据外，是否还需要在票据上进行质押背书？若"书面合同+交付"方式即可设立票据质权，基于成本效益的考量，再行质押背书反而会徒增交易成本。而在司法实务中，有法院支持"书面合同+交付"方式设定的票据质权有效，也有法院否认此种方式设立票据质权的效力[1]。由此观之，投资者仅凭"书面合同+交付"方式设立票据质权，在融资企业未能按期还款时，其质权的实现具有或然性。换言之，承兑银行或其他票据债务人可以票据设质方式不符合《票据法》的规定为由进行抗辩、拒绝兑付，投资者的资金安全（权利实现）难以得到有效保障存在风险。根源上，这种风险是源于人为的不确定性，引起立法冲突与解释分歧所致，是一种内生性的法律制度风险。[2]

2. 互联网票据质押对象的模糊性及其衍生问题。

在互联网票据理财的实际操作过程中，出于谨慎考虑，一些平台的票据理财对票据设质通常会采用质押背书的方式，但并不排除有的平台票据质押只采用"书面合同+交付"的方式。由于互联网票据理财的投资者人数众多，这就导致难以直接向投资者设定有效的票据质权，通过质押背书将投资者作为被背书人一一对应记载在票据上，显然没有现实性。此外，无论是质押背书还是书面合同加交付的方式，理论上都应该将票据交付给质权人（投资者），而票据只有一张，也不可能同时交付给多个投资者。实践中甚至出现了一些票据质押的对象实际上是互联网票据理财平台所对应的互联网金融公司。此种做法已经违背了互联网金融公司居间商的角色定位，异化为违规行为。为解决问题，在融资企业和投资者签订融资借贷合同时，引入了第三方机构和代理关系。由第三方机构和投资者签订委托代理合同，作

---

① 参见"滕州市城郊信用社诉建行枣庄市薛城区支行票据纠纷案"，法宝引证码 CLLC. 67267。"台州市路桥某机车部件厂与张某票据返还请求权纠纷案"，法宝引证码 CLLC. 170311630。

② 刘江伟：《互联网票据理财的法律分析及风险防范——从互联网票据理财业务模式说起》，载《金融与经济》2017 年第 2 期。

为投资者的代理人代投资者在票据上进行质押背书，代为接受、占有并保管票据。虽然由第三方机构作为投资者的代理人有助于解决交付的困境，促使互联网金融公司严守居间商的角色定位，然而法律关系主体的增加，势必会使法律关系复杂化，问题因此演绎得更为复杂。①

---

① 刘江伟：《互联网票据理财的法律分析及风险防范——从互联网票据理财业务模式说起》，载《金融与经济》2017 年第 2 期。

2016 年证券市场投资者保护报告

吴 弘 赵 静 袁营仪①

2016 年，在稳定市场和防范风险的基础上，我国继续推进资本市场改革和发展，巩固健全市场基本制度，坚持对资本市场实施依法、全面、从严监管，切实保护投资者权益，提升了资本市场服务实体经济的功能，发挥了优化资源配置、引导要素流动、促进境内外市场互联互通的积极作用。

一、制度供给推进改革创新、资本市场发展日新月异

（一）稳步启动"深港通"、加强互联互通机制

在沪港通试点成功的基础上推出深港通，是中国资本市场市场化、国际化、法治化的坚实一步。2016 年《政府工作报告》明确提出"适时启动深港通"，深、港两地证券监管部门以及交易所密切合作，积极推进深港通的各项准备工作。国务院 8 月 16 日批准了《深港通实施方案》。11 月 25 日，中国证监会、香港证监会联合发布公告，批准深圳证券交易所、香港联合交易所有限公司、中国证券登记结算有限责任公司、香港中央结算有限公司正式启动深港股票交易互联互通机制，12 月 5 日，深港通的股票交易正式开始，标志着内地与香港股票市场互联互通的大桥全面通车。

深港通复制了沪港通试点取得的成功经验，体现了深交所新兴行业集中、成长特征鲜明的市场特色。深港通下的股票范围不仅有市值 60 亿元人民币及以上的深证成份指数、深证中小创新指数的成份股和深交所上市的 A+H 股，也有市值 50 亿元港币及以上的恒生综合小型股指数、恒生综合中型股指数、恒生综合大型股指数的成份股，以及香港联合交易所上市的 A+H 股。深港通、沪港通均不再设总额度限制。

（二）实施新三板分层、落实差异化管理

经过两年多的发展，新三板市场规模迅速扩大。2016 年 5 月底，全国中小企业股份转让系统公司发布实施《全国中小企业股份转让系统挂牌公司分层管理办法（试行）》，明确新三板市场自 2016 年 6 月 27 日正式对挂牌公司实施分层管理，并

---

① 吴弘，华东政法大学教授；赵静、袁营仪，华东政法大学经济法硕士研究生。

对分层标准、维持标准、层级划分及调整等内容作出了明确规定，申请进入创新层的挂牌公司除满足五类共同标准外，还需满足差异化标准之一：第一，近两年连续盈利，且年平均净利润不少于 2000 万元；近两年加权平均净资产收益率平均不低于 10%。第二，近两年营业收入连续增长，且年均复合增长率不低于 50%，近两年营业收入平均不低于 4000 万元，股本不少于 2000 万股。第三，最近有成交的 60 个做市转让日的平均市值不少于 6 亿元；最近一年年末股东权益不少于 5000 万元，做市商不少于 6 家，合格投资者不少于 50 人。新三板实施内部分层本质是风险的分层管理，实现制度差异化安排，优化市场服务、提高市场定价效率、提高风险控制水平。

（三）放宽 QFII 额度限制、扩大资本市场开放

2016 年 2 月，外汇局发布《合格境外机构投资者境内证券投资外汇管理规定》，对合格境外机构投资者（QFII）外汇管理制度进行改革，不再对单家机构设置统一的额度上限，而是根据资产规模的一定比例作为其获取基础额度的依据，且在基础额度内的额度申请采取备案制，超过基础额度的新增额度才需要外汇局审批；同时资金进出更加便利，对 QFII 投资本金不再设置汇入期限要求，锁定期缩短为 3 个月。

2016 年 8 月，中国人民银行、国家外汇管理局发布《关于人民币合格境外机构投资者境内证券投资管理有关问题的通知》，规定人民币合格境外机构投资者（RQFII）在取得证监会资格许可后，可通过备案的形式获取不超过其资产规模或其管理的证券资产规模一定比例的投资额度，超过基础额度的投资额度申请经国家外汇管理局批准。这对于引入长期投资者、构建人民币回流机制进而促进人民币国际化具有重要的现实意义。

（四）重启资产证券化、提高不良资产处置效率

央行和银监会曾在 2005 年启动了信贷资产证券化试点，但在 2008 年爆发全球金融危机后，为控制风险，又暂停了商业银行的不良资产证券化业务。2016 年 2 月 14 日，人民银行等 8 部委印发《关于金融支持工业稳增长调结构增效益的若干意见》，提出重新启动不良资产证券化试点，银监会也分别在年初和年中的工作会议上要求开展不良资产证券化试点和扩大资产证券化范围；2 月 25 日，工行、建行、中行、农行、交行和招商银行 6 家银行获得首批不良资产证券化试点资格，总额度 500 亿元；3 月 24 日，在央行推动下，中国银行间市场交易商协会向会员单位发布《不良贷款资产支持证券信息披露指引（征求意见稿）》，涵盖发行环节信息披露、存续期定期信息披露、重大事件信息披露以及评价与反馈机制等诸多内容，旨在提高不良贷款资产证券化业务透明度，维护投资者合法权益；5 月，不良资产证券化发行工作正式启动，中行、招行首期分别发行 3.01 亿、2.33 亿元不良资产支持证券。

据联合资信评估有限公司统计，2016 年银行间市场共计发行了 14 单不良资产证券化产品，累计发行规模 156.1 亿元，基础资产涵盖了对公不良贷款、信用卡不

良贷款、小微不良贷款、个人住房抵押不良贷款和个人抵押不良贷款等 5 种类型，除对公不良贷款外，其余类型的不良贷款作为基础资产均是首次在国内资产证券化市场上"亮相"。

（五）开展"绿色债券"试点、践行"绿色发展"理念

绿色公司债券是指依照《公司债券发行与交易管理办法》及相关规则发行、募集资金用于支持绿色产业的公司债券，根据《绿色债券支持项目目录（2015 年版）》，绿色产业包括节能、污染治理、资源节约与循环利用、清洁交通、清洁能源、生态保护和适应气候变化等项目。2016 年 3、4 月，为进一步践行"绿色发展"理念，上交所和深交所分别发布了《关于开展绿色公司债券试点的通知》，明确了在现行公司债券规则框架内推进交易所市场绿色债券试点工作，并融入国际绿色债券的重要原则，充分采纳国内外绿色金融领域专家的意见，对绿色债券募集资金使用和信息披露提出针对性要求，同时鼓励由第三方专业机构进行绿色鉴证，确保债券募集资金投向绿色产业。

根据中国证券业协会统计数据显示，截至 2016 年第三季度末，共 11 家证券公司作为绿色债券主承销商或绿色资产证券化产品管理人（沪深交易所市场）承销发行 9 只产品，合计金额 194.20 亿元，其中资产证券化产品 1 只 19.80 亿元。在发行审核和信息披露监管方面，强化发行人的信息披露责任和中介机构的核查责任，监督发行人生产经营活动、募集资金投资项目符合法律法规以及国家产业和环境保护政策，并不断完善相关制度规则，加快培育绿色债券的专业投资群体，推动绿色债券健康发展。

（六）扩容"保险+期货"试点、规避农产品价格波动

大连商品交易所联合保险公司、期货公司，曾在上年度探索出"保险+期货"的新模式，并成功推出首单"保险+期货"项目——人保财险玉米期货价格险项目。2015 年 12 月 31 日，中共中央、国务院一号文件《关于落实发展新理念加快农业现代化实现全面小康目标的若干意见》中，提出稳定扩大"保险+期货"试点的要求；2016 年 3 月，农业部发布了《关于开展 2016 年度金融支农服务创新试点的通知》，鼓励各省探索"保险+期货/期权"、"保险+信贷"等金融保险融合创新模式，区域性、创新性试点可申请中央财政补助资金 500～800 万元。为此，大连商品交易所设立专项资金用以扶持"保险+期货"试点扩容，2016 年在黑龙江、吉林、辽宁、内蒙古、安徽等 5 个省区共开展了 12 个"保险+期货"试点，涉及玉米、大豆现货 20 万吨，为 4158 个农户提供价格保险服务，共理赔 482 万元，有效化解了农产品价格波动风险，保障了农民的基本收益。

二、针对问题出台规范、制度体系持续完善

（一）出台减持监管规则、强化大股东减持约束

2016 年 1 月 7 日，证监会发布《上市公司大股东、董监高减持股份的若干规

定》，主要内容：遵循"以信息披露为中心"的监管理念，要求上市公司大股东通过证券交易所集中竞价交易减持股份的，需提前15个交易日披露减持计划；根据各种股份转让方式对市场的影响，划分不同路径，引导有序减持；从上市公司及大股东自身是否存在违法违规行为的角度设置限售条件；明确监管措施和罚则，督促上市公司大股东、董监高合法有序减持。1月9日，沪深交易所分别发布《关于落实〈上市公司大股东、董监高减持股份的若干规定〉相关事项的通知》，进一步规定"上市公司大股东通过协议转让方式减持股份的，单个受让方的受让比例不得低于5%，转让价格范围下限比照大宗交易的规定执行"，该措施主要规范市场上的"暗盘交易"，即协议转让"分仓术"，进一步降低大股东通过"分仓"短期内实施大比例减持。此外，沪深交易所结合上市公司大股东、董监高减持预披露计划及其实施情况以及协议转让情况，定期对其减持行为进行事后核查。

（二）重磅推出私募新规、切实保护投资者权益

2016年4月15日，中国基金业协会正式发布《私募投资基金募集行为管理办法》，从基金募集环节的募集主体、募集程序、账户监督、信息披露、合格投资者确认、风险揭示、冷静期、回访确认、募集机构和人员法律责任等方面，首次系统地构建了一整套专业、具有操作性、适应我国私募基金行业发展阶段和各类型基金差异化特点的行业标准和业务规范，对切实保护投资者合法权益、规范行业募集行为、塑造私募投资基金"买者自负、卖者尽责"的信托文化具有重要作用。本《办法》明确了私募基金两类募集机构主体，即已在中国基金业协会登记的私募基金管理人自行募集设立的私募基金，以及在中国证监会取得基金销售业务资格并成为中国基金业协会会员的基金销售机构受托募集的私募基金；明确了募集机构承担合格投资者的甄别和认定责任，即针对自然人投资者，募集机构应当严格履行投资冷静期以及回访确认等义务；明确募集机构应与监督机构签订监督协议，对募集专用账户进行监督，保证资金不被挪用，并确保资金原路返还。

（三）再修重组监管办法、"借壳上市"全面趋严

在A股市场异常波动，一些不符合条件的公司试图规避重组上市标准、部分红筹企业谋求境外退市回归A股，引发壳炒作升温的背景下，证监会继2014年11月修订后，于2016年6月17日就再次修订《上市公司重大资产重组管理办法》向社会公开征求意见，新办法于2016年9月9日正式实施。新办法明确了上市公司"控制权变更"的认定标准，从原先遵照持股比例认定，扩大为从股本比例、表决权、管理层控制等3个维度来认定；将购买资产规模的判断指标，由原先的购买资产总额指标扩充为资产总额、营业收入、净利润、资产净额、新增发新股等5个指标，同时明确累计首次原则的期限为60个月；取消重组上市的配套融资；遏制短期投机和概念炒作，要求上市公司原控股股东与新进入控股股东的股份承诺锁定36个月，其他新进入股东的锁定期从目前12个月延长到24个月；上市公司或其控股股

东、实际控制人近 3 年内存在违法违规或 1 年内被交易所公开谴责的，不得"卖壳"；加大对证券公司、会计师事务所及资产评估等中介机构在重组上市过程中"勤勉尽责"的问责力度。

（四）健全股权激励制度、扩大上市公司自主空间

完善股权激励制度，是十八届三中全会部署的重点工作之一，有利于形成所有者和劳动者的利益共同体、推动企业创新创业机制。2016 年 7 月 13 日，证监会发布《上市公司股权激励管理办法》，以信息披露为中心，根据宽进严管的监管理念，逐步形成公司自主决定的、市场约束有效的上市公司股权激励制度。

（五）强化投资者适当性管理、完善证券期货市场制度建设

投资者适当性管理是现代金融服务的基本原则和要求，也是成熟市场普遍采用的保护投资者权益和管控创新风险的做法。2016 年 12 月 12 日，《证券期货投资者适当性管理办法》正式发布，统一了各市场、产品、业务的适当性管理要求，首次对投资者基本分类做出了统一安排，明确了产品分级、适当性匹配的底线标准，规定了经营机构在适当性管理各个环节应当履行的义务，系统规定了对违反适当性义务的处罚措施。这一制度对于普通投资者的特别保护，向投资者提供有针对性的产品及差别化服务，强化经营机构的职责具有重要的意义。

（六）整顿互联网金融乱象、引导股权众筹回归本质

为进一步规范互联网金融秩序，2016 年 4 月，国务院组织 14 部委召开会议，宣布将在全国范围内启动为期 1 年的互联网金融专项整治，并出台《互联网金融风险专项整治工作实施方案》。专项整治分摸底排查、清理整顿、评估、验收 4 个阶段。2016 年 4 月 14 日，证监会、中宣部、发改委、工信部、公安部等 15 部委下达通知、印发《股权众筹风险专项整治工作实施方案》，明确证监会是股权众筹风险专项整治工作的牵头部门，成立领导小组，指导、协调、督促开展专项整治工作；在省级人民政府统一领导下，省金融办（局）与证监会省级派出机构共同牵头负责本地区分领域整治工作，共同承担分领域整治任务。要求股权众筹融资回归公开、小额、大众的特征，并依法监管；众筹平台及平台上的融资者进行互联网股权融资，严禁从事擅自公开发行股票、变相公开发行股票、非法开展私募基金管理、非法经营证券等业务，禁止对金融产品和业务进行虚假违法广告宣传，以及挪用或占用投资者资金。

三、加大监管执法力度、有效打击违法行为

（一）案件总量高位运行、查处力度明显增强

2016 年，证监会围绕"防范化解金融风险，加快形成融资功能完备、基础制度扎实、市场监管有效、投资者合法权益得到充分保护的股票市场"的总体要求，牢固树立依法、从严、全面监管的理念，推进各项改革发展举措，强化监管执法，切

实保护中小投资者合法权益。

监管部门对各类违法行为保持持续高压态势，2016 年全年共受理违法违规有效线索 603 件，启动调查 551 件，新增立案案件 302 件，比前 3 年平均数量增长 23%；新增涉外案件 178 件，同比增长 24%；办结立案案件 233 件，累计对 393 名涉案当事人采取限制出境措施，冻结涉案资金 20.64 亿元；55 起案件移送公安机关追究刑事责任。证监会共对其中 183 起案件作出处罚，作出行政处罚决定书 218 份，较上一年增长 21%；罚没款共计 42.83 亿元，较上一年增长 288%；对 38 人实施市场禁入，较上一年增长 81%。以罚款数额看，苏嘉鸿内幕交易"威华股份"案罚没金额超过 1 亿元，黄信铭操纵"首旅酒店"等股票案罚没金额超过 5 亿元，中鑫富盈、吴峻乐操纵"特力 A"等案罚没金额超过 10 亿元。

立案查处的案件中，既涉及虚假陈述、内幕交易、操纵市场等传统类型案件（占比 63%），也涉及信息操纵、跨市场操纵、国债期货合约操纵、跨境操纵等新类型案件，还显著加强了对中介机构未勤勉尽责、编造传播虚假信息等违法行为的处罚追责力度，以及深入推进私募基金行业和股转系统领域的执法。恒生网络、同花顺、铭创等企业在场外配资中非法经营证券业务，分别被罚没款处罚。一批券商、会计师事务所、资产评估有限公司、律师事务所等多家中介机构因在保荐、承销、财务顾问、审计、资产评估、法律服务等业务中未勤勉尽责依法受到相应处罚。

（二）整治上市公司停复牌乱象、引导基金子公司健康发展

上市公司任意停复牌、停牌时间过长、复牌时间无法预期等一直是 A 股市场备受诟病的主要现象之一。2016 年 9 月，证监会修订《关于加强与上市公司重大资产重组相关股票异常交易监管的暂行规定》和《关于规范上市公司重大资产重组若干问题的规定》，将终止重大资产重组进程的"冷淡期"由 3 个月缩短至 1 个月，进一步缩短上市公司因筹划重大资产申请停复牌的期限。2016 年 5 月 27 日，上交所发布《上市公司筹划重大事项停复牌业务指引》，从明确各类重大事项最长停牌时间、细化停复牌事项信息披露要求等多方面入手，规范停复牌及信息披露事宜。

近年来基金子公司呈现快速发展态势，截至 2016 年 7 月底，79 家从事特定客户资产管理业务的子公司的管理规模已突破 11 万亿元，但同时也暴露出问题和风险，经 2016 年上半年证监会开展基金专户子公司的业务评估和风险排查，风险隐患主要表现为：偏离本业，大量开展"通道业务"，产品结构相互嵌套；无视自身人力资源特点和管控能力，盲目拓展高风险业务；风险控制、合规管理薄弱，激励机制短期化；资本约束机制缺失，资本金与资产规模不匹配，盲目扩大业务规模；组织架构混乱，无序扩张。2016 年 11 月 29 日，证监会发布《基金管理公司子公司管理规定》及《基金管理公司特定客户资产管理子公司风险控制指标管理暂行规定》，规制了基金子公司组织架构和利益冲突，强化了子公司定位和母公司管控责任，构建了以净资本为核心的风险控制指标体系。

（三）优化监管协调制度、健全执法协同机制

证监会不断加强与人民银行、网信办、国税总局、审计署等单位的协作，优化线索通报、信息共享、执法协作等全方位合作；不断加强行政执法与刑事司法的衔接，形成重点打击、优势互补、紧密联动的执法新格局。针对 2016 年移送公安机关的"老鼠仓"案件占比较高的状况，证监会与公安部联合部署开展"老鼠仓"专项执法行动，有力遏制"老鼠仓"案件多发高发态势。不断加强与境外执法机构的协作，联合香港证监会，成功查办唐某博跨境操纵市场案，并以此为契机，稳步推进跨境执法协作机制，为两地市场互联互通保驾护航。

各监管机构积极开展跨市场风险的监管。银监会对信托公司进行新一轮的系统风险指导，尤其是明确了传统融资类项目的刚性兑付和结构化证券投资项目杠杆比例。保监会也开展保险业风险专项检查的回头看工作，重点检查重大项目投资决策的合规性、股票、股权和不动产等投资业务内控的有效性，通道类业务的规范性，以及海外并购风险。

2016 年 4 月 27 日，国务院处置非法集资部际联席会议的成员单位最高人民法院、最高人民检察院、工信部、公安部、央行、保监会等 14 个部委在防范和处置非法集资法律政策宣传座谈会上联合宣布，重拳出击非法集资，坚决遏制非法集资蔓延势头，坚决守住不发生系统性和区域性风险底线。明确在 2016 年下半年组织开展全国非法集资风险专项整治行动，对民间投资理财、网络借贷、农民合作社、房地产、私募基金等重点领域和民办教育、地方交易场所、相互保险等风险点进行全面排查，摸清风险底数，依法分类处置，妥善化解风险。

（四）上交所加强年报审核、关注分行业信息披露

2016 年 2 月 24 日，上交所对豫光金铅发出了沪市首份 2015 年年报审核问询函，透出了年报审核的重要动向：在要求上市公司全面执行行业信息披露指引要求、增加行业信息披露权重的背景下，年报审核着重关注上市公司的行业属性，从经营模式、产业链环节、盈利能力等方面与同业公司的差异上，对公司年报进行了"刨根问底"式的深究和发问，要求其更充分揭示独有价值及风险，与往年年报审核主要关注财务信息明显不同，传递出分行业监管的理念。

截至 2016 年 4 月 19 日，沪市已有超过 680 家公司披露年报，其中相当比例的上市公司年报从"宏观经济影响"、"客户市场状况"、"关键经营资源"、"经营执行情况"以及"盈利模式"等 5 个维度对年度经营情况进行了"渗透式"披露。

四、创新投资者纠纷解决方式、深化投资者保护文化建设

（一）多元化解决证券纠纷、畅通投资者权利救济渠道

2016 年 5 月 25 日，最高法院和证监会联合下发《关于在全国部分地区开展证券期货纠纷多元化解机制试点工作的通知》，在 36 个试点地区由 8 个试点调解组织

进行证券纠纷的调解，通知涉及调解组织基本条件和认可管理、健全诉调对接工作机制、强化纠纷多元化解机制保障落实等内容，对依法保护投资者合法权益有十分重要的意义。

中国证券业协会自律协调专业委员会于 2016 年 7 月 29 日在北京召开落实证券纠纷多元化解机制试点工作专题会议，具体提出了完善机制、因地制宜、建立长效保障机制、梳理制度流程、加强投资者教育、加强调解员培训等 6 方面工作要求。湖北、宁夏等试点地区监管部门以保护投资者合法权益为重点，着手统筹各方力量大力推动辖区证券期货纠纷多元化解机制建设。2016 年 12 月，作为试点调解组织之一的"中国证券投资者保护基金有限责任公司"正式挂牌开展调解，在预防和化解证券期货纠纷方面发挥积极作用。

（二）试行小额速调机制、及时保护投资者权益

2016 年 1 月 5 日，中证中小投资者服务中心有限责任公司（以下简称投服中心）与 81 家证券公司北京地区的 327 家营业部共同签署了《关于促进北京地区证券纠纷解决的工作备忘录》，首次在北京地区试点推出证券纠纷解决小额速调机制，由与投资者服务中心签署备忘录的证券经营机构作出明确承诺，在金额 5000 元以下的纠纷调解中自愿接受投资者服务中心的调解结果并自觉履行。随后陕西、山西、福建、安徽、吉林、大连、青海、山东等地方证监局、证券机构也与投资者服务中心签署备忘录，建立证券纠纷解决小额速调机制。

小额速调机制是投资者服务中心借鉴德国、澳大利亚、中国香港等国家和地区经验，在市场机构自律、自愿基础上，探索开展的有利于中小投资者保护的创新机制和举措。针对证券业简易小额纠纷，调解机构可依据有关法律法规、行业惯例等作出调解结果，如果投资者接受该调解结果，争议双方均须自觉履行调解协议，如果投资者不同意调解结果则调解结果对争议双方均无约束力，投资者可寻求其他救济途径。

（三）开展持股行权试点、引领中小投资者积极维权

2016 年 2 月，证监会批准了投资者服务中心制定的《持股行权试点方案》，根据该方案，投资者服务中心将在上海、广东（不含深圳）、湖南 3 个区域开展持股行权试点，通过二级市场交易，购买持有试点区域所有上市公司每家 1 手（100 股）A 股股票，持有后原则上不再进行买卖，以普通股东身份依法行使《公司法》、《证券法》等法律法规赋予投资者的法定权利，旨在通过示范效应提升中小投资者股权意识，引导中小投资者积极行权、依法维权，督促上市公司规范运作。投资者服务中心作为公益性机构，与其他股东在法律地位上不存在任何差别，所持有的一手股票不享有任何特殊权利，只享有法律规定的普通股东权利，且不行使监管或自律职责，也不代表证券监管机构的立场。

截至当年 5 月，投服中心已持有上述 3 个地区近 500 家上市公司的股票，积极

履行法律所赋予的一系列股东权利，维护中小投资者的合法权益。比如，4 月，投服中心对《公司章程》中存在的不足与柘中股份进行沟通并向其发送了《股东建议函》，随后柘中股份对此积极回应，在已公告年度股东大会议案的情况下，又专门召开董事会增加了修改公司章程的临时提案。8 月，投资者服务中心接受多名中小投资者的委托，发起了首例针对造假上市行为的支持诉讼，将陆企亭、康达新材等相关上市公司及其控制人作为共同被告向上海市一中院提起诉讼，具有很强的典型意义和示范作用。

（四）启动专项"蓝天行动"、多渠道保护投资者权益

2016 年 5 月，深圳证监局全面启动投资者保护"蓝天行动"专项工作，引导投资者树立理性投资理念、提高风险意识和自我保护能力、打击市场违法违规行为等，在各类证券、基金、期货经营机构推行一系列措施，落实中小投资者合法权益保护。深圳证监局多管齐下，以监管、自律、市场主体配合为思路，全面推进投资者保护工作。督促经营机构梳理适当性管理、客户分类和风险评估相关制度，落实"了解你的客户"原则，加强适当性管理；督促上市公司完善投资者服务、信息披露机制，探索建立信息披露委员会等。深圳各机构 2016 年开展投资者教育活动 720 多场，发放展示各类宣传材料 12 万多份，发送短信 130 万条，官方网站相关教育栏目访问量 185 万次，各渠道教育宣传覆盖投资者 200 多万人次。

（五）投服中心牵手全国律协，解决中小投资者维权难题

2016 年 6 月 30 日，投资者服务中心与中华全国律师协会（简称"全国律协"）在北京签署合作备忘录，建立合作机制。根据备忘录，投服中心将与全国律协围绕中小投资者合法权益的保护，在中小投资者法律咨询、法制宣传教育，涉及中小投资者权益的市场热点、疑难复杂及新类型案件，立法和资本市场法治建设的推动，证券金融业务和法律业务的培训等方面展开一系列合作。在此基础上，整合各方优势资源，搭建相互协作的法律服务平台。投服中心组建证券公益律师团，全国律协为投服中心推荐公益律师人选，为中小投资者依法维权提供专业支持；双方合作开展支持诉讼、持股行权等中小投资者保护工作。对于资本市场发生的中小投资者热切关注的典型证券侵权行为，投服中心将组织公益律师支持中小投资者提起诉讼，协助中小投资者依法维权。

（六）依托"期货投教网"平台、传递保护投资者正能量

2016 年，中国期货业协会建立的"期货投教网"正式挂牌成为首批国家级（互联网）证券期货投资者教育基地。作为一个纯公益性、面向全社会、覆盖全市场的期货投教互联网平台，中期协在已有若干频道和栏目基础上，加强内容建设，以适应快速增长的投资者网上教育需求。2016 年以来，网站实行实时更新、专人负责机制，广泛收集行业内外投资者教育和保护资料，丰富栏目内容，通过与行业内单位紧密合作，发挥合作单位专业优势，每日更新固定栏目内容，以提供有品质的投教

内容。通过微信平台在会员单位和投资者中开展问卷调查和召开投资者座谈会，广泛征集基地建设和投教工作思路，为下一步基地建设制定计划。截至 2016 年 11 月，网站的浏览量为 8086178 次，访客数为 2357543 人次，单月最高浏览量为 1392722 次。

五、典型案例

＊ST博元因重大违法被强制退市。2016 年 3 月 21 日，上海证券交易所宣布对＊ST博元作出终止上市决定。在 2011 年至 2014 年期间，＊ST博元多次伪造银行承兑汇票，虚构用股改业绩承诺资金购买银行承兑汇票、票据置换、贴现、支付预付款等重大交易，并披露财务信息严重虚假的定期报告。从金额上看，2011 年至 2014 年，＊ST博元在其各定期报告中虚增资产、负债、收入和利润，金额巨大。2015 年 3 月 26 日，证监会以涉嫌违规披露、不披露重要信息罪和伪造、变造金融票证罪，将公司及主要负责人移送公安机关，5 月 25 日，公司股票在上交所风险警示板交易 30 个交易日后，上交所根据股票上市规则，决定暂停＊ST博元公司股票上市交易，尽管＊ST博元在暂停上市期间动作不断，但始终没有满足恢复上市的法定条件。2016 年 3 月 21 日，上交所召开上市委员会审核会议，参会委员经审议后，一致表决同意＊ST博元股票终止上市。至此，＊ST博元被迫退市已成定局，"重大违法退市"不再是"纸上谈兵"，而是以一种整个市场看得见的方式被实践。

投资者服务中心受托起诉匹凸匹。2016 年 3 月，上海证监局发布行政处罚决定书，认定匹凸匹存在"未及时披露多项对外重大担保及重大诉讼事项"、"2013 年年报中未披露对外重大担保事项"等违法违规事实，同时认定时任公司董事长的鲜言以及公司其他相关高管为责任人员，对其作出责令改正、警告和罚款等相关处罚决定。5 月，因匹凸匹 2015 年年报披露的亏损额逾亿，亏损幅度超出此前预告业绩的412%，上交所对匹凸匹及有关责任人予以通报批评。许多投资者向投服中心反映因匹凸匹虚假陈述而受损的情况，希望通过法律途径索赔维权。面对投资者迫切的维权需求，投服中心及时出手，接受了 9 名受损的中小投资者的委托，协助其准备相关证据材料，并于 7 月 20 日正式向上海市一中院递交诉状，将上市公司虚假陈述行为负有责任的匹凸匹原实际控制人鲜言、公司时任董事和财务总监恽燕桦，以及 1 名董事、2 名独立董事和 3 名监事等共计 8 人作为被告，并将匹凸匹作为共同被告，提起全国首例证券支持诉讼，诉请索赔金额合计 215 万元。

智光电气重组涉嫌内幕交易。2016 年 5 月 30 日，广东证监局曝光了智光电气重组中出现的内幕交易案细节，涉案人郭亚峰系智光电气董事长李某某之友，在智光电气停牌重组前数小时，郭亚峰迅速转账买入智光电气股票。广东证监局认定，在内幕信息敏感期内，郭亚峰与内幕信息知情人联络、接触，涉案证券账户交易"智光电气"股票的时点与内幕信息形成、变化和公开过程基本一致，买入涉案股票时点与内幕信息知情人联络、接触时点前后相续，大部分涉案股票是在"智光电气"股票停牌当天转入资金买入，交易行为存在明显异常，且郭亚峰对此不能作出合理解释。郭亚峰的上述行为违反了《证券法》第 73 条和第 76 条的规定，构成《证券法》第 202 条所述内幕交易行为。最终，广东证监局下发行政处罚决定书，没收郭亚峰违法所得 206.51 万元，并处 206.51 万元罚款，罚没款共计 413.03 万元。

顺丰借壳上市遭问询。2016 年 5 月 23 日，鼎泰新材发布午间公告，披露了顺丰控股作价 433 亿元借壳上市的预案。鼎泰新材从停牌到披露预案，只相隔 1 个多月的时间，堪称"神速"，在其预案发布仅仅 2 天后，深交所即发出重组问询函，要求顺丰对以下主要事项作出说明或披露：一是结合目前行业发展情况、人力成本变化趋势、顺丰核心竞争力及同行业可比交易情况等内容，说明本次预估增值的合理性，以及选取收益法评估结果作为作价依据的原因；二是说明本次预估值与其前几次资本变动时的评估值存在差异的原因、合理性，包括 2013 年 9 月顺丰控股增加注册资本、2014 年 4 月顺丰速运（集团）有限公司向下属子公司股权增资、2015 年 11 月顺丰控股改制为股份公司；三是补充披露近 3 年营业收入和净利润变化的原因，同时说明业绩承诺的具体依据及合理性；四是充披露上述自有房屋房产权证预计办毕时间，以及逾期未办毕的影响及解决措施；五是对最近 3 年顺丰相关董事、高级管理人员及员工人数变化的原因等作出进一步说明。

欣泰电气成为欺诈发行退市第一股。2011 年 12 月至 2013 年 6 月，欣泰电气通过外部借款、使用自有资金或伪造银行单据的方式虚构应收账款的收回，在年末、半年末等会计期末冲减应收款项（大部分在下一会计期期初冲回），致使其在向证监会报送的 IPO 申请文件中相关财务数据存在虚假记载。2013 年 12 月至 2014 年 12 月，欣泰电气在上市后继续通过外部借款或者伪造银行单据的方式虚构应收账款的收回。2015 年 5 月，根据证监会《上市公司现场检查办法》，辽宁证监局对辖区内的欣泰电气进行现场检查，发现存在数据虚假等问题，随后中国证监会迅速立案。2016 年 7 月 7 日，证监会向欣泰电气下发《行政处罚决定书》与《市场禁入决定书》，除对相关人员处以罚款外，对温德乙、刘明胜采取终身证券市场禁入措施，终身不得从事证券业务或担任上市公司董事、监事、高级管理人员职务。深交所将自公司股票复牌 30 个交易日期限届满后的次一交易日对公司股票实施停牌，并在停牌后 15 个交易日内作出是否暂停公司股票上市的决定。

伊利股份滥用反制条款遭严管。2016 年 8 月 11 日，伊利股份因对公司章程进行大面积修改以防止外来资本恶意收购，收到上交所问询函。问询函主要问题聚焦在"伊利股份拟修改的相关章程内容是否合理、合规"上。针对"股东持股达 3% 须通报"，上交所要求伊利股份补充披露上述修改是否符合《公司法》、《证券法》以及《上市公司收购管理办法》等相关规定，是否存在限制投资者依法收购及转让股份的情形。针对伊利股份对违反上述规定者给予的潜在制裁措施，上交所也要求公司说明相关"制裁措施"的法律依据及合理性、是否不当限制公司股东表决权，并解释"行为改正"的具体标准、董事会拒绝股东行使除领取该等股票股利以外的其他权利的法律依据。此外，伊利股份修订后的公司章程还规定，更换及提名董事会、监事会成员以及修改公司章程的提案，须连续两年以上单独或合计持有公司15%以上股份的股东才有权提出，对此，上交所要求公司说明该条款修改是否符合《公司法》的规定，是否不当提高了股东行使提案权的法定资格标准，是否构成对股东提名权的限制等。

2016 年中国基金市场法制报告

张 敏 金新强 郭硕娅[①]

一、基金市场持续蓬勃发展

（一）公募基金资管规模突破 9 万亿大关

据统计，截至 2016 年 11 月底，我国境内共有基金管理公司 108 家，其中中外合资公司 44 家，内资公司 64 家；取得公募基金管理资格的证券公司或证券公司资管子公司共 12 家，保险资管公司 1 家。2016 年是中国有史以来公募基金资产管理规模最大的一年。2016 年新基金发行规模约为 10825.58 亿份，较 2015 年有所回落，但是基金总规模达到 91367.46 亿元，首次突破 9 万亿，比 2015 年增长了 9448.19 亿元，增长 11.53%。2016 年全年，新基金成立 1151 只，为历史新高，比 2015 年增长 40%，其中 50% 为混合型基金。[②]

货币基金以 50% 左右的资产净值占比，位居各类型基金之首，自 2014 年以来连续 3 年蝉联规模之最。2016 年，货币基金资产净值约为 44687 亿元，占比达到 49.13%，因为受到年末资金紧张因素的侵扰，规模反倒比去年年末减少 28.01 亿元。而债券型基金是公募扩容的主力军，统计显示该类产品 2016 年末规模为 19140.58 亿元，增长了 11361.52 亿元，增幅达到 146.05%。这反映出在经历 2015 年市场巨幅震动后，投资者更倾向于获取稳健收益，并且银行、保险等机构的委外资金也开始大量转投债券基金。保本基金、QDII 基金和商品基金规模较往年分别增加 1693.77 亿元、327.20 亿元和 149.45 亿元。

在基础市场持续震荡的背景下权益类基金产品规模整体出现萎缩，其中混合型基金规模减少 3396.43 亿元，缩水幅度最大。开放式股票型基金和封闭式股票型基金也分别减少 527.30 亿元和 131.93 亿元。在各类基金产品规模进行结构性调整的

---

① 张敏，华东政法大学经济法学院教师；金新强和郭硕娅系华东政法大学硕士研究生。本文系教育部 2014 年人文社会科学项目"大学基金会投资行为的法律规制"（14YJC820076）的阶段性成果。

② 众禄基金研究中心：《公募 3 个数字把脉 2016 参透 2017》，载 http://www.jjmmw.com/news/detail/1242042/，最后访问时间：2017 年 1 月 26 日。

同时，各家基金公司的规模也出现剧烈波动。从前十大基金公司的排名来看，只有两家基金公司排名未变。天弘基金凭借余额宝 8000 亿元规模量，以 8849.67 亿元的体量依然占据行业榜首。工银瑞信以 4603.52 亿元的规模上升两个位次，排名第 2。易方达尽管规模缩水 1400 多亿元，依然以 4267.25 亿元占据排行榜第 3 的位置。剩余的 7 家基金管理公司包括华夏基金、南方基金、建信基金、博时基金、招商基金、嘉实基金、中银基金，分别以 3445.29 亿元、3876.32 亿元、3770.61 亿元、3762.41 亿元、3454.66 亿元、3445.29 亿元、3416.21 亿元分列第 4~10 的位次。

（二）QDII 基金表现抢眼

从业绩角度来看，A 股权益类产品平均收益率垫底，QDII 基金表现抢眼。QDII 基金 2016 年平均收益率达到 6.87%，其中中银标普全球、华宝油气、上投全球资源、诺安油气和华安石油基金 5 只 QDII 产品全年净值分别上涨 50.12%、45.02%、44.59%/、34.70%、31.63%，是公募基金产品中年度收益率最高的 5 只基金。统计显示，全年商品基金平均涨幅最大，8 只黄金交易所交易基金（ETF）及其连接基金平均年度净值增长率高达 18.40%。

A 股权益类产品整体表现乏力，股票型和混合型基金平均净值增长率分别为 -13.38% 和 -8.61%。低风险基金表现平平，货币型基金、债券型基金和保本型基金平均收益率分别为 2.66%、1.38%、0.20%。据金牛理财网数据，123 只成立于 2016 年 1 月 1 日之前的 QDII 基金，2016 年平均累计收益 6.60%，远远高于股票型基金（同期平均累计收益为 -12.2%）、混合型基金（-4.24%）与债券型基金（0.09%），成为 2016 年最赚钱的基金类型。一系列偶然事件的发生，极大地促成了 QDII 的这种强劲表现，包括人民币贬值、美大选之后美股上涨以及欧佩克减产引起的油价上涨等。数据显示，业绩较好的 QDII 基金中有 6 只重仓了油气或资源类股票。数据分析显示，排名前 50 的 QDII 基金，2016 年年度业绩表现与基金经理任期内的累计业绩表现相关性较弱，这意味着，2016 年 QDII 的成绩并不能完全归因于基金经理的能力，导致市场波动的外部因素对 2016 年基金业绩起了主要作用。[①]

（三）深港通开通，沪港通总额度取消，港股崛起

2016 年 12 月 5 日，深港通正式开通，在资本市场上具有里程碑意义。2016 年，随着深港通开通、港股崛起、沪港通总额度取消等一系列事件刺激，公募和私募机构积极布局可同时投资三地的基金产品，沪港深主题基金数量大增。截至 12 月 23 日，已有 59 只"沪港深"基金成立（不同份额分别计算，以下同），11 月以来 16 只产品成立，另有 3 只"沪港深"基金正在发行，2 只正在审批。在 59 只"沪港深"基金中，混合型基金占比最大，共有 41 只，股票型基金 18 只。

----

① 众禄基金研究中心：《用大数据带你看 QDII 基金成绩单：2016 年"老天爷赏饭吃"》，载 http://www.jjmmw.com/news/detail/1244708/，最后访问时间：2017 年 1 月 26 日。

从基金公司角度看，共有 30 家基金公司成立了沪港深主题基金，其中，前海开源基金公司对沪港深主题基金布局最为积极，已成立的沪港深主题基金有 15 只，此外，东证资管、富国基金、博时基金和广发基金等也布局了多只产品。不过，部分中小型基金公司还尚未涉足港股市场。相比 QDII 基金，沪港深基金申赎效率高。随着海外配置需求的增加，未来将成为内地投资者青睐的品种。这也预示公募机构未来要加强全球化投资方面的研究和人才储备。

今年以来，委外定制基金大量涌现，使得公募基金发行数量不断刷新历史纪录，年内公告成立的基金数达到 1151 只，这也是公募基金业 19 年来首次出现单年度成立基金数破千，年度基金数量增长 40%。特别是四季度以来，多只百亿级委外定制基金密集成立，推动年内新基金首发规模突破万亿元大关，连续两年新基金首发规模超过万亿元。出于风险控制的考虑，监管层已出台了有关新基金申报特别是委外基金申报的窗口指导，基金公司申报产品将依据该指导进行，申报数量和节奏受到控制，委外定制基金披露将更加详细，未来这类基金的发行势必将放缓。此外，伴随着银行理财资金被纳入 MPA 考核指标，预计未来银行委外资金的规模将会有所缩减。

（四）互认基金"南冷北热"

互认基金南冷北热，在人民币贬值、美元资产受青睐和低风险偏好的大背景下，香港北上的互认基金销售累计破百亿元大关，而大陆南下的互认基金销售业绩惨淡，仅有 1.5 亿元人民币。国家外汇管理局的统计数据显示，2016 年香港互认基金在大陆一年的总销售额为 102.21 亿元人民币；净销售额为 77.72 亿元人民币；内地互认基金在香港的总销售额为 1.52 亿元人民币；净销售额为 0.96 亿元人民币。

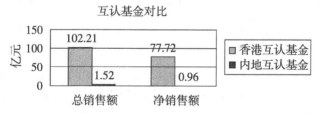

内地互认基金发行首年遭遇了巨大的市场逆境。从香港市场大环境来看，国际债券基金独占鳌头，前 11 个月包括环球债券、亚洲债券和高收益债基金净增 3 倍有余，占到香港市场累计销售的一半以上；而包括欧洲、亚洲及大中华地区的股票基金遭受大量赎回，2016 年销售环比跌了 6 成。内地互认基金刚刚进入香港市场，人民币概念未受青睐，又遭遇如此市场风险，首年销售开局可谓十分艰难。相比较，在香港市场大受追捧的国际债基在内地也大受追捧。在美元概念和低风险偏好的大环境下，摩根基金的一只低风险债基在销售最鼎盛时，就占据了全部香港互认基金 9 成的销售份额，也成为特定市场环境下互认的最大受益方。正是在此大背景之下，香港互认基金方才与内地互认基金的销售业绩对比如此悬殊。

市场风险的偏好也并非一成不变，随着特朗普当选美国总统，市场对于股票的热情逐渐上涨，低风险偏好在下半年也随之走弱。尤其是在摩根基金对其最热销的亚洲总收益债券基金在 8 月末主动限购后，香港互认基金在内地的销售开始持续走弱。① 2016 年末，美股基金受青睐，但股债汇低迷的内地市场导致内地基金在港销售情况更加糟糕。内地基金在香港的四季度累计销售额不足 3000 万元人民币，较三季度的 5500 万月销售额也出现下滑 45%，同时在 10 月和 12 月也出现了单月净赎回。

二、规制新政频出、内容愈加细化

2016 年资本市场一路走来如履薄冰。② 在这种情况下，监管层继续秉持"依法、从严、全面履行监管职责"的原则，以风险控制为主要监管目标，出台了一系列部门规章和自律规范，对基金市场展开层次丰富、全面细致地监管，不遗余力地对基金市场进行整顿和引导。

（一）公募基金法规日臻完善

1. 保本基金新规拟出台。

2016 年 8 月 8 日，证监会就《关于保本基金的指导意见》公开征求意见。此次修订的主要内容包括：（1）完善保本基金管理人相关审慎监管要求，对基金管理人和基金经理的投资管理经验进行了规定。明确要求保本基金的基金经理应当具备两年以上混合型或债券型公开募集证券投资基金管理经验，或者在证券基金经营机构从事股票和债券投资管理工作且担任投资经理两年以上。（2）加强风险监测，及早解决风险隐患。新增风险监控的规定，要求基金管理人每日监控保本基金的净值变动情况，定期开展压力测试，及时化解风险。（3）完善保本基金投资策略相关风险控制指标，降低保本基金运作风险，从严要求稳健资产的投资范围、剩余期限以及风险资产的放大倍数。（4）适度控制保本基金规模，降低行业风险。合同约定的保本金额乘以相应风险系数后的总金额，不得超过基金管理人最近一年经审计的净资产的 5 倍（其中保险资管公司为 1 倍）。基金管理人及其子公司的特定客户资产管理业务不得募集保本产品。（5）完善担保相关监管要求，增强担保实效。适度降低担保机构对外担保资产总规模，同时要求基金管理人审慎选择担保机构，并在定期报告中对担保机构情况进行披露。（6）做好新旧规则衔接。依照"新老划断"原则进行过渡安排，相关存续保本基金在保本周期到期前不得增持不符合规定的资产、不得增加稳健资产投资组合剩余期限、不得增加风险资产放大倍数等。

---

① 众禄基金研究中心：《去年香港基金卖了 100 亿内地只卖了 1 个多亿》，载 http://www.jjmmw.com/news/detail/1256336/，最后访问时间：2017 年 1 月 26 日。

② 佚名：《2016 年中国基金业十大事件》，载《证券时报》2016 年 12 月 26 日。

2. 基金中基金指引正式发布。

9 月 11 日，证监会正式发布并实施《公开募集证券投资基金运作指引第 2 号——基金中基金指引》。为规范基金中基金的运作，保护投资人的合法权益，严格控制投资风险，对基金资产的投资方式和比例、对基金相关情况的及时披露、基金管理人的资质、人员构成和收费标准等都作出详尽细致的规定：第一，在符合投资原则的前提下，基金中基金须将其基金资产的 80% 以上投资于其他公开募集的基金份额；第二，基金管理人、托管人不得对基金中基金的管理费、托管费以及销售费双重收费；第三，明确基金管理人在基金中基金所投资基金披露净值的次日，及时披露基金中基金份额净值；第四，要求基金中基金在定期报告和招募说明书中设立专门章节，披露所持有基金的相关情况，并揭示相关风险；第五，规定基金中基金管理人应当设置独立部门、配备专门人员，且基金中基金的基金经理不得同时兼任其他基金的基金经理；第六，明确基金中基金管理人、托管人的相关职责，强化主体责任。① 目前有 19 家公司的 27 只公募 FOF 产品获得受理。

3. 分级基金投资门槛提高。

11 月 25 日，证监会批复沪、深证券交易所发布《分级基金业务管理指引》。该《指引》是在总结分级基金 9 年来发展情况基础上，对交易监管安排的进一步完善；是规范分级基金运作，完善分级基金投资者适当性管理要求，加强分级基金投资者教育与风险警示的重要制度安排。一方面明确了分级基金二级市场交易环节投资者适当性安排，将投资者适当性门槛定为 30 万元证券类资产门槛，要求投资者签署风险揭示书并强化交易过程中分级基金风险警示；另一方面，还强化了对基金管理人和证券公司在投资者教育和服务方面的要求，明确了投资者的责任和义务；进一步明确了分级基金折算业务流程，便于投资者准确了解分级基金的折算机制。

4. 限制基金子公司业务无序扩张。

12 月 12 日，证监会正式发布《基金管理公司子公司管理规定》及《基金管理公司特定客户资产管理子公司风险控制指标管理暂行规定》。根据规定的要求，基金子公司净资本不得低于 1 亿元、不得低于净资产的 40%、不得低于负债的 20%，调整后的净资本不得低于各项风险资本之和的 100%，新规将主要通过净资本指标来限制基金公司子公司相关业务的无序扩张，推动基金公司在有效控制风险的前提下，审慎开展私募资管业务。基金子公司新规出台，意味着通道业务或将退出历史舞台，基金子公司要寻找转型方向。新规禁止基金母子公司之间、受同一基金母公司管理的不同子公司之间同业竞争，当前基金子公司调整的主基调为按照准备金调整业务，瞄准非标股权、资产证券化、股权投行及标准产品投资等领域。此

---

① 众禄基金研究中心：《2016 年基金业十大新闻每条都关系资管未来命运》，载 http://www.jjmmw.com/news/detail/1235298/，最后访问时间：2017 年 1 月 26 日。

外，新规还禁止基金母子公司之间、受同一基金母公司管理的不同子公司之间的同业竞争。①

（二）私募基金规则趋紧

2016年被称为私募行业监管元年，在违约兑付、跑路事件等背景下，一年内，中国基金业协会对私募行业密集修订了7个自律管理办法和两个指引，对私募管理人从备案、风控、信披、基金合同、投顾管理、托管、外包、从业人员等多方面、全维度地作出规范，构建了一套"7+2"自律规则体系，形成了全方位的私募监管版图，引导私募行业诚实守信、合规运作。从严监管之下，私募机构的备案门槛全面提高，大批空壳私募被清理注销，非法失联私募机构被列入黑名单。明确的行业行为准则和有效的事中事后检测处罚，保障了市场主体间的博弈秩序和博弈环境。鱼龙混杂的私募基金业正在发生巨变，行业经历了大浪淘沙般的洗牌。新规对私募基金的投研能力和风险管理能力提出更高的要求，私募基金的管理成本增加的同时，也为行业迎来了更大的发展空间。大型私募逐渐涌现，小型私募举步维艰，或面临淘汰。

1. 私募管理人备案全面收紧。

2月5日，中国基金业协会发布《关于进一步规范私募基金管理人登记若干事项的公告》，采取4大举措完善私募备案登记：取消私募基金管理人登记证明；私募应及时备案产品、履行信息报送义务及按时提交经审计的年度财务报告；新申请私募、首次备案产品或重大事项变更等需提交法律意见书；私募高管人员应当取得基金从业资格。根据基金业协会统计，备案新规实施后至2016年年底，共有12834家私募基金管理人被注销登记，共计1219家异常机构通过私募基金管理公示平台对外进行公示，至2016年底整改率达33%。随着私募监管趋严，私募基金公司设立速度放缓。同时，中国基金业协会针对实际优化完善基金从业人员资格考试的组织形式和科目设置，基金从业资格考试一度升温。2016年通过考试者计35.3万人②。

2016年2月1日，基金业协会发布《私募投资基金管理人内部控制指引》，要求私募基金管理人应当遵循专业化运营原则，主营业务清晰，不得兼营与私募基金管理无关或存在利益冲突的其他业务；私募基金管理人应当健全治理结构，防范不正当关联交易、利益输送和内部人控制风险，保护投资者利益和自身合法权益。还要求私募基金管理人组织结构应当体现职责明确、相互制约的原则，建立必要的防火墙制度与业务隔离制度，各部门有合理及明确的授权分工，操作相互独立；私募基金管理人应当建立有效的人力资源管理制度，健全激励约束机制，确保工作人员具备与岗位要求相适应的职业操守和专业胜任能力。

---

① 佚名：《2016年中国基金业十大事件》，载《证券时报》2016年12月26日。
② 中国证券投资基金业协会网站：《2016年私募基金登记备案情况综述》，载 http://www.amac.org.cn，最后访问时间：2017年2月12日。

2. "新八条底线"严格规范资管产品。

2016 年监管层加大了对结构化、保本类资管产品的清理整顿力度。7 月 14 日，证监会发布《证券期货经营机构私募资产管理业务运作管理暂行规定》，将 2015 年 3 月中基协发布实施的"八条底线"升级为证监会规范性文件，被业内人士称为"新八条底线"。"新八条底线"对资管产品的销售推介、杠杆率、结构化安排等都提出了较高要求。如新规进一步压缩了结构化资管产品的杠杆倍数，强调信息和风险披露，不得宣传预期收益率，资管计划名称中不得包含"保本"字样。重申禁止资金池业务，不允许不同资管计划混同操作，提高投顾模式门槛。新规实施后，结构化产品锐减，投顾类业务直面寒冬，以往由第三方投顾介入的资管业务转而寻找信托通道。①

3. 外资私募登记管理办法出台。

中国证券投资基金业协会于 2017 年 1 月 5 日发布《外商独资和合资私募证券投资基金管理人登记备案填报说明》称，外资私募证券投资基金管理人申请机构应当独立进行投资决策，不得通过境外机构或者系统下达交易指令，境内应当安装系统终端，交易路径透明可追、交易数据完整可查、交易流程清晰可控、交易记录全程留痕，应当设立投资决策责任人和交易执行责任人。

（三）社保基金新规注重实际操作灵活性

全国社保基金会发布《全国社会保障基金信托贷款投资管理暂行办法》（2016 年修订版）（以下简称《暂行办法》），新规内容更注重在实际操作中的灵活性，同时更注重风险控制。

在社保基金投资信托贷款项目的投资占比方面，根据《财政部、劳动保障部关于调整全国社保基金投资范围审批方式的通知》，社保基金投资信托贷款项目，按成本计算，不得超过总资产的 5%；单一项目的投资，不得超过总资产的 1%。这一规定将投资占比控制在极小的范围之内，这一方面有利于控制投资的风险，但是也会限制资金的使用效率。整体而言社保基金的体量巨大，据社保基金理事会 2015 基金年度报告显示，至 2015 年末，社保基金的资产总额为 19138.21 亿元，其中委托投资资产 10356.44 亿元，占基金资产总额的 54.11%。②

根据《暂行办法》的规定，大型企业也具有为社保基金信托贷款项目提供担保的资格。而此前可为社保基金信托贷款项目提供担保的机构只有银行。为社保基金信托贷款项目提供担保的大型企业应具备以下条件：净资产不低于 150 亿元；信用评级不得低于偿债主体的信用评级；同一大型企业全部担保金额占其净资产的比例不得超过 50%；偿债主体母公司或实际控制人提供担保的，大型企业净资产不得低

---

① 佚名：《2016 年中国基金业十大事件》，载《证券时报》2016 年 12 月 26 日。

② 全国社会保障基金理事会：《社保基金会发布基金 2015 年度报告》，载 http://www.gov. cn/xinwen/2016-06/03/content_ 5079216.htm，最后访问时间：2017 年 2 月 12 日。

于偿债主体净资产的 1.5 倍。这表明立法者更加注重社保基金在实际操作过程中的灵活性。将担保主体范围从银行扩充到了银行和大型企业，这样的调整使得信托公司在实际投资过程中有了更大的灵活度和施展空间。

《暂行办法》在合作对象的筛选方面也同样展现了一定的灵活度。虽然在信托公司的进入门槛上与此前要求一致，但社保基金给了信托公司一定的项目推荐权。信托公司只要满足受托管理社保基金信托资产的条件，便可向社保基金推介信托贷款项目。而信托公司推介的项目若获得社保基金的尽调和审查，则可由该信托公司担任项目受托人。

新规特地增加了投前管理和投资管理过程中的风控细节以加强风险控制，规定由股权部负责信托贷款项目的投前风险管理，规划研究部负责信托贷款业务的整体资产配置和整体投资风险管理。股权部和规划研究部对信托投资决策执行情况和已投资项目进行监测和控制，及时报告风险状况，有效处置突发风险事件。

三、监管加大查处力度、严防私募风险

（一）加大基金监管力度

2016 年，监管部门围绕"防范化解金融风险，加快形成融资功能完备、基础制度扎实、市场监管有效、投资者合法权益得到充分保护的股票市场"的总体要求强化监管执法，共对 183 起案件作出处罚，作出行政处罚决定书 218 份，较 2015 年增长 21%；罚没款共计 42.83 亿元，较 2015 年增长 288%；对 38 人实施市场禁入，较 2015 年增长 81%。行政处罚决定数量、罚没款金额均创历史新高，市场禁入人数也达到历史峰值。除信息披露违法、内幕交易、操纵市场等传统案件外，还显著加强了对中介机构未勤勉尽责、编造传播虚假信息等违法行为的处罚追责力度，全面深入推进私募基金行业和股转系统领域的执法。[①]

违法行为类型	处罚决定书数量（份）
欺诈发行及信息披露违法	23
虚假记载、误导性陈述或者重大遗漏	10
内幕交易违法	55
市场操纵违法	24
非法经营证券业务	9
扰乱证券市场违法	7
证券从业人员违规持有、买卖股票	3
未按要求对客户的身份信息进行审查和了解	4

---

① 中国证监会：《证监会 2016 年行政处罚情况综述》，载 http://www.csrc.gov.cn/pub/newsite/zjhxwfb/xwdd/201612/t20161230_ 308832.html，最后访问时间：2017 年 4 月 4 日。

（二）处罚案例

1. 清水源涉老鼠仓案。

2016 年 12 月 16 日，证监会发布了对深圳清水源投资管理有限公司（本文简称清水源）的处罚公告，称其控股股东及实际控制人陈述是清水源担任管理人或投资顾问的 6 只产品的交易决策人之一。陈述知悉上述 6 只产品于 2015 年 5 月 11 日买入"世荣兆业"的信息，并于当日控制"吴某卿"证券账户卖出"世荣兆业"1897826 股，其中与上述 6 只产品互为对手方交易的"世荣兆业"合计 1078436 股，涉及交易金额 15628223.78 元。疑似老鼠仓中涉及的股票是世荣兆业，从公布的涉及金额来看，"吴某卿"证券账户卖出"世荣兆业"的价格约为 14.49 元，往前推算，这只股票价格从 2015 年 2 月 11 日 8.70 元开始启动，到老鼠仓交易发生的当天收盘，股价上涨了 5.8 元。根据公告中披露，合计交易股票 100 多万股，推算下来陈述利用老鼠仓合计超过 625 元。①

深圳证监局认定陈述的行为违反了《私募投资基金监督管理暂行办法》第 23 条的规定，即利用基金财产或者职务之便，为本人或者投资者以外的人牟取利益，进行利益输送；从事损害基金财产和投资者利益的投资活动。依据《私募投资基金监督管理暂行办法》第 38 条规定处以 3 万元罚款。

2. 青原投资私募违规案。

2016 年 11 月 1 日，中国证监会广东证监局发布〔2016〕10 号行政处罚决定书，对广东青原信息科技投资管理有限公司（以下简称青原投资）和一名高管进行处罚，合计罚款 5 万元。行政处罚决定书显示，经查明，青原投资存在向不特定对象宣传推介私募基金、向合格投资者之外的个人募集资金、挪用私募基金财产等违规行为。对青原投资这些违规事实，时任青原投资法定代表人兼总经理郝朝旭为直接负责的主管人员。

广东证监局认为，青原投资违反了《私募投资基金监督管理暂行办法》第 11 条、第 12 条、第 14 条和第 23 条的规定，对青原投资给予警告，并处以 3 万元罚款；对郝朝旭给予警告，并处以 2 万元罚款。

3. 中融金城私募违规案。

中融金城投资担保有限公司（简称"中融金城"），通过制作和散发宣传材料、张贴海报等方式，向不特定社会公众宣传和推介智能时代一期契约型私募投资基金（以下简称"智能时代基金"）。在智能时代基金产品的宣传材料、海报中，向投资者承诺基金年化收益 12.6%；宣传册中宣称该基金募集规模为 5000 万元人民币，每份基金的份额面值为人民币 50 万元，最低认购额为 1 份，即 50 万元人民币。另

---

① 佚名：《清水源又摊上事了！疑似老鼠仓获利 600 多万却只罚 3 万！》，载 http://funds.hexun.com/2016-12-19/8187410791.html，最后访问时间：2017 年 2 月 12 日。

外，中融金城在对相关投资者发售基金份额时，未对投资者风险识别能力和风险承担能力进行评估，未取得个人投资者符合合格投资者条件的书面承诺以及签字确认的风险揭示书。[①]

证监会认为，对中融金城的上述行为，时任中融金城总经理的牛利平是直接负责的主管人员，时任中融金城副总经理的田亚斌是其他直接责任人员。中融金城、牛利平、田亚斌基金募集违法行为，违反了相关规定，山西证监局决定，对中融金城给予警告，并处以 2 万元罚款；对牛利平给予警告，并处以 2 万元罚款；对田亚斌给予警告，并处以 1 万元罚款。

（三）注重行业自律与投资者教育

在自律管理方面，按照《国务院办公厅关于进一步加强资本市场中小投资者合法权益保护工作的意见》及全国证券期货监管工作会议对自律组织和市场经营主体保护投资者工作的要求，中证协从多方面着手打造投资者权益的保护体系。

1. 健全证券纠纷的多元解决机制。首先，中证协在总结 3 年多调解工作实践，本着"统一规定、区分程序、理顺关系、方便当事人的原则"对证券纠纷调解规则进行了修订，于 2016 年年初发布了修订后的《证券纠纷调解工作管理办法》和《证券纠纷调解规则》，进一步明确了中证协与地方协会协作开展证券纠纷调解工作的业务流程，区分简易调解与普通调解流程。其次，完善督促证券公司自主解决纠纷、指导地方协会就地调解纠纷和中证协主导调解纠纷的"三位一体"的多层次化解证券纠纷的工作机制。截至 11 月底，中证协 2016 年共受理了 124 起调解申请，在地方协会的协助下，调解成功了 65 起纠纷；地方协会自行受理了 434 起证券纠纷调解申请，调解成功了 298 起纠纷。支持证券公司主动化解与投资者的群体性纠纷。2016 年 6 月，中证协牵头与保护基金公司、中国结算、深交所和兴业证券成立了欣泰电气投资者先行赔付工作协调小组，帮助兴业证券落实先行赔付方案，探索建立合理、高效、操作性强的先行赔付标准和流程，保护投资者合法权益。

2. 规范证券从业人员以及证券公司的执业行为。中证协持续促进证券公司规范执业行为，注重保护客户信息、规范产品和服务质量、保障系统安全稳定。2016 年，中证协在总结行业实施适当性制度的基础上，着手对《证券公司投资者适当性制度指引》进行修订。根据要求，证券公司向客户销售金融产品，或者以客户买入金融产品为目的提供投资顾问、融资融券、资产管理、柜台交易等金融服务，应当制定投资者适当性制度，向客户销售适当的金融产品或提供适当的金融服务。

3. 注重对投资者进行教育的问题，打造互联网投资者教育平台。中证协于 2015 年建立了"投资者之家"，这一网络平台可以有效传播理性投资理念、投资知识，为广大投资者特别是中小投资者提供了解证券市场，体验投资过程，搭建与投

---

① 陈恳：《私募中融金城违法违规被处罚》，载《国际金融报》2016 年 5 月 27 日。

资者交流的渠道。平台包括"中国证券业协会投资者之家"网站（网址：tzz. sac. net. cn）、"中证协投资者之家"微信公众号（微信号：SAC_ TZZZJ）。2016 年 5 月，"投资者之家"互联网投资者教育平台被证监会授予首批"全国证券期货投资者教育基地"称号。2016 年，中证协先后组织证券经营机构开展了"普及投资者保护知识"活动，近 12 万人通过"中证协投资者之家"微信公众号参与投资者保护知识问答。"打非"宣传月活动中，通过发布防非能力测试题、印制海报、提示风险、发布典型案例等开展打击非法证券知识宣传。①

四、加强刑事惩处、提升司法保障

（一）严厉打击老鼠仓行为

1. 连续送审、震慑老鼠仓行为。

重庆市人民检察院第一分院于 2016 年连续查办 3 起基金经理人利用未公开信息交易犯罪，提起公诉。最高法院指定重庆市第一中级人民法院管辖，正在审理中。被告人童甲于 2009 年 1 月至 2014 年 6 月，先后担任某基金管理有限公司红利基金二组、成长基金一组基金经理期间，将利用其职务便利知悉的所任职基金产品的交易品种等未公开信息通过电话、短信方式传递给其父亲被告人童乙，由童乙利用该信息进行股票交易，累计趋同交易金额 71518.91 万元，股票交易累计获利 12568858.55 元。被告人田丙、刘丁曾是某基金公司职员，两人共谋，利用其掌握的某基金公司机构账户的投资决策等未公开信息，共同出资从事证券交易。2009 年 3 月至 2014 年 4 月，田丙将利用其职务便利知悉的所任职基金产品的未公开信息通知刘丁，刘丁以此进行股票交易，累计趋同交易金额 23486.44 万元，趋同交易盈利 362.130416 万元。被告人王戊曾担任某基金管理有限公司债券交易员，2009 年 1 月 15 日至 2011 年 8 月 9 日期间，多次登录某基金交易管理部在恒生系统开设的某公用查询账号，知悉某基金旗下所有股票类基金、年金和专户等产品的交易指令、交易品种、交易方向、交易数量、交易时间和持仓情况等未公开信息，王戊分别让被告人王某、宋某利用该信息买卖股票，涉案金额 878033564 元，获利 17736662.21 元。

2. 各地判决一批涉"老鼠仓"案。2010 年 4 月至 2014 年 1 月 22 日期间，厉某超在担任中邮核心优选基金的基金经理期间，利用因职务便利获取的内幕信息以外的其他未公开信息，使用其控制的多个证券账户进行趋同交易，交易金额累计高达 9.1 亿元，累计趋同交易获利约为 1682 万元。期间，厉某超 2013 年接管的中邮新兴产业股票基金业绩卓越，登上同年股票基金冠军宝座。2014 年 1 月 23 日，证监会依法将其移送公安机关追究刑事责任。2016 年 4 月，厉某超不服一审法院判决上

---

① 中国证券业协会：《发挥行业自律优势，落实投资者教育与保护责任》，载《中国证券报》2016 年 12 月 26 日。

诉后，山东省高级人民法院二审驳回上诉，维持原判，法院在审理时在认定"情节特别严重"的同时，认定自首情节，判决厉某超有期徒刑 3 年零 6 个月，并处罚金1700 万元。证监会依法对厉某超采取终身证券市场禁入措施。①

原某基金管理有限公司社保 603 组合经理的被告人李某林，在负责社保 603 组合基金的股票投资期间，利用该基金有关投资决策、交易等方面的重要未公开信息，用自己操控的"曹某"证券账户，买卖股票，涉案金额 2207.11 万元，获利207.7085 万元。2015 年 3 月 23 日，经广东省深圳市中级人民法院一审判决李某林犯利用未公开信息交易罪，判处有期徒刑 3 年，缓刑 4 年，并处罚金人民币 210 万元。违法所得人民币 207.7085 万元依法予以追缴，上缴国库。

(二)"万能神器"基金子公司黯然退场

云南某地产开发商李某锋长期以来利用借新还旧增加杠杆的方式维系和开发名下房地产项目，遭遇资金链断裂，为了填补漏洞，与深圳某基金负责人李某刚编造并不存在的银行过桥贷款项目，骗取了甲公司募集的 9.5 亿元资金用以还债。本案经上海高级人民法院的终审判决，以合同诈骗罪判处李某刚无期徒刑、罚金 500 万元，判处李某锋 10 年有期徒刑、罚金 300 万元。意味着李某刚受到了"顶格"刑罚！某有限合伙基金作为合同诈骗共犯，被判处罚金 100 万元。这是国内第一起基金产品犯罪的裁判记录，也说明被无数金融机构视作低风险可免责的所谓"通道"，其对法律风险的隔离，法院在司法实践中可能并不认可。本案在司法层面的指导意义，或与"控杠杆、限通道"的金融监管取向产生共振，影响至为深远。②

五、理论研究精彩纷呈

(一)著作类成果

据不完全统计，2016 年基金法相关专著有 4 部。《私募基金管理人法律意见书制作：兼谈刑事责任和税务处理》一书，重点从实务层面介绍了律师出具法律意见书的工作流程、工作内容、尽职调查和合规整改方案、法律意见书的形式要件、必备内容及格式模板，对遇到的一些疑惑问题提出了解决意见和探索方案；还增加了与私募基金相关的税务处理和刑事责任的风险风控和探索。③

《创业投资基金的法律规制》的作者以创业投资基金周期运作的逻辑和运作各环节的实践特征为依据，就《公司法》和《合伙企业法》各条款对创业投资基金资金募集与治理、投资项目筛选评估、交易结构设计、投资后管理以及投资退出等的

---

① 中国证监会：《2016 年证监稽查 20 大典型违法案例》，载 http://www.msjyfund.com.cn/info.do?contentid=29907，最后访问时间：2017 年 4 月 4 日。

② 佚名：《统一大资管》，载《财新周刊》2017 年第 8 期。

③ 林晗龙、倪洁云、吕晖：《私募基金管理人法律意见书制作兼谈刑事责任和税务处理》，中国法制出版社 2016 年版。

规制和影响进行了研究。继而向创业投资行业主管部门提出建议：以现行规制为依据为创业投资基金制定各环节运作指引，以此来促进我国创业投资基金的规范发展。①

《私募股权投资基金法律实务操作指引》一书紧扣新出台实施的《私募投资基金募集行为管理办法》等监管政策的操作要点，结合当前企业私募股权实务操作中出现的热点、难点问题，辅之以大量的现实案例，对进一步规范私募投资基金募集行为给予了专业化指导。②

《中国公益基金会信息披露问题研究》从当前公益基金会迅猛发展，社会影响力逐渐扩展，但是基金会公信力不足的现象入手，针对公益基金会信息披露进行了深入分析。本书考察了支持基金会信息披露的若干经济学和管理学理论，针对我国公益基金会信息披露存在的种种问题进行了较为全面的分析，指出问题所在，进而借鉴国外基金会信息披露的相关经验，提出改进我国基金会信息披露质量的种种建议，期望对提升基金会公信力有所裨益。③

（二）期刊论文

王瑜、曹晓路撰文指出目前我国尚缺一部正式监管私募股权投资基金的法律，且现行监管法律体系混乱、监管部门权责不清、缺乏行业自律。借鉴金融危机后美英两国对私募股权投资基金监管的改革法案，同时结合我国资本市场的发展程度以及私募股权投资基金行业自身的发展现状，对私募股权投资基金的监管理念、监管主体以及监管内容等问题作了分析。④

杨复卫和张新民撰文表示在基本养老保险基金的投资中，信托方式长期被忽视。信托投资与基本养老保险基金保值增值的诉求具有高度的契合性。基本养老保险基金信托投资的制度优势表现在：独立私法人充当投资运营主体的专业和高效；有效避免政府社会投资；被保险人权利保护价值彰显。但也应注意到，我国信托模式进行基本养老保险基金投资时也面临制度障碍，基本养老保险基金的权属不明；信托机构职能异化，增加了基本养老保险基金投资风险；信托法的不完善影响基本养老保险基金投资安全。针对这些问题，还应立法先行，通过设计基本养老保险基金信托的权属当事人、个人账户基金与统筹基金适用不同信托类型、基本养老保险基金信托机构风险管控方案来应对。⑤

---

① 李建良：《创业投资基金的法律规制》，社会科学文献出版社 2016 年版。

② 郝红颖、青苗：《私募股权投资基金法律实务操作指引》，中国民主法制出版社 2016 年版。

③ 宋胜菊、胡波和刘学华：《中国公益基金会信息披露问题研究》，社会科学文献出版社 2016 年版。

④ 王瑜、曹晓路：《私募股权投资基金的法律监管》，载《社会科学家》2016 年第 2 期。

⑤ 杨复卫、张新民：《基本养老保险基金的信托投资及其法律配置》，载《保险研究》2016 年第 3 期。

从彦国指出并购项目的一般流程包括准备、实施和整合 3 个阶段。其中，准备阶段包括制定并购战略、选择目标公司、尽职调查和设计交易结构；实施阶段包括并购谈判、公司决议、签订协议和交割标的；整合阶段包括人力资源、企业财务、企业战略和企业文化的整合。可以预见，并购基金在我国有着良好的发展前景，但是并购基金在投资运作过程中，也伴随着一些问题或风险，为防范风险，并购基金必须在制定并购战略、选择目标公司、尽职调查、设计交易结构等方面做好并购准备，并严格实施并购战略，同时重视并购后的整合等问题。[①]

许可指出我国对私募基金管理人义务的规制分散于多部法律法规之中，不但形式上有所抵牾，内容上亦存在严重脱漏，亟待作出追根溯源式的统合。私募基金与信义法在架构上的契合，使得信义义务成为管理人义务的核心。而信义义务的情景依存性又带来了裁判的不确定性，为此，管理人一方面应根据私募基金的独特性及其运作流程加以类型化，另一方面应从法院的角度梳理相关裁判审查机制，最终建立起一套普适性、操作性和开放性兼备的私募基金管理人义务体系。[②]

---

① 从彦国：《并购基金的投资运作法律问题研究》，载《上海政法学院学报》2016 年第 3 期。

② 许可：《私募基金管理人义务统合论》，载《北方法学》2016 年第 2 期。

2016 年中国保险市场法制报告

孙宏涛　　陈政豪　　林梦莎[①]

2016 年全国保费收入 3.1 万亿元，2011 年以来年均增长 16.8%；保险业总资产 15.1 万亿元，年均增长 20%。2016 年前 3 季度为全社会提供风险保障 2276 万亿元，2016 年赔付 1.05 万亿元。我国保险市场规模先后赶超德国、法国、英国，有望超过日本跃居世界第 2 位。2016 年 3 季度末偿付能力不达标公司减少到 3 家。2016 年年底，共有来自 16 个国家和地区的境外保险公司在我国设立了 56 家外资保险机构，12 家中资保险公司在境外设立了 38 家保险类营业机构。2016 年，保险市场改革发展和监管各项工作取得新突破，实现了保险业"十三五"良好开局。[②]

一、服务经济新常态的保险政策

（一）服务供给侧改革和脱贫攻坚两大战略

助力实体经济发展。加快发展科技保险，批准筹建了首家专业科技保险公司，大力推进首台（套）重大技术装备保险补偿机制试点工作。推动完善"政府+银行+保险"模式的小额贷款保证保险试点工作，2016 年前三季度贷款保证保险支持小微企业及个人获得融资 545.3 亿元。推动短期出口信用保险市场稳步放开，2016 年为 8.22 万家出口企业提供了 4167 亿美元的风险保障。

助力保障改善民生。2016 年 10 月，保监会制定了《保险公司城乡居民大病保险投标管理暂行办法》、《保险公司城乡居民大病保险业务服务基本规范（试行）》、《保险公司城乡居民大病保险财务管理暂行办法》、《保险公司城乡居民大病保险风险调节管理暂行办法》和《保险公司城乡居民大病保险市场退出管理暂行办法》等 5 项制度，扎实做好大病保险工作，截至 2016 年年底，共有 17 家保险公司在全国 31 个省市承办大病保险业务，覆盖 9.7 亿人。2016 年，农业保险实现保费收入 417.7 亿元，参保农户约 1.9 亿户次，前三季度提供风险保障 1.42 万亿元。南方洪涝灾害农险支付赔款超过 70 亿元。农产品目标价格保险试点拓展到 31 个省市，"保

---

① 孙宏涛，华东政法大学经济法学院副教授；陈政豪、林梦莎，华东政法大学法律硕士。
② 《关于过去五年和 2016 年的保险监管工作》，来源于中国保险报·中保网，http://www.sinoins.com/zt/2017-01/13/content_ 219512. htm，最后访问时间：2017 年 2 月 5 日。

险+期货"试点在6省推开。推动地震巨灾保险制度落地，地震巨灾保险运营平台正式上线，出单数量合计18万笔，提供风险保障177.6亿元。企业年金受托管理资产4855亿元，覆盖5万家企业的1042万职工。深入开展老年人住房反向抵押养老保险试点。2016年前3季度，医疗责任保险为医疗机构提供风险保障700.3亿元，同比增长79.5%；校方责任险为学校提供风险保障13.6万亿元，同比增长11.6%。

深入推动重点领域改革，释放行业发展动能。商业车险改革在全国范围内铺开。"高保低赔"等问题得到有效解决，在保障范围扩大的同时，车均保费同比下降2.1%。财险备案产品自主注册改革全面落地实施。农险产品改革继续深化，保障水平提升5%，赔付率提升10个百分点。完善保险专业中介业务许可工作，实施注册资本托管等新做法，强化股东出资真实性监管。

完善市场体系建设，多层次保险市场体系加快成型。优先支持中西部省份设立保险机构，支持在贫困地区设立专业性保险公司，填补法人机构空白。开展相互保险试点，批设首批3家相互制保险机构。筹建保险业并购基金。成立上海保险交易所。推动设立宁波国家保险创新综合实验区。

（二）《中国保险业发展"十三五"规划纲要》出台

部署保险业服务经济社会发展。"十三五"时期保险业要抢抓机遇，主动作为，在支持经济转型升级、服务社会治理创新、创新支农惠农方式、参与国家灾害救助体系建设、推动扶贫攻坚等关键方面精准发力。保险业要在更广领域和更深层次服务国家"一带一路"倡议、自贸区战略等，寻找切入点，扩大覆盖面，提升作用力。《纲要》将保险资金运用作为保险业支持经济建设的重要方式，集中阐述了如何通过拓宽保险资金服务领域、创新保险资金运用方式、加强保险资金运用风险管控，从而提高保险资金服务实体经济效率。

部署保险业进一步服务和保障民生。商业保险将进一步协助国家大力构筑完善民生保障网，通过拓展多层次养老保险、多元化健康保险、推动大病保险稳健发展，从而实现保险业在个人和家庭商业保障计划、企业养老健康保障计划、社会保险市场化运作中的重要价值。同时，保险在扶贫方面具有特有的体制机制优势，做好扶贫工作是保险业的一项重大政治任务。"十三五"时期，保险业将精准对接脱贫攻坚多元化保险需求，充分发挥保险机构助推脱贫攻坚主体作用，完善精准扶贫保险支持保障措施。

部署保险业风险防范。建立全面风险管理体系，牢牢守住不发生系统性区域性风险底线。《纲要》强调要进一步按照"放开前端、管住后端"的要求，构建专业监管、部门协作、行业规范、社会监督的现代监管体系，完善保险"三支柱"监管制度、构建防范化解风险长效机制、加强保险消费者权益保护，从而防范和化解保险行业的相关风险。①

（三）健全完善保险法律制度体系

《保险法》修改取得阶段性成果。继续推动地震巨灾保险立法工作。保险规章废改立取得突破性进展，完成修订的规章 2 部，正在审核的规章 6 部。加强规范性文件管理。②

二、强化保险市场监管的制度与实践

（一）《关于进一步加强保险公司股权信息披露有关事项的通知》

中国保监会印发了《关于进一步加强保险公司股权信息披露有关事项的通知》，在陆续出台《保险公司股权管理办法》、《保险公司控股股东管理办法》、《保险公司信息披露管理办法》等多项规定的基础上，进一步推进公司治理。要求保险公司变更注册资本和股东的，应当在其官方网站及中国保险行业协会网站对资金来源、关联关系等信息进行预披露；新设保险公司筹建申请的有关情况，应在官方网站或指定统一信息平台进行公开披露。信息披露的义务人为保险公司股东，股东应当确保提交披露内容真实完整；信息披露的内容有：股东大会议案及表决情况等决策程序，增资方案或股东变更的具体情况，资金来源及对自有资金作出声明承诺，股东之间关联关系的说明（上溯一级披露股权结构）。保险公司承诺对本公告所披露信息的真实性、准确性、完整性和合规性负责。

（二）出台加强人身保险机构与产品监管措施

《关于进一步加强人身保险监管有关事项的通知》要求，建立人身保险公司保险业务分级分类监管制度，要求人身保险公司经营不同类型的保险业务，应当具备相应的管理能力，符合中国保监会关于产品精算、账户管理、业务管理的有关规定；要求 2017 年 1 月 1 日以后开业的人身保险公司自开业之日起 1 年内开展普通型人身保险业务，开业满 1 年后根据公司经营管理能力逐步开展其他类型的保险业务。各人身保险公司对精算规定及相关监管制度执行情况进行自查整改，保监会将对公司自查整改情况进行全面检查，对于自查整改不认真、不到位的公司，以及违反精算规定和相关监管制度的公司，将依法进行行政处罚，采取禁止申报新产品、责令停止接受部分或全部新业务等监管措施，并严肃追究公司高管人员责任。进一步加强人身保险公司分支机构市场准入监管，引导公司合规经营和转型发展。各人身保险公司自 2017 年起每月统计和报送中短存续期产品相关数据，加大对中短存续期产品的风险监测和日常监管力度。对人身保险公司的现金流监测和资产负债匹配监

① 《〈中国保险业发展"十三五"规划纲要〉答记者问》，来源于中国保险报·中保网，ht-tp：//xw. sinoins. com/2016-09/01/content_ 206889. htm，最后访问时间：2017 年 2 月 6 日。

② 《关于过去五年和 2016 年的保险监管工作》，来源于中国保险报·中保网，http://www. sinoins.com/zt/2017-01/13/content_ 219512. htm，最后访问时间：2017 年 2 月 5 日。

管，定期开展现金流压力测试，强化资产负债匹配指标监测，坚决守住不发生区域性系统性风险的底线。①

《中国保监会关于进一步完善人身保险精算制度有关事项的通知》要求，再次提高人身保险产品的风险保障水平，进一步将人身保险产品主要年龄段的死亡保险金额比例要求由120%提升至160%；下调万能保险责任准备金评估利率，防范利差损风险，同时增强保险公司未来履行合同义务的能力。同时，为保持产品之间的平衡，鼓励发展风险保障类业务，普通型人身保险产品评估利率维持3.5%不变。自2019年开始中短存续期业务占比不得超过50%，2020年和2021年进一步降至40%和30%，给市场以明确预期。完善产品设计有关监管要求，保险公司不得将终身寿险、年金保险、护理保险设计成中短存续期产品，坚持上述产品的风险保障和长期储蓄属性。

（三）15部门专项整治互联网保险

保监会与人民银行等14个部门印发《互联网保险风险专项整治工作实施方案》，对互联网保险进行全方位的专项重点整治，主要包括对互联网保险高现金价值业务风险排查、保险机构依托互联网跨界开展业务和非法经营互联网保险业务等。为此，保监会专门出台《互联网保险风险专项整治工作实施方案》。由于没有科学提取责任准备金，也没有受到政府部门的严格监管，网络互助平台在赔偿给付能力和财务稳定性方面没有充分保证，无法保证兑现承诺赔付的金额。另一方面，风控措施不完善，容易诱发金融风险。②

互联网保险专项整治工作重点：一是互联网是高现金价值业务，重点查处和纠正保险公司通过互联网销售保险产品，进行不实描述、片面或夸大宣传过往业绩、违规承诺收益或者承担损失等误导性描述。二是保险机构依托互联网跨界开展业务，重点查处和纠正保险公司与不具备经营资质的第三方网络平台合作开展互联网保险业务的行为；保险公司与存在提供增信服务、设立资金池、非法集资等行为的互联网信贷平台合作，引发风险向保险领域传递；保险公司在经营互联网信贷平台融资性保证保险业务过程中，存在风控手段不完善、内控管理不到位等情况。三是非法经营互联网保险业务，重点查处非持牌机构违规开展互联网保险业务，互联网企业未取得业务资质依托互联网以互助等名义变相开展保险业务等问题；不法机构和不法人员通过互联网利用保险公司名义或假借保险公司信用进行非法集资。

（四）抵制野蛮人、管住万能险

监管部门对险资举牌态度明确。继中国证监会领导职责"某些持牌金融机构"

---

① 《〈中国保监会关于进一步加强人身保险监管有关事项的通知〉答记者问》，http://www.circ.gov.cn/web/site0/tab5227/info4055426.htm，最后访问时间：2017年2月7日。

② 《保监会有关部门负责人就网络互助平台有关问题答记者问》，http://www.circ.gov.cn/web/site0/tab5227/info4048925.htm，最后访问时间：2017年2月7日。

高调收购上市公司，挑战监管底线后，敏感的市场神经把焦点对准了几家通过万能险迅速做大保费规模，并高调举牌上市公司的保险公司，如"宝能系"前海人寿、"恒大系"恒大人寿以及同样比较活跃的安邦保险等。监管机构之前的鼓励创新，转变为更强调防控风险，控制规模冲动。[①]

保监会对万能险产品的进一步强化监管。督促保险公司严格执行中短存续期业务监管新规，进一步推进保险公司调结构、转方式，加快风险保障型和长期储蓄型业务发展，要求保险公司要姓"保"，防止大股东把保险公司变成融资平台。进一步强化对保险公司现金流的监测预警，定期开展现金流压力测试。强化资本约束力度，切实提高行业全面风险管理水平，防范偿付能力不足风险。强化保险公司资产负债配置监管，要求保险公司定期自查资产负债匹配状况，及时调整资产配置结构；综合运用多种非现场监管手段，强化对资产负债匹配指标的监测；对保险公司的资产负债错配风险进行全面排查，对于风险较大的公司及时采取相应的监管措施。[②]

（五）加强保险消费者保护工作

保监会会同最高人民法院开展道路交通事故赔偿纠纷处理机制改革试点，探索"交通事故网上数据一体化处理"模式。开展首次保险公司服务评价工作。出台升级版的保险纠纷诉调对接机制文件。加大投诉处理监管力度，提升 12378 热线服务能力。2016 年，中国保监会机关及各保监局共接收各类涉及保险消费者权益的有效投诉总量 31831 件（其中，经保险公司妥善处理消费者主动撤诉 12357 件），同比上升 5.39%，反映有效投诉事项 32442 个，同比上升 4.73%。保监会及各保监局接收的 31831 件有效投诉件中，实际办结 31376 件，办结率达 98.57%，帮助消费者维护经济利益总计 55961.79 万元。首次编制并发布保险消费者信心指数。

根据 360 互联网安全中心今年 9 月发布的报告，在各类电话诈骗中，涉及虚假金融理财的诈骗达到 43.2%，其中，虚假保险诈骗占 4.5%，极大侵害了保险消费者权益。调查显示，即便是正规险企进行的合法产品推广，也会被用户认定为诈骗，严重损害了保险行业声誉与形象，阻碍了互联网保险乃至整个金融行业的发展。[③] 为此保险市场也开展了风险宣传教育活动。对于涉嫌损害消费者权益的违规类投诉，保监会及各保监局给予有关公司及责任人员警告 31 次，罚款 274.5 万元，并对 121 人次进行监管谈话，下发监管函 88 份。[④] 2016 年 3 月，保监会根据前期开展的旨在打击损害消费者合法权益行为的"亮剑行动"，通报了 5 则关于损害

---

① 岳跃、张榆等：《管住野蛮人》，载《财新周刊》2016 年第 48 期。

② 《中国保监会有关部门负责人就进一步完善万能险等人身保险产品精算制度有关事项答记者问》，http://www.circ.gov.cn/web/site0/tab5227/info4042650.htm，最后访问时间：2017 年 2 月 6 日。

③ 《聚焦：互联网保险风险专项整治》，来源于金融时报，http://www.financialnews.com.cn/bx/ch/201610/t20161019_106091_4.html，最后访问时间：2017 年 2 月 5 日。

④ 中国保监会：《中国保监会关于 2016 年保险消费投诉情况的通报》（保监消保〔2017〕11 号）。

消费者合法权益的典型案例①，要求各保险机构从典型案例中汲取教训，引以为戒。

全面推行保险纠纷诉调对接。保险纠纷诉讼与调解对接机制试点 3 年后，保监会与最高人民法院联合发布《关于全面推进保险纠纷诉讼与调解对接机制建设的意见》，进一步推进保险纠纷诉调对接工作扩展至所有直辖市和省会（自治区首府）城市。所谓诉调对接，指矛盾纠纷调处中的诉讼方式与非诉讼方式（主要为调解）相衔接。此前，保险消费投诉处理流程为保险消费者投诉后，投诉处理工作管理部门接收登记，初步审查，符合条件的予以受理，调查核实。进一步规范保险纠纷案件的运作程序，在收到保险纠纷起诉状或者口头起诉之后、登记立案之前，人民法院立案部门应引导当事人选择调解方式解决纠纷。调解流程包括诉前引导、委派调解、组织调解和司法确认，立案后委托调解流程包括委托调解、组织调解。调解组织一般应当自接受委派或委托调解后 20 个工作日内调解完毕，而此前调解时限为60 日，情况复杂的可再延长 30 日。②

（六）推进保险业重大风险防范全覆盖

全面实施"偿二代"。2016 年 1 月底，保监会下发《关于正式实施中国风险导向的偿付能力体系有关事项的通知》。这意味着，保险行业正式完成偿一代向偿二代的切换。偿二代是 30 多年来保险行业监管制度的一次重大变革。今后，保险机构向外界披露偿付能力状况将从原来每年一次改为每季度一次，保监会也会按季度公布偿付能力充足率不达标的公司名单。偿付能力是保监会监管保险公司的最基本指标，反映保险公司的风险覆盖能力。如果指标值低于保监会制定的标准，保险机构需要限期整改增资，并可能面临着限制增设分支机构、限制业务范围、责令停止开展新业务、限制资金运用渠道等一项或多项监管措施。③

财险公司备案产品自主注册改革。为改革完善财产保险公司产品管理制度，增强产品创新能力，提高产品监管效率，切实保护保险消费者合法权益，中国保监会印发《关于启用财产保险公司备案产品自主注册平台的通知》，自 2016 年 8 月 15 日起正式启用财险公司备案产品自主注册平台。平台启用后，社会公众和保险消费者可以登录中国保险行业协会网站财产保险公司自主注册产品查询专栏（http://cxcx. iachina.cn），在线实时查询已注册产品信息。消费者可以通过公司名称、产品名称、保单上登记的产品注册号等方式查询保险条款费率信息，也可以在线了解保险公司基本信息、产品信息和销售方案情况。同时，消费者还可以在线反馈对产品的意见

---

① 中国保监会：《中国保监会关于损害保险消费者合法权益典型案例的通报》（保监消保〔2016〕26 号）。

② 《保险纠纷"诉调对接"全面推行》，来源于长江商报（武汉），http://money.163.com/16/1117/08/C62DRG5H002580S6.html，最后访问时间：2017 年 2 月 6 日。

③ 丁峰：《保险下一步》，载《财新周刊》2016 年第 8 期。

建议，以利于保险行业和公司深入了解市场需求、不断完善自身保险产品。①

建设国内系统重要性保险机构（D-SII）监管制度体系，完善集团监管和系统性风险防范机制。保持对重点风险的高压态势。开展保险公司治理报告及重大治理风险自查，开展保险公司治理现场检查、关联交易合规性检查。规范互联网平台保证保险业务。集中排查保险中介领域风险，全年共现场检查 339 家保险专业中介机构，延伸检查 100 家保险公司分支机构，查实违法违规问题 473 个。开展保险机构"两个加强、两个遏制"回头看。统筹全行业力量，深入开展自查及监管抽查，严厉打击违规违法行为，有效遏制了保险业虚列费用和虚挂保费等"五虚"问题增长势头，市场环境进一步净化。

三、行政处罚与司法裁判典型案例

（一）行政处罚案例

保监会 2016 年共出具 29 份行政处罚书，处罚原因包括：保险电话销售使用与事实不符的表述，存在欺骗消费者的行为；编制虚假资料；未严格执行经备案的条款费率；未按要求单独核算农险损益，在农业保险业务管理费下列支非农险业务费用等。如：中国出口信用保险公司未经批准，也未履行任何手续，于 2007 年~2013 年间在部分省级分支机构下设业务处共计 20 家。保监会作出如下处罚：中国信保未经批准设立分支机构的行为，违反了《中华人民共和国保险法》第 74 条的规定。根据该法第 164 条，我会决定对中国信保罚款 30 万元。②

太平养老保险股份有限公司未按照规定使用经批准或者备案的保险条款；在投保人非被保险人父母的情况下，为无民事行为能力人承保以死亡为给付保险金条件的保险。保监会处罚如下：上述未按照规定使用经批准或者备案的保险条款的行为，违反了《保险法》第 136 条的规定。根据该法第 172 条，对太平养老予以 10 万元罚款。上述在投保人非被保险人父母的情况下，为无民事行为能力人承保以死亡为给付保险金条件的保险的行为，违反了《保险法》第 33 条的规定。根据该法第 164 条，对太平养老予以 5 万元罚款。③

紫金财产保险股份有限公司存在编制虚假资料行为及未严格执行经备案的条款费率行为。保监会处罚如下：对编制虚假资料的行为，根据《农业保险条例》第 27 条，对紫金财险罚款 20 万元。根据该条例第 29 条，对谢小惠警告，并罚款 4 万元；对王岩警告，并罚款 2 万元。对未严格执行经备案条款费率的行为，根据《农业保

---

① 《保监会：财险公司备案产品自主注册改革正式实施》，来源于中国证券网，http://www.legaldaily.com.cn/Finance_and_Economics/content/2016-08/15/content_6762598.htm? node=75677，最后访问时间：2017 年 2 月 6 日。

② 中国保监会：《中国保险监督委员会行政处罚决定书》（保监罚〔2016〕10 号）。

③ 中国保监会：《中国保险监督委员会行政处罚决定书》（保监罚〔2016〕12 号）。

险条例》第 27 条，对紫金财险罚款 40 万元。根据该条例第 29 条，对谢小惠警告，并罚款 7 万元；对王岩警告，并罚款 2 万元。①

（二）司法案例

1. 中国平安财产保险股份有限公司江苏分公司诉江苏镇江安装集团有限公司保险人代位求偿权纠纷案（最高人民法院审判委员会 2016 年 12 月 28 日发布的指导性案例 74 号）②。

本案的焦点问题之一是保险代位求偿权的适用范围是否限于侵权损害赔偿请求权。法院认为保险人行使代位求偿权，应以被保险人对第三者享有损害赔偿请求权为前提，这里的赔偿请求权既可因第三者对保险标的实施的侵权行为而产生，亦可基于第三者的违约行为等产生，不应仅限于侵权赔偿请求权。因此，因第三者的违约行为给被保险人的保险标的造成损害的，保险人有权向第三者行使代位求偿权。

2. 中国大地财产保险股份有限公司营业部与上海安师傅汽车驾驶服务有限公司、陈良元保险人代位求偿权纠纷案（上海市浦东新区人民法院涉自贸试验区典型案例）③。

本案的争议焦点之一是保险公司对代驾人能否行使代位求偿权。对此，法院认为原告可以向代驾人行使代位求偿权。首先，被保险人可以向代驾人求偿，原告作为保险人存在可代位求偿的基础权利。其次，代驾人不具有"被保险人"的法律地位，因为保险合同和现行法律法规对此均无规定。而代驾人对投保车辆不具保险利益，因此不能取得被保险人地位。再次，代驾人不是被保险人的家庭成员或者其组成人员，不属于法定不允许追偿的对象。最后，认可保险人的代位求偿权，有助于推动代驾公司对代驾司机资质的严格审查和代驾行为的约束，促进代驾行业的健康有序发展。

3. 王福才诉中国人寿保险公司泰州分公司意外伤害保险合同纠纷案（2016 年参阅案例 24 号）④。

在本案的审理过程中，一审法院和二审法院对于案涉保险合同一条款按《给付比例表》赔付保险金的约定是否为免除保险人责任的条款有着截然不同的看法。江苏省高级人民法院再审认为：保险人提供的人身意外伤害保险合同中约定"被保险人发生意外伤害保险事故导致身体残疾的，按照《人身保险残疾程度与保险金给付

---

① 中国保监会：《中国保险监督委员会行政处罚决定书》（保监罚〔2016〕28 号）。

② 最高人民法院：《最高人民法院关于发布第 15 批指导性案例的通知》（法〔2016〕449 号）。

③ 参见北大法宝，【法宝引证码】CLI.C.8614723, http://202.121.166.131:9155/case/pfnl_1970324845589315.html?keywords＝保险 &match＝Exact，最后访问时间：2017 年 2 月 3 日。

④ 参见北大法宝，【法宝引证码】CLI.C.8726811, http://202.121.166.131:9155/case/pfnl_1970324845701403.html?keywords＝保险 &match＝Exact；最后访问时间：2017 年 2 月 3 日。

比例表》赔付保险金"，该保险条款系关于保险人保险范围和赔付标准的约定，是兼顾被保险人利益的同时合理分担各方权利义务的约定。而《给付比例表》是国务院保险监督管理机构明令要求业内各保险公司在商业保险中采用的人身伤残保险金给付标准。前述约定并未在人寿保险公司承担保险责任的范围内减轻或排除其应当承担的风险与损失，不属于《保险法解释（二）》第 9 条规定的"比例赔付或者给付"，不应当认定为免除保险人责任的条款。投保人或被保险人以该保险条款属于"免除保险人责任的条款"为由，主张保险公司未尽提示说明义务，故该条款对其不生效的，人民法院不予支持。

4. 北京海淀法院宣判全国首例涉网约车的交通案件[①]。

本案的争议焦点在于承担赔偿责任的主体。首先"网约车"作为以家庭自用车辆进行营运的形式，在交通事故中造成他人人身、财产损害的，交强险、三者商业险是否应当承担赔偿责任；其次，网约车驾驶人及网约车平台的营运人应如何承担责任；再次，乘客在乘坐车辆过程中，因过错造成他人人身，财产损害的是否应当承担赔偿责任。

法院经审理认为，其一，在交强险责任范围内，保险公司应予以赔偿。其二，在商业三者险范围内，应当根据保险法及双方的合同约定履行各自的合同义务。廖某在保险期间内，改变车辆的使用性质且未通知商业险保险公司，商业险保险公司依据《保险法》第 52 条及合同的约定不承担赔偿责任。其三，对超出交强险范围的损害部分，应由侵权人予以赔偿。本案中，司机廖某未尽到有效制止和提示义务，乘客颜某亦存在过错，故廖某和颜某应对各自的过错承担相应责任。

四、保险法制理论研究

（一）重要学术活动

1. 2016 中国保险学会年学术年会召开[②]。

2016 年 1 月 24 日，以"落实五大理念、创新驱动发展"为主题的中国保险学会 2016 年学术年会在京举行。专家学者 500 余位代表出席。与会专家学者作了"供给侧改革与结构调整"等主旨演讲，举办了"养老、医疗服务与保险创新"和"灾害风险管理与保险创新"专题演讲。学会以年会为契机，汇聚各方智慧和力量，加强理论研究，扩展对外交流与合作，加强人才队伍建设，努力打造成为保险业专家人才的聚集区和理论研究的高地。

---

① 参见杨清清：《全国首例网约车交通案宣判：平台与乘客各担责 50%》，载《21 世纪经济报道》2016 年 12 月 6 日。

② "2016 中国保险学会学术年会召开"，http://www.cnfinance.cn/articles/2016-01/25-23315. html，最后访问时间：2017 年 2 月 7 日。

2. 中国保险法学研究会 2016 年年会暨中国保险法国际化发展研讨会召开①。

2016 年 6 月 4 日至 5 日，由中国保险法学研究会主办、中国人民大学和大连海事大学承办的"中国保险法学研究会 2016 年年会暨中国保险法的国际化发展研讨会"在大连召开。150 名国内外专家和实务界专业人士参加了主题为"中国保险法的国际化发展"的研讨会，与会专家学者围绕《保险法》的完善、公司保险的发展趋势、保险消费者的保护机制、中国信用保险创新、气候变化保险、海上保险和养老服务责任保险等议题，展开了全面广泛而细致深入的讨论。会上还讨论了保险法修订的专家建议稿，希望学界和实务界提出建议或意见，积极参与到保险法的修订中来。会议还完成了成立 5 年之后的换届工作，选举产生了保险法学研究会新一届会长、副会长、常务理事等。

3. 2016 年上海保险法论坛召开。

2016 年上海保险法论坛于 2016 年 12 月 11 日在上海隆重召开。本届论坛精英荟萃，来自中国政法大学、上海交通大学、华东师范大学、上海浦东新区法院等理论界、实务界 70 余名专家、学者出席了本次论坛，部分高校研究生也参加旁听。论坛以"互联网时代保险法律问题"为主题。关于"网约车新政后的保险对策与立法"专题，会议认为，网约车的发展是大势所趋，最初政府希望进行控制、限制其发展，但是从全球的状况来看它已经势不可挡，应当积极应对，对保险的需求也应当具有前瞻性。现阶段恰恰处于过渡期，因为保险公司还没有设计新产品而是引用一些老的非运营的车险合同，才会导致一些纠纷的出现。网约车发展将促进保险公司及时开发新的保险产品来满足市场需求。关于"保险资金运用及监管新问题"专题，会议认为，对保险资金运用的监管要体现对市场行为价值评判的中立性，以完善的制度规制摆脱"野蛮人"扰乱，但将保险资金定性为扰乱金融的力量是种短期监管对策；要完善保险资金相应信息披露制度，规制短线投资行为，明确险资持股相应的表决权问题；加强监管协调，因为保险资金的背后是银行资金，分业监管的模式在目前交叉经营的大背景下已不适应，在证券法修订和金融监管改革中体现解决问题步骤。

（二）年度重要著述

1. 保险法基础理论。

关于近因原则，有人认为保险法中近因原则的适用受单一因素和多重因素的影响，然而在具体适用中以诱因理论、比例原则和合理诱因原则为其新的发展思路。于保险单中确切说明、于保险法中明文规定、于司法解释中予以明确和发布指导性

---

① "中国保险法学研究会 2016 年年会暨中国保险法的国际化发展研讨会成功召开"，http://www.civillaw.com.cn/bo/t/?id=30835，最后访问时间：2017 年 2 月 7 日。

案例是保险法落实近因原则的重要举措①。

关于保险法上的重大过失，有人认为我国保险法应在明确区分重大过失行为与故意行为的基础上，重新构建重大过失的法律责任体系，具体可分保险金给付与保险合同效力两个层次：其一，区分重大过失行为与故意行为的差异，承认重大过失行为的可保性，可借鉴德国法，规定被保险人有权向保险人主张比例给付保险金；其二，区分免于给付保险金与解除权的差异，构建重大过失行为的解除权制度②。

关于危险增加通知义务，有观点认为：我国危险增加通知义务的规定有必要进一步完善。其一，危险增加通知义务的适用范围应包括财产保险和人身保险。其二，关于危险程度"显著增加"的界定标准限定于那些足以导致保险人提高费率或终止保险合同的危险。其三，有必要区分不同情况进一步补充完善因保险标的的危险程度显著增加而发生保险事故时的法律后果③。

关于保险合同复效制度，专家就《最高人民法院关于适用〈中华人民共和国保险法〉若干问题的解释（三）》第 8 条的整体妥当性和复效条件、复效时点等具体规则适用作了剖析，并就实践中涉及保险合同复效制度适用的其他疑难问题，如被保险人能否作为申请复效的主体，保险合同复效与投保人如实告知义务、保险人明确说明义务及不可抗辩制度适用的关系等逐一分析④。

关于保险合同索赔欺诈，有学者认为：保险索赔欺诈会产生保险人免除赔付责任与解除权产生两个层面的法律后果。但在责任保险的场合，如若保险人愿意承担被保险人故意制造保险事故时的赔付责任，法律可以例外允许，而通过不足额保险等方式控制道德风险⑤。

2. 财产保险法研究。

关于旅行社责任保险，专家认为在承保责任范围问题上，应将违约责任纳入旅责险的责任范围。在无责赔付问题上，应当严格区分无责赔付与无过错赔付之间的界限。在第三者范围问题上，可以借鉴交强险之制度设计，将旅行社与其雇员（导游、领队）同时列为被保险人，并在被保险人故意造成保险事故的情况下使保险人进行先行垫付，而后赋予保险人以追偿权⑥。

关于机动车自愿责任保险，有学者认为：自愿责任险不能排除连带赔偿责

① 陆玉、傅延中：《保险法近因原则相关问题研究》，载《南京社会科学》2016 年第 4 期。

② 蔡大顺：《论重大过失行为之法律责任于保险法上的重构》，载《政治与法律》2016 年第 3 期。

③ 孙宏涛：《我国〈保险法〉中危险增加通知义务完善之研究——以我国〈保险法〉第 52 条为中心》，载《政治与法律》2016 年第 6 期。

④ 刘振：《保险合同复效制度适用研究——以〈最高人民法院关于适用中华人民共和国保险法若干问题的解释（三）〉第 8 条为中心展开》，载《法律适用》2016 年第 2 期。

⑤ 武亦文、潘重阳：《保险合同索赔欺诈私法效果论》，载《保险研究》2016 年第 7 期。

⑥ 韩长印：《旅行社责任险的责任范围问题》，载《法学家》2016 年第 1 期。

任，其指导思想是，保险公司排除连带责任以减轻自身负担的合同利益，应当让位于责任保险制度本身应当具备的转移被保险人责任的合同利益。同时，保险人应在承担连带责任之后行使追偿权①。

关于食品安全责任强制保险，专家认为：食品安全责任强制保险制度构建的核心问题是正确处理政府强制与市场自治的关系。只有把政府强制规则与市场自治规则有机结合起来，才能兼顾食品安全责任强制保险的公益目标和效率目标②。

3. 人寿保险法研究。

关于保险受益人指定不明之解释，有学者称：倘若释清保险金遗产化的疑义，宜解释为未指定受益人或指定受益人不明；对受益人仅指定身份关系的，宜解释为据保险事故发生时与被保险人的身份关系确定受益人；而对受益人的指定包括姓名与身份关系的，宜解释为以指定的姓名确定受益人③。

关于人寿保险不丧失价值选择制度，有人认为我国保险法宜规定，积存有现金价值之分期付款人寿保险，如投保人或被保险人欠缴次期以后之保险费，且投保人或被保险人于该合同宽限期结束后未对现金价值处理做出选择时，保险人应以现金价值垫交保费给予减额缴清保险④。

关于养老保险基金的信托投资，有人指出：我国信托模式进行基本养老保险基金投资时面临制度障碍，应立法先行，通过设计基本养老保险基金信托的权属当事人、个人账户基金与统筹基金适用不同信托类型、基本养老保险基金信托机构风险管控方案来应对⑤。

4. 保险监管研究。

关于相互制保险，有文章认为：相互制保险公司主体权利以所有权为核心，其他权利都是所有权的派生。投票表决权和分配权是公司治理主体权力配置的核心内容。保险公司治理主体的权利是通过内部治理环境实现，同时需要外部制度、监管环境的支持⑥。

关于保险资金举牌，有人认为提出的投资风险应对策略有：建立资产负债动态匹配的压力测试机制，守住底线；险资需构建投资期限、成本收益合理配置的模型；

---

① 邢海宝：《机动车自愿责任险排除连带赔偿责任》，载《中国法学》2016年第3期。

② 何锦强、孙武军：《我国食品安全责任强制保险制度之构建——以强制自治为视角》，载《保险研究》2016年第3期。

③ 樊启荣：《论保险受益人指定不明之解释——评〈保险法司法解释（三）〉第9条第2款的妥适性》，载《保险研究》2016年第6期。

④ 梁鹏：《人寿保险不丧失价值选择制度之构建》，载《法律科学》2016年第6期。

⑤ 杨复卫、张新民：《基本养老保险基金的信托投资及其法律配置》，载《保险研究》2016年第3期。

⑥ 方国春：《我国相互制保险公司治理主体权利与配置研究》，载《保险研究》2016年第8期。

结合自身发展定位，理性举牌结成联营企业；注重被举牌公司的治理状况和战略定位①。

关于保险市场退出，有人认为：人寿保险合同指定移转应当以保有保险监管机构保险合同移转处置权、维护保单持有人权益为前提进行"去强制化"的改造，并引入保险合同变更制度以为救济②。

关于保险创新产品供给侧改革，有人认为：任何保险创新产品的供给侧改革，都不能偏离"保险是风险的交易"这一本质特征。供给侧改革所提供的保险创新产品之承保风险必须符合 7 大要件特征，否则该新产品不是严格意义上的保险产品③。

---

① 叶颖刚：《保险资金频繁举牌面临的风险及对策研究》，载《浙江金融》2016 年第 3 期。

② 薄燕娜：《保险市场退出时人寿保险合同指定移转制度的再造——以引入保险合同变更为路径》，载《北京师范大学学报》2016 年第 4 期。

③ 张智勇、王威：《保险创新产品供给侧改革之跨界研究》，载《理论与改革》2016 年第 4 期。

2016 年信托市场法制报告

贾希凌 等①

一、市场动态与行业法制总览

（一）资产规模稳步增长，经营业绩稳中求进

2016 年，我国信托业进入转型发展时期，以回归信托本源为基本定位，以服务实体经济为中心，积极推行业务结构调整和产业转型发展，强化风险治理，实现信托业的可持续发展。

2016 年，信托资产规模再创历史新高。至 2016 年年末，全国 68 家信托公司管理的信托资产规模达到了 20.22 万亿，同比增长 24.01%。② 2016 年，经营收入同比增速连续下滑的趋势并未改变。2016 年的利润总额始终保持增长的势头，4 季度末实现利润总额 771.82 亿元。③

（二）信托公司增资扩股，多家实现曲线上市

2016 年，信托公司参与增资扩股的数量多、涉及金额大。据不完全统计，2016 年约有 21 家信托公司增资扩股，完成或计划增资的资本净增加额累计达到约 460 亿元，也就是说占行业近 1/3 的信托公司注册资本将发生变动，平均每家信托公司的增资额度约为 22 亿元。④ 12 月，江苏信托、昆仑信托、五矿信托和浙金信托 4 家信托公司纷纷通过重组、借壳等方式实现了曲线上市，打破了 22 年以来信托公司进场频频受挫的困境。

---

① 贾希凌，华东政法大学经济法学院副教授；课题组成员包括华东政法大学经济法学院研究生钱如锦、艾德雨、梁静，上海市通力律师事务所任愿达，大成律师事务所上海分所高级合伙人周天林博士。

② 参见邢成：《2016 年度中国信托业发展评析——稳增长、归本源、可持续》，http://www.xtxh.net/xtxh/analyze/42910.htm，最后访问时间：2017 年 3 月 23 日。

③ 参见中国信托业协会：《2016 年 4 季度末信托公司主要业务数据》，http://www.xtxh.net/xtxh/statistics/42818.htm，最后访问时间：2017 年 3 月 23 日。

④ 参见用益金融信托研究院：《2016 信托年度回顾系列：2016，信托公司加强自身建设的启动年》，http://www.yanglee.com/studio/infoDetail.aspx? NodeCode = 105024003003&id = 100063336035978，最后访问时间：2017 年 3 月 23 日。

2016 年也是信托公司股权转让的高峰期。据不完全统计，2016 年至少有 10 家信托公司的股东发生变动，其中包括了四川信托、华澳信托、杭州工商信托、上海信托等。部分老股东"急流勇退"的直接导因主要有经济增速放缓、竞争加剧、转型艰难、盈利水平回落、监管趋严等；而功能齐全、投资领域广泛、金融工具灵活、牌照资源稀缺又是一些新买家最直接的动力。①

（三）行业转型初见成效，服务实体经济发展

2016 年，从来源划分看，以资金信托为主、财产信托为辅的局面仍未改变，单一资金信托的规模一直保持在过半数的比例。从功能分类来看，事务管理类信托自 2015 年 4 季度占比超过投资类信托后，以明显高于融资类信托和投资类信托的增速发展，并于 2016 年 4 季度达到了 49.79%的占比，②事务管理类信托的高速发展正是信托行业转型成效的突出体现。

服务实体经济发展是信托行业转型的重要内容之一。2016 年，信托公司积极开展了债券融资、股权投资、产业基金、资产证券化等多种方式，同时银监会也鼓励支持信托公司探索 PPP 模式和开展投贷联动等业务。以信托公司开展 PPP 项目为例，据不完全统计，2016 年有 14 个信托项目参与了 PPP 项目，信托资金规模达到 32.64 亿元。③ 信托公司通过 PPP 模式加强与地方政府合作，可以对接"一带一路"建设、京津冀协同发展、长江经济带建设等三大战略。

2016 年投向五大领域的信托资产占比维持在 86% 左右，不过其中工商企业和金融机构的占比情况呈上升趋势，而证券投资、基础产业和房地产占比处于持续下降态势。④ 就具体产业而言，信托投向新能源、生态建设、信息科技、生物制药、健康养老等新兴产业在不断增长，也出现了通过消费信托将消费权益与金融服务有机结合，以促进文化、教育等第三产业的有效供给。⑤

---

① 参见易汇网：《2016 年信托业热点事件评析》，http://www.ieforex.com/xint/20161226/1209546.html，最后访问时间：2017 年 3 月 23 日。

② 参见中国信托业协会：《2016 年 4 季度末信托公司主要业务数据》，http://www.xtxh.net/xtxh/statistics/42818.htm，最后访问时间：2017 年 3 月 23 日。

③ 参见李苒：《信托理财"多点开花"》，http://www.shfinancialnews.com/xww/2009jrb/node5019/node5051/node5064/u1ai185121.html，最后访问时间：2017 年 3 月 23 日。

④ 五大领域的发展态势除了与信托行业转型发展、服务实体经济有关外，也与我国经济政策密切相关。以房地产信托为例，近年来房地产市场降温，中央政府以抑制和防止房地产行业的资产泡沫风险为宏观调控的重要内容，主抓房地产领域的"去库存，补短板"。信托公司配合中央政策，开展支持保障性住房建设和棚户区改造、房地产企业兼并重组、房地产信托投资基金（REITs）等业务，同时也保持着高度警惕状态，防范资金被挪用于不合规的用途。

⑤ 参见邓智毅：《信托进入稳健发展新阶段》，http://www.xtxh.net/xtxh/mediumtrust/42907.htm，最后访问时间：2017 年 3 月 23 日。

二、信托新法新政解读

（一）《慈善法》明确慈善信托的重要地位

2016 年 3 月 16 日，我国《慈善法》颁布，并于 9 月 1 日起正式施行。《慈善法》中设专章规定慈善信托，涵盖了慈善信托的概念、设立备案、受托人、信托监察人等内容，明确了慈善信托属于公益信托，①并规定慈善组织和信托公司可以担任慈善信托的受托人。8 月 29 日，民政部和银监会联合发布《关于做好慈善信托备案有关工作的通知》，从备案的管辖机关、程序和要求、管理和监督、信息公开等方面规范慈善组织和信托公司的信托备案工作。

根据《2016 年中国慈善信托发展报告》显示，截至 2016 年年底，在全国范围内开展慈善信托备案工作的省市区已有 12 个，有 18 家慈善组织和信托公司成功备案了 22 单慈善信托产品，初始规模为 0.85 亿元，合同规模为 30.85 亿元。从受托人的角色来看，当前的慈善信托受托人以信托公司为主，22 单慈善信托产品中信托公司担任受托人的有 19 单，慈善组织担任受托人的有 1 单，两者共同担任的有 2 单。这是因为此前不少信托公司已经开展过公益信托的实践，积累了一定的经验。值得注意的是，慈善组织和信托公司之间的合作日益加强，出现了信托公司为受托人、慈善组织为执行方或者信托公司和慈善组织共同担任双受托人的模式，实现两者之间的优势互补。

（二）《关于进一步加强信托公司风险监管工作的意见》

2016 年 3 月 18 日，银监会办公厅下发了《关于进一步加强信托公司风险监管工作的意见》（简称"58 号文"）。这是继 2014 年《关于信托公司风险监管的指导意见》（简称"99 号文"）后，监管机构又一次强调风险监管。58 号文直击信托行业近年来凸显的"大资管"套利，信托公司对风险项目的掩盖、非标资金池展业冲动、资金募集端乱象等四大潜在风险点，多次强调监管"穿透"原则和风险实质化解。② 58 号文主要涉及四个核心要点：第一，强调对信托资金池业务"穿透"监管，重点监测可能出现用资金池项目接盘风险产品的情况，同时强调对非标资金池的清理；第二，合理控制结构化配资杠杆比例，原则上不超过 1∶1，最高不超过 2∶

---

① 《慈善法》在制定过程中对于慈善信托与公益信托的关系表述，从"慈善信托即公益信托"到"慈善信托属于公益信托"的转变，这在一定程度上暴露了立法者摇摆矛盾的心态。不可否认，两者在实质内容上存在较大程度的重叠和一定的差别，杨家才在 2016 年中国信托业年会上指出"公益信托比慈善信托的范围更大一些，慈善信托服务的对象是特殊人群、弱势人群，而公益信托服务于对全人类、全社会有益的公共事业"。但是，关于两者的范畴之争在学界尚未达成共识也可能仍将持续，而从立法政策来看，两者并存将造成不少弊端，在今后的法律制定修改中很可能会将其中之一替代。参见粟燕杰：《我国慈善信托法律规制的变迁与完善》，载《河北大学学报》（哲学社会科学版）2016 年第 5 期。

② 参见刘夏村：《"58 号文"直击信托四大潜在风险点》，载《中国证券报》2016 年 4 月 8 日。

1；第三，对信托公司的拨备计提方式提出改变，要求信托公司根据资产质量对贷款和非信贷资产分布足额计提贷款损失准备和资产减值准备、对担保等表外业务和风险损失可能向表内传导的信托风险项目足额确认预计负债；第四，对信托风险项目处置从性质到实质的转变，要求把接盘固定资产纳入不良资产监测、接盘信托项目纳入全要素报表。

（三）《全国社会保障基金信托贷款投资管理暂行办法》

2016 年 9 月 26 日，全国社保基金理事会印发了《全国社会保障基金信托贷款投资管理暂行办法》，对 2014 年版进行了部分修订，增加了大型企业也可以作为社保基金信托贷款项目的担保方，适当降低了社保基金信托贷款项目的准入条件，并且更加注重实际操作和风险控制。主要内容：第一，明确了投资基本条件，对于社保基金信托贷款项目、借款人、信托公司、提供担保的银行和提供担保的大型企业分别进行了规定；第二，明确了项目选择流程，股权部可以多渠道寻找投资项目但应当建立信托贷款项目库，规定了担保人、信托公司、账户监管银行、投资项目的选择；第三，规定了投资决策程序，具体包括立项、尽职调查、决策、合同签署及划款；第四，规定了风险管控与投后管理，明确了各部门的分工和责任。

（四）《银行业金融机构全面风险管理指引》

2016 年 9 月 27 日，银监会发布了《银行业金融机构全面风险管理指引》，旨在提升我国银行业金融机构全面风险管理水平，促进银行业体系安全稳健运行。其中对全面风险管理提出了四点原则：第一，匹配性原则，全面风险管理体系应当与风险状况和系统重要性等相适应，并根据环境变化进行调整；第二，全覆盖原则，全面风险管理应当覆盖各个业务条线、所有机构和人员、全部管理环节以及所有风险种类和不同风险之间的相互影响；第三，独立性原则，银行业金融机构应当建立独立的全面风险管理组织架构；第四，有效性原则，银行业金融机构应当将全面风险管理的结果应用于经营管理，以便有效抵御所承担的总体风险和各类风险。同时还规定了全面风险管理体系的五个主要要素，包括风险治理结构，风险管理策略、风险偏好和风险限额，风险管理政策和程序，管理信息系统和数据质量控制机制以及内部控制和审计体系。总体来看，其提出了风险管理的统领性框架，形成了系统化的全面风险管理规制，并引入了巴塞尔委员会《有效银行监管核心原则》中的最低标准，同时充分考虑各类机构的差异化情况，区分了适用与参照执行。

（五）《商业银行理财业务监督管理办法（征求意见稿）》

2016 年 7 月 27 日，银监会向各银行下发了《商业银行理财业务监督管理办法（征求意见稿）》，监管重点包括：第一，实行银行理财业务分类管理，根据理财产品投资范围划分为基础类理财业务和综合类理财业务；第二，禁止商业银行发行分级理财产品；第三，对银行理财业务进行了限制性投资的安排，规定理财产品不得投资于各类资产受益权；第四，规定商业银行应当建立理财产品风险准备金管理制度，要求按季计提风险准备金；第五，限制银行理财投资端的杠杆，要求商业银行每只理财产品的总资产不得超过该理财产品净资产的 140%；第六，规定商业银行理财投资非标资产时只能对接信托计划，不能对接资管计划；第七，实施严格的第三方托管制度，并明确了托管人的托管职责。

三、信托市场运行监管

（一）通道业务的监管趋严

2016 年，金融监管机构纷纷出台了不少关于产品设计、杠杆要求、通道业务等的监管新规，其中最为重要的一个趋势是通道业务受到严格限制，将收缩至信托业。

银监会在《商业银行理财业务监督管理办法（征求意见稿）》中，显示商业银行理财产品若投资非标准化债权资产，只能通过信托公司发行的信托投资计划。2016 年 8 月，银行业信贷资产登记流转中心发布了《信贷资产收益权转让业务规则（试行）》，其中规定银行业金融机构按照由信托公司设立信托计划，受让商业银行信贷资产收益权的模式进行信贷资产收益权转让，即明确了信托为银行开展信贷资产收益权转让业务的唯一通道。不难看出，银监会的监管思路是将通道业务逐步限制在信托业中，以减少监管套利。银监会和证监会的双向夹击使得信托通道业务具有了比较优势，通道业务回流较为明显，2016 年 3 季度和 4 季度信托资产规模回归两位数增长便是例证。

从长远来看，信托通道业务的利好也难以持续。信托回归"受人之托，代人理财"，信托公司要发挥制度优势，不断提高主动管理能力，而"通道"这一概念形象地指出了通道机构在具体金融产品和业务中不承担积极主动管理职责的实际情况，①这与信托公司的发展定位有所偏差。在大资管背景下，统一监管、穿透监管的监管理念已成为行业共识。

（二）"一体三翼"监管框架基本形成

2016 年 12 月 19 日，中国信托登记有限责任公司（以下简称"中信登"）注册成立，并在 12 月 26 日的信托业年会上正式揭牌。中信登将建成全国性统一信托登记平台、统一发行交易平台和信托业运行监测平台，重点完善信托产品登记和信息统计，实现信托产品的发行与交易，提供监管信息、提升监管效能等职能。

中信登的成立也标志着我国信托行业"一体三翼"的监管框架基本形成。"一体"是指监管部门，银监会已增设信托部，专司对信托业金融机构的监管职责；"三翼"分别是指中国信托业协会、中国信托业保障基金和中国信托登记有限责任公司。"一体三翼"形成了监管主体，行业自律、市场约束、安全保障为补充的多层

---

① 参见李筱：《论通道类信托中受托人的职责》，载《北华大学学报》（社会科学版）2016年第 4 期。

次、多维度的信托风险防控体系，有利于支持和促进信托业的转型发展①。

（四）信托业务分类建设启动

2016 年中国信托业年会上首次提出了"八类业务"的分类方法。该分类方法改变了以往从业务内容、资金来源或者投资方向等维度考虑，而是基于信托风险的实质内容从资产运用端出发进行分类。

以资产运用方式为标准，将信托业务分为八类：（1）债权信托，就是融资类信托，指根据合同设立的信托计划，将资金借给需求方使用，约定期限和收益，到期还本付息，是信托公司的传统业务和主体业务；（2）股权信托，指投资于非上市的各类企业法人，属于私募业务；（3）标品信托，即标准化产品的信托，投资标的是可分割、可变卖、可在公开市场流通的有价证券；（4）同业信托，指资金来源或运用在金融业的信托产品；（5）财产信托，信托财产主要是财产权，包括土地、房地产等不动产，也包括知识产权等；（6）资产证券化，信托公司可以作为资产证券化产品的设计人或受托人；（7）公益（慈善）信托，其最主要的特点是信托资金的使用是定向的、指令性的，必须运用于慈善事业或公共事业；（8）事务信托，指信托公司不具有信托财产的运用裁量权，而是根据委托人的指令对信托财产进行管理和处分。

"八类业务"的分类不仅明确了信托业务的市场定位和业务体系，而且指出了各类业务的风险所在：（1）债权信托最突出的风险是信用风险；（2）股权信托的风险在于被投公司的成长性风险，实质是产业风险；（3）标品信托的风险主要在于市场风险；（4）同业信托的风险主要是流动性风险和交易对手风险；（5）财产信托的风险主要是法律风险，突出表现为签署信托协议的法律风险；（6）资产证券化的风险主要是产品设计缺陷的问题和清算风险；（7）公益（慈善）信托的风险主要是挪用；（8）事务信托的风险主要是操作风险。

（四）大资管业统一监管达成初步共识

近年来，我国资产管理行业发展迅猛，从 2012 年的 27 万亿元到 2016 年的 110 万亿元，②短短 4 年规模增长 4 倍。然而，产品标准差距大、多层嵌套运行、杠杆不清、监管套利等问题突出，资管业各种乱象滋生，成为金融系统性风险的重大隐患。在资管业混业经营和分业监管的背景下，各方纷纷呼吁统一监管。2013 年，人民银行牵头组建金融监管协调部际联席会议，在不改变现行金融监管体制的前提下承担金融监管协调工作。

---

① 参见中国信托行业协会："尚福林在 2016 年中国信托业年会上的讲话"，http://www.xtxh.net/xtxh/industrynews/42711.htm，最后访问时间：2017 年 3 月 25 日。

② 有业内资深资管人士计算，扣除重复统计部分，我国 2016 年资管规模为近 80 万亿元。参见杨秀红：《监管整编，资管大一统时代来了》，载《财经》2017 年 3 月 6 日。

四、典型司法案例分析

从"中国裁判文书网"① 中以"案由：信托纠纷"及"全文检索：信托合同纠纷"、"裁判日期：2016年1月1日至2017年3月15日"为条件进行高级检索，出现18个检索结果，以此为样本对比，具体情况如下：

项目	对比分析
法院层级	最高人民法院占比22.2%，高级人民法院占比11.1%，中级人民法院占比50%，基层人民法院占比16.7%
审判程序	二审占比77.8%，一审占比22.2%
地域划分	东部地区占比57.1%，中西部地区占比42.9%
受托人	信托公司占比61.1%，其余占比38.9%
争议事由	受托人是否违反义务的争议占比38.9%，法律关系争议占比27.8%，信托终止纠纷占比22.2%，信托的效力纠纷占比11.1%，信托贷款纠纷占比5.6%②
公报案例	1个

（一）世欣荣和与长安信托等信托合同纠纷案

2011年8月，世欣荣和与天津东方高圣股权投资管理有限公司等8名合伙人组建了天津东方高圣诚成股权投资合伙企业（以下简称"东方高圣"）。后长安信托设立"长安信托·高圣一期分层式股票收益权投资集合资金信托计划"，该信托计划采用了结构化的设计，普通受益人及次级受益人以其参加信托计划的资金保障优先受益人的本金和收益，普通受益人及次级受益人承受的风险远大于优先受益人，东方高圣认购了该信托计划的次级信托单位。长安信托与天津鼎晖股权投资一期基金（有限合伙）（以下简称"鼎晖一期"）、天津鼎晖元博股权投资基金（有限合伙）（以下简称"鼎晖元博"）签订了《股票收益权转让协议》，约定长安信托运用前述信托计划募集的信托资金受让鼎晖一期和鼎晖元博所持有的"恒逸石化"股票收益权，该等股票收益权包括股票处置收益及股票在约定收益期间所实际取得的股息及红利等孳息，同时各方签署了《股票质押合同》，将标的股票质押给长安信托，以担保《股票收益权转让协议》的履行。但在2010年4月，鼎晖一期、鼎晖元博与世纪光华科技股份有限公司（以下简称"世纪光华"）、浙江恒逸集团有限公司（以下简称"恒逸集团"）曾签署《关于业绩补偿的协议书》及其补充协议，约定浙江恒逸石化股份有限公司在相关会计年度实际盈利未达标的情况下，世纪光华可以人民币1元的价格向恒逸集团、鼎晖一期、鼎晖元博回购后三者持有的"恒逸石化"股票。前述交易模式如图所示：

---

① 中国裁判文书网，http://wenshu.court.gov.cn/，最后访问时间：2017年3月15日。

② 在统计争议事由中，其中一起案件涉及受托人是否违反义务和法律关系性质两个事由。

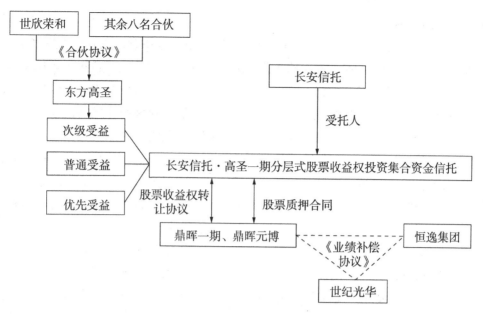

案件当事人就信托财产是否具有确定性从而对信托效力产生了争议。一审陕西省高级人民法院认为涉案信托财产为信托计划项下募集的资金，符合"信托财产确定性原则"，长安信托运用募集资金收购股票收益权，是一种买卖法律关系，股票收益权不是信托财产，其确定性与否不影响信托的效力。二审最高人民法院认为根据《信托法》第 14 条第 2 款①的规定，受托人管理运用、处分信托财产而取得的财产也归入信托财产，长安信托用信托计划下的募集资金受让"恒逸石化"股票收益权，股票收益权亦属于信托财产，一审判决有失妥当，对其予以纠正。信托相关文件已经约定前述股票收益权的数量、权利内容及边界，已经使得其明确和特定，且相关股票已经质押给长安信托，受托人长安信托完全可以管理运用该股票收益权，故信托财产无论是募集的资金还是前述股票收益权均可以确定，信托有效。②

案例分析：《信托法》第 7 条③和第 11 条④规定了确定性是信托财产的基本要件之一，即"信托财产确定性原则"。本案的争议焦点主要在于"信托财产确定性原

---

① 《信托法》第 14 条第 2 款："受托人因信托财产的管理运用、处分或者其他情形而取得的财产，也归入信托财产。"

② 参见最高人民法院民事判决书，（2016）最高法民终 19 号，载《最高人民法院公报》2016 年第 12 期。

③ 《信托法》第 7 条："设立信托，必须有确定的信托财产，并且该信托财产必须是委托人合法所有的财产。本法所称财产包括合法的财产权利。"

④ 《信托法》第 11 条："有下列情形之一的，信托无效：……（二）信托财产不能确定；……"

则"的适用范围。[1]

受托人实施信托的过程中，因管理、运用、处分信托财产或者信托财产灭失、损毁等原因，原始信托财产在实物上很可能已不存在，而是先后转化为各种不同的形态，分别具有不同价值，但不管形态、价值如何变化，由此产生的代位物均应属于信托财产，这是信托财产同一性的要求。[2] 信托是一种财产管理的制度，没有信托财产，就失去了存在的载体，信托根本无法存在。信托财产是委托人设立信托的客体，是受益人受益权之所系，也是受托人为实现信托目的所管理、处分的标的，[3] 因此，确定性是信托财产的基本要件之一。根据最高人民法院的裁判观点，信托财产在信托计划设立、运行、清算分配等各个阶段，不论转变为任何财产形态，均应符合"信托财产确定性原则"。但是实践操作中普遍存在一种观点认为，"信托财产确定性原则"仅适用于信托计划设立阶段，即在信托设立时，信托财产需要满足确定性之要求，一旦信托设立、有效存续，就无须严守"信托财产确定性原则"。[4] 赵廉慧教授亦持有前述观点，他认为信托财产不断发生变形，不断产生新的权利甚至承担新的义务，只是涉及受托人对信托财产的管理和运用，不涉及信托财产的确定性，是受托人义务问题。[5]

《信托法》第 7 条明确要求信托财产确定是信托设立的必需条件，但《信托法》第 11 条并未明确信托财产在什么阶段不能确定会导致信托无效，从而让"信托财产确定性原则"的适用范围不明确。我们认为《信托法》第 11 条规定在第 2 章信托的设立项下，信托财产确定是信托有效设立的要件，信托一旦有效设立后，受托人管理信托财产时应当按照《信托法》第 3 章的规定遵守信托财产的同一性和独立性，并无确定性的要求，无须考量信托财产确定与否，受托人违反前述义务则应当承担相关责任。如受托人故意将信托财产 100 斤大米（此大米是委托人亲自栽种而收获的）与其固有财产同样品种的 100 斤大米装进同一个米缸，充分混合后已经无

---

① 本案中二审判决书花了大量篇幅论证"涉案股票收益权"具有确定性，然而课题组认为本案主要争议焦点在于"信托财产确定性"的适用范围，若认为信托设立后信托财产的确定性不再需要考量，则前述论证略显多余。

② 参见何宝玉：《信托法原理研究》，中国法制出版社 2015 年 12 月版，第 204 页。

③ 参见赵廉慧：《信托法解释论》，中国法制出版社 2015 年 9 月版，第 98 页。

④ 参见尤杨、赵之涵、李瑞轩：《从最高院公报案例看特定资产收益权确定性》，http://www.kwm.com/zh/cn/knowledge/insights/see - earnings - certainty - on - specific - assets - from - the - supreme-court-s-cases-20170210，最后访问时间：2017 年 3 月 15 日。

⑤ 参见赵廉慧：《信托法 123：信托财产确定性和收益权信托——简评世欣荣和案》，http://blog.sina.com.cn/s/blog_ 4c9062ff0102wo9n.html，最后访问时间：2017 年 3 月 15 日。

法区分信托财产与固有财产，无法恢复原状，[1]此时原始信托财产因无法区分而不能确定，[2]信托财产具有不确定性，但并不会导致信托无效，受托人因违反分别管理义务根据《信托法》第 27 条[3]应当赔偿损失，只是受托人违反义务承担责任的问题。从法律行为的角度来看，法律行为无效，系自始无效，[4]信托行为是一种法律行为，信托财产在设立时确定是信托行为有效的要件之一，但信托财产在信托设立之后不确定则会导致信托行为无效的观点显然不符合法律行为自始无效的理论。

（二）吉林建苑与四川信托信托纠纷案

2012 年 9 月 30 日，吉林建苑召开董事会，决定以自由资金 3000 万元信托给四川信托，用于向山东众诚钡盐股份有限公司（以下简称"众诚钡盐"）发放流动资金贷款项目。2012 年 11 月 20 日，吉林建苑与四川信托签署《四川信托—山东众诚钡盐信托贷款单一资金信托合同》，约定受托人为被动受托，受托人接受委托人的委托，按委托人的意愿，以自己的名义，为受益人的利益，将信托资金按照一定的条件向借款人发放信托贷款。2012 年 11 月 5 日，四川信托与众诚钡盐签署《信托贷款合同》，约定四川信托以信托资金向借款人众诚钡盐发放信托贷款。同日，四川信托与褚明武、褚明刚签署《质押合同》，约定以其持有的众诚钡盐股权提供质押担保；四川信托与褚明武、山东振昊钨钼制品有限公司签署《保证合同》，提供无限连带责任保证担保。前述合同均办理了强制执行公证。后众诚钡盐出现了资金链断裂，四川信托向吉林建苑报告并请示后续措施。2013 年 8 月 9 日，吉林建苑向四川信托发函，同意委托泰和泰律师事务所向有管辖权法院依据强制公证书申请对众诚钡盐及担保人进行强制执行，同意律师费用及法院执行费用从信托财产账户支付。四川信托委托律师向成都市铁路运输中级人民法院（以下简称"成铁中院"）申请了强制执行和财产保全。2013 年 11 月 20 日，因信托计划到期终止，四川信托按约以现状分配方式向吉林建苑分配信托财产，向吉林建苑发出通知函，并向吉林建苑移交了各项相关材料，以公证方式送达。2013 年 11 月 25 日，四川信托向成铁中院请求将申请执行权利人变更为吉林建苑。2013 年 12 月 5 日，成铁中院下达《执行裁定书》裁定变更吉林建苑为申请执行人。

吉林建苑主张所涉法律关系是委托、居间法律关系而非信托法律关系，并且四川信托违背管理职责，处理事务不当，致使其遭受重大损失，应当赔偿相关损失。成都市中级人民法院认为吉林建苑与四川信托签订的信托合同合法有效，符合信托

---

① 由于大米的品种是一样的，故无法筛选出委托人栽种而收获的 100 斤大米（信托财产）。

② 信托财产确定的含义中包括能与他人财产相区分，参见董庶：《试论信托财产的确定》，载《法律适用》2014 年第 7 期。

③ 《信托法》第 27 条："受托人不得将信托财产转为其固有财产。受托人将信托财产转为其固有财产的，必须恢复该信托财产的原状；造成信托财产损失的，应当承担赔偿责任。"

④ 参见朱庆育：《民法总论》，北京大学出版社 2016 年 4 月版，第 309 页。

法的相关要件，所涉法律关系应为信托关系，而非居间、委托关系。因吉林建苑所举现有证据不能证实四川信托违反信托合同项下的义务，管理信托事务不当，对其信托财产造成损失，故不支持吉林建苑的诉讼请求。①

案例分析：本案的争议焦点在于信托法律关系和事务管理类信托中受托人的职责。

1. 信托法律关系的认定。

根据我国《信托法》的相关规定，信托的设立条件包括委托人设立信托的意思表示、确定的信托财产、确定或可以确定的受益人和合法的信托目的。② 其中委托人必须有设立信托的意思表示是首要条件，其应当具备的内容我国法律并无明确要求。英美法系则要求委托人的意思表示必须具备言辞的确定性，表明委托人意图设立信托，如甲将100万元交给乙说："我用这笔钱创设一个信托，你是受托人，你有绝对的权力使用这笔钱，借以达成你所期望的任何目的。"这里，甲的意图实际上相当于进行赠与，而非设立信托，即便使用了"信托"这样的词汇，若其意图并非如此，则信托不能成立；一般委托人必须明确地给受托人施加一项信托义务，委托人如不打算给受托人施加义务，而是采取希望、期望、相信之类的恳求性词语表达某种愿望，法院很难确定委托人的意见是设立信托，还是将财产赠予受托人，③如甲在遗嘱中说：我给乙100万元，希望他将这笔钱用于公益事业。这里很难认定甲具有设立信托的意图，因为他没有给受托人强加一种法律义务，而仅仅是一种道德义务。我们认为可以参考英美法系的做法。本案中法院对当事人签订的《信托合同》相关条款进行分析对比前述4个要件，以此认定为信托法律关系，并强调信托与其他制度的区别。

2. 事务管理类信托中受托人的职责。

银监会下发的《关于调整信托公司净资本计算标准有关事项的通知（征求意见稿）》规定：事务管理类信托，是指委托人自主决定信托设立、信托财产运用对象、信托财产管理运用处分方式等事宜，自行负责前期尽职调查及存续期信托财产管理，自愿承担信托投资风险，受托人仅负责账户管理、清算分配及提供或出具必要文件以配合委托人管理信托财产等事务，不承担积极主动管理职责的信托业务。

《信托法》第25条④的规定，体现了受托人除了应当按照信托文件处理信托事务外，还应当具有忠实义务和勤勉义务，后两项义务被认为是信托法中最重要的两个义务。受托人在执行信托事务的过程中，必须全部为了受益人的利益，不得从事

---

① 参见四川省成都市中级人民法院民事判决书，（2015）成民初字第2449号。
② 参见何宝玉：《信托法原理研究》，中国法制出版社2015年12月版，第98-103页。
③ 同上，第98页。
④ 《信托法》第25条："受托人应当遵守信托文件的规定，为受益人的最大利益处理信托事务。受托人管理信托财产，必须恪尽职守，履行诚实、信用、谨慎、有效管理的义务。"

利益冲突行为，该义务即为忠实义务。① 勤勉义务在大陆法系又被称作善良管理人的注意义务，而善良管理人的注意是比"处理自身事务为同一的注意"更高的注意。在事务管理类信托中，受托人不承担积极主动管理职责的信托业务，其需要依据委托人的指令行事，但是由于受忠实义务和勤勉义务的约束，意味着受托人并不是完全被动，如在信息不对称的情况下，受托人可能比委托人掌握更多与信托交易相关的信息，此时受托人有必要提醒委托人甚至采取积极措施以避免信托财产的损失，而不能坐等委托人指示而不管。

本案属于事务管理类信托纠纷，对四川信托是否违反职责的论述中，法院更多围绕是否违反《信托合同》的约定，却缺乏对四川信托忠实义务和勤勉义务的考量，尚有缺憾。

五、信托法学理论综述

以 CNKI 中国知网为主要检索载体，2016 年与信托法学相关的学术文献约有300 篇左右，与上年基本持平。特点是：信托基础理论研究继续向纵深推进；信托理论研究与实践结合更加紧密；信托比较法制的研究内容开始细分；学位论文的选题集中围绕热点展开；信托法研究逐渐突破传统分类。

（一）文献综述

1. 信托法学基本理论研究。

关于信托行为的内涵问题，金锦萍认为，由于现行信托法制定于物权法通过之前，且彼时关于法律行为和物权理论的研究才刚刚兴起，相关原则和规则尚未厘清，对于信托行为的相关规定存在严重缺陷，信托行为作为信托设立时的法律行为，其成立生效若能以法律行为理论作为基础，不仅逻辑统一且也有利于与其他民商法制度的协同。②

关于信托财产（权）这一议题，赵廉慧认为，英美法系的"双重所有权"理论无法和大陆法系的权利理论融合，而大陆法系和英美法系均存在"财团"概念和"双财团理论"，这为信托财产的性质提供一个能最大限度契合于大陆法系民法理论的解说，根据该理论，受托人名下有两组财产或者"财团"，信托财产是受托人名下的、区别于其一般财产（固有财产）的特别财产。③ 陈雪萍认为，物权制度保护的重心应从保护单纯的归属转向保护更有价值的使用和受益，我国立法应将信托的价值部分进行有效配置，将之归属于受益人，使受益人享有受益所有权，并与受托人之法定所有权并列，创建"双重所有权"，而不是将信托建立在债法的基础之

---

① 参见赵廉慧：《信托法解释论》，中国法制出版社 2015 年 9 月版，第 329-331 页。
② 参见金锦萍：《论法律行为视角下的信托行为》，载《中外法学》2016 年第 1 期。
③ 参见赵廉慧：《信托财产权法律地位新解——"双财团理论"的引入》，载《中国政法大学学报》2016 年第 4 期。

上，否则，所建立的信托将会不伦不类，信托当事人的权利尤其是受益人的权利无法得以保障。①

关于信托的终止与清算，日本学者能见善久认为，信托是受托人根据信托目的管理处分信托财产的制度，该制度承认信托财产的独立性与破产隔离效果，赋予受托人管理处分信托财产的权限并赋予受托人义务（勤勉义务、忠实义务），同时承认受益人享有信托利益的权利。这些信托效果，因信托的终止而消灭，信托财产经过清算归属于权利归属人。这一连串的程序，与解散法人经由清算将剩余财产分配给股东的过程较为相似。②

关于信托法与民法典的关系，刘仲平认为，对于大陆法系的信托受托人的权利性质，应根据信托标的而定，而受益人享有的则为债权；信托在现实生活中有极强的生命力和较大运用空间，应将信托制度作为一项基本的民商事制度纳入我国民法典，规定在总则中，置于代理之后。③

2. 信托法与家族财富传承。

李有星等通过对家庭信托历史的梳理，认为家庭信托早期主要用于家庭财产安排，而在当今社会的价值则体现在家族财富和事业的传承上，土地财产管理是家庭信托的一种原始基础功能，信托机构可将其应用于我国家庭土地财产的管理。④

魏拴成等认为，家族信托客观上实现了所有权和经营权的分离，有助于家族企业股权治理结构的优化，实现良好的公司治理，最终达到家族企业长期繁荣的目的。要解决我国家族企业的代际传承问题，需转变当前内地家族信托功能过于单一的现状，使家族信托回归到保护、管理与继承家族企业的本质上来。⑤

3. 信托法与土地权利安排。

徐海燕等认为，在土地经营权信托流转方面，农村土地以信托方式流转时，信托的委托人和受益人都是农户，信托设立后土地经营权要移转给作为受托人的土地信托公司，由其以自己名义进行控制和处分，为保护农户的利益、并兼顾信托公司和农业生产经营者等第三人的利益，应通过信托登记公示信托财产，同时信托公司有义务依信托之目的而管理信托事务；在实践中，我国目前典型的土地经营权信托

---

① 参见陈雪萍：《信托财产双重所有权之观念与继受》，载《中南民族大学学报》（人文社会科学版）2016 年第 4 期。

② 参见［日］能见善久：《信托的终止、清算问题研究》，姜雪莲译，载《中国政法大学学报》2016 年第 4 期。

③ 参见刘仲平：《论信托与我国民法典之关系及其模式选择》，载《中南民族大学学报》（人文社会科学版）2016 年第 4 期。

④ 参见李有星等：《论家庭信托的历史发展及其当代价值》，载《浙江大学学报》（人文社会科学版）2016 年第 1 期。

⑤ 参见魏拴成等：《家族企业传承类家族信托模式及其产品设计》，载《财会月刊》2016 年第 14 期。

模式有"草尾模式"、"沙县模式"、"绍兴模式"、"中信模式"等，土地经营权信托实践中的法律问题有：频繁调整土地承包经营权及土地流转金、政府角色越位、信托财产权利属性不明、农户利益保护缺位、改变耕地农业用途以及土地经营权信托设立中的不合法或不规范问题等，这些问题产生的根源在于相关法律法规的滞后或缺位，要构建我国土地经营权信托模式，就要适时地制定或修改与土地经营权信托相关的法律法规。①

陈志等认为，由于农民对信托流转认知不足，相关主体间权责配置不清，以及各方利益缺失平衡等问题，土地信托流转难以顺畅实施；为达至土地信托流转的宗旨，不仅需在法律上明晰各项相关权利，还需控制制度实施中的各种风险并使其规则化，只有通过明晰产权、明确权责、适度监管、依托信息、生态监控等规范的规则机制，才能更好地实现其保障农民权益、促进农村经济发展的目标②。

4. 信托法与慈善以及公益。

关于慈善信托的近似原则，李喜燕认为，慈善信托近似原则在美国经历了被拒绝、被认可、进一步拓展的不同阶段，其在美国的新发展表现出相关立法日益融合、捐赠人意愿优先保障、尽可能发挥慈善财产公益效用等特点；而我国当前立法尚存在近似原则界定不明、相关规定不够全面周延、适用程序不够中立灵活等问题，我国应该利用慈善事业基本法制定的契机，辩证地吸收美国经验，以达到落实捐赠人意愿与发挥慈善财产的公益效用之间平衡的最佳效果。③

关于慈善信托的税收问题，赵廉慧认为，虽然没有证据证明缺乏税收优惠一定导致慈善行为的不彰，但是税收优惠制度不到位对慈善事业的确会造成激励不足的问题，目前整个慈善信托税收政策不够系统和全面，对征税的环节、纳税主体和税率等的规定缺乏可操作性，这一方面会造成重复征税的问题，另一方面也可能会造成税收漏洞；慈善信托税收政策的不完善构成了制约慈善信托发展的瓶颈，因此我国应尽快建立完善的慈善信托税收政策，借以促进慈善信托和慈善事业的长远发展。④

5. 信托法与金融行业发展。

神田秀树认为，日本信托的一大特征是，长期以来将信托这一制度定位于金融制度之中，也可以说是仅作为金融制度而存在，自日本 1990 年开始推行金融制度改

---

① 参见徐海燕等：《农村土地经营权信托流转的法律构造》，载《法学论坛》2016 年第 5 期；徐海燕等：《我国土地经营权信托模式的法律思考》，载《法学杂志》2016 年第 12 期。

② 参见陈志等：《土地经营权信托流转风险控制规则研究》，载《农村经济》2016 年第 10 期。

③ 参见李喜燕：《慈善信托近似原则在美国立法中的发展及其启示》，载《比较法研究》2016 年第 3 期。

④ 参见赵廉慧：《慈善信托税收政策的基本理论问题》，载《税务研究》2016 年第 8 期。

革，对于这段历史可以区分为以下两个阶段，即第一个阶段为金融制度改革，其包括银行制度改革，而第二个阶段则与此不同，为信托制度改革；2006 年日本信托法制定后，对受益权可以有价证券化，共同受益人可以通过多数决变更信托合同，另外，有价证券公示的问题，也完善了信托法层面的有关规定。①

关于我国的信托业，夏小雄认为，经过多年的发展，我国的信托法制取得了较大进步，但是信托产品刚性兑付、受托人不履行信义义务、信托业务规避监管政策等问题依然影响着信托法的有效落实；在此背景下，有必要推动信托制度向"受托之托、代人理财"本旨的回归，强化信托财产独立性和受托人信义义务的贯彻，优化行政监管、完善司法机制，使得信托法真正变为"活法"。②

张笑滔则认为，我国物权法制定时仿照德国等民法法系对物权的内容和数量进行了限制，法律上排除了当事人自行创设物权的可能，但因经济发展对制度产生新的需求，金融创新与监管之间的紧张关系迫切需要创设新的物权类型加以缓和；人民法院在民商事案件审理过程中出现新的标志性案件，通过保护和尊重当事人意思自治间接地创设了新物权；我国物权法对物权法定规定过于严苛，应当允许法院在判决中通过合理的司法推理方式保持物权数量的最优化，而信托提供了物权放松的合理分析框架。③

6. 信托法与网络模式创新。

白牧蓉认为，互联网金融时代的来临意味着金融活动与互联网精神的融合，每个自然人或每个机构作为个体，都有充分的权利以便捷的方式参与金融活动，在信息沟通便捷的条件下通过高效率低成本的途径平等自由地提供或获取金融服务；当前委托理财等服务所面对的客户已经扩展到了普通互联网用户，大量非专业人士成为了投资者，其权益的保护因而是一个值得研究的重要法律问题；应当明确委托理财活动中的自益信托法律关系，分析互联网平台的运用给信托关系带来的特殊影响，阐释信托法在我国委托理财活动中的适用困境，从投资者权益保护的角度探究相应的制度完善方案。④

（二）学术会议

1. 上海市律协信托业务研究委员会举办《信托公司信托业务尽责指引》制定研讨会。

---

① 参见［日］神田秀树：《以商事信托法路径审视日本信托法制》，杨林凯译，载《中国政法大学学报》2016 年第 4 期。

② 参见夏小雄：《"得形"、"忘意"与"返本"：中国信托法的理念调整和制度转型》，载《河北法学》2016 年第 6 期。

③ 参见张笑滔：《非典型物权类型松绑的功能分析——以昆山纯高案为例》，载《政法论坛》2016 年第 6 期。

④ 参见白牧蓉：《信托视域中互联网委托理财投资者权益的法律保护》，载《西北师大学报》（社会科学版）2016 年第 6 期。

2016 年 10 月 24 日下午，由中国信托业协会主办、市律协信托业务研究委员会承办、证券业务研究委员会成员协办的《信托公司信托业务尽责指引》（简称《指引》）制定研讨会在上海召开。上海银监局、上海市高级人民法院金融审判庭、浦东新区人民法院金融庭和自贸区法庭、上海国际经济贸易仲裁委员会、中国信托业协会、中国信托业协会首席经济学家、上海信托、中江信托等多领域的专家领导莅临讨论。会议期间与会专家分别从诉讼、公证、委托人、受托人等不同的角度，并结合实际中审理的信托相关的案例对《指引》发表了非常有深度的意见和建议。

2. 中诚信托成功举办慈善信托研讨会。

2016 年 6 月 25 日，由中国银行法学研究会信托法专业委员会主办、中诚信托承办的"慈善信托研讨会"在京成功举行。研讨会上，来自中国信托业协会、北京大学法学院、中国人民大学法学院、中国公益研究院慈善法律中心、社科院法学研究所以及律师事务所、信托公司的专家学者，围绕《慈善法》实施后，慈善信托的监管与规范、慈善信托的实践与发展等问题展开了深入讨论。

3. 第七届上海信托法论坛。

由上海市法学会金融法研究会主办，上海市法学会金融法研究会信托法专业委员会、上海对外经贸大学法学院、中国慈善联合会慈善信托委员会协办的"第七届上海信托法论坛"，于 2016 年 12 月 11 日在上海兴华宾馆隆重召开。本届论坛精英荟萃，有来自中国慈善联合会、监管部门、信托公司等业界专家，有来自北京、天津、南京、上海等地高校学者与研究生，有各地律师等，100 多人济济一堂。本届论坛主题为"慈善信托法新议：公益与商业融合之道"，与会者热烈讨论了：（1）慈善法慈善信托制度的背景，慈善法在我国立法上非常快，密集出台；（2）慈善信托制度和慈善基金会制度的功能比较，慈善信托作为社会救助的机制；（3）研究了慈善基金对外投资问题，与营利组织的投资的区别，投资标的与险资等关系；（4）讨论了慈善信托产品，尤其是残疾人信托的障碍与克服；（5）梳理保值增值的立法冲突等议题。会议认为，我国《慈善法》出台后，慈善信托的问题就凸显出来。慈善信托募集、募捐、管理、退出等阶段需要规范，涉及备案、集资、资金运用、监察，以及信托法与慈善法的关系、慈善与商业的结合等，需要在理论上形成共识，为实务提供参考方案。会上，原中国银监会非银行金融机构监管部主任高传捷等为上海对外经贸大学"金融资产管理法律研究院"揭牌。

2016 年期货市场法制报告

唐 波 段亚敏[①]

2016 年，国内期货市场呈现"冰火两重天"的局面。因商品期货交投活跃助推，2016 年全国期货市场成交量再创历史新高，但成交额较去年下降 64.7%。受 2015 年下半年股指期货限仓的影响，2016 年股指期货成交量和成交额高台跳水，全年维持低位。

一、期货市场发展概况

中国期货业协会最新统计资料表明，2016 年 1 月~12 月全国期货市场累计成交量为 41.38 亿手，同比增长 15.65%。但受股指期货管控措施延续的影响，2016 年全国期货市场累计成交额仅为 195.63 万亿元，较去年下降 64.7%。因 2016 年股指期货未能如市场预期般"松绑"，也引发全国期货市场年度成交额的回落。数据显示，2016 年沪深 300、上证 50、中证 500 三股指期货品种成交量较去年大幅下降 98.48%、95.42% 和 84%，成交额同比大幅下降 98.83%、96.59% 和 89.13%[②]。

在股指期货管控措施延续的背景下，2016 年场外增量资金主要进入了商品期货市场。2016 年商品期货整体呈震荡上行的态势，焦炭、焦煤涨幅最大，达到 100% 以上，是 2016 年的明星品种。从大板块来看，黑色系、化工系均有出色表现，农产品则略逊一筹。另外，由于 2016 年年初股市熔断、股指期货连续跌停，10 月焦炭 16 连阳，"双 11"期间部分品种从涨停迅速到跌停，年末国债期货受流动性影响也大幅下跌。2016 年年末部分商品的绝对价格水平与年内市场低位、成本线相比均已有较大抬升，2017 年将主要处于消化和整理阶段，交投活跃度或略有下降，市场焦点品种有望转移至能源化工或农产品板块。近期，白糖、豆粕期权获批，新工具的上市有利于丰富投资策略和市场产品，有利于促进活跃标的期货品种的交投情况。

---

① 唐波，华东政法大学教授；段亚敏，华东政法大学经济法学硕士研究生。
② 曲德辉：《2016 年期市成交量创历史新高》，载《期货日报》2016 年 1 月 4 日。

2016 年四大期货交易所交易数据一览表

	累计成交量（手）	同比增长全国市场占比	累计成交量（亿元）	同比增长全国市场占比
上海期货交易所	16.81亿	59.99% 40.63%	84.98万	33.71% 43.44%
郑州商品交易所	9.01亿	−15.63% 21.78%	31.03万	0.74% 15.86%
大连商品交易所	15.37亿	37.73% 37.15%	61.41万	46.43% 31.39%
中国金融期货交易所	0.18亿	−94.62% 0.44%	18.22万	−95.64% 9.31%

2016 年国内期货市场投资者结构也产生显著变化。从 2016 年年底全市场保证金规模来看，较 2015 年年底增长约 25%，而仅期货公司资管业务规模就从 2015 年年底的 1063.75 亿元增长到 2016 年年前 11 月的 2769.53 亿元，增长了 1.6 倍。这预示着全市场机构投资者占比大幅上升，对应的散户占比有所减少。虽然期货市场还是自然人偏多，但很多自然人是专业投资者。企业机构化、机构产品化，正是因为整体的专业化，基本面微小的变动，会迅速传递到期货市场。甚至现在市场的变动，已经不通过绝对价格的波动而是通过基差来表现。

（一）"保险+期货"模式试点

2015 年 12 月 31 日，中共中央、国务院正式发布《关于落实发展新理念加快农业现代化实现全面小康目标的若干意见》，要求探索建立农业补贴、涉农信贷、农产品期货和农业保险联动机制，稳步扩大"保险+期货"试点。2016 年 3 月 16 日，中国人民银行、发改委、财政部、银监会、证监会、保监会、扶贫办联合印发《关于金融助推脱贫攻坚的实施意见》，对深入推进金融扶贫工作进行具体部署，其中包括支持期货交易所研究上市具有中西部贫困地区特色的期货产品、支持贫困地区开展特色农产品价格保险等。

2016 年 4 月，大连商品交易所发布《关于 2016 年支持期货公司开展"场外期权"、"保险+期货"试点的通知》，试点品种为玉米和大豆，现货规模适度增加至去年的 5 倍；同时，试点方案在项目周期、参与公司资质和条件等方面均提出明确要求。之后有 12 个"保险+期货"试点项目获得批准，其中有 9 个玉米试点、3 个大豆试点。2016 年 8 月，郑州商品交易所"保险+期货"试点工作正式启动，之后 10 个"保险+期货"试点项目通过专家评审并进入实际操作阶段，试点品种为棉花和白糖。

"保险+期货"的模式，本质上就是将期货打包为保险产品来管理农产品价格风险。具体来说，分为两个层面的内容：第一是保险层面，保险公司向普通农户或者新型农业经营主体（以下统称受保对象）提供一个农产品价格保险，在此保险下，如果未来新作的农产品价格在收割销售期内下跌到保护价以下时，保险公司即赔付受保对象因价格下跌而蒙受的损失，从而保障农户的基本收益，达到保险保障的效果。第二是期货层面，即保险公司向期货公司及其风险管理子公司买入相应的场外期权，将价格变动的风险转移到期货公司手中；而期货公司利用其风险管理的专业能力，在期货市场上参与交易，对冲价格变动的风险，充分发挥期货市场风险管理的职能。

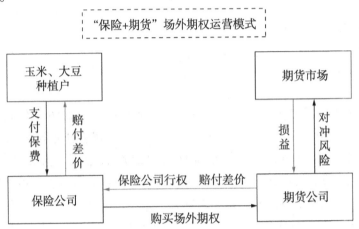

"保险+期货"场外期权运营模式

总结来说，保险公司通过购买看跌期权来分散保险的巨额赔付风险，保险公司给农民承保就相当于卖出看跌期权，承担了农产品价格下跌风险，同时购买与承保品种相同的看跌期权来对冲承接的风险。当保险标的价格上涨时，保险公司的保费收入可以支付期权费用；当保险标的价格下跌时，保险公司通过选择期权行权所获得的盈利来弥补保险赔款支出，规避价格保险面临巨额赔付的风险。概言之，"保险+期货"模式就是期货公司利用自身在期货、期权等金融衍生产品方面积累的经验，借助保险公司的通道，帮助农民管理价格风险。

（二）股指期货正式"松绑"

一方面，股指期现市场熔断机制暂停实施。经证监会同意，上海证券交易所、深圳证券交易所、中国金融期货交易所发布指数熔断相关规定，并于 2016 年 1 月 1 日起正式实施。我国是在保留现有个股涨跌幅制度前提下，引入指数熔断机制，以沪深 300 指数作为指数熔断的基准指数，设置 5%、7% 两档指数熔断阈值，涨跌都熔断，1 日内各档熔断最多仅触发 1 次。在触发熔断时，暂停交易的对象为沪深两市所有股票及各交易所交易的各类相关衍生品。

在 2016 年 1 月 4 日，沪深 300 指数下午开盘之后持续下跌，两次引发熔断，国内 A 股和股指期货暂停交易至收市。1 月 7 日晚间，上海证券交易所、深圳证券交易所、中国金融期货交易所分别发布通知，自 1 月 8 日起暂停实施指数熔断。熔断机制虽不是市场大跌的主因，但根据 4 天来实施的情况，熔断机制没有达到预期效果，且与实际市场存在一定的"错配"，导致这项全新的制度与我国市场水土不服，负面影响大于正面效应。

另一方面，中国金融期货交易所下调股指期货交易手续费，降低保证金比例。自 2017 年 2 月 17 日起，中国金融期货交易所（以下简称中金所）决定稳妥有序地调整有关交易安排：一是将股指期货日内过度交易行为的监管标准从原先的 10 手调整为 20 手，套期保值交易开仓数量不受此限；二是沪深 300、上证 50 股指期货非套期保值交易保证金调整为 20%，中证 500 股指期货非套期保值交易保证金调整为 30%（三个产品套保持仓交易保证金维持 20% 不变）；三是将沪深 300、上证 50、中证 500 股指期货平今仓交易手续费调整为成交金额的 9.2‰。

通过本次调整，一方面可降低持仓者特别是套期保值者的资金成本，促进投资者积极运用股指期货进行风险管理。另一方面，在继续保持相对较高交易成本、抑制短线交易的前提下，可适度提高市场流动性，解决期指交易成本过高、对手盘难找、转仓困难等问题。业界认为，从公布的各项指标看，本次调整仅是对股指期货限制措施的小幅调整，风险可控，不会对股指期货和股票市场正常运行产生影响。

（三）交易品种进一步增加

1. 白糖、豆粕期权获批。

2016 年 12 月 16 日，证监会宣布已批准郑商所、大商所分别开展白糖、豆粕期权交易，相关准备工作预计需要 3 个月左右，商品期权有望 3 月底挂牌交易。这标志着我国商品期货市场将步入期权时代，涉农企业风险管理工具将进一步丰富。同日，郑商所、大商所分别就白糖、豆粕期权合约及相关规则公开征求意见。

商品期权也称选择权，是指期权的买方付出权利金，有权在约定的期限内，按照事先确定的价格，买入或卖出一定数量某种特定商品的权利。期权卖方收取权利金后，有义务按买方的要求履约。目前，我国场内市场上市的期权品种仅有上证 50ETF 期权。

两只品种的行权方式均为美式期权，商品期权上市初期将实行从严管理，实施做市商制度，并引入投资者适当性制度。其中，做市商必须是机构，而且净资产不得低于 5000 万元，同时要有专业的业务团队，熟悉期权交易规则，业务系统也要相对可靠。此外，做市商要有健全的业务方案，丰富的业务经验，至少要在期权仿真交易过程中提供过服务。另外，做市商必须提供双边报价，必须在交易所的系统中报一个买价，报一个卖价，而且买卖价差必须符合交易所要求，报单的手数要求为 10 手一报。而对投资者的资金要求是 10 万元以上，同时投资者需通过交易所认可的知识测试。此外，投资者还要具有满足交易所要求的累计 10 个交易日、20 笔以上的期权仿真交易经验。

2. 生猪期货。

数据显示，我国一年猪肉产量在 5500 万吨，折算毛猪大概 6700 万吨，如果按照今年前 9 个月生猪均价，产值达到 1.2 万亿元。生猪产业涉及饲料原料、饲料加工、生猪繁育、生猪屠宰及猪肉加工消费等，属于超大产业链，中国猪肉产量占全球 50% 左右。到 2017 年我国生猪数量将达 7.1 亿头，因现货市场规模扩大，企业参与增多，越来越多的主体有了避险需求。事实上，生猪期货与其他期货品种不一样，它是 CPI 的重要组成部分。生猪属于活体，需要在交割体系上有所创新，比如生猪交割质量指标有一些需要前置。围绕这些创新，大商所已初步形成解决方案，正在稳步推进中，预计我国生猪期货将在 2017 年推出。对于国内的生猪期货，生猪期货品种有望成为中国最大的农产品期货合约。

3. 乙二醇期货立项申请获批。

2016 年 10 月 16 日，大商所发布消息称，中国证监会已批复乙二醇期货的立项申请。后于 2016 年第 12 届中国（深圳）国际期货大会的"大连商品交易所专场活动"上，乙二醇期货合约及规则草案首次亮相市场。乙二醇现货市场有三个主要特点：一是市场规模大，企业数量多，产业地位十分重要。二是对外依存度高，进口集中在江浙地区。三是价格波动较大，平均利润低，行业避险需求较为强烈。乙二醇期货在合约设计上顺应了现货格局，选择在华东、华南等主要消费及贸易集散地设置交割仓库，并根据其为散装液化品的特点，设计了"送货上门"的厂库仓单制度。此外，还增设了门槛指标，以区分乙烯法及煤制乙二醇产品。乙二醇期货作为今年获批立项的第一个期货品种，同时也意味着乙二醇期货离正式上市交易又近了一步，未来有望通过期货形式来稳定市场价格。

（四）首家期货系公募基金获批

证监会于 2016 年 10 月 18 日发布《关于核准设立南华基金管理有限公司的批复》，核准设立南华基金管理有限公司，公司经营范围为基金募集、基金销售、资产管理、特定客户资产管理和中国证监会许可的其他业务，核准公司注册资本为 1.5 亿元人民币，南华期货股份有限公司为其全资股东。南华期货成立于 1996 年，从事的主要业务为商品期货经纪、金融期货经纪、期货投资咨询、资产管理业务，旗下拥有南华资本（从事现货风险管理）和南华香港子公司等，目前在 2016 年期货公司分类评级中归属 A 类。随着期货行业监管的放开，近几年期货公司的业务范围不断扩大，除了传统的经纪业务，期货投资咨询、资产管理业务等创新业务也将加速发展。

据统计，截至 2017 年 1 月，已获批的公募基金公司达 14 家，超出历史平均水平，且获批公司背景各不相同。除已设立的机构，其他金融机构也在争抢公募牌照。自 2013 年开始，陆续有期货公司拿到公募基金销售牌照。期货公司试水公募业、挂牌新三板等，整体上明显反映出金融机构混业经营趋势。

（五）期货公司融资渠道多元化

首先，期货公司股权融资的选择范围不断扩大。当前新三板已经成为期货公司股权融资的主要渠道。截至 2016 年 12 月，创元期货、永安期货、海航期货、天风期货、华龙期货、大越期货、中电投先融期货成功挂牌新三板，广州期货获准挂牌。另外，福能期货、集成期货、混沌天成期货、迈科期货、渤海期货、安粮期货排队申请当中，长江期货也计划申请在新三板挂牌。

其次，港股、A 股也是股权融资的又一重要途径。2015 年，鲁证期货和弘业期货先后在港交所上市，分别募集 7.3 亿人民币和 6 亿多港元。2016 年 12 月 9 日，证监会发布 11 家企业预披露，瑞达期货赫然在列。若瑞达期货一旦在深交所中小板上市获得核准，A 股市场将告别没有期货公司的历史。

最后，次级债融资也是补充资本金的另一手段。次级债发行简单、周期短、效率高且不影响公司的股权结构和决策，受到期货公司的青睐。自 2015 年 6 月 18 日东证期货在上海证券交易所成功发行总额 6 亿元的次级债券，成为首家发行次级债的期货公司以来，已有多家期货公司通过次级债形式补充资本金。

（六）期货市场面临转型发展

从今年我国大宗商品期货价格的变动看，绝大部分时间期货价格处于贴水的状态，因此期货并没有对现货价格产生助涨助跌的作用。由于期货市场交易机制设计的有效性，其价格信号通常领先于现货市场，产生一种领涨领跌的效用，使现货价格调整加速，有利于资源配置效率的提高。期货市场最根本和最核心的功能是定价功能，充分发挥定价功能才可以对套期保值、现货价格提供指导，在我国供给侧结构性改革中发挥积极的作用。加之合约和交割等基础制度的设计，期货市场在引导企业去产能、加强库存管理、降低存贮成本、节约流动资金并合理规划未来生产经营等方面也发挥了巨大作用。

从全球看，期货市场是当今最主要的价格形成市场，期货市场产生的价格，是供求关系、资金流向、投资心理等各种影响因素的汇聚。国际上主要的大宗商品已从传统的生产商和贸易商主导定价，转变为以期货市场主导定价，因此，建立大宗商品定价中心对于完善我国金融市场体系、建设上海国际金融中心，扩大期货市场在国际市场上的份额和影响力尤为重要。为此我国应重点做好以下工作：第一，改革完善以重点产品为导向的期货品种上市机制，上市更多产品，实行有效监管，不断改革完善相关制度章程。第二，推进商品期货市场对外开放，引入境外投资者参与中国商品期货市场。第三，为适应相关期货品种国际化需求，支持期货交易所在境外设立交割仓库和办事处。第四，为与国际期货不含税交易的惯例接轨，相关部门应携手推动完善税收政策，实现期货保税交割常态化。第五，完善相关风险管理制度，研究推动商业银行和其他有关金融机构有序进入商品期货市场。第六，继续推动取消相关政策限制，鼓励和支持产业企业利用期货市场套期保值和管理风险。

目前我国期货行业竞争激烈，共有 150 家期货公司，1500 多个营业部，期货行业的平均佣金率仅在 0.1‰左右。随着手续费收入在期货公司收入结构中的比重逐步下降，未来期货公司的兼并重组，期货公司的数量会大大减少，又因金融衍生品的发展，尤其是期权的发展，期货市场会从"小众市场"发展到"中众市场"。

（七）人民币外汇期货理应尽快推出

汇率市场化是十八大确定的改革任务之一，让市场决定汇率有利于减少汇率扭曲、提高资源配置效率，但也会让汇率的波动性加大。2016 年伊始，人民币对美元汇率连创新低，1 月 7 日离岸市场人民币即期汇率报价一度跌至 6.7608 元/美元，比在岸价贴水超过 1000 个基点。此后，汇率有所企稳，离岸在岸价差大幅缩小，市场的恐慌情绪有所缓解。随着汇率市场化和人民币国际化的不断推进，人民币汇率双向波动幅度将不断扩大，市场避险需求将日渐凸显，人民币外汇期货理应尽快推出。

回顾历史，美国芝加哥商业交易所（CME）就是在布雷顿森林体系瓦解，全球汇率波动明显加大时，上市世界上首支金融期货产品——外汇期货。同样，南非约翰内斯堡股票交易所（JSE）和印度国家证券交易所（NSE）在 2008 年国际金融危机，汇率风险集聚时，也都先后在其境内推出了外汇期货产品，其主力合约的报价方式为美元对本国货币。这些先例都证明，当前的市场环境为在境内推出人民币外汇期货产品创造了一个非常有利的时间窗口。

在人民币汇率波动弹性不断加大的背景下，全球已有多家交易所上市了人民币外汇期货合约，自 2006 年 8 月 CME 推出首支人民币外汇期货和期权产品以来，境外已有 10 家交易所上市了人民币期货合约。特别是在 2014 年 3 月人民币汇率波幅扩大至上下 2% 之后，在不到两年时间里，全球先后有 6 家交易所扎堆上市了人民币外汇期货，并不断研发新产品来进一步争夺场内人民币衍生品市场。而当境外人民币外汇期货市场已一片繁荣时，在岸人民币外汇期货市场的长期缺失或将威胁人民币汇率定价权。基于管理汇率风险，服务实体经济和降低即期汇率波动的考虑，并避免陷入过于被动的局面，我国应顺势尽快推出人民币外汇期货，加快上市人民币外汇期货的步伐。

（八）场外期权的发展呼唤场内期权

白糖期权和豆粕期权交易，标志着我国首批场内商品期权即将上市。"保险+期货"试点项目，实际上是场外期权的具体应用，从而使得场外期权市场风险转移的功能大放异彩。在"保险+期货"试点项目中，核心是对场外期权的运用，其运营模式可以归纳为以下四个环节。第一环节：农民或涉农企业通过购买保险公司开发的农产品价格险，确保收益。第二环节：保险公司通过购买期货公司设计的场外看跌期权产品进行再保险，以对冲农产品价格下降可能带来的风险。第三环节：期货公司在期货交易所进行相应的复制看跌期权操作，进一步分散风险。第四环节：结算和理赔。例如，当参考的玉米价格低于保险合同的目标价格，一方面，保险公司按照合约规定向农户或企业进行理赔；另一方面，此时玉米市场价格低于看跌期权执行价，保险公司将场外期权行权，期货公司按照期权合约赔付差价。

在目前的试点过程中，期货公司作为风险承受方，存在着价格下跌的风险敞口，因对冲风险和利益考量，往往会设置较高的权利金，由此导致场外期权业务的对冲成本偏高。而期权定价较高，也不利于场外期权市场进一步发展。而场内期权由于集中竞价生成价格，流动性强，可有效降低交易成本；同时由交易所统一结算，统一监管，风险规避制度完善，可避免场外期权交易存在的诸多问题。可见，两个市场虽存在较大差别，但场内期权能够为场外期权提供定价参考，同时场内期权的交易规则、制度以及风险监管方式可以借鉴到场外期权市场；而场外期权市场的个性化产品在应用成熟之后，也可以推广到场内市场进行交易。两个市场应相互促进、相互完善。

二、期货市场立法与政策评述

（一）证监会发布《证券期货投资者适当性管理办法》

投资者权益保护是金融市场监管的永恒主题，同时也是衡量一个金融市场是否健全成熟的重要标准。我国现行投资者适当性相关的法律规定散落于《证券投资基金法》、《证券公司监督管理条例》以及其他部门规章和自律性规范等，原则性和分散性强，未形成一套系统的、可操作性强的法律规范。而 2016 年 12 月 12 日证监会起草的于 2017 年 7 月 1 日实施的《证券期货投资者适当性管理办法》（以下简称《办法》）是一套适用于证券期货市场的、更具体系化且具有明确指导意义的部门规章，是对已有法律法规的重要补充。

《办法》的总体思路是坚持适当性匹配原则和保护普通投资者利益原则，即经营机构应通过投资者分类、产品分级等方式更科学合理地匹配投资者与产品或服务的适当性，同时应当对普通投资者在信息告知、风险警示、适当性匹配等方面履行多于专业投资者的特别保护。主要内容有：一是建立统一而又分层的投资者分类制度。将投资者分为普通投资者和专业投资者，对专业投资者有着明确的范围划分，而专业投资者之外的投资者均为普通投资者。要求经营机构应制定投资者分类的内部管理制度及流程，普通投资者的分类应综合考虑投资者的收入来源、资产状况、债务、投资知识和经验、风险偏好、诚信状况等因素。但经营机构对投资者的分类是动态的、持续的，非一成不变的，在特定条件下，普通投资者和专业投资者可以互相转化。二是确立层层把关、严控风险的产品分级机制。规定经营机构应当为产品或服务划分风险等级，并详细列明了划分风险等级时应考虑的十项具体因素。突出对于普通投资者的特别保护，向投资者提供有针对性的产品及差别化服务。同时列明了应审慎评估风险等级的若干种情形，包括杠杆交易、产品或服务变现能力差、结构复杂不易理解、募集方式涉及面广或影响力大、跨境发行等。对于经营机构来说，在产品或服务涉及上述情形时，应根据具体情况提高产品的风险等级。三是强化经营机构的适当性义务和法律责任。主要精神是强化经营机构对普通投资者的适当性义务，规定了经营机构在适当性管理各个环节应当履行的义务，全面从严规范相关行为。另外，还规定了经营机构的禁止性行为，并突出对违规机构或个人的监管和法律责任。

（二）证监会修订《期货公司风险监管指标管理办法》及配套文件

2007 年，证监会出台了《期货公司风险监管指标管理试行办法》，2013 年 2 月对该制度进行了修订，但近年来期货市场和期货行业发展较快，现行制度对期货公司风险覆盖不够全面，难以适应新形势下依法从严全面监管以及防范系统性风险的需要。证监会于 2016 年 10 月 28 日就《期货公司风险监管指标管理办法》公开征求意见，进行修订，并提升为部门规章。同时制定《期货公司风险监管报表编制与报送指引》，作为实施该规章的配套文件。

具体修订内容为：一是提高最低净资本要求至 3000 万元，加强结算风险防范；二是按流动性可回收性及风险度大小进一步细化资产调整比例，提高净资本计算的科学性；三是调整资产管理业务风险资本准备计提范围与计提标准，提升风险覆盖全面性；四是鼓励期货公司多渠道补充资本，允许期货公司将次级债按规定比例进入净资本；五是进一步强化对期货公司监管要求，强化监管力度。可见，证监会的监管框架以净资本为核心，期货公司各项创新业务能否拓展均取决于其资本实力。因此，2017 年期货公司进军资本市场的步伐将再度加快，其融资渠道也会更加多元化。

（三）证监会、财政部联合发布《关于修改〈期货投资者保障基金管理暂行办法〉的决定》

2016 年 11 月 8 日，证监会、财政部联合发布修订后的《期货投资者保障基金管理办法》（以下简称《办法》）及配套规定。为确保《办法》的平稳施行，同步发布修订后的《关于期货交易所、期货公司缴纳期货投资者保障基金有关事项的规定》，自公布之日起 30 日后施行。

本次修订内容主要有以下三个方面：一是删除关于保障基金规模具体标准的规定，将保障基金总额足以覆盖市场风险设定为暂停缴纳的情形之一；二是明确下调期货交易所和期货公司的缴纳比例，即期货交易所的缴纳比例由手续费的百分之三降低为百分之二，期货公司的缴纳比例由代理交易额的千万分之五到千万分三十降低为亿分之五到亿万分之十；三是保障基金的缴纳方式由按季度缴纳调整为按年度缴纳。此次修订满足了期货市场风险覆盖的需要，下调期货交易所和期货公司的缴纳比例，调整收缴方式，对提高保障基金运转效率，降低市场交易成本有着积极作用。

三、期货市场监管实践

（一）商品价格大幅波动，监管机构联手抑制市场过热

2016 年 4 月及 9 至 11 月，以黑色系品种为代表的大宗商品价格先后出现两波强势上涨行情，部分品种交易量快速增加。为配合政府调控，维护期市平稳运行，在证监会指导下，期货交易所对部分品种的交易手续费、保证金标准和涨跌停板幅度进行调整，要求会员单位做好风险防范工作，提醒投资者理性投资，并推动资管产品账户信息报备。郑州商品交易所和相关部门也修订相关准则。随着政策"组合拳"作用的显现，相关品种交易热度下降，市场运行逐渐平稳。

1. 上期所修订实施细则。上期所于 2016 年 4 月 13 日公布修订后的《上海期货交易所结算细则》、《上海期货交易所交割细则》等 9 个实施细则，包括引入标准仓单作为保证金即时入场、优化交割货款付款方式、取消标准仓单作为保证金的最长有效期限制、取消纸质仓单等。

2. 郑商所修订《郑州商品交易所期货结算细则》。郑商所于 2016 年 4 月 14 日对《郑州商品交易所期货结算细则》部分内容进行修订完善，共涉及 18 项内容，包括会员出金标准、当日无成交合约结算价形成方式等。技术性修订主要涉及实际业务操作与细则表述不一致的部分，删除、增减或更新了部分名词表述，使得新条款更加便于投资者接受和理解。

3. 上期所修订完善风控结算等规则。上海期货交易所于 2016 年 6 月 1 日发布修订后的《上海期货交易所风险控制管理办法》、《上海期货交易所结算细则》、《上海期货交易所套利交易管理办法》，建立交易限额制度，完善手续费制度、限仓管理制度以及大户报告等制度。修订后的《上海期货交易所风险控制管理办法》引入了交易限额制度，具体标准和实施方案由交易所另行公布。

4. 多部门携手完善衍生品投资控制制度。2016 年 7 月 26 日，工信部、发改委、财政部、证监会等十一部门联合发布《关于引导企业创新管理提质增效的指导意见》（以下简称《意见》）。《意见》称，当前世界经济仍处于深度调整期，全球总需求不振，我国经济发展进入新常态，要加强全面风险管理，完善金融衍生品投资控制制度，结合自身实际强化汇率风险管理，减少汇兑损失。

（二）投资者保护制度日渐完善

2016 年 12 月 12 日证监会发布《证券期货投资者适当性管理办法》，统一制定投资者适当性管理规定，规范分类分级标准、明确机构义务，完善投资者分类保护。鉴于我国资本市场以中小投资者为主，一些投资者的知识储备、投资经验和风险意识不足，投资者适当性管理构筑成保护投资者的第一道防线。通过统一散见于各市场的业务法规和自律规定，明确市场经营机构适当性义务，加强统一清晰的监管底线要求，落实和执行适当性制度，并把监管要求和压力有效传导到一线经营机构，督促其将适当的产品或服务销售或提供给适当的投资者，增强投资者保护主动性，提高服务质量和水平。

推进证券期货纠纷多元化解机制试点。2016 年 7 月 13 日，最高人民法院与证监会联合召开全国证券期货纠纷多元化解机制试点工作推进会，部署和推进《关于在全国部分地区开展证券期货纠纷多元化解机制试点工作的通知》的落实工作。这对于促进资本市场长期健康稳定发展具有十分重要的意义，标志着投资者合法权益保护的基础制度建设又向前迈进了重要一步。

四、期货法律问题研究综述

学术活动方面，2016 年 9 月 9 日至 10 日，2016 首届中国（郑州）国际期货论坛在郑州举行，邀请多家 500 强企业、上市企业和拟上市公司的管理层人士参会，打通了证券和期货两个市场，这也是境外交易所集团首次参与主办境内的大型综合性期货论坛。2016 年 12 月 11 日，2016 年上海期货法论坛在上海举行，来自各期货交易所、期货公司等金融机构的专家、各地高校学者、司法部门的实务工作者以及研究生等 60 余人与会，会场气氛热烈。该届论坛以"中国期货立法的现代化"为主题，分别就国际期货法最新理念与制度的借鉴、期货立法中的实际问题的解决思路等展开研讨。会议认为，期货立法需要现代化，要尊重市场化规则，处理好与民法、商法以及商事特别法的关系；在法律构建与保护政策方面，要国际化，立法过程中强调国际化视野。金融衍生品有很多积极面，当然风险要防范，规则要明确，如期货保证金的性质、程序化交易的应用规则、期货立法中资管原则等。

著述成果方面，关注点较集中于《期货法》立法，加强期货及衍生品的功能重在管理风险，通过设定保证金制度、盯市制度、涨跌停板制度实现套期保值者和投机者的风险转移，加强投资者的保护制度。

（一）明确期货法的定位

划分《期货法》与《证券法》的关系，也是明确区别两个市场不同的功效，区分不同市场的交易规则和监管规则。而区分两者的关键在于厘清各自法律的调整范围，期货以及证券的区别何在。《证券法》里规定的"证券衍生产品"的内涵和外延是什么，《期货法》或《期货交易管理条例》中对"期货"又是如何界定的，"期货"与"衍生品"的关系又如何，只有解决这些基本问题才能真正赋予《期货法》合理合法的地位。衍生品分为远期、期货、互换和期权，有场外市场和场内市场之分。标的资产主要有商品、利率、汇率、股票、债券、信用等。根据有无发行程序分为"证券类衍生品"和"契约类衍生品"。"证券类衍生品"主要包括股票和债券，实行的是现货交易，通过发行程序进入一级市场，具有直接和间接的融资功能，这也是证券市场的主要功能。"契约类衍生品"主要是以标准化的合约进行交易，没有发行人和发行募集程序，只需要合约设计完成并通过监管机构的批准即可在交易所挂牌上市，直接进入二级交易市场，并通过一系列制度的设计重在管理风险而非融资。前者具有发行程序、重在投融资和全额交易结算方式的即为《证券法》的调整范围，后者直接进行交易、重在管理风险并用保证金方式结算的即为《期货法》的调整范围。① 通过明确"期货"和"证券"的认定条件，从而厘清《证券法》与《期货法》的调整范围和外延。这对《期货法》的定位以及整个金融市场的法制建设可谓"牵一发而动全身"。②

制定法律的同时也要考虑法律制定的必要性与可行性的统一。立法需要有技术，具有可操作性、可理解性和易执行性，以便于监管者实施法律以及公众遵守。③ 通过是否具有发行程序来区分两者的界限，简便也易于操作。《期货法》的核心制度设计需要体现风险管理、意思自治（即自由贸易）和防止欺诈的原则。一是构建风险控制规则，期货市场本身的定位是风险管理，交易所作为枢纽也要防范风险。二是完善自律管理规则，《期货法》不仅是一套市场运行管理，也是一套管理市场的规则，交易所、自律机构扮演着重要作用，对市场有自律权。三是强调商事惯例和当事人意思自治的原则以及司法裁判规则，法院在审理相关纠纷时，要充分尊重商人的交易习惯，尊重自律管理。四是对重要问题进行回应，包括市场开放带来的参与主体安全保障、市场互联互通、跨境监管协助等问题。五是防范和打击欺诈和操纵市场的违法行为，健全交易者保护制度，维护金融消费者权益。

（二）加强中央对手方的地位

在我国期货法制定进程中，明确清算机构以及买卖双方的法律地位和权利义务，实现期货法与现行法律规定的协调和统一，以明文立法的形式确立中央对手方的地位，意义重大。

目前各国为了降低衍生品市场中的系统性风险，规范衍生品市场的正常有序发展，纷纷建议加强中央交易对手方（中央对手方）的地位和作用。国际支付结算组织，包括国际证监会组织，均制定和发布了金融市场基础设施原则，以加强对中央对手方的规范。但是中央对手方制度未必适应我国期货市场的发展现状以及现有期货法律体系，中央对手方制度的设立也会打破我国证券期货立法上的统一性和协调性。其中的关键在于中央对手方制度的理论基础在于合同更新（Novation）和公开要约（Open-offer）制度，而我国现行法律之中并没有相关的法律制度。

其中，合同更新是指旧合同关系的消灭和具有不同主体客体及内容的新合同关系的设立。在期货交易中，买卖双方通过交易系统撮合成交，生成期货合约交易合同。之后，交易结算机构介入该原始合同之中，并在合同更新制度下原交易合同被

---

① 杨阳：《期货及衍生品与证券的概念界定》，载《清华金融评论》2015 年 6 月。

② 楼建波、刘燕：《我国期货法的定位及其与证券法之关系——一种立法论的进路》，载《财经法学》2015 年第 2 期。

③ 同上。

替换为两个新的交易合同，即结算机构分别与买方和卖方的合同，并因此取得中央对手方的法律地位。而公开要约是指买卖双方实际上并没有形成期货合约和期货合同法律关系，而是分别与期货结算机构建立合同关系。

我国目前有关的规定只有《合同法》第88条的"合同的概括转移"制度，即在期货合同中，原始交易双方的合同地位和法律关系不变，只是合同的权利和义务转移给新加入的交易结算机构。如果交易清算机构不接受对原始合同的概括承受，则债务更替不能发生，期货交易机构不能加入到原始合同之中，原合同继续存在，新的合同没有成立。

由此可见，我国并没有合同更新的理论，未赋予期货交易结算机构直接进入合同的权利和地位，由此也难以支撑中央对手方制度的建立。考虑到法律体系的一致性和协调性以及法律的稳定性和权威性，赋予清算机构中央对手方的法律地位则会破坏期货法与现行法律制度的协调。另外，因为证券登记结算机构（期货交易所）也不是直接以中央对手方的地位直接加入到原始合同之中，期货法强行赋予期货清算机构中央对手方的地位，不仅没有法律基础和理论依据，而且与同为清算机构的证券交易所分处不同的法律地位。最后，从风险管理的角度上来讲，中央对手方制度也存在一定的缺陷。中央交易对手方实现了风险转移和集中。中央对手方转移风险的原理即为合同更替，即双方达成之后，中央对手方介入交易中，替代原始合同。一方面，原来A、B之间的权利义务，转换成都对中央对手方的权利义务。即交易风险转移到中央对手方。另一方面，市场上所有的风险都集中到了交易所这个中央对手方。这也是2008年中央对手方解决场外衍生危机的方式即解决风险。通过风险的转移和集中，中央对手方成了风险管理的中枢，也变成了单一风险点，如果中央对手方自身风险管理不善的话，就容易量化成系统风险。概言之，中央对手方起到很重要的核心作用，因为是为了解决风险而生，故它自身也会面临很大的风险，如果解决不善，中央对手方自身使命也将难以完成。中央对手方会因此而出现"太大而不能倒"的道德风险。

（三）完善市场操纵立法

近年来，市场操纵案数量有大幅上升之趋势，自2008年至2014年，证监会调查的涉嫌操纵市场案件有150多起。[①] 而在2015年证监会也重点打击惩处操纵市场案件，立案调查共71起，案件数量创下近3年来新高。[②] 目前证券期货市场操纵违法行为亟待解决，而深层次的原因也在于期货市场操纵立法滞后，现有法律对市场操纵的规定内涵模糊，目前仅有《期货交易管理条例》第70条、《证券法》第77条和《刑法》第182条限定其外延，标准不统一，认定条件模糊，兜底条款易拓宽

---

① 顾鑫：《近三年市场操纵案数量大幅上升》，载《中国证券报》2014年8月23日，第A02版。

② 宋丽萍：《应完善证券期货市场操纵认定标准》，载《证券日报》2016年3月4日，第A01版。

刑罚范围，违反罪刑法定的原则，对于民事责任的规制也不明确。因此，在《期货法》中明确规定和完善操纵市场行为，使实践中跨市场和跨境的市场操纵行为具体可操作，也可使兜底条款适用的可行性和法理基础大大提升①。

纵观英美两国立法情况，并未区分银行、证券、保险、期货而是针对所有金融市场界定操纵行为，涉及领域广泛，而且明确阐释了操纵的概念、手段、方式和操纵结果，同时包含欺诈操纵等新型市场操纵行为。同时为了增大违约成本，专门为投资者创建了民事赔偿制度以及多元的纠纷解决制度等。期货交易具有高频性和程序化交易的特点，也会产生新的市场操纵形态，虚假申报、抢先交易、利用未公开信息和频繁撤单等操纵行为，容易造成非系统性风险，更有甚者造成系统性风险。② 对此，加强市场操纵行为规制刻不容缓。一方面，需要修订和完善证券期货市场操纵的认定标准。准确界定市场操纵的内涵，明确区分价格操纵与市场操纵，证券市场操纵与期货市场操纵，以及市场操纵、内幕交易、欺诈的区别。既需要与现有法律相衔接，也须有一定的超前性。另一方面，构建合理的法律责任体系。对于防控经济犯罪，最好的方式莫过于加大违法成本，让企图犯罪者无利可图，因此，加大民事责任是法律责任体系重塑的重中之重。概言之，制定具体的具有可操作性的民事责任制度，可弥补行政责任的欠缺，激活受害投资者寻求法律保护的欲望，合理权衡权利义务。③

（四）加强国际跨境合作

第一，加强跨境监管职能，主要包括加强监管合作和联合执法。一是解决调查取证难的问题，即如何切实地拿到证据。二是提高执法效果，涉及控制资产和引渡问题。三是注重立法与国际规则的趋同性。现行国内立法，不能仅考虑内部规则的协同，还需考虑发达国家以及国际上适用的文字游戏和规则，提升自己的话语权。鉴于此，完善跨境监管职能，各国应当加强信息互通，协同各金融机关，落实仅洗钱，加强执法效果。

第二，完善跨境监管执法的步骤和具体内容。一是监管工作的程序；二是监管问题的协调；三是监管工作的预案；四是监管效果的评估；五是国际事务与国际规则的参与制定；六是加强监管效果的评估。每项工作开展以后都要进行评估，以提高跨境执法的能力以及参与制定规则的水平。

第三，加强长臂管辖，主要分为两个方面，一是事务管辖，二是司法管辖。目前美国长臂管辖对我国期货市场监管的影响主要有：《多德—弗兰克法案》的规则的普适性，对中国期货公司长臂管辖的效力以及对中国期货市场的长臂管辖的能力。我国应对长臂管辖管辖挑战的解决方案主要有以下几个方面：一是在中美双边的谈

---

① 熊永明：《操纵证券期货市场罪兜底条款的适用研究》，载《法律适用》2016年第10期。
② 邢会强：《证券期货市场高频交易的法律监管框架研究》，载《中国法学》2016年第5期。
③ 胡光志：《我国期货市场操纵立法之完善基于英美的经验》，载《法学》2016年第1期。

判中提高话语权。二是在立法上体现对等原则，亦即中国人、外国人在我国立法、司法和日常监管中享有同样的保护措施，面临同样的制裁措施。三是在立法中体现排他性的专属管辖，避免平行管辖，避免管辖上的混乱。四是在法律中直接规定长臂管辖。即凡是与中国人、中国事务、中国机构有关的行为，不论发生地，我国均应该有司法管辖权和事务管理权。五是提升行政监管、自律监管水平，即扩展中国监管服务的范围和比例。

2016年互联网金融市场法制报告

曾大鹏　刘江伟　杨青青　李麦顺[①]

2016年被称为互联网金融整治年。自2016年1月监管部门启动互联网金融领域的专项整治行动起，到12月底先后出台了包括《互联网金融风险专项整治工作实施方案》和《网络借贷信息中介机构业务活动管理暂行办法》在内的40余份规章、政策文件。2016年6月22日，中国互联网金融协会这一互联网金融领域的自律组织成立。随着互联网金融领域各项监管政策的陆续出台、整治行动的不断升级以及自律组织的建立，互联网金融领域的洗牌已然开始。我国互联网金融野蛮生长的状态暂告一段落，逐渐回归金融本质。[②] 在历经行业洗牌后，互联网金融的发展将会迎来新一轮的增长。

一、2016年互联网金融创新与发展情况

（一）互联网支付的发展

2016年互联网支付呈现出以下发展趋势：

1. 互联网支付市场从"用户培养"向"产品创新、服务升级"阶段过渡。

在2016年，微信支付和支付宝相继推出提现收费方案。3月1日起，微信支付调整手续费收费标准，转账交易恢复免费，超额提现（1000元以上）超出部分按银行费率收取手续费，每笔最少收取0.1元。10月12日起，支付宝对个人用户提现开始收费，每人累计有2万元基础免费提现额度，对超过免费额度的提现额收取0.1%的服务费。这些改变的背后存在两方面原因：一方面，互联网支付的发展改变了很多消费者原来的支付习惯，在用户习惯养成之后，互联网企业需要降低自身支付服务的成本，并通过收取手续费的方式增加其盈利收入。另一方面，通过设置资金流出的门槛，可以使用户的资金尽量保存在支付系统中。

2. 苹果支付和三星支付正式在中国上线，行业参与者不断增多。

2016年2月18日，苹果公司推出的Apple Pay在国内正式上线，建设银行和广

[①] 曾大鹏，华东政法大学副教授；刘江伟、杨青青、李麦顺，华东政法大学硕士研究生。

[②] 参见"报告：最严互金整治下，小平台淘汰大平台升级"，网贷之家，http://www.wdzj.com/news/hydongtai/44903.html，最后访问时间：2017年3月15日。

发银行等 19 家银行成为首批宣布支持苹果 Apple Pay 的银行。3 月 29 日，三星旗下移动支付业务 Samsung Pay 在中国正式上线，获得国内 15 家主要银行的支持。三星电子和苹果公司还先后与支付宝达成合作，这意味着用户不仅可以通过 Samsung Pay、Apple Pay 管理和使用绑定的银行卡，同时还可以通过 Samsung Pay、Apple Pay 绑定支付宝账户进行支付宝支付。与此同时，国内的手机制造商华为公司和小米公司也不甘落后，2016 年 9 月华为公司和小米公司分别联手中国银联推出 Huawei Pay 和 Mi Pay，互联网支付行业的参与者正在逐渐增加。

3. 第三方支付牌照竞争日趋激烈。

支付是所有商业行为中最基础的一环，因此支付已成为互联网金融发展过程中不可或缺的一环。而随着 2016 年互联网金融的不断发展和监管政策的日渐趋紧，监管层已经不再发放第三方支付牌照，这使得该牌照成为了人们手中的"香馍馍"。从 2016 年 1 月起，围绕第三方支付牌照掀起了一轮并购浪潮，如小米收购捷付睿通、唯品会收购贝付公司和恒大集团收购集付通等，争夺第三方支付牌照成为 2016 年互联网支付发展的特征之一。

4. 互联网支付进军海外市场。

近年来，我国国民对海外消费、跨境支付等跨境金融服务的需求逐渐加大，这使得第三方支付机构纷纷进军海外市场，开拓海外业务。2016 年 4 月 1 日，百度金融推出 MonicaPay，进一步拓展跨境支付、海外信用卡等功能，加强与海外银行合作，[①] 让用户在海外可以随时享受当地优惠力度最大的信用卡结账。2016 年 4 月 6 日，支付宝宣布拓宽领域，走出亚洲，进军欧洲市场，中国的第三方互联网支付正在朝着全球化不断迈进。

(二) 网上直接金融的发展

1. 众筹发展速度放缓，进入优胜劣汰的局面。

2016 年，在多项利好政策的春风下，各种形式、不同规模的众筹项目纷纷出现。2016 年上半年，众筹行业项目总数为 22434 个，成功项目数为 15256 个，成功项目融资额达到 79.76 亿元，与 2015 年及之前的融资总量 106.35 亿元相比，此半年即占到过去的 75%。[②] 受监管趋严、具体监管细则迟迟未出台和业务运作不规范等多种因素影响，众筹行业的发展节奏明显放缓，未来发展前景充满不确定性。截至 2016 年年底，全国众筹平台数量共计 511 家，其中正常运营的众筹平台数量共计

---

① 参见李向红：《第三方互联网支付的现状与风险问题》，载《对外经贸实务》2016 年第 11 期。

② 参见《中国众筹行业发展报告 2016（上）》，众筹家，http://www.zhongchoujia.com/data/17954.html，最后访问时间：2017 年 3 月 15 日。

415 家, 平台下线或众筹业务下架的平台数量共计 89 家, 转型平台共计 7 家,[①] 而 2014 年、2015 年全国正常运营的众筹平台数量分别为 142 家和 283 家。[②] 相较而言, 2016 年新增的 132 家正常运营的众筹平台数量少于 2015 年新增的正常运营的众筹平台数量, 其增长幅度也远不如 2015 年。由于众筹高风险的特性, 如果众筹行业继续高速增长, 随着项目不断增多, 风险也会不断积累。

2. 网络借贷行业喜忧参半。

2016 年, 一方面, 随着《网络借贷信息中介机构业务活动管理暂行办法》等监管政策的落地, P2P 平台增长速度有所放缓。截至 2016 年 12 月, 平台数量为 5881 家, 仅比 2015 年增加 746 家, 相比之前运营平台以每月平均增加 100 家以上的情形, 增速放缓。但是体量还在进一步增加, 2016 年是网贷行业单年成交量破万亿的首年, 全年网贷行业成交量达到了 20457.8 亿元, 较 2015 年增长 108.8%。

另一方面, P2P 问题平台依旧层出不穷, 跑路、无法兑付、破产等问题时有发生, 侵害了众多投资者的利益。统计数据显示, 2016 年全年共出现问题平台 1855 家, 占平台数量的 31.5%。从发生时点来看, 与网贷新规出台同月跑路的平台多达 266 家[③]。随着监管细则的出台和专项整治工作的展开, 一些实力较弱、经营管理不善和不符合监管要求的平台, 将不得不选择退出网贷行业。

3. 互联网消费金融发展势头强劲。

互联网消费金融是指以个人或家庭为授信对象, 通过互联网来向个人或家庭提供与消费相关的支付、储蓄、理财、信贷以及风险管理等金融活动。2016 年, 中国消费信贷规模突破了 22 万亿元, 同比增长 19%, 同时消费信贷在我国所有消费中的占比达到 46.8%。2016 年, 互联网消费金融的交易规模从 2013 年仅有的 60 亿元增长到 4367.1 亿元, 年均复合增长率达到了 192.1%。[④] 消费信贷规模的增长表明, 消费金融市场前景巨大。近年来, 不少电商平台都分别推出了新式消费信贷产品, 如蚂蚁金服推出的蚂蚁花呗、京东推出的京东白条以及苏宁金融推出的任性付和零钱贷等。从交易笔数来看, 电商在互联网消费金融市场的发展势如破竹, 以蚂蚁花呗为例, 2016 年用户使用花呗支付的交易笔数累计达到 32 亿笔, 同比增长 344%。2016 年 3 月中国人民银行、银监会联合印发《关于加大对新消费领域金融

---

① 参见"2016 年在运营众筹平台 415 家, 行业低速发展", 经济参考网, http://jjckb.xin-huanet.com/2017-01/10/c_135970916.htm, 最后访问时间: 2017 年 3 月 15 日。

② 参见零壹财经、盈灿咨询:《数据'话'现实——2016 年中国网络借贷及众筹行业半年报》, 载《首席财务官》2016 年第 14 期。

③ 参见"多赚: 2016 年网贷行业年报, 盘点一年来网贷大事件", 搜狐网, http://mt.sohu.com/business/d/20170120/124788860_221852.shtml, 最后访问时间: 2017 年 3 月 15 日。

④ 参见"2016 年消费金融创新案例研究——爱财集团", 艾瑞咨询, http://www.iresearch.com.cn/report/2922.html, 最后访问时间: 2017 年 3 月 15 日。

支持的指导意见》，进一步为消费金融行业的发展提供了政策支持。

4. 互联网供应链金融继续深耕，服务实体经济。

供应链金融是指一种立足于产业供应链，根据供应链运营中商流、物流和信息流，针对供应链参与者而展开的综合性金融活动，其目的在于通过金融优化，依托产业供应链运营，产生金融增值，从而促进产业供应链和各参与主体持续健康发展。① 而互联网供应链金融是指兼具电商平台经营者、资金提供者和供应链掌握者身份的电商、商业银行、核心企业或其他第三方，在对供应链交易长期积累的大量信用数据以及借此建立起来的诚信体系进行分析的基础上，运用自偿性贸易融资信贷等方式，引入资金支付工具监管的手段，向在电子商务平台从事交易的中小企业或小微企业提供封闭的授信支持及其他资金管理、支付结算等综合金融服务的一种全新的金融模式。② 根据宝象金融研究院联合零壹财经发布的《互联网+供应链金融创新报告》显示，2020 年我国供应链金融市场规模近 15 万亿元，互联网供应链金融将迎来黄金发展期。③ 2016 年，众多核心企业、理财平台、创新企业积极抢滩互联网供应链金融市场，纷纷进入不同的细分市场。

5. 区块链技术的应用为互联网金融的进一步发展提供技术支撑。

区块链技术是指以去中心化和去信任的方式，借助数学算法集体生成一系列有序数据块，并由其构成一个可靠数据库的技术。④ 它具有集体维护和安全可信等特点，可解决信息共享与信息真实性问题，有助于降低交易成本。通过区块链的运用，可以对互联网金融的大数据进行重构，实现资源的共享，降低运营和交易成本。并且区块链构建的数据库中的信息是公开透明的，可以有效防止互联网企业进行数据伪造，有利于互联网金融企业的信用建立。区块链技术的这些功能作用能够给互联网金融带来活力并且注入新鲜力量。2016 年 12 月 15 日国务院发布的《关于印发"十三五"国家信息化规划的通知》将区块链写入"十三五"规划，为区块链的应用与发展提供了政策支持，包括蚂蚁金服、微众银行和平安保险在内的企业正在积极测试区块链技术。

（三）网络征信体系的发展

征信是指由专业化、独立的第三方机构为客户建立独立的信用档案，通过依法采集、处理和分析交易数据，客观记录客户信用信息，并依法对外提供信用信息服

---

① 参见宋华、陈思洁：《供应链金融的演进与互联网供应链金融：一个理论框架》，载《中国人民大学学报》2016 年第 5 期，第 95-104 页。

② 黄锐、陈涛、黄剑：《中国互联网供应链金融模式比较研究》，载《广东外语外贸大学学报》2016 年第 2 期。

③ 参见"《互联网+供应链金融创新报告》：行业将发生去中心化质变"，零壹财经，http://www.01caijing.com/article/2621.htm，最后访问时间：2017 年 3 月 15 日。

④ 参见王硕：《区块链技术在金融领域的研究现状及创新趋势分析》，载《上海金融》2016 年第 2 期。

务的一种活动。完善的征信体系，对于降低市场交易主体之间的信息不对称、最大程度防范信用风险和保障交易安全起着至关重要的作用。根据客户对象的不同，征信体系可以分为个人征信体系和企业征信体系。自 2015 年 1 月中国人民银行印发《关于做好个人征信业务准备工作的通知》起，芝麻信用分等个人信用评分应用陆续被推出。但从金融信用信息基础数据库管理数据看，企业征信数据覆盖度仍不高。在商业征信机构方面，当前我国征信市场上只有深圳鹏元、中诚信征信、上海华予等少数机构对外提供企业征信服务，商业征信机构的服务能力还有待加强。就目前征信市场发展现状和存在的问题看，大数据征信能克服传统征信模式覆盖面不足、信息维度单一、片面等方面的弱点，将成为征信未来发展方向。

（四）网上第三方金融服务发展

1. 互联网基金经历疯狂成长后呈现疲态，基金销售业绩出现下滑。

2015 年互联网基金销售平台经历了一轮疯狂生长，在此过程中暴露了许多不足与问题，在行业增速趋稳时疲态更为凸显，这一疲态延续到了 2016 年。2016 年上半年由于受资本市场大幅度波动及市场景气度下降，国内基金第三方销售规模同比大幅下降。以好买财富为例，其 2016 年上半年公募基金销售量约 89 亿，降幅约 24.57%，私募及 FOF 销售约 29 亿，降幅约 51.67%。受此影响，上半年实现主营业务收入约 1.2 亿元，同比下降了 12.59%；亏损额约 5689 万元，较 2015 年同期增加 252.07%。[①]

2. 互联网保险一路高歌猛进，成为资本追逐的热点之一。

根据保监会公布的数据显示，2016 年互联网保险业务继续保持快速增长，新增互联网保险保单 61.65 亿件，占全部新增保单件数的 64.59%。其中退货运费险签单件数达 44.89 亿件，同比增长 39.92%；签单保费 22.36 亿元，同比增长 24.97%。[②] 互联网保险的快速发展推动着新的资本不断进入互联网保险领域，上市公司和机构投资者等纷纷布局保险业务，2016 年互联网保险领域共发生融资事件 39 起，融资总额约 17 亿元。同时有超过 110 家保险公司开始经营互联网保险，占所有保险公司数量的七成以上。随着监管对互联网金融的整治，将会为互联网保险营造一个更好的发展环境。

3. 互联网票据发展迅速，规模与日俱增。

互联网票据是指融资企业或者融资人以银行承兑汇票作为质押担保，通过互联网平台向投资者募集资金。自 2013 年 11 月，国内首家互联网票据理财平台"金银猫"上线以来，阿里巴巴、票据宝网、京东金融等也推出各自的票据理财平台和产

---

① 参见任飞：《基金销售牌照"涨价"，"触网"代销冷暖自知》，载《中国证券报》2017 年 1 月 23 日。

② 参见中国保监会：《2016 年保险业持续快速发展，服务大局能力显著提升》，http://www.circ.gov.cn/web/site0/tab5168/info4059362.htm，最后访问时间：2017 年 3 月 15 日。

品。截至 2016 年 3 月，涉足票据理财业务的 P2P 网贷平台已超过 90 家。① 票据宝网推出的互联网票据理财平台"票据宝"更是成为行业首个累计成交金额突破百亿元（高达 160 亿元）的理财平台。据统计，单就金银猫和银票网两家票据理财平台2016 年下半年的成交量分别已超过 24 亿元和 19 亿元，② 可见互联网票据规模在不断增长。

4. 互联网保理逐渐呈燎原之势。

传统的保理是指产品卖方与保理商签订协议，将卖方在商贸中产生的应收账款债权转让给保理商，然后由保理商为产品卖方提供保理融资支持、催收应收账款、管理销售分账户、信用风险控制与担保坏账等一揽子综合性服务。而互联网保理是指保理商通过对接互联网金融平台，将基础交易合同中涉及的应收账款收益权转让给投资者，保理商在过程中向投资者承担应收账款回购的责任，并按期支付收益给投资者。

（五）2016 年互联网金融发展的主要特征

1. 互联网金融发展更加规范化。

2016 年，在经济金融进入新常态，信息基础设施进一步完善，监管与自律逐步落地等因素的综合影响下，我国互联网金融从快速发展阶段步入规范发展阶段。③ 细分领域面临洗牌、整合以及业务转型、升级，其中的企业数量开始减少，一些前几年备受资本热捧的领域资本热度有所降温，互联网金融中的烧钱模式逐渐回归理性。

2. 互联网金融格局朝着综合专业化发展。

随着互联网金融的急速发展，诸多运营商、零售业、地产、电商、互联网公司、传统金融机构、国企都进入互联网金融领域。据中国电子商务研究中心监测数据显示，2016 年上半年中国互联网金融投融资市场发生的投融资案例共计 174 起，获得融资的企业数为 168 家，融资金融约为 610 亿元人民币。④ 2016 年 4 月蚂蚁金服完成 45 亿美元的 B 轮融资更是成为迄今为止最大的单笔私募融资，包括中投海外、建信信托、中国人寿、中邮集团和国开金融等多家企业参与投资，进入互联网金融领域。

---

① 参见"票据理财概况"，南方财富网，http://www.southmoney.com/P2P/201604/548174.html，最后访问时间：2017 年 3 月 15 日。

② 数据来源 P2P 网贷之家，http://shuju.wdzj.com/platdata-1.html，最后访问时间：2017 年 3 月 15 日。

③ 参见"中国互金协会肖翔：行业自律促进互金规范发展"，网贷之家，http://www.wdzj.com/news/hydongtai/42633.html，最后访问时间：2017 年 3 月 15 日。

④ 参见中国电子商务研究中心："2016 年（上）中国互联网金融市场数据监测报告"，http://b2b.toocle.com/zt/16hlwjrbg/，最后访问时间：2017 年 3 月 15 日。

3. 互联网金融向线下延伸。

互联网金融的发展使以移动互联网为代表的新技术不断向线下延伸，电商与旅游、共享单车、餐饮、零售和租车约车等行业之间的线上线下互动更为频繁。据统计，2016 年吸引超过 1.1 亿消费者的电商"双十二"活动，有 200 多个城市的 30 万线下商家参加，涵盖餐饮外卖、超市、便利店、商圈、机场、电影院等主要生活场景，[①] 支付宝的线下商户更是已经超过 100 万家。

4. 移动金融迅速崛起。

中国互联网信息中心发布的《第 39 次中国互联网发展状况统计报告》显示，截至 2016 年 12 月，我国手机网民规模达 6.95 亿，较 2015 年增加 7500 万人，增长率连续 3 年超过 10%，[②] 网民规模的扩大与互联网的普及为互联网金融移动化提供了重要支撑。随着移动网络技术的发展，人们已经可以用手机获取理财、支付、转账以及免费、及时和细致的业务提醒等互联网金融服务。[③]

二、互联网金融的法律法规相继出台

2016 年 4 月 12 日，国务院办公厅公布了《互联网金融风险专项整治工作实施方案》，对互联网金融风险专项整治全面部署，要求对 P2P 网贷、股权众筹、互联网保险等领域进行集中整治，将整顿的时限定为 2017 年 3 月。同时，包括人民银行在内的 17 个部委也公布了包括非银机构支付、跨界资管、P2P 网络借贷、股权众筹、互联网保险和互联网金融广告在内的 6 个互联网金融细分领域整治文件。这个由 1 个国字号方案和 6 个部委级方案组成的一揽子整顿方案（简称 1+6）的出台，标志着半年来市场流传的互联网金融整顿方案的最终落地以及中央政府对互联网金融态度由相对宽松向适度监管的转型。可以预计，随着各项监管方案的落地实施，我国互联网金融快速发展过程中出现的各种金融违法乱象有望得到整治。[④]

（一）互联网金融监管的全面部署

1.《互联网金融风险专项整治工作实施方案》。

2016 年 4 月 12 日国务院办公厅印发的《互联网金融风险专项整治工作实施方

---

① 参见中国互联网协会："2016 影响中国互联网行业发展的十件大事"，http://www.isc.org.cn/zxzx/xhdt/listinfo-34849.html，最后访问时间：2017 年 3 月 15 日。

② 参见中国互联网信息中心："第 39 次中国互联网络发展状况统计报告"，http://www.cnnic.net.cn/hlwfzyj/hlwxzbg/hlwtjbg/201701/t20170122_66437.htm，最后访问时间：2017 年 3 月 15 日。

③ 参见"互联网金融 2016 年焦点：千万级用户之争，全面移动化"，中申网，http://www.zcifc.com/sy_deb/20160202/8/a21632d5220639d01529f87e6914c63.html，最后访问时间：2017 年 3 月 15 日。

④ 参见"专家解读互联网金融 1+6 整治方案"，网易网，http://money.163.com/16/1017/14/C3J93RCM002580S6.html，最后访问时间：2017 年 3 月 15 日。

案》指出，规范发展互联网金融是国家加快实施创新驱动发展战略、促进经济结构转型升级的重要举措，对于提高我国金融服务的普惠性，促进大众创业、万众创新具有重要意义。该方案强调了若干互联网金融应当重点整治的问题并提出了严格要求：（1）P2P 网络借贷平台和股权众筹平台应守住法律底线和政策红线，坚决不做法律明令禁止的行为。（2）通过互联网开展资产管理及跨界从事金融业务实行"穿透式"监管，互联网企业必须在取得相关金融业务资质的情况下才能依托互联网开展相应业务，并且行为规则和监管要求与传统金融业保持一致，根据业务的本质属性执行相应的监管规定。（3）第三方支付业务限定业务范围，引导其回归提供小额、快捷、便民小微支付服务的初衷。（4）互联网金融领域广告等宣传行为应依法合规、真实准确，不得对金融产品和业务进行不当宣传。未取得相关金融业务资质的从业机构，不得对金融业务或公司形象进行宣传。

2.《网络安全法》。

2016 年 11 月 7 日出台的《网络安全法》具有里程碑式的意义，是我国第一部网络安全的综合性立法，提出了应对网络安全挑战这一全球性问题的中国方案，是我国网络安全法治建设的一个重大战略契机。并且《网络安全法》是我国首部网络空间管辖基本法，为网络空间治理提供法律依据，助力网络空间治理，为互联网金融的发展保驾护航。

（二）《非银行支付机构风险专项整治工作实施方案》

该专项整治工作的重点内容，一方面是开展支付机构客户备付金风险和跨机构清算业务整治，包括加大对客户备付金问题的专项整治和整改监督力度，建立支付机构客户备付金集中存管制度，逐步取消对支付机构客户备付金的利息支出，规范支付机构开展跨行清算行为，按照总量控制、结构优化、提高质量、有序发展的原则，严格把握支付机构市场准入和监管工作；另一方面是整治无证经营支付业务，通过排查梳理无证机构名单及相关信息，并根据其业务规模、社会危害程度、违法违规性质和情节轻重分类施策，整治一批典型无证机构，发挥震慑作用，维护市场秩序。①

（三）《通过互联网开展资产管理及跨界从事金融业务风险专项整治工作实施方案》

该实施方案要求：（1）坚持实质穿透，明确职责分工。结合从业机构的持牌状况和主营业务特征，采取"穿透式"监管方法，透过表面界定业务本质属性，落实整治责任。业务跨省经营的，由注册地相关部门牵头负责整治工作，经营所在地的地方人民政府和金融管理部门应加强配合。（2）坚持全面覆盖，实施分层整治。依据法律法规和金融行业相关制度规范，运用现代技术手段对相关企业进行广泛排

---

① 参见"《非银行支付机构风险专项整治工作实施方案》政策解读"，和讯网，http://news.hexun.com/2016-10-15/186433616.html，最后访问时间：2017 年 3 月 15 日。

查，实现风险全面整治和监管全面覆盖。结合业务实质和违法违规严重程度，由牵头部门出具整改意见，情节较轻的督促限期整改，情节严重的移送公安机关等有关部门依法依规查处。（3）坚持整治并举，建立长效机制。在清理整顿违法违规业务同时，对于确无法律和监管要求的创新业务，及时制定政策加以规范，强化功能监管和综合监管，防范监管套利，消除监管真空。

（四）关于P2P网贷的整治文件

1.《P2P网络借贷风险专项整治工作实施方案》。

近年来，P2P网络借贷风险有所积聚，爆发了一系列风险事件，严重损害了广大投资者合法权益，对互联网金融的声誉和健康发展造成较大负面影响，给金融安全和社会稳定带来较大危害。为贯彻落实党中央、国务院决策部署，促进网贷行业规范有序发展，银监会等十五部委联合制定了《P2P网络借贷风险专项整治工作实施方案》，以遏制网贷领域风险事件高发势头，维护经济金融秩序和社会稳定。

2.《加强校园不良网络借贷风险防范和教育引导工作的通知》。

随着网络借贷的快速发展，一些P2P网络借贷平台不断向高校拓展业务，部分不良网络借贷平台采取虚假宣传的方式、降低贷款门槛、隐瞒实际资费标准等手段，诱导学生过度消费，甚至陷入"高利贷"陷阱，侵犯学生合法权益，造成不良影响。为加强对校园不良网络借贷平台的监管和整治，教育和引导学生树立正确的消费观念，教育部办公厅、银监会办公厅联合发布了《加强校园不良网络借贷风险防范和教育引导工作的通知》，旨在加大不良网络借贷监管力度、加大学生消费观教育力度、加大金融和网络安全知识普及力度以及加大学生资助信贷体系建设力度。

3.《网络借贷信息中介机构业务活动管理暂行办法》。

为加强对网络借贷信息中介机构业务活动的监督管理，促进网络借贷行业健康发展，银监会等四部委于2016年8月17日联合公布了《网络借贷信息中介机构业务活动管理暂行办法》。该暂行办法明确了网络借贷信息中介机构的性质，列举了网络借贷信息中介机构、出借人、借款人应当履行的义务及其不得从事的行为，强调了对出借人与借款人的保护，规定了国务院银行业监督管理机构及其派出机构、地方金融监管部门、中国互联网金融协会、资金存管机构对网络借贷信息中介机构进行监督管理的职责范围及其违法的责任。

（五）《股权众筹风险专项整治工作实施方案》

该实施方案旨在规范互联网股权融资行为，惩治通过互联网从事非法发行证券、非法集资等非法金融活动，切实保护投资者合法权益，建立和完善长效机制，实现规范与发展并举、创新与防范风险并重，为股权众筹融资试点创造良好环境，切实发挥互联网股权融资支持大众创业、万众创新的积极作用。严禁互联网股权融资平台及平台上的融资者擅自公开发行股票、变相公开发行股票、非法开展私募基金管理业务、非法经营证券业务、对金融产品和业务进行虚假违法广告宣传、挪用或占用投资者资金。

（六）《互联网保险风险专项整治工作实施方案》

该实施方案着重强调了创新和防范风险并重，这体现了监管政策的导向：一方面坚持鼓励创新，支持保险公司利用互联网开展渠道、产品、服务和管理创新，对合法合规经营的机构予以支持保护，以推动互联网保险的健康发展；另一方面坚持规范治理，加强风险排查，对借创新之名实行违法违规活动的机构予以查处，规范引导互联网保险步入规范的创新轨道。该实施方案的颁布，能够帮助市场把握政策导向，促使从事互联网业务的保险公司制定经营方针和整改措施，也能让保险消费者明确投资方向和市场预期，对于稳定社会舆论具有极为重要的意义①。

（七）《开展互联网金融广告及以投资理财名义从事金融活动风险专项整治工作实施方案》

该实施方案加强了涉及互联网金融的广告监测监管与沟通协调，就广告中涉及的金融机构、金融活动及有关金融产品和金融服务的真实性、合法性等问题，通报金融管理部门进行甄别处理，要求金融管理部门会同有关部门抓紧制定金融广告发布的市场准入清单，明确发布广告的金融及类金融机构是否具有合法合规的金融业务资格、可以从事何种具体金融业务等，突出对重点网站例如大型门户类网站、搜索引擎类网站、财经金融类网站、房地产类网站以及 P2P 网络交易平台、网络基金销售平台、网络消费金融平台、网络借贷平台、股权众筹融资平台、网络金融产品销售平台等金融、类金融企业自设网站发布的广告进行重点整治。引导广告经营者与广告发布者增强广告制作、审查的金融知识和法律意识。

（八）互联网金融地方政策

为响应互联网金融相关的法律与行政法规，各地方出台了相应的规范性文件，2016 年度出台的主要地方规范性文件如下表：

发布部门	发布日期	文件名称
江西省人民政府办公厅	2016 年 1 月 15 日	《关于促进全省互联网金融业发展的若干意见》
西安市人民政府办公厅	2016 年 1 月 28 日	《关于印发促进互联网金融产业健康发展意见的通知》
新乡市人民政府办公室	2016 年 2 月 16 日	《关于引导规范互联网金融发展的意见》
大连市人民政府	2016 年 3 月 25 日	《关于促进互联网金融健康发展的实施意见》
吉林省人民政府办公厅	2016 年 3 月 29 日	《关于促进互联网金融规范健康发展的若干意见》
珠海市工商行政管理局	2016 年 7 月 21 日	《关于加强互联网金融广告审查的通知》
大连市人民政府办公厅	2016 年 11 月 18 日	《关于进一步加强对校园网贷行为监管的通知》

---

① 参见郑莉莉：《解读〈互联网保险风险专项整治工作实施方案〉》，中保网，http://chsh.sinoins.com/2016-10/25/content_ 211365.htm，最后访问时间：2017 年 3 月 15 日。

三、互联网金融司法实践与典型案例

近年来，互联网金融在迅速发展的同时，风险也不断积聚。由于市场主体良莠不齐，本息支付迟延、平台违约、平台跑路等事件频发。2016 年，互联网金融领域专项整治行动的开展，经营管理不善和不符合监管要求的互联网企业、平台等将会被清理淘汰，有望为互联网金融的健康发展营造一个良好的环境，实现互联网金融规范化发展。但目前正处于实现互联网金融规范化发展的阵痛期，在阵痛期内如何通过司法保持互联网金融创新与金融消费者保护之间的平衡，仍然是当前急需解决的重要课题。

（一）民事纠纷方面

1. 上海 A 国际贸易有限公司诉日照 B 经贸有限公司等票据纠纷案①。

2016 年 4 月 27 日，被告日照 B 经贸有限公司在上海 C 金融信息服务有限公司经营的互联网票据理财平台注册账号进行 P2P 融资借款，委托该平台发布"D 船舶商票宝 1 期"进行融资，融资金额为 297600 元，年利率为 9.6%，借款期限为 1 个月。通过该平台，投资人上海 A 国际贸易有限公司、借款人日照 B 经贸有限公司与中介方上海 C 金融信息服务有限公司签署了《借款协议》。协议载明：原告上海 A 国际贸易有限公司包含用户名为"smdzgn"等人通过平台向被告提供借款金额207300 元，期限 1 个月，年利率为 9.6%，借款日期为自 2016 年 5 月 6 日至 2016 年6 月 6 日。协议中质押条款约定，被告以其发布的借款项目信息中展示的质押物照片对应的承兑汇票作为质押物，向本协议项下所有出借人提供质押担保，原告作为出借人之一，即为质权人之一。其后被告日照市 E 有限公司就质押票据向原告承担了票据回购义务，被告黄甲、黄乙就质押票据的承兑向原告提供了连带责任保证。2016 年 6 月 1 日，原告委托招商银行上海分行金沙江路支行对质押汇票进行托收，提示日照市 E 有限公司付款遭到拒绝，拒付理由为"商业承兑汇票承兑人账户余额不足"，借款人（汇票背书人）日照 B 经贸有限公司亦未按期偿还相应款项。最终原告上海 A 国际贸易有限公司将被告日照 B 经贸有限公司、日照市 E 有限公司、黄甲、黄乙起诉至山东省日照市岚山区人民法院，要求被告给付原告票据款300000 元及利息。被告日照 B 经贸有限公司、日照市 E 限公司、黄甲、黄乙经法院合法传唤无正当理由拒不到庭，未作答辩。

法院经审查认为，原告与上海 E 金融信息服务有限公司签订质权管理协议，以及出借方、借款方、上海 E 金融信息服务有限公司（中介方）签订的借款协议，被告黄甲、黄乙作出的为日照市 E 有限公司质押汇票承兑义务承担连带责任保证的承

① 参见"上海 A 国际贸易有限公司诉日照 B 经贸有限公司等票据纠纷案"，法宝引证码：CLI. C. 36855441。

诺，均系当事人的真实意思表示，不违反法律、行政法规的强制性规定，合法有效，各方当事人均应按合同约定全面履行各自的义务。原告依法取得涉案汇票，其作为质权人依法行使相应的质权，符合票据法的规定，应予以支持。因此判决被告日照 B 经贸有限公司、日照市 E 有限公司付原告上海 A 国际贸易有限公司票据金额 300000 元及利息，被告黄甲、黄乙在最高额 300000 元范围内承担连带清偿责任。

2. 云南 A 融资担保有限公司与上海 B 金融信息服务有限公司、张甲金融借款合同纠纷案①。

2014 年 8 月 30 日，张甲（借款人）通过 B 公司（居间服务人）运营的点融网，与同样在点融网注册成为会员的多名出借人签订《借款协议》，该协议约定：借款本金为 500 万元，借款期限为 6 个月，自 2014 年 8 月 30 日起至 2015 年 2 月 28 日止，借款年利率为 10.49%。还款方式为按月还息，按季还本。出借人将其债权全部或部分转让给第三人，本借款协议中对应权利及义务一并转让给债权受让人。此外，还对逾期还款利息、追索权等事项进行了约定。并且 A 担保公司向融资项目债权人出具了《担保承诺书》，承诺为债务人张甲 500 万元本息债务及损失提供连带责任保证。其后，张甲未按约归还欠款，B 公司通过电话、短信方式进行催收均未果。B 公司于 2015 年 5 月 26 日起诉至上海市黄浦区人民法院，请求被告张甲还原告借款本金 250 万元，并支付利息及罚息，被告 A 公司对被告张甲的全部债务承担连带保证责任。本案在审理过程中出现的争议焦点有两个：一是 B 公司和出借人之间的债权转让行为是否有效，B 公司能否取得对借款人张甲的债权；二是 A 公司保证责任的范围。

一审法院经审查认为，本案中《借款协议》和《担保承诺书》均系各方当事人的真实意思表示，且不违反国家法律和行政法规的禁止性规定，合法有效，对各方均有法律约束力。共同出借人已按约履行了全额出借义务，而张甲未按约履行还款义务，其行为已构成违约，除应当归还借款人借款本金及利息外，还需按约支付逾期利息。B 公司与出借人之间的债权转让行为符合《合同法》和《借款协议》对债权让与的规定，债权转让行为有效，B 公司依法取得对借款人张甲的债权。上海市黄浦区人民法院（2015）黄埔民五（商）初字第 5681 号民事判决书认定，张甲归还点公司借款 250 万及自 2015 年 3 月 1 日起至贷款本息实际清偿之日止的逾期利息，A 公司对张甲的欠款承担连带清偿责任。

上海市第二中级人民法院基于相同的事实和理由，在（2016）沪 02 民终 8597 号民事判决书中驳回上诉，维持原判。

---

① 参见"云南 A 融资担保有限公司与上海 B 金融信息服务有限公司、张甲金融借款合同纠纷案"，法宝引证码：CLI. C. 8857693。

（二）刑事审判方面

1. 付某集资诈骗案①。

法院经审理查明，2015 年 8 月，被告人付某在沧州渤海新区注册沧州亨丰投资咨询有限公司，作为公司实际负责人，招募员工并借助互联网利用 P2P 网络借贷投资平台向外宣传发布虚假消息，以高收益率进行非法集资活动。公司自成立至 2016 年 2 月，共向 74 名被害人非法集资 2318297.5 元，并将所得资金用于公司房租、员工工资、网站运营、投资人利息和奖励及房屋装修等。最终导致李某丁、万某甲等 25 名被害人实际损失 1126269 元。

法院认为，被告人付某以非法占有为目的，利用网络平台发布虚假消息，以高收益率为诱饵非法集资，集资数额为 1126269 元，属数额特别巨大，其行为已构成集资诈骗罪，判处有期徒刑 10 年，并处罚金人民币 5 万元。

2. 厉某、陈某、王某非法吸收公众存款案②。

法院经审理查明，被告厉某、陈某于 2013 年 8 月 23 日注册成立深圳秦唐汉资产管理有限公司（以下简称"秦唐汉公司"），厉某作为公司法定代表人，同时也是公司实际控制人，陈某担任公司监事。公司成立后，厉某在未取得金融业务许可证的情况下，在互联网上开发融资借贷平台"my 标客"，委任被告人王某作为公司总经理，让王某对外非法吸收公众资金，公司的办公场所每月租金人民币 19200 元由厉某支付，公司吸收的客户资金在"my 标客"网站线上转账给厉某个人账户或不通过网站在线下直接将钱汇入厉某的个人账户，让王某以秦唐汉公司的名义与客户签订资产管理委托协议，宣称保本保息，借款期限灵活，可以有最短 3 个月到 2 年的借款期限，提前支取本金提早申请即可。厉某收到资金后，每月按不同的客户以 1.5 分息、1.8 分息、2.0 分息不等的利息返现客户，把返现的数额发给陈某核对，陈某核对无误后通知公司财务使用他的徐州华夏银行账户给秦唐汉公司的王某个人账户返现，王某再返现给客户，厉某按秦唐汉公司吸收的总资金的 1 分息返现给王某本人，用于公司的日常运作费用，除公司日常开支外，其余的钱归王某个人支配。厉某将秦唐汉公司交由王某全权经营。2013 年底至案发，秦唐汉公司共吸收公众资金约 4150000 元，王某因此获取介绍客户的佣金及提成 200000 余元。2014 年 12 月底厉某的聚创公司因经营不善倒闭后导致秦唐汉公司的客户无法收到利息，致投资人损失巨大。

---

① 参见河北省黄骅市人民法院（2016）冀 0983 刑初 174 号刑事判决书，中国裁判文书网，http://wenshu.court.gov.cn/content/content? DocID = 1fc5fb9a - e8e0 - 48c5 - 9c49 - 6ab1059c3808 &KeyWord = 互联网，最后访问时间：2017 年 3 月 15 日。

② 参见广东省深圳市南山区人民法院（2016）粤 0305 刑初 697 号刑事判决书，中国裁判文书网，http://wenshu.court.gov.cn/content/content? DocID=d56865bb-1497-47c9-a5cf-3aa1d61eafc1& Key ord=P2P，最后访问时间：2017 年 3 月 15 日。

法院认为，被告人厉某、陈某、王某违反国家金融管理法规，向社会公众吸收资金人民币4150000元，数额巨大，扰乱金融秩序，其行为均已构成非法吸收公众存款罪。并且在共同犯罪中，被告人厉某起主要作用，系主犯；被告人陈某、王某起次要作用，系从犯。

四、互联网金融法制理论研究

（一）互联网金融的风险特征

1. 信用风险增加。

互联网金融的融资过程已经不再仅涉及传统金融融资中的两方当事人，除了融资双方、网络借贷平台系统之外，还涉及因电子货币支付而存在的众多相关者，关系极为复杂。加之我国目前的信用体系又不完善。若缺少统一有效的法律调整与规范，一旦发生信贷风险等经济纠纷，经济责任很难划分与确认，投资者面临的信用风险也将增加。[1]

2. 互联网金融投资者——长尾效应。

长尾理论认为，由于成本与效率等因素，一些以前看似需求极低的产品，也会有人买，这些需求不高的产品所占据的共同市场份额，累积起来可以和主流产品市场份额相匹敌。[2] 而互联网金融可以将网民"碎片化"的资金以某种方式整合起来，同时将分散、小额的金融需求打理成批量化产品，以形成规模巨大的长尾市场。与此同时，由于我国消费者的金融知识水平处于较低状态，缺乏免于投资欺诈的自我保护相关知识，很容易被误导和欺诈，使得个体和集体非理性现象突出，会引发互联网金融特有的长尾风险。[3]

3. 缺乏透明度的风险。

互联网金融机构的透明度是保持良好信誉的重要条件，通常取决于互联网金融机构的财务报告以及清晰明确的公司治理结构和信息披露。但是互联网金融机构的结构和体系非常复杂，互联网金融机构往往利用这种不透明的状态进行操作交易、掩盖损失、导致风险隐患的隐蔽积聚。并且互联网金融的运作机制通常是通过许多法律实体开展不同类型的经营活动，通过各种不同法律性质的组合产品，规避监管。因此存在缺乏透明度的风险。

4. 技术风险。

互联网金融的技术风险主要包括安全风险和技术选择风险。首先，由于互联网金融建立在计算机网络基础之上，因此计算机网络技术方面的缺陷必然形成其安全隐患。其次，互联网金融机构直接与外部的各类网络连接，提供大量的查询和金融

---

① 参见李爱军：《互联网金融的本质与监管》，载《中国政法大学学报》2016年第2期。
② 参见贾希凌等：《互联网金融中国实践的法律透视》，上海远东出版社2015年版，第12页。
③ 参见陈晨：《股权众筹的金融法规制与刑法审视》，载《东方法学》2016年第6期。

交易服务，其本身无论是数据还是系统都存在高度风险。最后，互联网金融业务的开展必须选择一种技术解决方案来支撑，因而存在技术选择失误的风险。

（二）互联网金融监管的模式

1. 综合监管模式。

我国目前已明确了中央一级的监管主体，P2P 网贷由银监会监管、众筹由证监会监管、第三方支付由央行监管，并且总的原则由央行制定。而地方一级则由省、地市金融管理部门进行监管。

有学者认为，银监会及其派出机构负责对 P2P 网络借贷信息中介机构的日常行为进行监管，并着重化解宏观系统性金融风险，特别是涉及跨区域金融风险的防范；而地方金融监管机构则主要负责机构监管，着重负责化解本辖区内的微观金融风险以及处置辖区内金融机构违约或破产行为。这一金融监管思路打破了过往我国"一行三会"在各自监管领域内实行单一垂直金融监管的模式，可以更好地适应互联网金融时代金融监管的创新与变革。[①]

另有学者认为，我国目前的分业监管体制下，监管机构往往只会关注本行业内的机构和风险，如果不改变目前央行、证监会、银监会、保监会甚至各地金融办等各自为政的分散监管的格局，建立一种面向互联网金融的综合监管机制，则难成疏而不漏的监管之网。[②]

2. 功能监管模式。

潘功胜认为，由于互联网金融跨界混业经营、贯穿多层次市场体系，我们应逐步健全并完善与之相适应的监管体系。一是强化准入管理和功能监管，设立金融机构、从事金融活动必须依法接受准入管理。二是实施"穿透式"监管，把互联网金融的资金来源、中间环节与最终投向穿透连接起来，综合全环节信息判断业务性质，执行相应的监管规定。[③]

3. 分类监管模式。

针对机构类型的不同，分类进行监管，对纯中介性质的机构主要进行市场准入和企业资质的管理，设置严格的披露制度，有效发挥中介平台的中介服务功能。而对于开展金融业务的互联网金融企业应当尽可能量化互联网金融企业的风险敞口，设置保证金比例、存贷比例等制度。[④] 加强准备金监管和托管账户监管。对于

---

① 参见曹晓路：《金融消费者利益保护与 P2P 网络借贷监管博弈分析》，载《金融监管研究》2016 年第 11 期。

② 许多奇：《互联网金融与好的社会》，载《互联网金融法律评论》2016 年第 3 辑，法律出版社 2016 年版，第 3-7 页。

③ 参见潘功胜：《规范发展互联网金融，维护金融市场稳定》，载《金融时报》2016 年 10 月 15 日。

④ 参见刘志洋：《互联网金融监管'宏观-微观'协同框架研究》，载《金融经济学研究》2016 年第 2 期。

明显自融、欺诈吸金、伪造虚假征信证明等恶意、有预谋的欺诈行为，应严格区分加以刑事打击。对于长期存续却面临资金链断裂的企业，应关注企业的资金去向，杜绝"拆东墙补西墙"行为，防止更大的倒账甚至跑路等现象发生。

（三）互联网金融监管具体制度设计

1. 网贷监管制度设计。

首先，2016 年 8 月颁布的《网络借贷信息中介机构业务活动管理暂行办法》（以下简称《网贷管理办法》）首次明确了 P2P 网贷平台信息中介的地位，赋予其合法身份。

一是设立了备案登记制度。规定网贷平台应在领取营业执照后的 10 个工作日内向工商登记注册地方金融监管部门进行备案登记，然后按通信主管部门的规定申请相应的电信业务经营许可。这种备案登记是一种持续性的强制要求。还规定了登记事项变更的应当在 5 个工作日内进行备案信息变更，网贷平台依法解散、宣告破产的也要向地方金融监管部门申请注销备案。

二是对借贷额度作出了限制，意图将 P2P 网络借贷平台的风险控制在一定范围内。即同一自然人在同一网贷中介机构的融资限额为 20 万元，同一法人的为 100 万元，同一自然人在不同网贷中介机构借款余额不超过 100 万元，同一法人的为 500 万元。通过对借贷额度的限制，在一定程度上能够实现对风险总量的控制，即便出现单个或少数信用违约情形，也不至于引发系统性风险。

三是确定双峰并行监管模式，银监会与地方金融监管部门共同分工协作。银监会负责政策制定、行为监管和跨区域协调；而网贷平台注册所在地的地方金融监管部门负责网贷平台备案登记、信息搜集和风险处置。

四是采用负面清单的管理模式，通过反向列举的方式规定了 13 项禁止 P2P 网络借贷平台从事的行为。

其次，《网贷管理办法》还有很多监管方面的措施需要完善。银监会应该为 P2P 平台制定完善的信息披露流程，并且风险信息披露应该由外部机构监督。P2P 平台的信息披露往往直接通过平台认证融资者信息及担保信息，但其本身只是中介机构，既没有能力也存在虚假信息披露的可能性，因此应该由具有专业水平及公信力的机构进行监管。这些机构包括政府及其职能机构、专业评估机构以及专业从事审计、律师服务机构。①

应构建统一的网贷征信平台。在我国，P2P 网贷是在征信体系极不健全的情况下畸形发展起来的，已经产生了很大风险。目前，我国征信行业商业用途发展还处在起步阶段，中国人民银行建立的全国个人信用征信体系并不完全对社会公开，网

---

① 参见宋怡欣、吴弘：《P2P 金融监管模式研究：以利率市场化为视角》，载《法律科学》2016 年第 6 期，第 163–170 页。

贷平台不能将借款人的信用记录纳入央行征信系统，且各平台之间也未建立有效的信息共享和交换机制，导致各平台针对恶意违约的借款人建立的"黑名单"系统威慑力极其有限。因此，应当尽快建立一个全国统一的P2P网贷信用征信平台。①

应当考虑投资者的适当性。针对贷款人确立了融资限额制度，但却没有对投资者的投资作出限制。在这方面，美国《乔布斯法案》和英国的《众筹监管规则》有成熟的经验可供借鉴。结合我国P2P市场现状，可以考虑从以下三个方面入手：一是对出借人的投资上限作出限制；二是对低收入群体进行限制；三是防止投资者的杠杆化融资行为。

应当完善市场退出机制。有必要尽快设立一套顺畅合理的市场退出机制，妥善保护好各方当事人利益，尤其是要确保出借人尚未回收的款项可以得到有序的管理。

2. 众筹规制具体制度设计。

众筹（Crowdfunding）是个人、组织以及企业通过中介平台筹集资本，为其特定活动进行融资或再融资的一种方式。我国还没有专门的法律对股权众筹融资模式进行规制，故只能依据《证券法》、《公司法》和《刑法》等现行的法律来对股权众筹的进行制约。但目前我国对公开发行股票的行为管控严格，实践中众筹平台等当事人多采取特殊方式以规避法律限制，这些规避行为多存有较大法律风险。

对众筹的规制，学者认为，首先应厘清股权众筹范围，尤其是弄清楚"公募股权众筹"和"私募股权融资"的关系，从而剔除以"众筹"之名行"私募股权融资"之实的"伪众筹"。基于众筹涉"众"的特点，将互联网股权融资划分为"公开"和"非公开"两类，并将前者界定为股权众筹，将后者界定为私募股权融资，对两者采取分类监管措施。具体而言，对股权众筹采取"宽进严管"的模式，对融资总额和单笔投资额进行限制。对私募股权融资则采取"严进宽管"的模式，因为私募股权融资与股权众筹相比，投资者人数少，投资者可承受风险的能力更大，故投资限制相对较少。②

此外，我国证券式众筹发行的监管理念必须从行政性实质判断向形式性的信息披露转变，并辅之投资者适当规则与反欺诈条款的适用。在此前提下，借鉴国外监管经验，实现监管方式创新，即以系统化视角，分别从发行人、中介机构以及投资者角度对众筹当事人进行合理的权利义务配置。具体而言：

（1）对合格投资者的规定。有学者认为中国证券业协会起草的《私募股权众筹融资管理办法（试行）（征求意见稿）》对合格投资者设定的门槛过高（个人金融资产不低于300万元或者最近3年个人年均收入不低于50万元）。门槛过高会使众筹从"普惠金融"变为"贵族金融"，不利于多层次资本市场的构建。在设定合格

① 参见伍坚：《我国P2P网贷平台监管的制度构建》，载《法学》2015年第4期，第92-97页。
② 参见许多奇、葛明瑜：《论股权众筹的法律规制——从全国首例'众筹融资案'谈起》，载《学习与探索》2016年第8期，第82-89页。

投资者资产收入恰当标准的同时，更应该强调投资者应接受过金融、法律、会计等与投资有关的教育辅导，对所投资企业行业状况有所了解。[①] 可依据投资者的投资经验、风险偏好及其承受能力等标准将投资者分为合格投资者和非合格投资者两种类型。对于合格投资者而言，可不限制其购买通过证券式众筹发行证券的最高限额，对非合格投资者来说，应该通过对其年度收入和净资产的考量，来确定非合格投资者的年度投资最高限额。

（2）融资方的风险防范。一方面，要对融资方进行界定，并对其发行行为进行规制。对此，可基于股权众筹的初衷和公开、大众、小额的特点，将融资方限定为创业企业或经济体量较小的企业。同时还应明确融资方必须通过经许可的特定股权众筹中介平台来进行融资。另一方面，建立适度的信息披露制度。对于初创企业而言，严苛的信息披露义务将增加企业的融资成本，给本来就缺乏资金的融资者带来更大压力，所以建立适度的信息披露制度显得尤为重要。[②]

（3）众筹平台的管理制度。众筹平台连接了募资者与投资者，是股权众筹的关键节点，强化平台管理是市场风险控制与法律规制的重要内容。对众筹平台的管理，除了强制性信息披露要求以外，还应当包括：第一，众筹平台应当在证券监督管理机构和证券业自律组织登记注册；第二，禁止众筹平台的董事、高管或合伙人在使用其服务的募资者处拥有经济权益；平台不得向投资者提供投资意见或建议，但应当向投资者提供真诚的众筹风险警告；第三，众筹平台不得持有、管理、拥有或以其他方式处理投资者的基金或股权，[③] 投资者资金由合格的第三方机构进行托管；第四，众筹平台公布发行人的股权要约之前，必须对发行人及其管理层从事一定限度的尽职调查，督促发行人按要求公布信息，并对发行人公布的信息实施一定程度的审查。

3. 第三方支付的法律规制。

我国目前的相关文件对第三方支付机构的性质和准入条件等方面做了相关规定，例如《非金融机构支付服务管理办法》、《支付机构反洗钱和反恐怖融资管理办法》、《非银行支付机构风险专项整治工作实施方案》等。但是，对第三方支付的管理制度尚待完善。

（1）监管法律位阶低，体系不完善。相关管理办法都是规章层面或者是行政规范性文件，其法律位阶明显不足，很难调和行政监管机关之间职能的冲突。

（2）行业准入门槛过高。第三方支付机构在全国范围内从业的初始资本金为 1 亿元人民币，在省范围内从业的注册资本金最低为 3 千万元人民币，这相对于国外

[①] 参见周灿：《我国股权众筹运行风险的法律规制》，载《财经科学》2015 年第 3 期。

[②] 参见白江：《我国股权众筹面临的风险与法律规制》，载《东方法学》2017 年第 1 期。

[③] 参见钟维、王毅纯：《中国式股权众筹：法律规制与投资者保护》，载《西南政法大学学报》2015 年第 2 期。

第三方支付的行业准入标准明显过高。虽然较高的准入门槛，有利于市场的整体稳定和消费者的保护，但也会将具有创新力和竞争力的中小企业拒之门外，不利于行业的长远发展。[①]

（3）沉淀资金的存管和监督制度。《非金融机构支付服务管理办法》已经明确沉淀资金并非支付机构自有财产，支付机构只能根据客户发起的指令转移备付金，禁止支付机构以任何形式挪用客户备付金。但是备付金的监管制度和收益处理等问题存在一定的模糊性。对此问题的解决需要健全第三方支付机构内部控制和备付金银行的监督机制，加强中国人民银行的监管机制，建立多元资金保障机制，具体包括账户隔离制度、风险准备金制度、客户备付金保险制度等。

（四）互联网金融消费者权益保护

1. 完善互联网金融消费者权益保护的法律法规。

我国应加快互联网金融立法，确定互联网金融企业与金融消费者双方的权责要求、权益保护范围、保护程序和救济渠道，明确实施权益保障的主体机构及其职责、权限和监管措施。同时要设立互联网机构的形式、准入门槛、信息采集和保密标准，明确互联网金融产品和服务在信息披露、风险防范、产品合约和服务合同等方面的公示和审核责任，充分维护互联网金融消费者的核心权益。[②]

2. 改革互联网金融行业协会为真正的行业自律组织。

一方面，要切断监管机构与行业协会之间的利益链条，减少政府官员在行业协会中任职兼职；另一方面，要给民间自主设立的行业协会合法身份，让不同的互联网金融行业协会相互竞争，通过市场选择规范行业发展，减少互联网金融不当行为[③]。

3. 完善互联网金融数据保护与电子证据第三方存管方面的法律制度。

现有的个人信息保护法律体系仍侧重于保护个人的静态隐私信息，没有对"个人信息、个人隐私、个人数据"三个概念进行严格区分，分别保护。而在互联网金融领域，大量基于消费者的网络行为而产生的动态数据、行为数据、交互数据，很难纳入到现有的法律保护架构。因此，需要建立起基于个人数据保护的法律架构，将互联网金融消费者保护落到实处。

---

① 参见贾希凌等：《互联网金融中国实践的法律透视》，上海远东出版社2015年版，第353页。

② 参见王正：《关于互联网金融消费者权益保护的探究》，载《经济论坛》2016年第1期。

③ 参见冯乾：《互联网金融不当行为风险及其规制政策研究——以市场诚信、公平竞争与消费者保护为核心》，载《中央财经大学学报》2017年第2期。

2016 年上海国际金融中心法治环境建设报告

吴　弘　吴晓怡　汪梦莹[①]

2016 年是"十三五"规划开局之年，上海国际金融中心建设也迎来纵深攻坚，金融改革创新持续深化，制度创新深度推进。在各项创新和改革的推动下，上海国际金融中心法治环境建设也取得了长足发展。

一、基础设施不断完善、金融市场功能提升

(一) 金融市场体系进一步健全

上海保险交易所揭牌，航运保险市场快速发展。上海保险交易所于 2016 年 6 月正式揭牌运营，填补了保险要素市场空白，进一步完善了上海国际金融中心市场体系和功能，吸引国际保险、再保险主体集聚。2016 年 1 月，中国保险行业国家级投资平台——中国保险投资基金落户自贸区，首批基金规模达 400 亿元。2016 年 5 月，国内首家国际保赔管理公司——中船保商务管理有限公司在上海正式成立，将促进航运和金融创新服务的融合发展，推动中国船东互保协会专业化、市场化和国际化的进程，提升我国保赔保险业的国际话语权。上海航运保险协会代表中国加入全球最大航运保险协会组织——国际海上保险联盟（IUMI），并于 2016 年 9 月发布上海航运保险指数（SMII），进一步提高我国航运保险企业的风险管理和定价能力。

上海票据交易所、中国信托登记公司成立。2016 年 12 月，上海票据交易所、中国信托登记公司相继开业，成为我国金融要素市场的里程碑事件。上海票据交易所将搭建票据交易平台、风险防范平台、货币政策操作平台、业务创新平台以及信息平台等五大模块，大大丰富上海金融基础设施布局，创建我国票据市场发展新高地。中国信托登记公司是全国唯一的信托登记机构，将搭建全国信托产品的集中登记、信托产品的统一发行流转以及信托业运行监测等三个平台。

全球中央对手方协会（CCP12）落户上海。2016 年 6 月，全球中央对手方法人实体落户上海，该协会是覆盖全球最主要交易所市场和场外市场的唯一中央对手清算机构同业组织，在国际金融体系改革中的作用逐步凸显。率先将全球中央对

---

① 吴弘，华东政法大学教授；吴晓怡、汪梦莹，华东政法大学经济法硕士研究生。

手方协会引入我国，将极大地提升我国在这一领域的影响力。

（二）金融创新促进人民币国际化

推出人民币计价"上海金"。2016 年 4 月，全球首个以人民币计价的集中定价合约"上海金"在上海黄金交易所正式上线，这是继黄金国际板推出后中国黄金市场国际化又一标志性事件，国际黄金市场将形成以人民币标价的"上海金"基准价格，与美元标价的 LBMA 黄金基准价格互为补充，有助于完善国际黄金市场价格体系，提升人民币作为黄金计价结算货币的地位，促进构建多层次、更加开放的中国黄金市场。

发行人民币绿色金融债券。2016 年 1 月，浦发银行成功发行境内首单绿色金融债券，发行规模 200 亿元。2016 年 7 月，金砖国家新开发银行在银行间市场发行人民币计价的绿色金融债券，总值 30 亿元人民币。绿色金融债券从制度框架走向产品正式落地。

发行国内首只自贸区地方债。2016 年 12 月，上海市财政局通过中央国债登记结算公司面向上海自贸区内已开立自由贸易账户的区内及境外机构投资者，成功发行 30 亿元上海市政府债券。这将为境外投资者提供优质人民币资产，拓宽境外人民币回流渠道，对推动上海自贸区金融改革、助推人民币国际化进程具有深远而重要的意义。

自贸区金融改革推动国际知名资产管理机构在陆家嘴集聚。截至 2016 年年底，已有 7 个国家 30 余家知名资产管理机构已经或即将在陆家嘴金融城设立机构，全球资产管理规模排名前 10 机构中的贝莱德、领航等 6 家已设立了投资类外商独资企业（WOFE）。

（三）金融中心功能增强

上海证券交易所首次发行地方债。2016 年 11 月，上海证券交易所的政府债券发行系统启用，上海市财政局通过该系统招标发行 300 亿元地方债。该系统有利于拓宽地方债市场发行渠道，优化地方债投资者结构，提高地方债流动性，丰富交易所市场债券品种。

金融服务科创中心建设。上海股权托管交易中心"科技创新板"自 2015 年底开盘以来，挂牌企业总数达 102 家，全部为科技型、创新型企业，融资总额 11.45 亿元，较好地发挥了服务科技型、创新型中小微企业，为相关多层次资本市场孵化培育企业资源的重要功能。2016 年 4 月，张江国家自主创新示范区被列为全国首批投贷联动试点地区之一，上海银行、华瑞银行、浦发硅谷银行等三家法人银行入选试点银行，国家开发银行等 5 家银行的在沪分行也获准开展试点。2016 年 6 月，上海市中小微企业政策性融资担保基金成立，首期筹集资金为 50 亿元，主要为处于成长期的科技型、创新型、创业型、吸纳就业型、节能环保型和战略性新兴产业、现代服务业、"四新"和"三农"等领域的中小微企业提供融资性担保、再担保等服务。此外，上海银行业金融机构积极拓展多样化科技金融服务，创新开发了一批科技金融整体服务方案和科技金融专属产品，如浦发硅谷银行的"硅谷动力贷"、上海银行的"远期共赢利息"业务等。

集聚、共享功能持续增进。2016年6月，国家开发银行上海业务总部在沪正式成立。

二、金融立法加大步伐、法律体系不断健全

（一）一批金融相关法律按计划制定修改

2016年全国人大继续加大立法力度。《中华人民共和国慈善法》由第十二届全国人民代表大会第四次会议于2016年3月16日通过，同年9月1日起施行。近年来我国慈善事业进入较快发展期，捐赠总额从2006年不足100亿元发展到目前1000亿元左右；至2016年第二季度末，全国依法登记的涉及扶贫济困、救灾救援、助医助学等领域的社会组织达67万个，其中基金会5038个。《慈善法》不仅具体规范了慈善组织、慈善募捐、慈善捐赠等扶危济困慈善活动，还专门规定了慈善信托，为信托机构开展相应业务指出了方向。《中华人民共和国资产评估法》由第十二届全国人民代表大会常务委员会第二十一次会议于2016年7月2日通过，同年12月1日起施行。该法系统规范了作为金融交易基础依据的资产评估活动。此外，《中华人民共和国网络安全法》于2016年11月7日发布，并将自2017年6月1日起施行，这是我国第一部全面规范网络空间安全管理方面问题的基础法律，是依法治网、化解网络风险的法律重器，也为互联网金融在法治轨道上的健康运行创造良好环境。《证券法》修订继续列入全国人大常委会立法工作计划。

（二）贯彻供给侧改革与新发展理念的金融规范出台

为金融业积极落实中央去产能、去杠杆、去库存、降成本、补短板的供给侧改革的要求，国家和有关部门出台了一系列相应规范，如《国务院关于积极稳妥降低企业杠杆率的意见》，对金融支持以及债转股、资产证券化等都作了具体规定。银监会发布的《关于规范金融资产管理公司不良资产收购业务的通知》，要求资产管理公司收购银行业金融机构不良资产需通过评估或估值程序进行市场公允定价，实现资产和风险的真实、完全转移。证监会修改了《上市公司重大资产重组管理办法》。

同样，金融市场为贯彻创新、协调、绿色、开放、共享的发展理念，一批规范相继出台。国务院出台《关于促进创业投资持续健康发展的若干意见》，要求金融支持"双创"活动。2016年3月，工业和信息化部、中国人民银行、银监会印发《加强信息共享促进产融合作行动方案》，中国人民银行、国家发改委、财政部等印发《关于金融助推脱贫攻坚的实施意见》，财政部印发《普惠金融发展专项资金管理办法》；4月15日中国银监会、科学技术部、中国人民银行印发《关于支持银行业金融机构加大创新力度开展科创企业投贷联动试点的指导意见》；8月31日中国

人民银行、财政部、国家发改委等印发《关于构建绿色金融体系的指导意见》。国土资源部和国家工商总局分别于1月1日、7月5日发布《不动产登记暂行条例实施细则》与《动产抵押登记办法》，为相应的交易与融资活动奠定了基础。

（三）互联网金融迎来"规范元年"

2016年是互联网金融"规范元年"。4月12日，国务院办公厅发布了《互联网金融风险专项整治工作实施方案》，对P2P网络借贷和股权众筹业务、通过互联网开展资产管理及跨界从事金融业务、第三方支付业务、互联网金融领域广告等重点整治问题提出了工作要求，为互联网金融的法治建设确定了方向和基调。此后，包括人民银行在内的多个部委相继出台了各自细分领域的整治文件。如中国人民银行印发了《非银行支付机构风险专项整治工作实施方案》，重点开展支付机构客户备付金风险和跨机构清算业务整治、无证经营支付业务整治。同时，由人民银行牵头，会同公安部、工商总局等单位成立支付机构风险专项整治工作领导小组。又如保监会发布了《关于加强互联网平台保证保险业务管理的通知》，对保险公司开展互联网平台保证保险业务提出了遵守偿付能力监管要求、严格选择互联网平台、严格审核投保人资质、明确合作互联网平台的信息披露义务、建立严格的风险管控机制、加强信息系统管控、妥善处置突发性事件并及时化解风险等11项要求。

工业和信息化部、公安部、国家互联网信息办公室等于8月17日发布《网络借贷信息中介机构业务活动管理暂行办法》。中国银监会、公安部于8月4日印发《电信网络新型违法犯罪案件冻结资金返还若干规定的通知》。

（四）投资者和金融消费者保护立法进一步完善

修订后的《证券投资者保护基金管理办法》自2016年6月1日起实施，完善了对于投保基金公司治理结构、融资方式、收缴程序等问题的要求，建立了防范和处置证券公司风险的长效机制，进而有助于在防范和处置证券公司风险的过程中更好地保护证券投资者利益。中国证监会在12月12日发布《证券期货投资者适当性管理办法》。12月14日，中国人民银行印发《中国人民银行金融消费者权益保护实施办法》，从规范金融机构行为、加强个人金融信息保护、拓展投诉受理途径、强化监督四方面加强了对金融消费者权益的保护。

三、探索中央与地方监管责任、加强市场与行业自律职责

（一）金融监管机构纷纷强化风险监管

银监会针对风险较集中的领域重点监管。2016年3月18日，银监会下发《进一步加强信托公司风险监管工作的意见》，要求对信托资金池业务实施穿透管理，重点监测可能出现的用资金池项目接盘风险产品的情况。4月30日，中国人民银行和银监会共同发布了《关于加强票据业务监管促进票据市场健康发展的通知》，要求强化票据业务内控管理，严格贸易背景真实性审查，规范票据交易行

为，严格规范同业账户管理，并要求全系统开展票据业务风险排查。4月27日，银监会下发了《关于规范银行业金融机构信贷资产收益权转让业务的通知》，具体要求解决交易结构不规范不透明、会计处理和资本、拨备计提不审慎等问题。7月27日，银监会下发《商业银行理财业务监督管理办法（征求意见稿）》，重启银行理财业务监管新规制定，将银行理财分为综合类和基础类进行分类管理，禁止商业银行发行分级理财产品，再次强调禁止资金池操作，对银行理财业务进行一系列的限制性投资安排，要求实施严格的第三方托管制度。

证监会关注私募资产管理业务。证监会于5月征求意见、11月正式印发《基金管理公司子公司管理规定》和《基金管理公司特定客户资产管理子公司风险控制指标指引》，对基金子公司的设立设置一系列门槛，对开展特定客户资产管理业务的专户子公司实施以净资本约束为核心的风控管理和分级分类监管。7月14日，证监会发布《证券期货经营机构私募资产管理业务运作管理暂行规定》，针对证券公司、基金管理公司等开展私募资管业务中暴露出的问题进行了明确规范：扩大了受监管的资管机构范围，限制结构化产品的负债端杠杆率水平，限制集合资产管理产品的投资端杠杆率水平，禁止预期收益率宣传，禁止对优先级提供保本保收益安排，禁止嵌套和资金池操作；加强对第三方投顾的监管，要求第三方机构不得直接执行投资指令，禁止第三方机构及其关联方以其自有资金或募集资金投资于结构化资管产品劣后级份额的行为。中国基金业协会于4月15日发布《私募投资基金募集行为管理办法》。7月13日，证监会发布《上市公司股权激励管理办法》。8月8日，证监会就修订《关于保本基金的指导意见》公开征求意见。

保监会针对保险资金的运用、保险资产管理业务加强监管。1月24日，保监会发布《关于进一步加强保险资金股票投资监管有关事项的通知》，将保险机构的投资行为分为一般股票投资、重大股票投资和上市公司收购三种情形实施差别监管。5月4日，保监会印发《保险公司资金运用信息披露准则第四号：大额未上市股权和大额不动产投资》，旨在规范保险公司大额未上市股权和大额不动产投资的信息披露行为，防范投资风险。6月1日，保监会下发《关于清理规范保险资产管理公司通道类业务有关事项的通知》，要求各保险资管公司清理规范银行存款通道等业务，防范监管套利。6月14日，保监会发布《保险资金间接投资基础设施项目管理办法》。6月22日，保监会发布《关于加强组合类保险资产管理产品业务监管的通知》，就保险资产管理公司和养老保险公司开展产品业务资质、产品投资范围、登记发行以及禁止行为等进行了明确规定。12月30日，保监会印发《保险公司合规管理办法》。

（二）上海积极探索金融监管地方责任

率先启动金融综合监管试点。7月19日，上海市召开金融综合监管联席会议暨自贸试验区金融工作协调推进小组会议，印发《发挥上海自贸试验区制度创新优势、开展综合监管试点探索功能监管实施细则》，提出通过全面覆盖经营机构、全面覆盖金融产品以及全面理顺监管分工三个方面来实现金融监管全面覆盖；提出编制"分业监管机构清单"和"重点监测金融行为清单"，搭建金融综合监管联席会议平台，开展金融综合监管试点、探索功能监管，为国家层面金融监管改革探索路径、积累经验。

探索银行业准入负面清单。2月15日，上海银监局出台了《上海自贸区银行业市场准入相关报告类事项清单》，以负面清单管理理念为指导，对截至2015年年末的各类市场准入相关报告类事项进行系统梳理，并在审慎监管原则的基础上，从机构、业务、高管三个维度对报告类事项进行了调整、优化，对探索银行业负面清单管理模式、改善监管服务、提升自贸区外资银行国民待遇作出了前瞻性尝试。

开展银行业、保险业机构和高管人员管理改革。2月，上海保监局出台了《上海市保险机构和高级管理人员备案管理办法》，将原先已在自贸试验区实施的航运保险营运中心分支机构设立备案制管理、保险支公司高管人员任职资格备案制管理的成功经验复制推广至全市范围，进一步简化其他事项备案材料，为保险市场主体营造了便利的制度环境。11月，上海银监局发布《关于简化中国（上海）自由贸易试验区银行业机构和高管准入方式的实施细则（2016年）》，对2014年发布的上海自贸区内银行机构和高管准入监管方式作了进一步扩充和修订，扩大了适用自贸区银行准入简化政策的机构范围，率先探索银行机构董事和高管人员在同质同类以及非同质同类银行机构间调动的准入简化政策，进一步简政放权、推进市场准入制度创新。

持续规范融资性担保行业。1月23日，上海市人民政府印发《上海市融资性担保公司管理办法》，加强了对于融资性担保公司的监督管理，规范融资性担保行为。6月22日，上海市金融服务办公室印发《上海市融资性担保行业诚信档案管理暂行办法》，规定了诚信档案的信息范围，要求融资担保机构主管部门和行业协会及时、准确、全面地采集融资担保机构及其从业人员诚信档案信息并对诚信档案信息进行即时更新和动态管理，并对诚信档案信息发布平台等内容作出了具体规定。

强化私募基金监管，开出首张私募基金罚单。2016年2月29日，上海证监局根据拟定的2016年度私募基金专项检查计划，启动辖区私募基金专项检查。4月，上海证监局开出首张私募基金罚单，对上海喆麟股权投资基金管理有限公司向非合格投资者募集资金案作出行政处罚。8月1日，根据中国证券投资基金业协会发布的《关于进一步规范私募基金管理人登记若干事项的公告》的要求，上海证监局注销了辖区内1500余家既未提交法律意见书也未在协会备案私募基金产品的机构私募基金管理人登记。

（三）深入推进行业自律

3月，中国互联网金融协会在上海成立，承担制定全国行业规则和行业标准、建立行业自律惩戒机制等职能，对行政监管形成补充和支撑，提高金融监管的弹性和有效性。与此同时，按照国家统一部署，上海互联网金融风险专项整治正式启动，通过第一阶段摸底排查，初步梳理掌握风险底数，并启动了清理整顿工作。

4月，中国银行上海市分行等9家上海地区银行联合制定了《跨境金融服务展业三原则同业规范实施机制》，就银行开展跨境金融业务审慎管理要求等建立同业协调与自律机制，促进了上海跨境金融服务合规开展与公平竞争。

8月，陆家嘴金融城正式开展体制改革试点，在全国率先试水"业界共治"的公共治理架构，即以陆家嘴金融城理事会作为金融城业界共治和社会参与的公共平台，以上海陆家嘴金融城发展局作为金融城法定的管理服务机构。这一对标国际规则的重大改革举措，将提升陆家嘴金融城在全球金融市场的影响力，打造国际一流金融城，加快上海国际金融中心和全球城市的建设步伐。

（四）上海证券交易所完善沪港通交易规则

根据2016年8月16日《中国证券监督管理委员会、香港证券及期货事务监察委员会联合公告》和9月30日证监会发布的《内地与香港股票市场交易互联互通机制若干规定》，上海证券交易所发布修订并更名的《上海证券交易所沪港通业务实施办法》，取消了沪股通和港股通的总额度限制，明确了与本所上市股票暂停上市相关的标的调入调出原则，完善了自律管理的有关规定。上海证券交易所还和中国证券登记结算有限责任公司还分别对《上海证券交易所港股通投资者适当性管理指引》、《上海证券交易所港股通委托协议必备条款》和《上海证券交易所港股通交易风险揭示书必备条款》进行了同步修订。

四、强化金融司法保障、创新多元解决纠纷途径

（一）金融审判和金融检察工作成效显著

2016年，上海市法院系统主动适应经济发展新常态，着力为国家战略实施和上海工作大局提供良好的司法服务和有力的司法保障，审结一审金融案件16.08万件，有效维护了金融市场秩序。同时，紧紧围绕上海自贸区、科技创新中心、"四个中心"、供给侧结构性改革等重大战略，充分发挥审判职能，提供有力的司法保障。上海市法院系统认真总结司法服务保障自贸区建设3年来的工作，完善符合自贸区特点的专业化审判体制机制，全年审结涉自贸区案件1.16万件，同比上升91.9%；促进企业资源优化整合，1件案件入选最高人民法院"依法审理破产案件推进供给侧结构性改革典型案例"。

2016年，上海检察机关立足检察职能，综合运用打击、预防、监督、教育、保护等手段，服务保障自贸区建设、科创中心建设和"四个中心"建设。在服务保障自贸区建设方面，上海检察机关高度关注违法犯罪新动向，依法办理利用虚假跨境贸易逃汇、骗汇等刑事案件154件；与自贸区5个区域管理局签署法治建设备忘

录，深化信息共享、问题会商、"两法衔接"、廉洁保障等协作机制。在服务保障科创中心建设方面，上海检察机关制定《上海检察机关服务保障科创中心建设的意见》，明确 20 项服务措施；深化科技创新领域"两法衔接"机制，加大打击侵犯知识产权犯罪力度；签署《沪苏皖浙检察机关关于保障促进科技创新协作的意见》，共同营造长三角地区创新创业的良好法治环境。在切实维护金融秩序安全方面，上海检察机关突出惩治利用互联网平台进行的金融犯罪，对非法吸收公众存款、集资诈骗等涉众型经济犯罪提起公诉 230 件、共涉及 710 人，办理"e 租宝"、"申彤大大"、"中晋系"等一批重大案件；加大对非法经营股指期货、短线操纵证券市场等新类型犯罪的打击力度，办理"伊世顿"违规滥用高频交易操纵期货市场案；制定《关于办理涉众型金融犯罪案件风险防控的意见》等业务规范，逐案开展司法办案风险评估预警，强化舆情监控和引导，加强追赃工作。

（二）创新纠纷解决机制　拓宽纠纷解决渠道

首创银行业纠纷调解中心。5 月 10 日，在银监会的支持下，上海银监局指导上海市银行同业公会发起成立了全国首家民办非企业单位（法人）性质的银行业纠纷调解中心——上海银行业纠纷调解中心。上海银行业纠纷调解中心的建立，是在新形势下对金融消费纠纷非诉解决机制的积极探索，是完善金融消费者权益保护工作的重要抓手，也是在金融领域响应党的十八届三中全会关于"建立调处化解矛盾纠纷综合机制"要求的一项实践举措。上海银行业纠纷调解中心早在 2015 年下半年开始筹备，在开展筹备工作的同时，利用上海市银行同业公会内设的"上海银行业人民调解委员会"积极开展调解工作，截至成立仪式当天，已受理调解案件 47 起，实施调解 29 起，成功 24 起，成功率超过 80%，调解案件类型涵盖信用卡纠纷、个人及公司贷款纠纷、代销保险、基金纠纷等业务领域。

首创"互联网+调解"模式。上海市普陀区人民法院与国寿财险上海分公司合作共创调解新模式，自 2016 年 1 月开始在保险公司职场内设立全国首家网络调解室，直接通过网络进行司法确认。该种新型调解模式的主要特点有：一是专人对接，法院专职调解员与保险公司理赔人员全程对接调解事宜；二是协同调解，法院专职调解员与保险公司理赔人员在保险公司的网络调解室共同审核案件材料，并连线法庭，在线协同调解；三是在线审查，三方签订调解协议后，连线的法官对案件的主体资格及调解协议内容当场审查，通过网络进行司法确认。

开发全国首单海事诉讼保全责任保险。10 月 13 日，上海保监局和上海海事法院签署了《关于共同促进航运保险发展，服务上海国际航运中心、国际金融中心建设合作备忘录》，推出了全国首单海事诉讼保全责任保险。该保险产品主要承保由错误保全造成的海事保全被申请人或第三人的直接经济损失。作为一种新型的海事保全担保方式，与现金担保、保证担保等传统保全方式相比，该保险产品具有成本低廉、手续简便、保函格式化等特点，能够有效降低海事保全申请人诉讼成本。海事诉讼保全责任保险是我国航运保险业服务实体经济和社会治理的又一成功尝试，具有较强的可复制性和可推广性，同时也为我国航运保险业自身创新发展注入了新的动力。

五、深入研究金融法治理论、持续建设金融法治文化

2016 年，上海金融实务界和法律法学界围绕国际金融中心建设开展了内容丰富、形式多样的专题及综合研讨会，融合了理论和实务的视角，形成了丰硕的成果。

6 月 12 日至 13 日，沪上金融盛宴"2016 陆家嘴论坛"在沪举行，本届论坛主题为"全球经济增长的挑战与金融变革"，深入探讨了全球经济增长前景与宏观政策、供给侧结构性改革、金融创新与监管、中国金融对外开放、中国保险业改革新起点等当前全球经济和金融热点话题。本届论坛还特别邀请英国作为主宾国，并设中英金融合作专场。

11 月 4 日，"首届金融中心建设司法论坛"在沪召开。金融中心建设司法论坛由中国审判理论研究会金融审判理论专业委员会、上海市高级人民法院、上海市金融服务办公室、上海市法学会共同主办，由上海市第二中级人民法院、上海市虹口区人民政府、上海市律师协会承办。论坛主题为"新金融与司法"，旨在通过围绕金融司法的热点、难点和前沿性问题开展深入研讨，凝聚共识，以进一步加强和推进司法工作，服务上海国际金融中心建设。论坛围绕证券期货侵权纠纷之司法应对、互联网融资风险控制与司法规制两大专题展开了深入研讨。

11 月 11 日，第六届外滩金融法律论坛在上海举行。论坛以"PPP 模式下金融创新及法律风险防控"的法律实务研究为主题，围绕上海"四个中心"建设和黄浦区打造"四个标杆"、实现"四个前列"的目标，深入讨论了 PPP 模式的政策解读、法律风险、化解对策、实务操作等问题。11 月 25 日，市法学会主办的 2016 年上海金融法治论坛以"金融创新与交易安全的法制保障"为主题，围绕"上海国际金融中心地位形成与交易安全的制度保障"、"金融机构的权利义务与交易安全"、"金融欺诈的法律治理与司法治理"等内容展开了研讨。

12 月 22 日，连续第 11 年发布《2016 上海国际金融中心建设蓝皮书》，以年鉴的形式全面总结了 2015 年上海国际金融中心建设的全貌，追踪比较了国际金融中心最新的发展趋势，充分展示了上海国际金融中心建设的成果，前瞻性地对影响上海国际金融中心建设的一些重要问题进行了专题研究。

此外，2016 年沪上还举行了首届中国金融法论坛，热议全球视野下金融法的现代化；2016 "社会信用立法"高峰论坛，为地方立法进行准备；还有"金融市场发展与金融监管改革"高层论坛、第十一届银行业合规年会等会议，推动了金融法治文化的持续发展。

编 后 记

第五届中央金融工作会议提出了服务实体经济、防控金融风险、深化金融改革的三大任务，金融领域的改革开放、创新发展进入了新时期，法治将继续发挥保障作用，推动各项任务的落实。《金融法律评论》（第八卷）依然秉持聚焦现实、理论联系实际的特色，围绕金融市场新鲜事件前沿议题，探讨金融法治建设的重大问题。本卷主要反映 2016 年我国金融市场法制前进的步履，以及金融法学应用理论研究成果。

首届中国金融法论坛以"全球视野下的金融法现代化"为主题，于 2016 年年底在上海举行。来自全国各地的知名专家学者济济一堂，围绕国内外经济金融新形势下金融立法、监管、司法的现代化，建言献策，在热烈的气氛中，提出了一系列新鲜有分量的观点，本卷以综述的方式呈现给大家。

金融创新实践继续给法制提出新课题、新挑战，被本卷收录的有学者就金融科技、程序化交易、不良资产结构化转让等进行的法理分析；本卷继续讨论的人民币国际化法律问题，以及保险新产品的新规则，信托制度演化的新归纳，也都体现着创新的指导思想。系列法治年度报告继续展示金融市场改革发展与制度创新的业绩。

本卷的证券法栏目重点关注执法问题，学者们分别剖析了内幕交易、操纵市场案例的深层次问题，解析了投资者保护政策的有效性，为有针对性的完善立法、执法提供了可靠的依据。

编 者

2017 年 7 月 30 日

图书在版编目（CIP）数据

金融法律评论. 第 8 卷 / 吴弘主编. —北京：中国
法制出版社，2017.11
  ISBN 978-7-5093-8816-7

Ⅰ.①金… Ⅱ.①吴… Ⅲ.①金融法-中国-文集
Ⅳ.①D922.280.4-53

中国版本图书馆 CIP 数据核字（2017）第 221952 号

策划编辑　舒丹　　　　　　　责任编辑　袁笋冰　欧丹　　　　　　封面设计　杨泽江

金融法律评论：第八卷
JINRONG FALÜ PINGLUN：DIBAJUAN

主编/吴弘
经销/新华书店
印刷/人民日报印刷厂
开本/730 毫米×1030 毫米　16 开　　　　　　印张/23.25　字数/469 千
版次/2017 年 11 月第 1 版　　　　　　　　　2017 年 11 月第 1 次印刷

中国法制出版社出版
书号 ISBN 978-7-5093-8816-7　　　　　　　　　　　　　　　定价：58.00 元

北京西单横二条 2 号　　　　　　　　　　　　　　　值班电话：66026508
邮政编码 100031　　　　　　　　　　　　　　　　　　传真：66031119
网址：http：//www.zgfzs.com　　　　　　　　　　　编辑部电话：66066621
市场营销部电话：66033393　　　　　　　　　　　**邮购部电话：66033288**
（如有印装质量问题，请与本社编务印务管理部联系调换。电话：010-66032926）